Wolfgang Rug Andreas Tomaszewski

Grammatik mit Sinn und Verstand

Neufassung

Übungsgrammatik
Mittel- und Oberstufe

Ernst Klett International
Stuttgart

Für Johannes und Luka,
aus deren Kinderbibliothek dem Buch Flügel gewachsen sind.

Redaktion: Eva-Maria Jenkins, Wien
Layout/Herstellung: Andreas Kunz, Stuttgart
Zeichnungen: Sepp Buchegger, Tübingen
Satz: Röck, Weinsberg

Dazu gibt es
• Lösungsheft 3-12-**675424**-4

und im Internet www.edition-deutsch.de
• viele nützliche Informationen
für Deutschlehrende und Deutschlernende

1. Auflage A1 5 4 | 2006 2005 2004

Alle Drucke dieser Auflage können im Unterricht nebeneinander benutzt werden,
sie sind untereinander unverändert.

Druck: Ludwig Auer GmbH, Donauwörth

Internetadressen: www.edition-deutsch.de
www.klett-international.de

E-Mail: ki@klett-mail.de

ISBN: 3-12-**675425**-2

Vorwort

Das sollten Sie zuerst lesen:
Wie soll man mit diesem Buch arbeiten?

1. Was ist das Besondere an dieser Grammatik?

GRAMMATIK MIT UNSINN UND VERSTAND

Der Titel möchte sagen: Dieses Buch spricht bei denen, die damit lernen wollen, den Verstand an und ebenso die Sinne. Und das kleine UN- möchte ankündigen, dass auch immer wieder Spaß bei der Sache ist. Man hört oft, Grammatik sei langweilig und nur etwas für pedantische Menschen. Noch öfter hört man, die deutsche Grammatik sei besonders schwierig. Wir meinen dagegen, Beschäftigung mit Grammatik ist intelligent und klug, und Beschäftigung mit Grammatik macht intelligent und klug. Grammatik ist nämlich kein totes und starres System von Regeln, sondern erschließt die Gestalt und die Schönheit einer Sprache.

Grammatik kann man verstehen, Deutsch kann man lernen

Das Buch will die sprachlichen Strukturen des Deutschen und die Regeln, die man formulieren kann, so klar wie möglich präsentieren. Das Buch will zeigen: Deutsch ist gar nicht so schwierig, deutsche Grammatik kann man verstehen, Deutsch kann man lernen und mit Erfolg verwenden, beim Hören und Lesen, beim Sprechen und Schreiben.

„Funktionale Grammatik"

Deshalb wird in dieser Grammatik immer wieder gefragt: Was macht man im Deutschen mit dieser oder jener grammatischen Struktur, wozu braucht man sie, welche Lebenserfahrungen kann man damit ausdrücken, welche Bedeutungen werden damit zum Ausdruck gebracht. Das Buch versteht sich also als eine „funktionale Grammatik". Das bedeutet, dass in allen Kulturen der Welt die Menschen ihre weithin gleichen oder ähnlichen Lebenserfahrungen und Mitteilungen sprachlich ausdrücken wollen. Dafür stellen die verschiedenen Sprachen sehr verschiedene strukturelle (phonetische, grammatische, lexikalische und idiomatische) Formen zur Verfügung. Die müssen natürlich gelernt werden, und dazu ist auch Mühe und Konsequenz nötig. Aber es ist die Arbeit von intelligenten und lebenserfahrenen Lernern, die praktisch schon wissen, worum es geht. Deshalb sei es noch einmal wiederholt: Beschäftigung mit Grammatik ist intelligent und klug, und Beschäftigung mit Grammatik macht intelligent und klug.

Stil, Klang, Schönheit

Aber das Buch möchte noch mehr: Auch da noch ein Stück weitermachen, wo einfache und eindeutige Regeln kaum noch formulierbar und nützlich sind, wo die deutsche Sprache ihren Stil, ihren Klang und ihre Schönheit entfaltet. So weit wie möglich begleiten diesen Weg die Regeln und Übungen, aber weiter hinaus helfen vor allem die ernsten und die komischen Literatur- und Gebrauchs-Texte.

Witz und Unsinn

Und damit die eifrige Mühe und der angestrengte Ernst der Arbeit nicht heiß laufen, blinken dem Lerner und Leser immer wieder intelligenter Witz und blanker Unsinn entgegen, in den Übungssätzen, in den Lesetexten und in den Karikaturen von Sepp Buchegger.

19 Kapitel in jeweils drei Teilen, und mehr

Die 19 Kapitel sind jeweils in drei Teile gegliedert:

- „Lesepause"
- „Grammatik im Kasten"
- „Übungen und Regeln / Übungen mit Stil"

Eingestreut sind einige kleine Kapitelchen zur Orthographie.

2. Lesepause

Wir empfehlen Ihnen, einige oder alle Texte in der „Lesepause“ zuerst zu lesen, bevor Sie das Kapitel bearbeiten. Das ist nicht nur ein leichter Einstieg, es beflügelt auch für die weitere Arbeit und macht Spaß. Die Texte passen zum jeweiligen Thema, oft bieten sie auch Anlässe für nachfolgende Übungen und Aufgaben.

Ein paar Geschichten und Figuren wandern quer durch das ganze Buch: ein Tourist, der Nilpferde fotografieren will, ein tapezierendes Pferd, zwei etwas betrunkene Bernhardinerhunde und andere sympathische Figuren und Typen. Es nützt Ihnen also sehr, wenn Sie sich die Zeit nehmen und die folgenden (kurzen) Texte zuerst lesen:

Das Pferd kann es nicht (Kap. 1, S. 10)
Das Lawinenspiel (Kap. 2, S. 24)
Die Geschichte von den Nilpferden (Kap. 2, S. 24)
Zweite Paradiesgeschichte (Kap. 3, S. 36)
Wer ist Philipp Marlowe? (Kap. 7, S. 78)
Herr Böse und Herr Streit (Kap. 8, S. 88)
Sollen Hunde fernsehen? (Kap. 15, S. 172)
Im Hutladen (Kap. 16, S. 182)
Mutmaßungen über Höhlenforscher (Kap. 16, S. 183)

3. Grammatik im Kasten

Die „Grammatik im Kasten“ bietet das Wichtigste im Überblick, auf ganz wenigen Seiten knapp formuliert und übersichtlich dargestellt, das Basiswissen zum jeweiligen Thema. An einigen Stellen in GRAMMATIK MIT UNSINN UND VERSTAND finden Sie neue, Ihnen vielleicht ungewohnte Begriffe: Keine Angst, Sie werden gleich merken, dass sie Ihnen helfen, Grammatik besser zu verstehen und richtig anzuwenden.

4. Übungen und Regeln

„Übungen und Regeln“ ist der Arbeits- und Erklärungsteil. Die Übungen sind unterschiedlich schwierig. Die Kreise bei jeder Aufgabe zeigen an, wie schwierig die Aufgabe ist. Wir raten dringend, dass sich Lerner bis zur Mittelstufe auf die Übungen der ersten beiden Schwierigkeitsstufen beschränken:

●○○ Wiederholung der Grundstufe, meistens Wiederholung von grammatischen Formen.

●●○ Aufgaben der Mittelstufe; diese Aufgaben kann man meistens mit den Erklärungen im Buch alleine lösen.

●●● Aufgaben der Oberstufe und für „Könner“. Vor allem bei den „Übungen mit Stil“ gibt es kaum noch „klare“ Regeln, dafür viel Material für Stilisten und Sprachspieler. Bei diesen Aufgaben ist es sinnvoll, falls Sie die Gelegenheit dazu haben, mit Deutschsprachigen über die besten Lösungen zu diskutieren.

Zu allen Übungen gib es ein separates **Lösungsheft**, das Ihnen vor allem auch in der dritten Schwierigkeitsstufe mit detaillierten Lösungsvorschlägen hilft.

5. Grammatik aus dem Katalog

Am Ende des Buches gibt es zehn nützliche Kataloge mit sprachlichen Strukturen. Machen Sie sich daraus ihre persönlichen Lernlisten, mit Markerstiften, bunten Farben oder mit eigenen Zetteln. Fragen Sie sich, im ganzen Buch, aber hier besonders: Was möchte ich lernen? Was brauche ich jetzt, was brauche ich vielleicht erst später oder vielleicht auch gar nicht. Machen Sie aus unserem Buch Ihr Buch.

Am Ende finden Sie noch einen **Index** mit grammatischen Begriffen und sprachlichen Ausdrücken sowie das **Verzeichnis der Lesetexte**, in dem Sie alle Autoren und Lesetexte im alphabetischen Überblick sehen. Das kann Ihnen auch Anregungen bieten für Ihre weiterführende Lektüre deutscher Texte.

6. Zusatzkomponenten: Tests und didaktische Hinweise

Als zusätzliche und unabhängige Komponenten zu GRAMMATIK MIT UNSINN UND VERSTAND finden Sie im Internet zum Downloaden

a) 19 **Tests** in jeweils drei Schwierigkeitsstufen, mit Lösungsblättern zu jedem Test,

b) **Hinweise für Lehrer und Selbstlerner**, die mit GRAMMATIK MIT UNSINN UND VERSTAND noch effektiver arbeiten wollen.

Denn: Wie effektiv die gute Beherrschung einer Fremdsprache ist, zeigt Ihnen der unvergessliche Sprachkomiker Heinz Erhardt in seinem schönen Gedicht.

Die polyglotte Katze

Die Katze sitzt vorm Mauseloch
in das die Maus vor kurzem kroch,
und denkt: „Da wart nicht lang ich,
die Maus, die fang ich!"
Die Maus jedoch spricht in dem Bau:
„Ich bin zwar klein, doch bin ich schlau!
ich rühr mich nicht von hinnen,
ich bleibe drinnen!"
Da plötzlich hört sie – statt „miau" –
ein laut vernehmliches „wau-wau"
und lacht: „Die arme Katze,
der Hund, der hatse!
Jetzt muss sie aber schleunigst flitzen,
anstatt vor meinem Loch zu sitzen!"
Doch leider – nun, man ahnt's bereits –
war das ein Irrtum ihrerseits,
denn als die Maus vors Loch hintritt –
es war nur ein ganz kleiner Schritt –
wird sie durch Katzenpfotenkraft
hinweggerafft! – – –
Danach wäscht sich die Katz die Pfote
und spricht mit der ihr eignen Note:
„Wie nützlich ist es dann und wann,
wenn man 'ne fremde Sprache kann ...!"

Noch einmal:
Machen Sie, mit UNSINN UND VERSTAND,
aus unserem Buch Ihr Buch.

Inhalt

Abkürzungen

A	einen Hund, eine Katze, ein Pferd **A**kkusativ
Adj.	ein dicker Hund **Adj**ektiv
D	mit einem Hund, mit einer Katze, mit einem Pferd **D**ativ
etc.	Es gibt weitere Beispiele. **et c**etera
etw.	etwas berühren **etw**as
G	eines Hundes, einer Katze, eines Pferdes: **G**enitiv
GiK	**G**rammatik **i**m **K**asten: Sagt, was für das Kapitel wichtig ist.
GS	Is was? **G**esprochene **S**prache
Inf.	hören, sprechen, lesen, schreiben: **Inf**initiv (Grundform der Verben)
iR	Und wir hatten bisher gedacht, Deutsch sei unlernbar. **I**ndirekte **R**ede
IS	Ist es wichtig, das zu wissen? **I**nfinitiv**s**atz
jd.	**j**eman**d** ist verwirrt **j**eman**d**
jn.	jemanden beruhigen **j**emande**n**
jm.	jemandem etwas erklären **j**emande**m**
Kap.	**Kap**itel
Katalog	Grammatik aus dem **Katalog**
N	ein Hund, eine Katze, ein Pferd: **N**ominativ
Präp.	in, auf, seit, wegen **Präp**osition
Prät.	Ich sah, las und verstand. **Prät**eritum
Perf.	ich habe gehört/gesprochen/gelesen/geschrieben: **Perf**ekt
Plusq.	ich hatte gehört/gesprochen/gelesen/geschrieben: **Plusq**uamperfekt
Pl	viele Hunde: **Pl**ural
S.	**S**eite
Sg	der Hund: **S**in**g**ular
vgl.	**v**er**gl**eiche
z. B.	**z**um **B**eispiel

In der Liste der Verben ab S. 227:

österr.	**österr**eichische	Standardvariante
schweizer	**schweizer**	Standardvariante
süddt.	**südd**eu**t**sche	Standardvariante

Einige „ungewohnte“ Bezeichnungen:

t-Klasse	reden – rede**t**e – gerede**t** Oft „regelmäßige Verben“ genannt; wir sagen „t-Klasse“, weil man sie am „t“ erkennt.
Vokalklasse	spr**e**chen – spr**a**ch – gespr**o**chen Oft „unregelmäßige Verben“ genannt; wir sagen „Vokalklasse“, weil sich der Vokal ändert.
Mischklasse	d**e**nken – d**a**ch**t**e – gedach**t** Oft „gemischte Verben“ genannt. Diese Verben sind eine Mischung zwischen der „t-Klasse“ und der „Vokalklasse“. Der Vokal ändert sich, aber es gibt auch ein „t“.
N-V-Verbindungen	in Erfahrung bringen, außer Atem geraten Manche nennen sie „Funktionsverbgefüge“, wir nennen sie **N**omen-**V**erb-Verbindungen, denn sie sind feste Verbindungen zwischen Nomen und Verben.
Redepartikel	denn, doch, ja, eigentlich etc. Diese „Wörtchen“ werden oft als „Modalpartikeln“ bezeichnet. Wir nennen sie „Redepartikel“, denn sie machen die mündliche Kommunikation, das Reden lebendiger: manchmal freundlicher, manchmal unfreundlicher.
K I	sei, habe, könne etc.: **K**onjunktiv **I**
K II	wäre, hätte, könnte, würde kommen etc.: **K**onjunktiv **II**
P I	lesend, schreibend **P**artizip **I** (Manche sagen unkorrekt: Partizip Präsens.)
P II	gelesen, geschrieben **P**artizip **II** (Manche sagen unkorrekt: Partizip Perfekt.)
Grundverben	sein, haben, werden, wollen, müssen, sollen, dürfen, können, mögen, lassen, nicht brauchen Viele sprechen von „Modalverben“ und „Hilfsverben“. Wir sagen: Das sind die Grundverben, die Basisverben der deutschen Sprache (➢ Kap. 1).
Zeit und Tempus	Vergangenheit, Gegenwart und Zukunft sind Zeiten; Präteritum, Perfekt, Plusquamperfekt, Präsens und Futur sind Tempus-Formen.

1

Haben wollen, sein können

Grundverben

Lesepause

Das Pferd kann es nicht

Herr Veneranda ging in ein Tapeziergeschäft. „Sie wünschen?“, fragte der Tapezierer Herrn Veneranda. „Ich möchte gerne mein Esszimmer tapezieren lassen“, sagte Herr Veneranda, „das Pferd kann es nicht.“ – „Wie bitte?“, fragte der Geschäftsinhaber, der nicht richtig gehört zu haben glaubte. „Ich habe gesagt“, wiederholte Herr Veneranda, „dass ich gerne mein Esszimmer tapezieren lassen möchte.“ – „Aber Sie haben hinzugefügt: ‚Das Pferd kann es nicht‘“, stammelte der Tapezierer. „Ich habe Sie wohl nicht richtig verstanden?“

„Sie haben mich ausgezeichnet verstanden“, sagte Herr Veneranda. „Das Pferd kann es in der Tat nicht. Glauben Sie, dass ein Pferd mein Esszimmer tapezieren könnte?“

„Nein, aber ...“, stammelte der Tapezierer, der nicht wusste, was er sagen sollte.

„Was heißt aber?“, fragte Herr Veneranda. „Wenn ein Pferd mein Esszimmer tapezieren könnte, so würde ich zu einem Pferd gehen. Da es das aber nicht kann, komme ich zu Ihnen, einem Tapezierer, dessen Beruf Tapezieren ist. Sollte ich nach Ihrer Ansicht mein Esszimmer von einem Pferd tapezieren lassen?“ – „Aber was hat denn das Pferd damit zu tun?“, stotterte der Tapezierer verwirrt. „Eben das meine ich auch“, sagte Herr Veneranda, „was hat das Pferd damit zu tun? Pferde haben überhaupt nichts mit Tapezieren zu tun.“

„Soll ich Ihnen also das Esszimmer tapezieren?“

„Ganz wie Sie es für richtig halten“, sagte Herr Veneranda. „Wenn Sie selbst kommen wollen, so kommen Sie. Wenn Sie mir ein Pferd schicken wollen, so schicken Sie es ruhig. Allerdings auf Ihre eigene Verantwortung. Ich möchte, dass die Arbeit gut ausgeführt wird. Abgemacht?“

Und Herr Veneranda grüßte und ließ den Ladenbesitzer ziemlich unschlüssig zurück.

Carlo Manzoni

Denkpause

Als mein Vater
mich zum ersten Mal fragte
was ich werden will
sagte ich nach kurzer Denkpause:
„Ich möchte glücklich werden."
Da sah mein Vater sehr unglücklich aus
aber dann bin ich doch
was anderes geworden
und alle waren mit mir zufrieden

Liselotte Rauner

Berufsfreiheit, Verbot der Zwangsarbeit

(1) Alle Deutschen haben das Recht, Beruf, Arbeitsplatz und Ausbildungsstätte frei zu wählen. Die Berufsausübung kann durch Gesetz oder aufgrund eines Gesetzes geregelt werden.

(2) Niemand darf zu einer bestimmten Arbeit gezwungen werden, außer im Rahmen einer herkömmlichen allgemeinen, für alle gleichen öffentlichen Dienstleistungspflicht.

(3) Zwangsarbeit ist nur bei einer gerichtlich angeordneten Freiheitsentziehung zulässig.

Artikel 12, Grundgesetz

Von früh auf will man zu sich

Von früh auf will man zu sich. Aber wir wissen nicht, wer wir sind. Nur daß keiner ist, was er sein möchte oder könnte, scheint klar. Von daher der gemeine Neid, nämlich auf diejenigen, die zu haben, ja zu sein scheinen, was einem zukommt. Von daher aber auch die Lust, Neues zu beginnen, das mit uns selbst anfängt. Stets wurde versucht, uns gemäß zu leben.

Ernst Bloch

Grammatik im Kasten

1. Vier Funktionen: Vollverb – Teil des Prädikats – Hilfsverb – Modalverb

Es geht um die Verben **haben**, **sein**, **werden**, **sollen**, **wollen**, **dürfen**, **können**, **müssen**, **mögen**, **lassen**, **(nicht) brauchen**. Das sind die wichtigsten Verben der deutschen Sprache; wir nennen sie deshalb Grundverben. **haben**, **sein**, **werden** werden oft Hilfsverben und **sollen**, **wollen**, **müssen** etc. Modalverben genannt, aber diese Begriffe bezeichnen nur zwei von vier Verwendungsfunktionen, die diese Verben haben können.

1. Vollverb: Die Verben stehen für sich, haben „volle" Bedeutung.
   Ich denke, also **bin** ich. (bin: ich lebe, ich existiere)
   Ich **kann nicht** mehr. (kann nicht: ich bin erschöpft, ich kapituliere)
2. Teil des Prädikats: Die Verben sind Teil eines verbalen Ausdrucks.
   Ich **bin sauer**, dass ich nicht eingeladen worden bin. (sauer sein: sich ärgern)
   Er **will** es nicht **wahrhaben**, dass er selbst schuld daran ist. (nicht wahrhaben wollen: es fehlt die Einsicht)
3. Hilfsverb: Die Verben helfen bei der Bildung von Tempusformen (Perfekt, Plusquamperfekt, Futur), bei Passiv, bei Konjunktiv.
   Das **habe** ich nicht **gewollt**. (Perfekt)
   Das Esszimmer **ist** vom Pferd nicht **tapeziert worden**. (Perfekt Passiv)
   Da sagte der Frosch zur Prinzessin: „Dich **werde** ich **heiraten**!" (Futur)
   Würden Sie Ihr Esszimmer von einem Pferd **tapezieren lassen**? (Konjunktiv II)
4. Modalverb: Im Satz
   Das Pferd **kann** nicht **tapezieren**.
   geht es nicht um das Tapezieren, sondern darum, ob das Pferd tapezieren kann (modale Bedeutung: Fähigkeit). Es gibt viele modale Bedeutungen, die mit den Grundverben ausgedrückt werden können (➢ Kap. 3, GiK 3).

2. Die Formen der Grundverben (➢ Katalog, Liste 1)

3. Modale Bedeutungen der Grundverben (➢ Tabelle 1 und 2, S.12/13)

1. Die Grundverben können verschiedene modale Bedeutungen haben.
   Beispiel: **müssen**
   Moment mal, ich **muss** gerade **niesen**. (Notwendigkeit)
   Und dann **musste** ich dem Mann mit der Maske mein ganzes Geld **geben**. (Zwang)
   Den Film **musst** du unbedingt **sehen**! (dringende Empfehlung)
   Irgendwo **muss** der Schlüssel doch **zu finden sein**. (sehr sichere Vermutung)

   In den beiden folgenden Tabellen stehen in der linken Spalte die wichtigsten modalen Bedeutungen der deutschen Grundverben. Machen Sie sich diese Bedeutungen klar; sie existieren auch in Ihrer Sprache.
2. Warum zwei Tabellen?
   In Tabelle 1 charakterisieren die Grundverben die Beziehung zwischen Subjekt und Prädikat.
   Bei dem Satz
   Ich **musste** dem Professor zwei Stunden lang zuhören.
   geht es um Zwang/Pflicht/Notwendigkeit: Ich (Subjekt) musste zuhören (Prädikat).
   Übrigens: Das Perfekt von Sätzen dieser Art lautet:
   Ich **habe** dem Professor zwei Stunden lang **zuhören müssen**. (➢ A 8).

In Tabelle 2 charakterisieren die Grundverben die Beziehung des Sprechers zum Inhalt des Satzes: ob der Satz wahr ist, ob er allgemein gültig ist etc. Bei dem Satz
Der Schlüssel **muss** doch irgendwo **zu finden sein**.
geht es dem Sprecher um die Erwartung, den Schlüssel irgendwo zu finden.
Übrigens: Die Probleme beim Perfekt in Sätzen dieser Art werden in Aufgabe 9 geübt.

3. Die Ausdrücke mit gleicher Bedeutung (in der rechten Spalte der Tabellen) sind zahlreich; die grammatische Struktur des Satzes ändert sich: Nebensatz, Infinitivsatz (IS) mit **zu**; es ist sinnvoll, mit Komma zu trennen; die meisten Ausdrücke sind Stilelemente der Schriftsprache; manche klingen umständlich, bürokratisch, pedantisch, streng.

Tabelle 1:

Modale Bedeutungen, die die Beziehung zwischen Subjekt und Prädikat charakterisieren.		
modale Bedeutung	Modalverb (+ Inf., kein **zu**)	Ausdruck mit gleicher Bedeutung Infinitivsätze (IS) **+ zu** oder Nebensätze
(1) Zwang durch Menschen oder Institutionen (2) Pflicht/Verpflichtung (3) Auftrag/Befehl (4) Notwendigkeit	müssen (sollen)	A ist gezwungen(,) (IS) A kann nicht anders, als (IS) Es geht gar nicht anders, als dass ... A ist verpflichtet/hat die Pflicht, (IS) A ist beauftragt/hat den Auftrag, (IS) Es ist nötig/notwendig/erforderlich, (IS) Es besteht die Notwendigkeit, (IS)
(5) Fehlen von Zwang/ Pflicht/Befehl/ Notwendigkeit	nicht brauchen zu (!) (nicht müssen)	Negationen der Ausdrücke (1)–(4) z.B.: Es ist nicht nötig, (IS)
(6) Verbot	nicht dürfen nicht sollen	Etwas ist verboten/untersagt/nicht gestattet/nicht erlaubt. Es ist verboten/untersagt etc., (IS)
(7) Erlaubnis	dürfen können	Etwas ist möglich. Es ist möglich, (IS) Negation der Ausdrücke von (6)
(8) Möglichkeit/Chance	können dürfen	Etwas ist möglich. Es ist möglich, (IS) Etwas lässt sich (Infinitiv) A hat die Chance/Gelegenheit, (IS) Möglicherweise ...
(9) Unmöglichkeit	nicht können	Negation der Ausdrücke von (8)
(10) Fähigkeit	können	A ist in der Lage/imstande/fähig, (IS) A hat den Mut/die Energie, (IS)
(11) Empfehlung/Rat	sollte (KII) würde (KII) müssen	Es wäre gut/am besten, wenn A empfiehlt/rät B, (IS) Imperativ (➢ Kap. 10) Frage, gemeint als Empfehlung
(12) Wunsch/Plan/Idee	wollen möchte (KII) würde (KII)	A beabsichtigt A hat die Absicht/den Plan/die Idee, (IS) A hätte gern (etwas/wenn/dass)

Tabelle 2:

Modale Bedeutungen, die die Beziehung des Sprechers zum Satz charakterisieren.		
modale Bedeutung	Modalverb (+ Inf., kein **zu**)	Ausdruck mit gleicher Bedeutung
(1) Kalkulation der Wahrscheinlichkeit einer Aussage (Wie sicher bin ich, dass eine Aussage wahr ist?)	Das mag/ kann/könnte/ dürfte/wird (wohl/schon)/ müsste/muss stimmen.	
weniger als 50% ungefähr 50%	mögen können	Was Sie sagen, stimmt vielleicht, aber … Eventuell, möglicherweise, vielleicht … Es besteht die Möglichkeit, dass … Unter Umständen (u. U.) … A glaubt/meint/denkt/nimmt an, dass …
55%	könnte	wie bei „können“, aber zusätzlich mit graduierenden Adverbien und Redepartikeln (z. B. etwa/doch)
65%	dürfte/wird + (wohl/schon)	wie oben, entsprechende Graduierungen
85%	müsste	wie oben, stärkere Graduierungen: eigentlich, doch wohl, sicher, ganz sicher, bestimmt, wahrscheinlich …
95%	müssen	ganz bestimmt, hundertprozentig, sicher, zweifellos A ist völlig überzeugt, dass … Es ist ganz klar, dass …
(2) Distanzierung von der Aussage anderer	sollen	Ich habe gehört, dass … Wie man sagt/hört, … Es wird gesagt/behauptet/erzählt/gemunkelt, dass …
(3) So sagen die, die etwas schon können	wollen	Jeder weiß, dass es nötig ist, (IS) Man muss es gelernt haben, wenn man … Nur der Fachmann kann …
(4) Eine Aussage ist falsch/starke Distanz zu einer Behauptung.	wollen	Es ist lächerlich/absolut unglaubwürdig zu behaupten, dass … Niemand darf A glauben, wenn er sagt, dass ... Etwas ist berichtet worden, aber ich kann wirklich nicht sagen, ob es stimmt.

4. Modale Verwendung von „haben“ und „sein“

		andere Grundverben
Was **habe** ich **zu** bezahlen? Das **ist** alles noch **zu** erledigen.	**haben ... zu + Inf.** **sein ... zu + Inf.**	müssen, sollen
Nilpferde **sind** nicht einfach **zu** fotografieren. Der Fotoapparat **lässt sich** leicht bedienen.	**sein ... (nicht) zu + Inf.** **lässt sich + Inf.**	(nicht) können

Übungen und Regeln

Übungen mit den Grundverben „haben", „sein" und „werden"

1
●○○
Formen üben

➤ Üben Sie die Formen von **haben**, **sein**, **werden**: Es ist ganz wichtig, die Formen mündlich und schriftlich sicher zu beherrschen (➢ Katalog, Liste 1).

haben (hab-/hat/hatt-/hätt-/gehabt)
sein (bin/bist/ist/sei-/sind/war-/wär-/gewesen)
werden (werd-/wird/wurd-/würd-/worden/geworden)

➤ Achten Sie auf die Umlaute. Üben Sie die unterschiedliche Aussprache.

war/waren – wäre/wären
hat/hatte/hatten – hätte/hätten
wurde/wurden – würde/würden

2
●○○
volle Bedeutungen

Descartes sagte: Ich denke, also **bin** ich.

In dieser Aufgabe werden **haben**, **sein**, **werden** als Vollverb verwendet.

➤ Lesen Sie die Sätze; erklären Sie, was gemeint ist; finden Sie Synonyme; suchen Sie passende Ausdrücke in Ihrer Sprache.

Haste (hast du) was, biste (bist du) was. (eine Weisheit aus dem bürgerlichen Alltag)
Wer nichts wird, wird Wirt. (… ein ähnlich dummer Spruch)
Der Philosoph Ernst Bloch sagte: Wir sind, aber wir haben uns noch nicht, darum werden wir erst.

3
●○○
Teil des Prädikats

Ich wollte **glücklich werden**. Aber dann bin ich **Lehrerin geworden**.

haben, sein, werden sind oft Teil des Prädikats: Sie helfen, einen verbalen Ausdruck zu bilden. Diese Ausdrücke haben eine feste idiomatische Form und müssen wie Verben gelernt werden.

➤ Lesen Sie die Beispielsätze und die Listen; finden Sie weitere Ausdrücke; suchen Sie Synonyme und die Entsprechungen in Ihrer Sprache.

Warum **bist** du denn so **ungeduldig**?
Sind Sie etwa **krank**?
Du **hast** sie wohl **nicht mehr alle**?

haben: Hunger und Durst haben – (keine) Angst haben – Sorgen haben – (keine) Zeit haben – Fieber haben – Ferien haben – Geduld haben – gute Laune haben – die Nase voll haben – frei haben – genug haben von – Schwierigkeiten haben – (keine) Lust haben …

sein: krank sein – frei sein – Christ sein – verheiratet sein – Europäer sein – fertig sein – weg sein – los sein …

werden: krank werden – Ingenieur werden – teurer werden – Vater werden – verrückt werden – alt werden – kalt werden …

➤ Ordnen Sie die Verwendung von **haben**, **sein**, **werden** den Sätzen zu.

Das Zimmer ist/war im Nu tapeziert. ☐ Wird das Zimmer von Ihnen selbst tapeziert werden? ☐ Das Esszimmer ist/war tatsächlich von einem Pferd tapeziert worden. ☐ Das Esszimmer wird/wurde von mir tapeziert. ☐ Also gut, ich werde Ihnen kein Pferd schicken. ☐ Würden Sie Ihr Esszimmer von einem Pferd tapezieren lassen? ☐ Werden Sie das Zimmer bis Freitag tapeziert haben? ☐ Das Pferd hat/hatte das Esszimmer nicht tapeziert. ☐	1. Perfekt Aktiv/Plusquamperfekt Aktiv 2. Konjunktiv II 3. Futur Aktiv 4. Futur Perfekt 5. Präsens/Präteritum (Vorgangs-Passiv) 6. Perfekt / Plusquamperfekt (Vorgangs-)Passiv 7. Futur Passiv 8. Zustandspassiv

4 ○●● *Hilfsverben*

➤ Übersetzen Sie alle Sätze in Ihre Sprache; kreuzen Sie an, was sich von Ihrer Sprache unterscheidet. Erklären Sie diese Unterschiede.

5 ○●● *„haben…/ sein … zu" + Inf.*

Ja, das **ist** natürlich **zu** verstehen. → Ja, das **kann man** natürlich verstehen.

Üben Sie die modale Verwendungsweise von **haben/sein … zu + Inf**. Lesen Sie die Sätze und machen Sie sich ihre Bedeutung klar. Achten Sie auf den Klang, auf die Atmosphäre. Einige (nicht alle) Sätze klingen unhöflich, scharf, unerbittlich.

➤ Formulieren Sie die Sätze in Gruppe 1 mit Modalverben, die Sätze in Gruppe 2 mit **haben/sein + zu**. Achten Sie darauf, ob sich die „Tonlage" ändert.

1 Sie haben hier überhaupt nichts zu sagen! (unfreundliche Kritik, Verbot)
Den Auftrag haben Sie bis morgen Mittag zu erledigen, verstanden! (strenge Order, Aufgabe, Befehl)
Damit das klar ist: Das ist alles bis morgen früh zu erledigen! (strenge Order, Aufgabe, Befehl)
Noch 500 Meilen bis Dodge City! Das ist heute nicht mehr zu schaffen. (Unmöglichkeit)
Ihre Schrift ist leider kaum zu lesen. (Unmöglichkeit)
Es ist wirklich kaum zu glauben, aber es ist wahr. (rhetorisch: Unmöglichkeit)

2 Da kann man leider gar nichts mehr machen.
Der Artikel für die Titelseite muss in zwei Stunden fertig sein.
Ich kann diese blöde Bedienungsanleitung einfach nicht verstehen!
Wenn sie mal in Fahrt ist, kann sie keiner mehr bremsen.

6 ○○● *„haben"/ „werden"*

Jetzt **wird** aber **aufgeräumt**! → Jetzt **musst** du aber **aufräumen**!
→ Ich **verlange**, **dass** du jetzt aufräumst! → Ich **sag's** dir **zum letzen Mal**:
Räum jetzt auf!

➤ Formen Sie die Sätze um, indem Sie andere Ausdrucksweisen finden, die das Gleiche bedeuten.

Jetzt wird aber gegessen und ins Bett gegangen! (strenge Anordnung, Kindererziehung)
Ich hätte gerne sechs frische Brötchen. (höfliche formulierter Wunsch)
Würden Sie mir bitte folgen! (freundliche oder konventionelle Aufforderung)
Wenn das unser Dr. Dr. h.c. sagt, dann wird das wohl richtig sein. (Vermutung, ironisch)

Übungen mit den Grundverben „wollen, sollen, müssen, können, dürfen, mögen“

7
●○○
Formen üben

➤ Üben Sie die Formen von **wollen**, **sollen**, **müssen**, **können**, **dürfen**, **mögen**. Es ist ganz wichtig, die Formen mündlich und schriftlich sicher zu beherrschen (➢ Katalog, Liste 1).

➤ Achten Sie auf die Umlaute. Üben Sie die unterschiedliche Aussprache.
musste/müsste – konnte/könnte – durfte/dürfte

8
●●○
Perfekt

Das Pferd **hat** das Esszimmer nicht **tapezieren können**.
Sie **hat** seine Träume lange nicht **verstehen wollen**.

Meistens stehen **wollen**, **sollen**, **müssen** etc. mit einem zweiten Verb zusammen. Dann wird das Perfekt so gebildet: **haben** + Verb + Grundverb (beide Infinitiv).
Einfacher wird es, wenn man statt Perfekt das kürzere Präteritum verwendet:
Sie **wollte** seine Träume lange nicht **verstehen**.
Das Pferd **konnte** das Zimmer nicht **tapezieren**.

➤ Formulieren Sie die Präteritumsätze im Perfekt.

Wenn zu den Grundverben **wollen**, **sollen**, **müssen** etc. kein zweites Verb hinzukommt, wird Perfekt mit P II gebildet.
Ich **habe** einfach nicht mehr **gewollt** (z.B. so weitermachen wie bisher).
Sie **hat** leider nicht **gedurft** (z.B. mitfahren).

➤ Formulieren Sie die beiden Sätze im Perfekt mit zwei Infinitiven und dann im Präteritum.

9
●●●
besondere Perfektsätze

Du **musst** dich **irren**. = Ich glaube (heute) ziemlich sicher, dass du dich irrst.
Du **musst** dich **geirrt haben**. = Ich glaube (heute) ziemlich sicher, dass du dich (gestern) geirrt hast.

Ein Sprecher beurteilt in der Gegenwart eine Situation/ein Geschehen aus der Vergangenheit (Tabelle 2).

➤ Formen Sie die Sätze entsprechend um.

Sie wird wahrscheinlich zu Hause sein. (gestern Abend)
Das dürfte ungefähr 400 Euro kosten. (voriges Jahr)
Die Nachbarn müssen den komischen Brandgeruch doch merken. (gestern)
Haben Sie schon gehört? Der Meyer soll wieder zum Vereinsvorsitzenden gewählt werden. (am letzten Freitag)

10
●●○
Passiv

Es **wird/wurde** viel **gelacht**; es **ist** viel **gelacht worden**.

Bei einfachen Sätzen wird das (Vorgangs-)Passiv mit **werden + PII** gebildet (➢ Kap. 3, GiK 3):
Das Esszimmer soll **tapeziert werden**.
Bei **wollen**, **sollen**, **müssen** etc. wird (Vorgangs-)Passiv aus dem Modalverb, dem Vollverb und **werden** zusammengesetzt.

	Passiv mit Modalverb	„einfaches“ Passiv
Präsens	Das Esszimmer soll tapeziert werden.	Das Esszimmer wird tapeziert.
Präteritum	Das Esszimmer sollte tapeziert werden.	Das Esszimmer wurde tapeziert.
Perfekt	Das Esszimmer hat tapeziert werden sollen.	Das Esszimmer ist tapeziert worden.

Auch hier (wie bei A 8) gilt: Man verwendet oft Präteritum, weil es etwas einfacher ist.

➤ Setzen Sie die Sätze ins Passiv.

An dieser Stelle darf man lachen.
Das Pferd konnte das Zimmer nicht tapezieren.
So einen Unsinn hätte man nicht drucken dürfen.

11
○●●
Nebensätze

Aber ich sagte ihnen doch gerade, dass das Pferd es nicht **kann**.
Ich ahnte es gleich, dass das Pferd das Esszimmer nicht **hat tapezieren können**.

In Nebensätzen steht normalerweise das „markierte Verb" (das Verb mit der Endung) am Satzende. In Nebensätzen mit **wollen**, **sollen**, **müssen** etc., die im Perfekt stehen (➢ A 8), ist die Wortstellung anders: **haben** steht zwar hinten, aber vor den zwei Infinitiven.

➤ Lesen Sie die Sätze im Präteritum; sie sind dann einfacher.

Ich war verzweifelt, weil mir keiner hat helfen wollen. – wollte
Der Tapezierer war etwas verwirrt, weil er die Geschichte mit dem Pferd nicht ganz hat begreifen können.

➤ Eine Übung zur Schriftsprache: Formulieren Sie die Beispielsätze als Nebensätze im Perfekt.
Beginnen Sie mit: Er/Sie hat erzählt, dass ...

So frei wollte sie schon immer leben.
Früher wollte ich glücklich werden.
Das alles sollte ganz anders gemacht werden.

Übungen zur Verwendung der Grundverben und zum Stil

12
○●●
modale Bedeutungen

Die beiden Tabellen (➢ S. 12/13) enthalten keine Beispielsätze.

➤ Gehen Sie die Tabellen aufmerksam durch und bilden Sie sich zu jedem Ausdruck eigene Beispielsätze:

a) mit Grundverben
b) mit anderen Ausdrücken mit gleicher Bedeutung
Achten Sie auf die grammatischen und auf die stilistischen Unterschiede.
Sie finden viel Material dazu in den Aufgaben 13 und 16.

➤ Machen Sie sich in den folgenden Beispielsätzen die etwas seltener vorkommenden modalen Bedeutungen (2) bis (4) in Tabelle 2 klar.

(2) Ja, es geht ihm offenbar besser, er soll schon wieder seine dummen Witze machen.
(…, denn man hat mir erzählt, dass er schon wieder seine dummen Witze macht.)
(3) Da staunt ihr; Jonglieren will eben gelernt sein.
(…; man muss eben lange üben, bis man im Jonglieren so gut ist wie ich.)
(4) Was, der Kerl will etwas von Computern verstehen?
(Wenn der Kerl behauptet, etwas von Computern zu verstehen, dann ist das lächerlich; er hat in Wirklichkeit keine Ahnung.)

13
○●●
Bedeutungen der Grundverben

a) ➤ Lesen Sie die Sätze auf S. 18 aufmerksam durch; achten Sie auf die richtige Betonung. Lesen Sie dramatisch, spontan, mit Übertreibung.
b) ➤ Benennen Sie die modalen Bedeutungen (die Tabellen 1 und 2 auf S. 12/13 helfen dabei). Schreiben Sie die Interpretationen dahinter. (Achtung: Es sind Beispiele dabei, wo das Verb als Vollverb oder Teil des Prädikats verwendet wird!)
c) ➤ Übersetzen Sie die Sätze in Ihre Sprache. Achten Sie auf Stil, Klang, idiomatische Genauigkeit.

wollen
Was willst du denn hier?
Ich will es mir noch einmal überlegen.
Es kommt darauf an, dass du es wirklich willst.
Eine stinklangweilige Rede – und so einer will unser Vorsitzender sein.
Deutsch will eben gelernt sein.

sollen (➢ Kap. 9, A 10)
Was meinst du: Sollen wir am Wochenende einen kleinen Ausflug machen?
Was, wir sollen zu Fuß gehen?
Du sollst nicht töten.
Sie sollten mal eine Reise nach Nixwiewegvonhier machen.
Hast du schon gehört? Der Müller vom 1. Stock soll schon wieder sitzen.
Solltest du mal in unsere Gegend kommen, dann besuch' mich doch mal!
Vater: Seid mal ruhig, ich telefoniere. Kinder: (machen weiter Lärm).
Vater: Verdammt noch mal, ihr sollt ruhig sein!

müssen
Wir alle müssen einmal sterben.
Kennst du die alten Marx-Brothers-Filme? Die musst du dir unbedingt mal anschauen.
Dieses Formular müssen Sie noch ausfüllen.
Er muss doch hier irgendwo wohnen!
Du musst nicht immer alles so ernst nehmen!
Sie meinen, die Deutschen fahren zu schnell? Da muss ich Ihnen Recht geben.
Der Bus müsste in zehn Minuten hier sein.

können
Das Pferd kann es nicht.
Mit so einem stumpfen Messer kann man keine Tomaten schneiden.
Haben Sie Ihre Arbeit schon erledigt? Dann können Sie jetzt gehen.
Kann sein, dass es schon zu spät ist.
Manchmal kann es auch auf das Können ankommen.
„Unsere Politiker halten doch nur große Reden." – „Da können Sie Recht haben."
Kann ich mir auch mal die Fotos anschauen?

dürfen
Mama, darf ich heute ins Kino?
Was, du willst heiraten? Das darf doch nicht wahr sein!
Dürfte ich Sie mal was fragen?
Das dürfte ungefähr richtig sein.

mögen
Ich mag dich!
Es gibt Sachen, die ich überhaupt nicht mag: süßen Senf, Lederhosen und Blasmusik.
Mag sein, dass das Pferd tapezieren kann, aber sehr sicher bin ich nicht.
Ich möchte gern zwei Kilo Tomaten und dreieinhalb Eier.
Ich möchte mal wieder ganz viel Zeit haben!
Möge die Zeit alle Wunden heilen!

nicht brauchen zu (und: **brauchen**)
Sie brauchen gar nicht so blöd zu grinsen!
Nein, Sie brauchen nicht jeden Satz interessant zu finden.
Leute, wir brauchen vor allem neue Ideen!

lassen (➢ Kap. 3, A 11)
Und Jesus sagte: Lasst die Kindlein zu mir kommen!
Lässt du mich auch mal unter deine warme Decke?
Ich werde den Schaden ausbessern lassen.
Daraus lässt sich schließen, dass wir die richtige Entscheidung getroffen haben.
Lass' mich in Ruhe.

14
○●●
volle Bedeutungen

Immer nur ich **muss**, ich **muss** ...; dieses dauernde **Müssen** macht mich ganz krank!

➢ Lesen Sie die Sätze: Einige der Grundverben aus der Gruppe **wollen**, **sollen**, **müssen** etc. können auch als Vollverben verwendet werden.

Sein **Können** war wirklich überdurchschnittlich!
Wer wirklich **will**, findet auch einen Weg.
Wollen reicht hier nicht aus, **können** musst du!

➢ Sehen Sie sich den Text von Karl Valentin in der Lesepause von Kapitel 16 (➢ S. 182) an und klären Sie, was sein „Problem" ist.

15
○●●
kein zweites Verb

Mama, **ich muss** mal! (nämlich: aufs Klo gehen).

Oft wird bei der modalen Verwendung von **wollen**, **sollen**, **müssen** etc. das zweite Verb weggelassen, obwohl es für die Bedeutung des Satzes wichtig ist. Dafür gibt es verschiedene Gründe:
1. Redundanz (die Situation klärt, was gemeint ist)
2. Vermeidung von Wiederholungen (das Verb wurde bereits genannt)
3. Konvention/Diskretion/gewollte Mehrdeutigkeit

➢ Machen Sie in den Sätzen deutlich, was gemeint ist, indem Sie die fehlenden Verben hinzufügen. Verschiedene Interpretationen sind möglich. Nennen Sie Gründe für das Weglassen der Verben.

Jetzt darf niemand zu ihm!
Darf ich jetzt mal?
Wer soll denn jetzt weitermachen? Soll ich jetzt?
Er wollte zwar, aber er konnte nicht!
Wissen Sie, was Sie mich können? Sie können mich mal!

16
○●●
Bedeutungen der Grundverben

Gast: „Einen Orangensaft, bitte!" → Der Gast **will/möchte** einen Orangensaft **trinken/haben**.

➢ Interpretieren Sie die Ausdrücke und Sätze, indem Sie passende Grundverben verwenden.

1. Lebensziel aller Menschen: glücklich werden
   Ihr Urlaubsziel
   unser Wunsch: Deutsch lernen
   meine Heiratsabsicht
   sein Selbstmordversuch
2. gute deutsche Sprachkenntnisse
   Gedächtnislücke
   Vor der Prüfung: große Konzentrationsschwierigkeiten
   Möglicherweise ist deine Überlegung richtig.
   Die Unfähigkeit zu lieben
   keine Chance in diesem Spiel

3. 100%ig richtig
   Steuerpflicht
   Stopp, wenn die Ampel Rot zeigt!
   die Sterblichkeit aller Menschen
   Annahmeschluss für Lottoscheine: Freitag, 18 Uhr!
   Kommen Sie mich unbedingt mal besuchen!
4. absolutes Halteverbot
   Wie heißt das blaue Schild, auf dem ein weißes P steht?
   Besuchszeiten: täglich 14 – 17 Uhr!
   die Rechte, die man mit Vollendung des 18. Lebensjahrs erhält: ...
   Ich bin ziemlich sicher, dass das stimmt.
5. ein Reiseruf: Herr K. aus M. mit einem weißen Porsche: Sofort zu Hause anrufen!
   Ich weiß nicht, wie es weitergeht.
   Am besten, Sie fragen mal auf der Post.
   Ich habe gehört, hier kann man Fahrräder im Bus mitnehmen.
   $%&&98xyz, *#*wasiswas???
6. Noch ein Bier, bitte!
   Endlich mal wieder ausschlafen, das wäre schön!
   kleine Liebeserklärung
   Antipathie gegen Apfelmus, Opportunismus und Richard Wagner
7. Für die Schweiz ist kein Visum erforderlich.
   Eingang – Nicht anklopfen!
   Die Kapitel 3 bis 5 im Lehrbuch sind für Sie unwichtig.
   Antwortkarte – Gebühr zahlt Empfänger

17
●●○
Erweiterung durch Grundverben

Heute gehe ich nicht mehr aus dem Haus. (Wunsch, Absicht) → Heute **will/mag/möchte** ich nicht mehr aus dem Haus **gehen**.

➤ Erweitern Sie die Sätze, indem Sie Grundverben einfügen. Beachten Sie die modalen Bedeutungen in den Klammern.

Die Kinder essen ein Riesen-Schokoladeneis. (Erlaubnis)
Kommen Sie bitte zum Chef! (Aufforderung, Auftrag)
Ich spreche schon ziemlich gut Deutsch. (Fähigkeit)
Sieh dir mal die alten Buster-Keaton-Filme an! (Empfehlung, Rat)
Dieses Formular füllen Sie nicht aus! (Nicht-Notwendigkeit)

18
●●○
Sätze mit Grundverben

Die Mama hat uns erlaubt, im Garten zu spielen, wann wir wollen. → Wir **dürfen** im Garten **spielen**, wann wir wollen.

➤ Sagen Sie das Gleiche, aber mit einem Grundverb.

Den ganzen Faust von Goethe auswendig lernen? Das ist nicht nötig!
Herr Müller, ich bestehe darauf, dass Sie sich entschuldigen.
Es wäre besser, wenn du dich mal umdrehst. Der Chef steht hinter dir!
Es wäre eigentlich eine gute Idee, Karin zu besuchen.
Es wäre Ihnen möglich gewesen, diesen Skandal zu vermeiden.

19
●●○
ein unmöglicher Stil

Der folgende Text ist in ziemlich unmöglichem Deutsch geschrieben: formal, bürokratisch, pedantisch.

➤ Verändern Sie den Stil, indem Sie die hervorgehobenen Ausdrücke durch Grundverben ersetzen. Vergleichen Sie danach den Stil beider Texte.

Ich **habe** täglich **Gelegenheit**, die Zwanghaftigkeit mancher Schwaben zu beobachten. Nur mit Mühe **ist es mir gelungen**, in Tübingen ein Zimmer zu finden. Meine Wirtin hat mir gleich am ersten Tag **meine Rechte** und **meine Pflichten** erklärt. Im Ergebnis: kaum **Rechte**, nur **Pflichten**. Sie hat das Hausordnung genannt. Nach der Hausordnung **bin** ich **verpflichtet**, die Miete immer pünktlich zum Ersten des Monats zu bezahlen. Für den Hausschlüssel **war** eine Kaution von 150 Euro **erforderlich**. Besuche auf dem Zimmer **sind nicht gestattet**, weder tagsüber und erst recht nicht nachts. Natürlich **ist es** auch **untersagt**, im Zimmer etwas zu kochen oder im Waschbecken etwas zu waschen. **Es wird gewünscht**, dass ich die Schuhe schon unten an der Treppe ausziehe. **Es sei nötig**, die Treppe zu schonen, erklärt die Wirtin. **Gelegenheit** zum Duschen oder Baden gibt es im Haus nicht. **Ich bin verpflichtet**, abends nach 22 Uhr die Hausruhe zu wahren. Auch **sei** das Radio aus**zu**schalten. Als ich **den Wunsch äußerte**, eine hellere Glühbirne zu bekommen, wurde mir erklärt, **es sei** unbedingt **nötig**, Strom zu sparen. Unten im Treppenhaus **ist** folgender Spruch **zu lesen:** Wenn du **das Ziel hast**, in diesem Hause in Frieden zu leben und glücklich zu werden, so **ist es** deine **Pflicht**, für Ruhe, Sauberkeit und Ordnung zu sorgen. Ich glaube nicht, dass ich **in der Lage bin**, länger als zwei Monate in diesem Haus zu leben. Ich **habe vor**, so bald wie möglich wieder auszuziehen. Vielleicht **haben Sie** ja **die Absicht**, mein Nachmieter zu werden.

20 ●●● *Stil und Klang*

Die Mutter zum Kind: „Jetzt **wird** endlich **gegessen**!“

Das ist eine Aufforderung, ein Befehl; es klingt streng, ungeduldig, autoritär, ärgerlich. Die Mutter hätte auch sagen können: Fang jetzt endlich an zu essen! Ich verlange von dir, dass du jetzt endlich isst! Iss jetzt endlich!

➤ Interpretieren Sie die Sätze.

a) Geben Sie der modalen Bedeutung im Satz einen Namen, z.B. „Aufforderung“.
b) Wie klingt der Satz? (z. B. streng, höflich, unfreundlich)
c) Sagen Sie das Gleiche, aber mit anderen Worten.

Ich mag dich.
Da ist absolut nichts zu machen.
Du musst mich unbedingt bald mal besuchen.
In Ihrem eigenen Interesse: Sie sollten das wirklich nicht tun.
Du sollst nicht töten!
Verlassen Sie sich darauf: Ich werde kommen!
Wenn Sie gestatten würden, möchte ich Ihnen gerne eine Frage stellen ...
Darf ich fragen, wie es Ihnen geht?

21 ○●● *Adverbien mit modaler Bedeutung*

Es könnte sein, dass ich mich geirrt habe. → **Möglicherweise** habe ich mich geirrt.

Hier ist eine Liste mit Adverbien, mit denen man modale Bedeutungen ausdrücken kann. (➢ GiK 3)

➤ Lesen Sie die Ausdrücke; streichen Sie zunächst diejenigen an, die Sie schon kennen; machen Sie sich die Bedeutungen aller Ausdrücke klar; entscheiden Sie, welche Ausdrücke Sie verwenden wollen.

angeblich	offenbar, offensichtlich	vermutlich
anscheinend	scheinbar	vielleicht
bestimmt	scheints (Umgangssprache)	voraussichtlich
gewiss, gewissermaßen	selbstverständlich	wahrscheinlich
irgendwie	sicher(lich)	wirklich
keineswegs (keinesfalls)	sozusagen	wohl
möglicherweise	tatsächlich	womöglich (Umgangssprache)
natürlich	unbedingt	zweifellos

➤ Formulieren Sie die Sätze um. Verwenden Sie ein passendes Adverb.

Du kannst dich auf mich verlassen. Ich helfe dir!
Ich glaub', die Handwerker kommen diese Woche nicht mehr.
Es sieht so aus, als ob wir uns heute alle fünf Minuten begegnen.
Es ist doch ganz klar: Deutsch ist schwieriger als Englisch.
Helmut und Marianne haben – wie es aussieht – einen schönen Tag miteinander verbracht.
Die Leute müssen sehr viel mehr gewusst haben, als sie zugeben.

22 ●●● *schriftsprachlicher Stil*

Jeder Mensch **darf** lernen, was er will.
→ Jeder Mensch **hat ein Recht auf** freie Ausbildung.
→ Jeder Mensch **hat das Recht**, seine Ausbildung entsprechend seinen persönlichen Wünschen und Neigungen selbst **zu** bestimmen.

Solche schriftsprachlichen Formulierungen können übertrieben und umständlich wirken. Ob eine Formulierung nur eine „Sprechblase" ist, oder ob sie eine sprachlich angemessene Form für einen wichtigen Inhalt darstellt, lässt sich allein aufgrund der sprachlichen Form nicht entscheiden. Man muss beides kritisch betrachten: den Inhalt und die für diesen Inhalt verwendete sprachliche Formulierung.

➤ Formulieren Sie die umgangssprachlich formulierten Sätze schriftsprachlich um. Sie können dafür die Ausdrücke aus den Tabellen 1 und 2 (➢ S. 12/13) verwenden. Spielen Sie mit verschiedenen Möglichkeiten, übertreiben Sie den schriftsprachlichen, akademischen Stil ein wenig.

Sag mir morgen, was du machen willst. (Sie)
Der Polizist: Sie brauchen jetzt nichts auszusagen, wenn Sie nicht wollen.
Viele katholische Priester wollen erreichen, dass sie heiraten können.
Nur wenn du gut Deutsch kannst, kannst du wirklich verstehen, was in den Köpfen der Deutschen vor sich geht. (Sie)

Ein Oktoberfest-Erlebnis

Sie: … Wir wollten z'erscht gar net rausgehn auf d'Wiesn (Münchner Oktoberfest), aber jetzt reut's mi doch net. Im Hippodrom warn mir auch drinna, ah, ah, wissen S', was ma da alles sieht, des is ja direkt ausgschamt (unverschämt) sowas, de Weibsbilder sitzen ja halbert nackert auf de Gäul droben, i bin ganz rot wordn, mein Mann hat auch nicht hinschaun mögn.

Er: Mögen hätt ich schon wollen, aber dürfen hab ich mich nicht getraut. Ich wollte dich halt nicht kompromittieren!

Karl Valentin

2

Sich Zeit nehmen

Zeit und Tempus

Die Geschichte von den Nilpferden

Einmal haben drei Nilpferde im Fluss gelegen und sich gelangweilt. Da ist ein Mann gekommen, der wollte die Nilpferde fotografieren. Die drei haben ihm zugesehen, wie er sich den Fotoapparat vor die Augen gehalten hat. Der Mann hat geknipst – aber da war kein Nilpferd mehr zu sehen. Sie waren untergetaucht, und der Mann hatte nur das Wasser fotografiert. Er hat gewartet. Endlich sind die Nilpferde wieder aufgetaucht. Aber sie waren jetzt viel weiter unten am Fluss.

Der Mann ist schnell dorthin gelaufen. Die Nilpferde haben im Wasser gelegen und mit den Ohren gewedelt und zugesehen, wie der Mann gerannt ist. Dann hat er wieder geknipst – aber da war kein Nilpferd mehr zu sehen. Der Mann hatte wieder nur das Wasser fotografiert. Er hat sich auf einen Stein gesetzt und gewartet. Endlich sind die Nilpferde wieder aufgetaucht. Aber diesmal waren sie viel weiter oben am Fluss. Der Mann ist gleich wieder losgerannt. Die Nilpferde haben im Wasser gelegen und mit den Augen geblinzelt und zugesehen, wie der Mann schwitzen und japsen musste. Dann hat der Mann wieder geknipst – aber da war kein Nilpferd mehr zu sehen. Er hatte wieder nur Wasser fotografiert. Und so ist es immer weitergegangen. Die Nilpferde haben den Mann hin und her rennen lassen, aber am Abend hatte er nur zwanzigmal das Wasser fotografiert, und die Nilpferde waren vergnügt, weil sie sich den ganzen Nachmittag nicht mehr gelangweilt hatten.

Ursula Wölfel

Das Lawinenspiel

Es waren einmal Bernhardiner-Zwillinge. Der eine hieß Josef und der andere Adolf. Sie waren, wie es bei Bernhardinern früher so üblich war, Rettungshunde in den hohen Bergen. Jeder von ihnen hatte vorn ein Glöckchen, hinten ein Lämpchen und um den Hals ein Fässchen mit Rum. Das war die Bernhardiner-Ausrüstung für die Vermissten.

Selbstverständlich hatten sie als Zwillinge gemeinsam Geburtstag, was bei Bernhardinern so eine Sache ist. Bernhardiner feiern nämlich immer ausgiebig.

Sie öffneten das Fässchen und schlürften genüsslich daran. Man kann das einem Bernhardiner an seinem Geburtstag nicht übel nehmen, aber eigentlich ist es verboten. Dann tanzten sie Tango im Schnee. Tango ist bei Bernhardinern sehr beliebt, weil er nicht so wild ist, aber doch feurig. Natürlich waren die Bernhardiner ganz beschwipst – und das im Dienst. Sie tranken beide Fässchen bis zum letzten Tropfen aus. Dann kullerten sie die Berge hinunter. Sie machten wieder mal ihr Lawinenspiel. Und weil sie sich vor Lachen kugelten, war das ganz einfach.

Unten im Tal war schon Lawinenalarm gegeben worden. Selbstverständlich freuten sich alle, als statt der Lawine die beiden Bernhardiner angerollt kamen. Und die Kinder gratulierten ihnen zum Geburtstag. Zum Glück war an diesem Tag kein Verschollener in den Bergen.

Aber die zwei Bernhardiner wurden trotzdem aus dem Dienst entlassen. Denn es geht nicht, dass ein Bernhardiner den Rettungsrum säuft. Wo käme man da hin?

Ludwig Askenazy

Vater, vergib ihnen, denn sie wissen nicht was sie tun

Das erste Wort: eine Bitte für die anderen. Für die Spötter unterm Kreuz, für die Mörder, die Befehlsempfänger, die Folterknechte, die Schuldigen überall. Der Mann, der hier spricht, ein Jude von dreißig Jahren, war gepeinigt, entwürdigt, an Leib und Seele gedemütigt worden: Soldaten hatten ihn ausgepeitscht, nicht nur geprügelt, mit Stöcken und Ruten; nein, mit Lederpeitschen hatten sie ihn geschlagen, die Ahnherrn der Boger, Eichmann und Höss, mit Peitschen, in die, wie Ketten, spitze Knochenstücke und Bleiklumpen eingenäht waren; gemartert hatten sie ihn und dem Blutüberströmten ein Wams aus rotem Tuch übergestülpt: in die Faust einen Knüppel gepresst und auf den Kopf einen Strohkranz gesetzt! Ein schäbiger Lumpenkönig sollte er werden; eine blutende Puppe, mit der die Soldateska ihren rohen Spaß treiben konnte: erst geschlagen, mit den Klingen-Peitschen und den Metall-Riemen, dann verhöhnt – „Sieht er nicht spaßig aus, der König unserer Gnaden, diese Karikatur eines Herrschers, die man anspucken darf, um ihr Verachtung zu bezeugen, die ihr gebührt?“

Walter Jens

Keiner wird mir helfen

Das Fenster aufreißen und schreien! Die Nachbarn werden die Gardinen schließen, die Passanten werden die Straßenseite wechseln, keiner wird mir helfen.

Michael Buselmeier

Der Vater

Mit Zuverlässigkeit und Pedanterie verwaltete er die eigene Lebenszeit. Alles Gelebte zu den Papieren. Er archivierte. Er sammelte und pflegte mit Feingefühl. Ordnete, stapelte, bündelte, legte ab und bewahrte auf. Erinnerte, sichtete, reinigte und hielt zusammen. Spinneneifer setzte die Daten seiner Biographie zueinander in Beziehung und nahm sie zum Anlaß für die beständige Frage, was vor sieben Jahren gewesen sei und was in wiederum sieben Jahren sein würde.

Christoph Meckel

Eine historische Platzüberquerung

In diesem Moment wissen wir, dass wir daheim wissen werden, dass wir hier auf dem Platz stehen, den wir überquert haben, und vorliegende Notiz machen, die wir heute Abend studieren werden, während wir sie jetzt sogar schreiben, es sei denn, wir kehrten zur Überprüfung der Geschichte auf diesen Platz heute Abend zurück, um zu erleben, dass wir hier jetzt zum zweiten Mal auf dem Platz, den wir eben überquert haben, stehen und diese geschichtliche Notiz erneuern, kurz: Wir machen Geschichte. Was Sie dort sehen, sind wir, wie wir sehen, dass wir von uns gesehen werden, um jetzt sehen zu können, dass wir sehen, wie wir uns sahen. Heute ist der erste Jahrestag unserer Überquerung des Platzes und in einem Jahr ist der erste Jahrestag unserer jetzigen Feier des ersten Jahrestages jener historischen Überquerung.

Reinhard Lettau

Der Wunsch nach Sonntagsfrieden

Meine Mutter hatte ihr Leben lang anderen Leuten die Wohnungen gereinigt und die Wäsche gewaschen, der Wunsch einer alten Arbeiterin nach einer Tasse Kaffee war der Wunsch nach Sonntagsfrieden. Sie hatte mich angekeift, sie hatte mich geschlagen, jahrelang, mit meinem Gürtel hatte sie mich gezüchtigt, die Schnalle des Gürtels hatte sie auf mich niederklatschen lassen, und sie hatte geschrien, wenn der Vater betrunken nach Hause kam, und der Vater hatte mich verprügelt, bis ich ihn eines Tages an den Kamin warf, und der Kamin, mit seinen weißen Fliesen, rauchend zusammenbrach, und sonntags hatten wir Kaffee getrunken in der Küche.

Peter Weiss

Der Kaffeeautomat

Er ging an den Automaten, warf drei Münzen ein, hörte es innen rumpeln, ein Pappbecher fiel auf den Rost, ein Strahl heißer Kaffeeflüssigkeit lief in den Becher, es klackte, der Strahl versiegte. Er nahm den Becher heraus, trank die Flüssigkeit in kleinen Schlucken, hörte es innen rumpeln, ein Pappbecher fiel auf den Rost, heiße Kaffeeflüssigkeit lief hinein, es klackte, er nahm den Becher, trank, hörte es innen rumpeln, ein Becher fiel, es klackte, er griff den Becher, hörte es rumpeln ... Später fand man ihn, bewusstlos, vor dem Kaffeeautomaten, dessen Hahn nur noch ganz leicht tropfte.

Ralf Thenior

Grammatik im Kasten

1. Zeit und Tempus

Die Menschen aller Kulturen unterscheiden drei Zeit-Vorstellungen:

Vergangenheit: Ereignisse und Sachverhalte, die von der Perspektive des Sprechers aus schon geschehen sind.

Gegenwart: Ereignisse und Sachverhalte, die von der Perspektive des Sprechers aus für ihn gegenwärtig, andauernd, gültig sind.

Zukunft: Ereignisse und Sachverhalte, die von der Perspektive des Sprechers aus erst geschehen werden oder sollen.

Diese Zeitvorstellungen sind miteinander verbunden und fließen ineinander. Gegenwart z. B. kann unterschiedlich weit in die Vergangenheit und Zukunft reichen:
jetzt in diesem Moment – heute – dieses Jahr – unser Jahrhundert – die Neuzeit – das Neozoikum

2. Wie man Zeit ausdrücken kann

Zeit kann im Deutschen auf vielfache Weise ausgedrückt werden, durch

1. Tempus-Formen des Verbs: Es **war** einmal …
2. Adverbien oder adverbiale Ausdrücke: Es war **einmal** …
   Eines Morgens sollte Rotkäppchen …
3. Adjektive oder PI/PII: die **frühere** Zeit, die **kommende** Woche, das **vergangene** Jahr
4. Nomen: die **Vergangenheit**, die **Antike**, meine **Jugendzeit**
5. Konjunktionen: **Wenn** du mich mal wieder besuchst, …
   Nachdem der Wolf die Großmutter …
6. Präpositionen und Vorsilben: Manche sagen, es ist schon fünf **vor** zwölf;
   … wenn unsere Uhr nicht **nach**geht.
7. Verben: Es **dauert** noch Wochen, bis …

3. Die Beziehungen zwischen Zeitvorstellungen und Tempusformen

Die deutsche Sprache hat fünf wichtige Tempusformen, um Zeitvorstellungen auszudrücken (und eine sechste – Futur II, die nur sehr selten verwendet wird).

Zeit	Die Beziehungen zwischen Zeit und Tempus	Tempus
Vergangenheit	(1) Die Nilpferde **hatten** sich den ganzen Tag **gelangweilt**.	Plusquamperfekt
	(2) Die Nilpferde **haben** einen sehr interessanten Nachmittag **verbracht**.	Perfekt
	(3) Die Nilpferde **langweilten sich**.	
	(4) Ein Nilpferd berichtete: „Da **kommt** so ein dummer Tourist daher und **will** uns fotografieren."	Präteritum
Gegenwart	(5) „Wie **war** doch noch der Name? – Ach ja, Müller, der Tourist."	
	(6) Der Tourist **fotografiert** gerade Nilpferde.	Präsens
	(7) Touristen **sind** oft etwas **naiv**.	
Zukunft	(8) Der Tourist schimpft: „Morgen **erwische** ich sie aber!"	
	(9) Er **wird** sie auch morgen nicht **erwischen**.	Futur
	(10) Der Tourist denkt: „Gleich **habe** ich sie **erwischt**!"	
	(11) Der Tourist denkt: „Gleich **werde** ich sie **erwischt haben**!"	Futur II

Die einzelnen Tempusformen (rechte Spalte) sind den drei Zeitvorstellungen (linke Spalte) zugeordnet:
━━━➤ Hauptverwendungen
───➤ Hauptverwendungen, die nicht so häufig vorkommen
··········➤ stilistisch besondere, eher seltene Verwendungen

4. Die Grundverben „haben/sein" für Perfekt und Plusquamperfekt

Die meisten Verben bilden Perfekt/Plusquamperfekt mit **hat/hatte + PII**; auch alle Verben mit **sich** (➢ Katalog, Liste 4) und die Grundverben **müssen**, **können** etc. (➢ Kapitel 1, A 8 und A 9):
Er/Sie hat/hatte … fotografiert, sich geärgert, nicht gewollt, nicht mitspielen wollen etc.

Drei Gruppen von Verben bilden Perfekt/Plusquamperfekt mit **ist/war + PII**:

1. Alle Verben, die eine Fortbewegung von Ort A nach Ort B ausdrücken, und die keine Ergänzung im Akkusativ haben:

laufen	Der Tourist **ist** den Fluss entlang **gelaufen**.
schwimmen	Die Nilpferde **sind** unter Wasser **geschwommen**.
wegtauchen	Sofort **sind** sie **weggetaucht**.
hin- und herhetzen	Der Tourist **ist** ständig **hin- und hergehetzt**.
aber:	
sich fortbewegen	Die Nilpferde **haben sich** unter Wasser **fortbewegt**.
betreten	Abends **hat** der Tourist mit hängender Zunge die Bar des Hotels **betreten**.

2. Alle Verben, die eine Veränderung von einem Zustand A in einen Zustand B ausdrücken, und die keine Ergänzung im Akkusativ haben:

einschlafen	Es war ein so langweiliger Tag, dass die Nilpferde fast **eingeschlafen sind**.
passieren	Aber dann **ist** doch etwas **passiert**.
geschehen	In der Bar fragte einer den Touristen: „Was **ist** denn **geschehen**?"
werden	Ach nichts, nur meine Fotos **sind** nichts **geworden**.
aufwachen	Nachts hatte er einen Horrortraum und **ist** davon **aufgewacht**.
aber:	
sich ereignen	An diesem Nachmittag **hat sich** ein eigenartiger Wettlauf **ereignet**.

3. Die Verben **sein** und **bleiben**:
Ich **bin** einmal in Afrika **gewesen** und dort drei Wochen **geblieben**.

5. Das Grundverb „werden" im Tempussystem

Futur I	**wird + Inf.**	Gleich **werde** ich die Nilpferde **erwischen**.
(Futur II	**wird + PII + haben**	Gleich **werde** ich sie **erwischt haben**.)
Passiv Präsens	**wird + PII**	Halt, hier **wird** nicht **fotografiert**!
Passiv Perfekt	**ist + PII + worden**	Der Tourist **ist** von den Nilpferden an der Nase **herumgeführt worden**.

6. Verbklassen

1. Die Verben der t-Klasse (manche sagen: „regelmäßige" Verben oder „schwache" Verben):
Sie bilden das Präteritum mit -**t** (-**et**):
sag-**t** + Endung: ich sag**te**, wir sag**ten**
red-**et** + Endung: er red**ete**, sie red**eten**
Sie bilden das P II vorne mit **ge**- und hinten mit -**t** (-**et**): **ge**-sag-**t**, **ge**-red-**et**

2. Die Verben der Vokalklasse (manche sagen: „unregelmäßige" oder „starke" Verben):
Sie haben im Präteritum und im KII kein **-t**, aber eine Vokaländerung:

nehmen	nahm (du nahmst, ihr nahmt; KII: sie nähmen)
laufen	lief (man lief, sie liefen; KII: sie liefen)
gehen	ging (ich ging, wir gingen; KII: sie gingen)

Sie können in der 2. und 3. Person Singular Präsens eine Änderung beim Vokal und bei den Konsonanten haben:

nehmen	du nimmst; er/sie/es/man nimmt
laufen	du läufst; er/sie/es/man läuft

Sie bilden ihr PII vorne mit **ge-** und hinten mit **-en** und können dabei ebenfalls Änderungen beim Vokal und bei den Konsonanten haben.

Sie finden die Liste zu diesen Verben in „Grammatik aus dem Katalog" (➢ Liste 2).

3. Die (wenigen) Verben der Mischklasse (manche sagen: „gemischte" Verben):
Die Verben der Mischklasse sind Mischformen. Sie haben wie die t-Klasse im Präteritum und im PII **-t**; sie können wie die Vokalklasse Änderungen bei Vokal und Konsonanten haben.

denken	dachte/gedacht	bringen	brachte/gebracht
kennen	kannte/gekannt	können	konnte/gekonnt
verbrennen	verbrannte/verbrannt	dürfen	durfte/gedurft
		müssen	musste/gemusst

7. P(artizip) II

1. Folgende Verben bilden PII mit **ge-**:
   - Alle zweisilbigen Verben der t-Klasse (**ge** + Verbstamm + **t**):
     gehandel**t**, **ge**mach**t**, **ge**lach**t**, **ge**dach**t**, **ge**lern**t**
   - Vokalklasse (**ge** + Verbstamm + **en**):
     geschrieb**en**, **ge**lauf**en**, **ge**troff**en**, **ge**schwomm**en**
   - Verben mit trennbaren (betonten) Vorsilben (➢ Katalog, Liste 5a):
     an**ge**kommen, an**ge**fangen, ab**ge**macht, vorüber**ge**gangen, weg**ge**laufen
   - Einige Verben mit betonten Vorsilben, die aber nicht trennbar sind:
     gefrühstückt, **ge**kennzeichnet, **ge**antwortet, **ge**rechtfertigt

2. Folgende Verben bilden PII ohne **ge-**:
   - Alle Verben mit festen (untrennbaren, unbetonten) Vorsilben (➢ Kap. 13, A 1–11):
     erzählt, begriffen, vergessen, verstanden, wiederholt, zerrissen
   - Die Verben (aus dem internationalen Wortschatz) auf **-ieren**:
     studiert, gratuliert, telefoniert, fotografiert
   - Verben mit zwei Vorsilben:
     abbestellt, überbelegt, missverstanden

PII-Verwendung	Beispiel
Tempus (Perfekt/Plusquamperfekt)	Die Bernhardiner **haben/hatten** einen Tango getanzt.
Passiv	Es **wurde** ein feuriger Tango **getanzt**.
PII als Adjektiv	der **ausgetrunkene** Rettungsrum
PII als Teil des Prädikats	Die Bernhardiner **waren betrunken**.
Adverb	Sie rollten **betrunken** den Berg hinunter.

Das P(artizip) I finden Sie in Kapitel 16.

Übungen und Regeln und Stil

Gegenwart

1 ○○● *aktuelles Präsens*

Wir **sind gerade dabei**, aktuelle Präsenssätze **zu bilden**.

Das aktuelle Präsens (➢ GiK 3, Satz 6) drückt aus, dass etwas in der Gegenwart des Sprechers, im Moment des Sprechens aktuell ist. Dazu gibt es drei Varianten:

1. mit Adverbien: **gerade, im Moment, im Augenblick, derzeit** etc.
   Die Nilpferde langweilen sich gerade.
2. die Form: **Ich bin (gerade) dabei, Inf. + zu**
   Die Nilpferde sind gerade dabei, einen Touristen zu ärgern.
3. die (umgangssprachliche) Form: Ich **bin am (beim) + Inf.** (nominalisiert); sie drückt aus, dass man sich intensiv mit etwas beschäftigt.
   Der Papa ist am Kreuzworträtsellösen.

➢ Verändern Sie die Präsens-Sätze mit den drei Varianten 1–3.

Mutter kocht Kaffee und Vater liest die Zeitung.
Ich gewöhne mir das Rauchen ab.
Ich ändere mein Leben.
Unsere Lebensverhältnisse verändern sich.

2 ○○● *„So ist es"-Präsens*

Solche Präsenssätze **definieren** die Welt, wie sie **ist**.

Präsens wird für zeitübergreifende Aussagen verwendet (➢ GiK 3, Satz 7): Regeln, Normen, wissenschaftlich gesicherte Fakten, unbestreitbare Tatsachen, allgemeine Wahrheiten, Urteile und Vorurteile. Man drückt damit die Meinung aus, dass es immer schon so war und immer so bleiben wird.

➢ Interpretieren Sie die Sätze, indem Sie zusätzliche Erklärungen geben, warum es so ist.

Tango ist ein nicht so wilder, aber doch feuriger Tanz.
Nilpferde mögen keine fotografierenden Touristen.
Bei Lawinenalarm müssen die Rettungshunde sofort einsatzbereit sein.
Der Ball ist rund, und ein Spiel dauert 90 Minuten. (deutsche Fußballweisheit)

3 ○●● *Präteritum für Gegenwart*

In der Sprechstunde des Professors: „Wie **war** doch noch gleich Ihr Name?"

Es gibt einige (nicht sehr wichtige) Redesituationen, in denen man Präteritum für Sachverhalte der Gegenwart verwenden kann (➢ GiK 3, Satz 5).

➢ Lesen Sie die Sätze und erklären Sie, was jeweils gemeint ist.

Im Zug: „Wer war hier noch ohne Fahrschein?"
Im Restaurant: „Herr Ober, ich hatte noch ein Pils!"

Vergangenheit

4 ○○● *Präsens für Vergangenheit*

Und dann **geht** Rotkäppchen in den Wald und **hat** natürlich furchtbare Angst.

Mit Präsens kann man Vergangenheit ausdrücken, um dramatischer zu erzählen (➢ GiK 3, Satz 4); man spielt Theater, man tut so, als ob es gerade jetzt geschehen würde.

➤ Lesen Sie die Sätze dramatisch, ausdrucksvoll, spannend.

Also, ich muss dir was erzählen: Gestern, da war ich in der Stadt und lief so an den Schaufenstern entlang, und plötzlich kommt der Weihnachtsmann um die Ecke.
Plötzlich kommt Werner in die Küche und sagt, er will sich scheiden lassen.
Neulich laufe ich durch die Fußgängerzone, da kommt so ein junger Kerl auf mich zu und will Kleingeld haben.

➤ Übrigens: Sie können auch die ersten zwei Texte der Lesepause in dieser Weise dramatisieren und quasi in die Gegenwart versetzen.

5
●○○
Präteritum und Perfekt

„Es **war** einmal …"

Präteritum ist das Vergangenheits-Tempus für geschriebene und literarische Texte. Romane, Kurzgeschichten etc., die Vergangenes erzählen, verwenden bevorzugt das Präteritum; auch die Märchen, obwohl diese oft mündlich weitererzählt werden.
Wenn man selbst erlebte Geschichten mündlich erzählt, verwendet man dagegen meist Perfekt. Man drückt damit ein wenig aus, dass man mit dem Gefühl an dem Erlebten noch nahe dran ist. Kinder erzählen fast immer im Perfekt.

➤ Lesen Sie den Märchenanfang vom Rotkäppchen und erzählen Sie es dann so, als ob Sie ein Kind wären.

Es war einmal ein Wolf, der lebte im tiefen, dunklen Wald. Der war immer hungrig, denn er war schon alt, und die anderen Tiere, die er gern fressen wollte, waren viel schneller und gewitzter als er. Einmal hatte er wieder großen Hunger. Da kam er auf eine kluge Idee. Er wusste, dass am Waldesrand das Haus von Rotkäppchen war. Und Rotkäppchen musste einmal in der Woche zur Großmutter gehen. Die wohnte tief im Wald, und der Wolf hatte sie deswegen noch nicht gefressen, weil sie schon alt und zäh war. Der Wolf dachte, das ist meine Chance! Als Rotkäppchen wie jede Woche morgens um halb zehn losging, da lauerte der Wolf schon hinter der Hecke. Rotkäppchen kam gerade um die Ecke und sang das Liedchen „Wer hat Angst vor dem großen Wolf?". Da sprang der Wolf heraus und sagte: „Guten Tag, Rotkäppchen." … und so weiter …

6
●●○
„haben" oder „sein" im Perfekt

Ich **bin** aus der Stadt **hinausgegangen** und **habe** mich **treiben lassen**.

➤ Üben Sie den Gebrauch von **sein** und **haben** im Perfekt (➤ GiK 4).
Beachten Sie: Bei den Grundverben wird das Präteritum bevorzugt.

Ich sitze am Schreibtisch. Ich bin unruhig. Ich stehe auf. Ich gehe im Zimmer auf und ab. Ich begebe mich in die Küche. Ich weiß nicht, was ich will. Ich mache Tee. Ich rauche. Ich bleibe nicht im Zimmer. Ich verlasse das Haus. Ich laufe aus der Stadt hinaus. Ich besteige einen Hügel. Ich setze mich ins Gras. Ich lasse mich treiben. Ich schlafe auf der Wiese ein. Ich träume. Eine Frau tritt in meinen Traum. Ich gehe mit der Frau über die Wiesen. Ich lege mich neben sie ins Gras. Ich schlafe neben ihr ein. Ich träume von einer Frau. Ich wache neben ihr auf. Sie liegt neben mir. Ich wache auf. Ich bin allein. Aber ich bin nicht mehr unruhig. Ich gehe zurück in die Stadt und setze mich an den Schreibtisch.

7
●●○
Präteritum und Perfekt

➤ Vergleichen Sie die „Nilpferd-Geschichte" und das „Lawinenspiel" in der Lesepause, indem Sie die Verben markieren. Welche Zeitformen kommen jeweils vor? Interpretieren Sie den Unterschied im Stil. Die Aufgaben 8–12 geben Ihnen dazu verschiedene Anregungen.

8
○○●
Präteritum und Perfekt, regional

In Süddeutschland kann man Präteritum in mündlichen Erzählungen kaum hören, denn die süddeutschen Dialekte haben die Präteritumformen ganz verloren. In Norddeutschland kann man dagegen auch im Präteritum erzählen.

➤ Lesen Sie die drei „Minni"-Geschichten (von Margret Rettich) und erzählen Sie sie noch einmal in der Vergangenheit, erst in „norddeutscher", dann in „süddeutscher" Erzählweise.

Um acht soll Minni ins Bett. Das passt ihr nicht. Heimlich stellt sie die Uhr zurück. Papa stellt den Fernseher an. Er wundert sich, dass die Nachrichten vorbei sind.

Papa, Mama und Minni gehen essen. Sie spielen feine Leute und sagen SIE zueinander. Später rennen sie durch den Park. Nun sagen sie wieder DU.

Mama gießt Kaffee ein. Sie gießt daneben und Papa auf die Hand. Papa springt auf und tritt Minni auf den Fuß. Minni fällt vom Stuhl und zieht das Tischtuch runter. Das Geschirr fällt Mama auf den Schoß. Papa und Minni sagen zu Mama: „Du hast angefangen."

9
○●●
Präteritum bei Grundverben

Die Nilpferde **konnten** den Touristen nicht leiden.

Bei den Grundverben gibt es eine Tendenz zum Präteritum: Die Präteritum-Formen sind kürzer als Perfekt-Formen (➢ Kap. 1, A 8).

➤ Vereinfachen Sie die folgenden Sätze, indem Sie Präteritum bilden. Beachten Sie, dass es im Konjunktiv nur eine Vergangenheitsform gibt. (➢ Kap. 4, GiK 1)

Der Tourist war sauer, weil er die Nilpferde nicht hat fotografieren können.
Die Bernhardiner sind entlassen worden, nachdem es nicht hat vermieden werden können, dass sie Unsinn getrieben hatten.
Die Bergwacht hat die beiden Bernhardiner entlassen müssen.
Die Bergwacht hätte mit den beiden Geburtstagshunden toleranter sein können. (!)

10
○●●
Präteritum: veraltet

Als der Dichter zu reden **anhob** und Lyrik im Saal **erscholl**, flohen alle Zuhörer.

Bei den Verben der Vokalklasse klingen manche Präteritum-Formen manchmal fremd, altmodisch oder „geschwollen".

➤ Lesen Sie das „Pseudo-Goethe-Gedicht" (➢ S. 51) noch einmal, aber im Präteritum; beginnen Sie mit: Als Goethe ...

11
●●●
Präteritum: Stil

➤ Lesen Sie den Text „Der Kaffeeautomat" von Ralf Thenior in der Lesepause (➢ S. 25). Man kann in diesem Text eine zeitliche Eile empfinden, etwas Vorwärtstreibendes, Gehetztes. Präteritum hat manchmal die Wirkung der Ruhelosigkeit, der Endlosigkeit.

➤ Im folgenden Text wird diese Wirkung auch durch die vielen Kommas unterstrichen.

Gib's auf

Es war sehr früh am Morgen, die Straßen rein und leer, ich ging zum Bahnhof. Als ich eine Turmuhr mit meiner Uhr verglich, sah ich, dass es schon viel später war, als ich geglaubt hatte, ich musste mich sehr beeilen, der Schrecken über diese Entdeckung ließ mich im Weg unsicher werden, ich kannte mich in dieser Stadt noch nicht sehr gut aus, glücklicherweise war ein Schutzmann in der Nähe, ich lief zu ihm und fragte ihn atemlos nach dem Weg. Er lächelte und sagte: „Von mir willst du den Weg erfahren?" „Ja", sagte ich, „da ich ihn sonst nicht finden kann." „Gib's auf, gib's auf", sagte er und wandte sich mit einem großen Schwunge ab, so wie Leute, die mit ihrem Lachen allein sein wollen.

Franz Kafka

➤ Lesen Sie in der Lesepause (➢ S. 25) den Text „Der Vater“ von Christoph Meckel. Die Rastlosigkeit der endlosen Aktivitäten des Vaters, seine Pedanterie werden durch die Präteritum-Form der Verben drastisch charakterisiert. Gleichzeitig entsteht eine – fast kalte – Distanz des Autors zur Person des Vaters.

12
●●○
„haben“ oder „sein“ im Perfekt

Was ist richtig: **Hat** Michael Schumacher einen Ferrari gefahren, oder **ist** er damit gefahren?

Hier finden Sie Verben, die je nach Bedeutung ihr Perfekt mit **haben** oder mit **sein** bilden.

➤ Interpretieren Sie die Sätze und vergleichen Sie sie mit den Regeln von GiK 4. Die Deutschen sind aber nicht immer sehr genau damit. Erklären Sie die Bedeutungsunterschiede.

Er ist sehr gern nach Afrika gefahren.	Am liebsten hat er den Dienstwagen gefahren.
Die Nilpferde sind im Fluss geschwommen.	Der Tourist hat eine halbe Stunde im Swimmingpool des Hotels geschwommen.
Der Tourist ist am Ufer hin- und hergelaufen.	Ein Nilpferd hat die Zeit gestoppt und gerufen: „Bravo, jetzt hat er die hundert Meter in weniger als 30 Sekunden gelaufen.“

13
●●○
Präteritum oder Perfekt?

Haben sie es **gecheckt**, oder **checkten** Sie es?

Gibt es doch Bedeutungsunterschiede zwischen Präteritum und Perfekt? Hier sind kleine Situationen, in denen man Präteritum und Perfekt nicht gut austauschen kann.

➤ Versuchen Sie, Erklärungen dafür zu finden.

Eine Gruppe von Menschen tritt aus dem Haus, einer ruft sofort: „Schaut mal, es **hat geschneit**!“
Jemand kommt, mit hochrotem Kopf, aber strahlend, aus einem Prüfungszimmer und ruft den wartenden Freunden zu: „Ich **hab's geschafft**!“
Jemand inseriert im Lokalteil der Zeitung: „Wir **haben** am letzten Montag unser Restaurant ‚Zum Nilpferd‘ **eröffnet**.“
Jemand lamentiert: „Ich **kam** und **kam** nicht dazu, die Wohnung ein wenig in Ordnung zu halten.“

14
●●●
Zeitungsstil

In aktuellen Nachrichten, Zeitung und Rundfunk kann man die erste Meldung, die Hauptbotschaft oft im Perfekt lesen, den weiteren Bericht dann im Präteritum und Plusquamperfekt.

➤ Lesen Sie den Text und achten Sie beim Zeitungslesen und bei den Nachrichten im Radio und im Fernsehen auf diese Stilform.

Im Kanton Bern **haben** zwei alkoholisierte Rettungsbernhardiner beinahe eine Lawine **ausgelöst**.
Wie heute Vormittag aus Bern **berichtet wurde, hatten** sich die beiden Zwillingshunde an ihrem Geburtstag mit dem zu Rettungszwecken mitgeführten Rum **betrunken** und allerlei **Unsinn getrieben.** Als sie den Berg **hinabkullerten, lösten** sie im Tal Lawinenalarm **aus.** Die beiden pflichtvergessenen Tiere **wurden** sofort aus dem Rettungsdienst **entlassen.**

15 ○●● *Plusquamperfekt*

Der Tourist ging frustiert in die Hotelbar und trank sich einen Rausch an. Zuvor **hatte** er vergeblich **versucht**, die Nilpferde zu fotografieren.

Das Plusquamperfekt ist ein reines Vergangenheitstempus (➣ GiK 3, Satz 1). Es wird verwendet, wenn ein Ereignis schon sehr lange vorbei ist oder zwei Ereignisse in der Vergangenheit stattfanden, aber zu unterschiedlichen Zeiten. Das Plusquamperfekt kommt oft zusammen mit den Konjunktionen **nachdem**, **bevor**, **vorher**, **zuvor**, **früher**, **danach** etc. vor.

➤ Verbinden Sie die Sätze mit passenden Konjunktionen.

Etwas aufgeregt trat er ins Büro des Chefs. Er hatte noch seine Kleider geordnet.
Er brachte seine wenigen Angelegenheiten noch in Ordnung. Dann verschwand er auf immer.
Die Bernhardiner vergaßen alle ihre Pflichten. Sie wurden aus dem Rettungsdienst unehrenhaft entlassen.
Die Nilpferde hielten einen Nachmittag lang den Touristen zum Narren und verbrachten noch einen ruhigen und vergnüglichen Abend miteinander am Flussufer.

16 ●●● *Plusquamperfekt und Stil*

➤ Lesen Sie in der Lesepause den Text „Der Wunsch nach Sonntagsfrieden" von Peter Weiss: Es sind Szenen, die weit zurück liegen. Wie verstehen Sie den plötzlichen Wechsel ins Präteritum in dem Satz „… bis ich ihn eines Tages an den Kamin warf, …"?

Zukunft

17 ○○● *Präsens für Zukunft*

Ab morgen **höre** ich **auf** zu rauchen.

Im Deutschen wird normalerweise für Zukunft nicht Futur verwendet, sondern Präsens und ein Adverb mit Zukunfts-Bedeutung (➣ GiK 3, Satz 8). In vielen Sprachen ist das anders. Zu viel Futur ist also ein Fehler.

➤ Interpretieren Sie die folgenden Zukunfts-Sätze, indem Sie
a) geeignete Adverbien hinzufügen,
b) Futur bilden.

Sie hören von mir.	Die Welt geht unter.
Ich besuche Sie mal.	Wir müssen die Bernhardiner entlassen.
Kommst du zurück?	Wir stellen keine Zwillingshunde mehr ein.

18 ●●● *Perfekt für Zukunft*

Wenn Sie nach dieser Aufgabe verstanden haben, dass Deutschsprachige das Futur II kaum verwenden, haben Sie auch verstanden, dass das ganze Kapitel 2 eigentlich ziemlich einfach ist.
In Aufgabe 17 wurde gezeigt, dass man im Deutschen meistens Präsens (+ Adverb) für Zukunft verwendet (statt Futur). Ebenso wird meist Perfekt (+ Adverb) statt Futur II verwendet für Situationen, die in der Zukunft schon „abgeschlossen sein werden" (➣ GiK 3, Satz 11) = „abgeschlossen sind" (➣ GiK 3, Satz 10).

➤ Lesen Sie die Sätze und vergleichen Sie mit der selten verwendeten Form Futur II.

Der Professor: „Ich denke, das haben Sie bald verstanden."
Der Tourist: „…, aber morgen habe ich die dämlichen Nilpferde fotografiert!"
Der Gangster: „Bis heute Abend 18 Uhr haben Sie die 20 Mille zusammengekratzt, verstanden!"
Der Oberschüler: „Nächstes Frühjahr habe ich mein Abitur gemacht, und alle meine Probleme sind gelöst."

19
●●○
Futur und Stil

In den Aufgaben 17 und 18 wurde gezeigt, wie Präsens und Perfekt für Sachverhalte der Zukunft verwendet werden (➢ GiK 3, Sätze 8 und 10). Die „neutrale“ Sprechweise verzichtet auf Futur (mit „werden“). Wird Futur dennoch verwendet (➢ GiK 3, Sätze 9 und 11), kann es dafür verschiedene Motivationen geben.

➤ Lesen Sie die Sätze und ordnen Sie sie den sechs genannten Motivationen zu. Lesen Sie dazu auch „Keiner wird mir helfen“ in der Lesepause (➢ S. 25).

1. Verlassen Sie sich auf mich, ich werde Ihnen die Fotos besorgen!
2. Morgen wird es wohl regnen, da können Sie sowieso nicht fotografieren.
3. … und nächstes Jahr, nachdem ich mein Abitur abgelegt haben werde, werde ich mich bei Müller und Co. bewerben.
4. Wartet, euch werde ich schon kriegen!
5. Wahrlich, wahrlich, ich sage euch: Es wird sich ein großes Ozonloch über euch öffnen, die Eiskappen an den Polen werden schmelzen, die Meere werden das Land überfluten und der Kölner Dom wird im Wasser stehen.
6. Wir werden uns von der Tatsache, dass bereits zwei Höhlenrettungsmannschaften in der Höhle verschwunden sind, nicht davon abhalten lassen, eine weitere Höhlenrettungsmannschaft aufzustellen.

a) Drohung

b) Versprechen, Versicherung

c) Vermutung (➢ Tabelle 2, S. 13)

d) Stil eines Propheten, einer Wahrsagerin

e) Demonstration von Unbeirrbarkeit und Festigkeit (Politikerstil)

f) Pedanterie im Leben und im geschäftlichen Alltag

Karl Valentin bringt die Sache mit der Zeit auf den Punkt:

Früher war die Zukunft auch besser.

3

Vom Fressen und Gefressen werden

Aktiv, Passiv und andere Möglichkeiten, sich unpersönlich auszudrücken

Erste Paradiesgeschichte

In fünf Tagen schuf Gott die Welt: Am Montag vertrieb er die Dunkelheit und entzündete das Licht. Am Dienstag baute er den Himmel. Am Mittwoch bildete er Erde und Meer, dachte sich Pflanzen aus und legte einen Garten an. Am Donnerstag hängte er die Sonne, den Mond und die Sterne auf. Und am Freitag formte er die Tiere. Am Samstag aber schlief er aus. Fünf Tage lang hatte er gesägt, gehämmert und gemalt, Pläne geschmiedet und wieder geändert. Er hatte gerechnet, geschrieben und gezeichnet, gemessen und gewogen. Jetzt war sein Haus leer, Stille war eingekehrt. Nur den Menschen musste er noch schaffen, und diese Aufgabe hatte er sich für den Samstag aufgehoben.

Helme Heine

Zweite Paradiesgeschichte

Als die Gazellen von den Löwen Mitbestimmung forderten, waren die Löwen dagegen. „Es kommt noch so weit, daß die Gazellen bestimmen, wen wir fressen", sagten die Löwen. Sie beriefen sich auf eine unverdächtige Studie des WWF (World Wildlife Fund) und sprachen von Wildpartnerschaft bei klarer Kompetenzentrennung: Fressen auf der einen Seite, Gefressenwerden auf der anderen Seite. „Denn", so sagten sie, „es liegt auf der Hand, daß einer nicht zugleich etwas vom Gefressenwerden und vom Fressen versteht. Und der Entscheid, jemanden zu fressen, muss schnell und unabhängig gefasst werden können." Das leuchtete denn auch den Gazellen ein. „Eigentlich haben sie recht", sagte eine Gazelle, „denn schließlich fressen wir ja auch." „Aber nur Gras", sagte eine andere Gazelle. „Ja, schon", sagte die erste, „aber nur weil wir Gazellen sind. Wenn wir Löwen wären, würden wir auch Gazellen fressen." „Richtig", sagten die Löwen.

Peter Bichsel

Dritte Paradiesgeschichte: Weltende

Dem Bürger fliegt vom spitzen Kopf der Hut,
In allen Lüften hallt es wie Geschrei.
Dachdecker stürzen ab und gehn entzwei,
Und an den Küsten – liest man – steigt die Flut.

Der Sturm ist da, die wilden Meere hupfen
An Land, um dicke Dämme zu zerdrücken.
Die meisten Menschen haben einen Schnupfen.
Die Eisenbahnen fallen von den Brücken.

Jakob van Hoddis

Jennys Mahagonny-Song

Denn wie man sich bettet, so liegt man
Es deckt einen da keiner zu
Und wenn einer tritt, dann bin ich es
Und wird einer getreten, dann bist's du.

Bertolt Brecht

Das allzeit nützliche Passiv

„Wissen Sie, ob Signor La Capra jetzt in dem Palazzo wohnt?"
„Ja. Er hat uns sogar schon einige Male gerufen, um Kleinigkeiten beheben zu lassen, die bei der Arbeit in den letzten Wochen übersehen worden waren."
Aha, dachte Brunetti, das allzeit nützliche Passiv: Kleinigkeiten „waren übersehen worden", nicht Scattalons Arbeiter hatten sie übersehen. Wie wundervoll doch die Sprache war.

Donna Leon

Worte zum Jahrestag der Zerstörung der Tübinger Synagoge

Der Gedenkstein für die am 9. 11. 1938 abgebrannte Synagoge, der am 9. 11. 1978 enthüllt wurde, verliert völlig seinen historischen Sinn, wenn nur die Niederbrennung der Syngoge erwähnt wird, aber nicht erklärt wird, wer der Täter war. Auf dem Stein ist noch Platz, da kann man ergänzend hineinmeißeln, dass die Synagoge von deutschen Faschisten oder Nationalsozialisten niedergebrannt wurde. Obwohl am 9. November viel für die Aufklärung der Bevölkerung, viel in den Schulen getan wurde, um die „Reichskristallnacht" in Erinnerung zu bringen in all ihrer Schrecklichkeit, so nimmt die Schrift auf dem Gedenkstein vieles zurück und vermindert die Glaubwürdigkeit der Reue-Bekenntnisse. Die Zeitungsartikel, die Filme werden schon bald vergessen sein, aber der Gedenkstein an der Ecke Garten- und Nägelestraße bleibt für immer, und die Inschrift ist von enormer Bedeutung für den Ausdruck der ehrlichen Betroffenheit, ehrlichen Leidens um die Tatsache, dass es Deutsche waren, die diese Verbrechen begangen haben.

Karola Bloch

Grammatik im Kasten

1. Ein Katalog von Möglichkeiten, sich unpersönlich auszudrücken

In vielen Grammatiken und im Deutschunterricht spricht man vor allem von Aktiv und Passiv. Aktivsätze sind einfach, Passivsätze komplizierter, weshalb sie intensiv geübt werden.
Passiv ist eine wichtige Möglichkeit der deutschen Sprache, wenn man sich unpersönlich ausdrücken will. Aber es ist nicht die einzige Möglichkeit: Es gibt dafür einen ganzen Katalog, den wir hier vorstellen und in diesem Kapitel behandeln.

1. Passiv:	Mit Passivsätzen **kann ausgedrückt werden**, was geschieht.
2. man:	Mit Passivsätzen kann **man** ausdrücken, was geschieht.
3. du/wir/sie/Sie:	Wenn **du** das Passiv kannst, kannst **du** Deutsch.
4. -bar/-lich:	Alle diese Sätze sind leicht **verständlich** und auch gut **lesbar**.
5. lässt sich:	Mit Passivsätzen **lässt sich** gut ausdrücken, was geschieht.
6. ist … zu:	Das **ist** ja alles ganz leicht **zu** verstehen.
7. N-V-Verbindungen:	Dass Passiv wichtig ist, **steht außer Frage**.
8. Verben mit „sich“:	**Es versteht sich** von selbst, dass man das Passiv üben muss.
9. Verben mit Passiv-Bedeutung:	Hier schließt der Katalog, mehr Möglichkeiten **kriegen** Sie nicht.

Es kommt nicht nur darauf an, richtige Passivsätze bilden zu können. Es kommt darauf an, über den ganzen Katalog sprachlicher Varianten zu verfügen und diese stilistisch so anzuwenden, dass gutes Deutsch entsteht.

2. Was sagen die Begriffe Aktiv und Passiv?

In der Umgangssprache bedeutet aktiv/Aktivität: etwas tun, handeln, aktiv sein; passiv/Passivität bedeutet: nichts tun; nur reagieren, ohne aktiv zu sein; Mangel an Aktivität. In der Grammatik bedeuten Aktiv und Passiv bestimmte Formen des Satzes.
In Aktivsätzen sieht man besonders, wer etwas tut, wer in Aktion ist:
Gott **baute** am Dienstag den Himmel. (Gott machte etwas; Gott als Macher.)
Löwen **fressen** besonders gerne Gazellen. (Die Löwen tun etwas; Löwen als Gazellenfresser.)
In Passivsätzen sieht man besonders, was passiert, was geschehen ist, was los ist; die Aktion, der Vorgang, der Prozess werden beschrieben; wer etwas tut oder getan hat, erscheint auf den ersten Blick nicht so wichtig:
Am Donnerstag **wurden** Sonne, Mond und alle Sterne **aufgehängt**.
(Es geht um das Aufhängen, das Aufgehängtwerden der Himmelskörper.)
Keine Gazelle **möchte** gern **gefressen werden**, auch nicht von einem Löwen.
(das schreckliche Geschehen des Gefressenwerdens)

Aber Vorsicht:
Nicht alle Aktivsätze bedeuten wirklich, dass jemand besonders „aktiv“ ist; in den folgenden Beispielen geht es nicht sehr aktiv zu:
Im Unterricht schlafe ich immer besonders gut und tief. (Schlaf).
Wenn ich bei dir bin, bin ich ruhig und ganz entspannt. (Ruhe, Entspannung).
Ich kann nichts, ich will nichts und ich bin nichts. (Depression).
Früher war die Erde ein Paradies. (Zustand)

Nicht alle Passivsätze bedeuten Passivität; in den folgenden Beispielen geht es sehr aktiv zu:
Bis um vier Uhr morgens wurde auf dem Marktplatz getrommelt. (Aktion, Lärm)
Schließlich wurde aus einem Fenster ein Eimer Wasser heruntergeschüttet. (Aktion, Chaos)
Beim Zahnarzt: „So, und jetzt wird ein bisschen gebohrt!“ (höchste Aufregung)

3. Formen des Passivs

	einfaches Passiv	Passiv + Modalverb
Tempus	Was in den ersten Tagen der Schöpfung geschieht/geschah/geschehenist/ geschehen war.	Was am fünften Tag der Schöpfung noch geschehen muss/geschehen musste/hat geschehen müssen/hatte geschehen müssen.
Präsens	Die Dunkelheit **wird** (von Gott) **vertrieben**. Die Tiere **werden** (von Gott) **geformt**. (Aktiv: Gott vertreibt die Dunkelheit. Gott formt die Tiere.)	Der Mensch **muss** (von Gott) **geschaffen werden**. Mann und Frau **müssen** (von Gott) **geschaffen werden**. (Aktiv: Gott muss den Menschen schaffen.)
Präteritum	Die Dunkelheit **wurde** (von Gott) **vertrieben**. Die Tiere **wurden** (von Gott) **geformt**. (Aktiv: Gott vertrieb die Dunkelheit. Gott formte die Tiere.)	Der Mensch **musste** (von Gott) **geschaffen werden**. Mann und Frau **mussten** (von Gott) **geschaffen werden**. (Aktiv: Gott musste Mann und Frau schaffen.)
Perfekt	Die Dunkelheit **ist** (von Gott) **vertrieben worden**. Die Tiere **sind** (von Gott) **geformt worden**. (Aktiv: Gott hat die Dunkelheit vertrieben und die Tiere geformt.)	Der Mensch **hat** (von Gott) **geschaffen werden müssen**. Mann und Frau **haben** (von Gott) **geschaffen werden müssen**. (Aktiv: Gott hat den Menschen schaffen müssen.)
Plusquam-perfekt	Die Dunkelheit **war** (von Gott) **vertrieben worden**. Die Tiere **waren** (von Gott) **geformt worden**. (Aktiv: Gott hatte die Dunkelheit vertrieben. Gott hatte die Tiere geformt.)	Der Mensch **hatte** (von Gott) **geschaffen werden müssen**. Mann und Frau **hatten** (von Gott) **geschaffen werden müssen**. (Aktiv: Gott hatte Mann und Frau schaffen müssen.)

Übrigens: Futur-Formen werden im Deutschen selten verwendet, so dass wir sie hier weglassen. Das Nötige steht in Kapitel 2.

Passiv in Nebensätzen
Es passiert jeden Tag, dass eine Gazelle **gefressen wird**.
Es war Donnerstag, als die Sonne, der Mond und die Sterne **aufgehängt wurden**.
Die Geschichte geht noch weiter, weil Adam und Eva noch nicht **erschaffen worden sind**.
Ein richtiger Löwe weiß, dass Gazellen von Löwen **gefressen werden dürfen**.
Es war klar, dass auch noch eine Frau **hat erschaffen werden müssen**.

4. Einige Funktionen des Passivs

1. Das Geschehen wird betont: Und jetzt müssen noch die Sterne aufgehängt werden.
2. Passiv beschreibt Normen: Bei uns wird sehr präzise gearbeitet. (➢ A 18, Text 1)
3. Äquivalent zu einem unpersönlich gemeinten Aktiv: Mit dem Knopf wird die Maschine angeschaltet. (➢ A 1 und A 2)
4. Perspektive des Opfers: Und am Ende wurden alle Hühner geschlachtet. (➢ A 1, Satz 5)
5. Sprecher hat Gründe, das Agens wegzulassen: Ein paar Kleinigkeiten sind übersehen worden. (➢ Lesepause S. 36, Texte von Donna Leon und Karola Bloch; A 1 und A 2, Nr. 5)
6. Strenger, befehlender, autoritärer Klang: Verdammt, jetzt wird aber gearbeitet! (➢ A 18, Text 3)
7. Super-Aktiv: Bis nachts um drei wurde gesungen und getanzt. (➢ A 18, Text 2)

Übungen und Regeln

„Wer war's?" Täter – Macher: Agens

1 ○●● *Wer war's? Agens*

➤ Lesen Sie die Passiv-Sätze. Wer jeweils der Täter, der Macher, das Agens ist, wird im Satz nicht gesagt. Es steht aber in der Klammer.

1. Mit diesem Knopf wird die Waschmaschine eingeschaltet.
   (Von jedem, der waschen will; das Agens ist uninteressant.)
2. Der Briefkasten wird erst morgen früh wieder geleert.
   (Von der Post; das Agens „Post" ist quasi im Wort „Briefkasten" mitgenannt.)
3. „Haben Sie gehört? Heute Nacht ist in der Villa Sorgenklein eingebrochen worden."
   (Von Dieben, die man aber noch nicht kennt.)
4. „Der Müller hat sein Haus verkauft". – „Ach, das wunderschöne Haus ist verkauft worden?"
   (Von dem gerade genannten Herrn Müller; die Wiederholung ist überflüssig.)
5. „Ja, die Kinder sind leider sehr vernachlässigt worden."
   (Von den Eltern; aber das möchte man aus Gründen der Diskretion oder Feigheit nicht laut sagen.)
6. Und dann sind die Bewohner des Dorfes auf Lastwagen getrieben und wegtransportiert worden.
   (Von Soldaten, die wie Automaten funktionieren; man möchte vielleicht nichts mit dem schrecklichen Geschehen zu tun haben, nicht verantwortlich sein müssen.)

2 ○○● *Passiv ohne Agens*

➤ Bilden Sie Passivsätze, ohne das Agens zu nennen. (Die Zahlen entsprechen den Zahlen in Aufgabe 1 und den Erklärungen dort.)

Du musst das Geschirr spülen! (5)
Die Bauarbeiter reißen vor dem Haus die Straße auf. (2)
Die Polizei hat mehr als fünfzig Demonstranten festgenommen. (6)
Keine Angst, irgendjemand wird die Sache erledigen. (3)
Die Eltern haben die beiden Kinder nicht gut erzogen. (5)
Man bildet Passivsätze mit „werden". (1)
Um halb zwei heute Nacht hat mich irgendwer angerufen. (3)
An dieser Stelle stand die Synagoge, die Tübinger Nazis im November 1938 niedergebrannt haben. (6)

3 ○●● *„von" oder „durch"*

Ein Prinz hat Dornröschen wachgeküsst. → Dornröschen wurde **von einem Prinzen** wachgeküsst.
Ein Kuss hat Dornröschen geweckt. → Dornröschen ist **durch einen Kuss** geweckt worden.

In diesen Passiv-Sätzen wird das Agens genannt. Die wichtigsten Formen sind:
von + D(ativ) und **durch** + A(kkusativ).
von + D: Agens sind Personen und alles, was man sich als Person vorstellen kann (Regierung, Gesellschaft, Schule, Ehe, Natur, Gott, Wetter, Motive).
durch + A: das Agens ist Mittel oder Instrument; es klingt abstrakter, unpersönlicher, oft nach Behördensprache.

➤ Setzen Sie die Sätze ins Passiv: Gruppe 1 mit **von** + D; Gruppe 2 mit **durch** + A.

1 Eine alte Dame und ihre drei Hündchen haben den Unfall genau beobachtet.
Einige Studenten haben das Passiv immer noch nicht genau begriffen.
Der Alkohol hat ihn vollständig ruiniert.
Der Freiheitswille der Menschen hat die Diktatur überwunden.

2 Diese Methode revolutioniert unsere Produktion.
Der neue Bierautomat hat die Arbeitsmoral nachteilig beeinflusst.
Das Husten eines kleinen Vogels hat die Lawine ausgelöst.
Kleine Dinge können große Konsequenzen verursachen.

Bei manchen Beispielen können **von** und **durch** verwendet werden.

➤ Probieren Sie es bei den Beispielsätzen aus.

4
●●○
nominalisiertes Passiv

die Planung der Siedlung **durch** ein Architektenteam

➤ Lesen Sie die Sätze, achten Sie auf ihre grammatische Form.

Ein Architektenteam hat die Siedlung geplant. (Aktiv)
Die Siedlung wurde **von** einem Architektenteam geplant. (Passiv: von + D)
Die Siedlung wurde **durch** ein Architektenteam geplant. (Passiv: durch + A)
... die Planung der Siedlung **von** einem Architektenteam (nominalisierter Satz; aber klingt er gut? Ist er eindeutig interpretierbar? Die Siedlung gehört doch nicht den Architekten!)
... die Planung der Siedlung **durch** ein Architektenteam (nominalisierter Satz, korrekt)

Bei Nominalisierungen ist also die Unterscheidung zwischen **von** und **durch** aus Aufgabe 3 nicht mehr relevant. Wenn Passiv-Sätze nominalisiert werden, ist **von** + D missverständlich; man verwendet dann **durch** + A. Sie finden Übungssätze dazu in Kapitel 14, Aufgabe 3.

5
●●●
komplexe Präpositionen

Die Stadtverwaltung hat alles veranlasst.
→ **Von der/Durch die Stadtverwaltung** wurde alles veranlasst.
→ **Seitens der Stadtverwaltung** wurde alles veranlasst.

In der Schriftsprache gibt es noch andere Präpositionen (oft mit Genitiv), mit denen das Agens bezeichnet werden kann: **seitens**, **von Seiten**, **mittels**, **mithilfe**, **aufgrund** etc.

➤ Lesen Sie die Beispiele. Bilden Sie aus den schriftsprachlich formulierten Sätzen einfachere Passivsätze und Aktivsätze.

Aufgrund seiner Qualitäten wurde seine Karriere erleichtert.
Mittels eines einfachen Tricks wurde das Problem gelöst.
Von Seiten der Opposition kam kein Widerspruch.
Aufgrund eines Zufalls wurde der Fehler ans Licht gebracht.
Mithilfe eines Stipendiums konnte ich meinen Studienaufenthalt finanzieren.

„In Deutschland sind die Geschäfte fast immer geschlossen!" – Das Zustands-Passiv

6
●●○
Zustandspassiv

Vor einigen Jahren wurde in Deutschland das Ladenschlussgesetz geändert. Das heißt, Geschäfte haben abends und am Samstag länger geöffnet als früher – einige, aber leider nicht alle.

➤ Lesen Sie die dramatische Szene, die so immer noch in Deutschland passieren könnte.

18.27 Uhr:	Ein Mensch rennt die Straße entlang in Richtung auf einen kleineren Supermarkt.
18.29 Uhr:	Eine Angestellte des Supermarkts mit weißem Kittel nähert sich von innen her der Eingangstür, in der Hand einen Schlüsselbund.
18.30 Uhr:	Die Angestellte steckt den Schlüssel ins Schloss der Eingangstür und schließt sie ab.
18.31 Uhr:	Der Mensch kommt atemlos an der Tür an, will sie aufstoßen und rennt mit dem Kopf gegen die verschlossene Tür. Er sagt: „Mist, der Sch...-Laden ist schon geschlossen."

Hier sind vier Wege, die Form des Zustands-Passivs zu erklären:

1. In den bisherigen Passiv-Beispielen wurde immer eine Aktion, eine Handlung, ein Prozess ausgedrückt. Einige sprechen daher von „Vorgangs"-Passiv. Das Hilfsverb dafür ist **werden**; die Perfekt-Form: **ist ... worden**.

Punkt 18.30 Uhr ist der Supermarkt	von der Angestellten	geschlossen worden.
Uhrzeit	Täter, Agens	Tat, Aktion, Vorgang

Damit ist der Vorgang, die Aktion beendet. Ab jetzt besteht ein fester „Zustand":
Der Supermarkt **ist geschlossen**; der **geschlossene** Supermarkt.

2. Man kann Zustands-Passiv als die Verkürzung der Form Perfekt Passiv verstehen. Es fallen weg:
- die Form **worden**
- das Agens
- andere Vorgangs-Aspekte, z.B. die Uhrzeit

Der Supermarkt ist (Punkt 18.30 Uhr) (von der Angestellten) geschlossen (worden).

3. Im Beispielsatz hat das PII **geschlossen** die Funktion „Teil des Prädikats" (➢ Kap. 1, A 3); das Verb heißt **geschlossen sein**; man findet oft einen synonymen Ausdruck für das PII: **zu**; das Verb heißt **zu sein**.
Der Student könnte also auch gesagt haben: „Mist, der Sch...-Laden ist zu!"

4. („Vorgangs"-)Passiv und Zustands-Passiv können auch zwei verschiedene Sehweisen ausdrücken, zwei verschiedene Aspekte des Interesses.
Die Angestellte hat das Interesse: Jetzt schließe ich die Tür (denn ich bin daran interessiert, pünktlich nach Hause zu kommen, keine Überstunden zu machen; also schließe ich die Tür, bzw. die Tür wird von mir pünktlich um 18.30 geschlossen).
Der Mensch vor der Tür interessiert sich dafür nicht; er ist nur daran interessiert, noch eine Tüte Milch zu kaufen, dass also die Tür noch nicht geschlossen ist, dass der Supermarkt noch offen ist.

7 ○●● *Zustandswörter*

Endlich ist der Backenzahn **gezogen**. ↔ Endlich ist der Backenzahn **raus**.

➢ Ändern Sie die Sätze. Verwenden Sie in Gruppe 1 statt PII andere Wörter, die den Zustand beschreiben. Ersetzen Sie in Gruppe 2 die hervorgehobenen Wörter durch PII.

1 Ist das Restaurant heute **geschlossen**?
Jeden ersten Samstag des Monats ist unser Geschäft bis 16 Uhr **geöffnet**.
Die Tagung wird erst am Spätnachmittag **beendet** sein.
Den ganzen Tag bin ich herumgerannt; jetzt bin ich völlig **erschöpft**.

2 Die Plätzchen sind schon wieder **alle**.
Und als die Meisterin erwacht', da war die Arbeit schon **fertig**.
(Gereimtes aus dem Märchen von den Heinzelmännchen von Köln)
Ach du lieber Gott, der Geldbeutel ist **weg**.
Die Briefe von heute sind schon **weg**.

8 ●●● *Formen-Verwirr-Spiel für Könner*

In dieser Aufgabe können „Könner" zeigen, dass sie sich von der deutschen Grammatik nicht verwirren lassen. Im Deutschen sehen nämlich drei verschiedene Verb-Formen völlig gleich aus:
1. Zustands-Passiv
2. Präsens von Verben, die aus **sein + PII** gebildet werden (z.B. verliebt sein) (➢ Kap. 1, A 3)
3. Perfekt Aktiv bei Verben mit **sein** im Perfekt (➢ Kap. 2, GiK 4)

➢ Geben Sie mit der Zahl 1–3 an, worum es sich in den Sätzen handelt.

Ich glaube, ich bin verliebt. ☐
Da bin ich sehr erschrocken. ☐
Genau um 18.31 Uhr ist vor dem Supermarkt die Bombe explodiert. ☐

Ihre Kinder sind aber wirklich schlecht erzogen, Frau Meier! ☐
Ich bin im Juni 1964 in Kalifornien geboren. ☐
Leider ist er zu früh gestorben. ☐
Ganz klar, das ganze Buch ist in einem schlechten Stil geschrieben. ☐
Keine Angst, es ist alles schon erledigt. ☐
Und plötzlich erschien ein Geist und sagte mir etwas; da bin ich aufgewacht. ☐
Wir glauben, zum Zustands-Passiv ist jetzt alles gesagt. ☐

Andere Möglichkeiten, sich unpersönlich auszudrücken

9 ●○○ *„man"*

Hier kann **man** Sätze mit „man" üben.

Oft sind Aktiv-Sätze mit **man** ähnlich unpersönlich wie Passivsätze.

➤ Bilden Sie aus den Sätzen der Gruppe 1 Passivsätze, aus den Sätzen der Gruppe 2 **man**-Sätze. Probieren Sie aus, in welchen Sätzen **du, wir** oder **Sie** sinnvolle Alternativen sind.

1 So kann man das wirklich nicht sagen.
Ich denke manchmal, hier arbeitet man zu viel.
In unserer Region spricht man wirklich nicht das allerbeste Hochdeutsch.
Wenn man „man" mit zwei ‚n' schreibt, hat man mehr als einen Fehler gemacht.

2 Abends kann jetzt länger eingekauft werden.
Jetzt kann wieder freier geatmet werden.
Auch bei uns wird heute weniger geraucht und mehr vegetarisch gegessen.
In Frankreich werden „dessous" getragen, in Deutschland Unterhosen.

10 ●●○ *„-lich"/„-bar"*

Unverzicht**bar** und sehr gebräuch**lich** sind Adjektive mit **-bar** und **-lich**.

Adjektive mit den Endungen **-lich** und **-bar** konkurrieren mit Passivsätzen mit **können**, **dürfen**, **sollen**, **müssen** (➢ Kap. 13, A 18).

➤ Bilden Sie aus den Sätzen der Gruppe 1 Passivsätze, verwenden Sie in den Sätzen der Gruppe 2 Adjektive mit **-lich/-bar**. Probieren Sie auch die Varianten mit **man, du, wir, Sie** aus.

1 Diese Aufgaben sind in der knappen Zeit nicht lösbar.
Bist du dir sicher, dass alle Pilze, die du gefunden hast, essbar sind?
Diese Bilder sind unverkäuflich.
Seine Formulierungen waren sehr missverständlich.

2 Ein Van Gogh kann kaum noch bezahlt werden.
Die Katastrophe konnte vorhergesehen werden.
Das Phänomen konnte lange nicht erklärt werden.

➤ Erklären Sie mit einigen Worten die Ausdrücke. Einige sind leicht mit Passiv- oder Aktivsätzen erklärbar, andere weniger leicht.

unerträglicher Lärm – ein unlösbarer Konflikt – ein unnachahmlicher Künstler – unentbehrliche Vitamine – absehbare Konsequenzen – ein verlässlicher Partner – unzertrennliche Freunde

11 ●●○ *„lässt sich" + Inf.*

Auch diese Aufgabe **lässt sich** leicht lösen.

lässt sich + Inf. konkurriert mit Passivsätzen mit **können**.

➤ Probieren Sie aus, welche Alternativen am besten geeignet sind: Passiv, **man** oder **-lich/-bar**. Verwenden Sie in den Sätzen der Gruppe 2 die Form **lässt sich + Inf.**

1 Das ganze System lässt sich kaum noch überschauen.
Einige Wörter lassen sich nur schwer aussprechen.
Glauben Sie mir, auch das Passiv lässt sich lernen.
Wenn man selbst nichts tut, lässt sich leicht Kritik äußern.

Etwas anderes bedeutet **lassen** in diesen Sätzen:
Die Katze ließ sich überhaupt nicht streicheln.
Er lässt sich nun mal nicht gern kritisieren.

2 Der Schaden konnte leicht repariert werden.
Diese teuren Sachen können überhaupt nicht verkauft werden.
Ihre Arbeit könnte ohne große Anstrengungen erheblich verbessert werden.
Keine Sorge, das Wahlergebnis kann in vier Jahren korrigiert werden.

12 ○●● *„sein … zu" + Inf.*

Haben Sie schon verstanden, was hier **zu üben ist**?

sein … zu + Inf. konkurriert mit Passivsätzen + **müssen/sollen/können/dürfen** (➢ Kap. 1, GiK 4 und A 5). Oft klingen diese Sätze streng, autoritär, bürokratisch.

➤ Bilden Sie aus den Sätzen der Gruppe 1 Passivsätze und probieren Sie auch die Alternativen aus. Verwenden Sie bei den Sätzen der Gruppe 2 die Form **sein … zu + Inf.**

1 Hier ist beim besten Willen nichts mehr zu machen.
Ein dicker Polizist brüllte: „Die Straße ist unverzüglich zu räumen!"
Seine Vorführung war so perfekt, dass nichts daran zu kritisieren war.

2 Die Miete soll pünktlich zum Monatsanfang gezahlt werden.
Seine Kritik konnte von den meisten Zuhörern nur schwer akzeptiert werden.
Der Widerspruch konnte schnell geklärt werden.

Ähnlich ist es mit **bleibt … zu + Inf.** (➢ Kap. 1, GiK und A 5). Vielleicht hören Sie in den beiden Sätzen ein Abwarten, eine gewisse Skepsis heraus.

➤ Bilden Sie Passivsätze.

Die weitere Entwicklung bleibt abzuwarten.
Jetzt bleibt nur noch zu sagen, dass die Kundgebung beendet ist.

13 ●●● *Nomen-Verb-Verbindungen*

Hier **stehen** besonders gewählte Ausdrücke der Schriftsprache **zur Diskussion**.
↔ Hier **werden** besonders gewählte Ausdrücke der Schriftsprache **diskutiert**.

Bestimmte Nomen-Verb-Verbindungen, Ausdrücke der Schriftsprache, konkurrieren mit Passiv (➢ Kap. 17). Auch hier klingt es oft so (wie in Aufgabe 14), als ob das Geschehen „automatisch" läuft, ohne wirklichen Verursacher.

➤ Bilden Sie aus den Sätzen der Gruppe 1 Passivsätze und achten Sie auf den Klang; formulieren Sie Alternativen. Verwenden Sie bei den Sätzen der Gruppe 2 passende Nomen-Verb-Verbindungen.

1 Mit ihrer Rückkehr **ging** sein heißester Wunsch **in Erfüllung**.
Jetzt **kommen** unsere neuesten Tricks **zur Vorführung**.
Sind denn unsere Themen **zur Sprache gekommen**?
Unsere Beispielsätze haben nicht nur **Zustimmung gefunden**.

2 Diese katastrophale Politik, meine Damen und Herren, muss sofort **beendet werden**!
Natürlich, so sagen die Politiker, **werden** alle diese Waffen niemals **eingesetzt**.
Auf tragische Weise ist er **getötet worden**.
Ab nächsten Monat **wird** unser neues Modell **verkauft**.

14 ●●○
„sich"-Verben

Das **ändert sich** so lange nicht, bis es geändert wird. (Liedzeile von Franz-Josef Degenhardt)

Manche Ausdrücke mit **sich** konkurrieren mit Passiv (➢ Katalog, Liste 4). Oft kann man damit ein wenig verbergen, wer verantwortlich ist.

➤ Bilden Sie aus den Sätzen der Gruppe 1 Passivsätze oder finden Sie andere Alternativen. Verwenden Sie bei den Sätzen der Gruppe 2 Verben mit **sich**.

1 Eine Lösung des Problems wird sich schon noch finden.
Herr Kommissar, ich glaube, der Fall hat sich aufgeklärt.
Rhetorik schreibt sich mit einem ‚h', Rhythmus mit zwei.

2 Ob ich den Job kriege, wird erst nach der Sommerpause entschieden.
Unsere Produktivität muss erheblich verbessert werden.
Warum soll denn jetzt alles verändert werden?

15 ●●○
Verben mit Passiv-bedeutung

Hoffentlich **bekommen** Sie keine Angst. Sie **kriegen** auch einen Preis dafür.

Hier erhalten Sie weitere Informationen über Verben, die mit dem Passiv konkurrieren:
bekommen, erhalten, kriegen, gehören.
kriegen und **gehören** sind Ausdrücke der Umgangssprache.

➤ Formen Sie die Sätzen der Gruppe 1 um, indem Sie eines dieser Verben verwenden. Bilden Sie aus den Sätzen der Gruppe 2 Passivsätze. Achten Sie dabei auf den Dativ.

1 Mir ist zum Geburtstag überhaupt nichts geschenkt worden.
Ihm wurde ein Job als Museumsaufseher gegeben.
Wurde Ihnen Ihr Zeugnis bereits ausgehändigt?
Dem Kerl wurden für seine schreckliche Tat nur zwei Jahre mit Bewährung gegeben.
Diese blödsinnigen Formulare sollten am besten abgeschafft werden.

2 Ich bekomme vom Weihnachtsmann eine Stereoanlage.
Von seinen Eltern kriegt er monatlich 500 Euro.
In feierlicher Form erhielten wir unsere Diplome.
Ich habe einen komischen Brief vom Finanzamt gekriegt.
Am Stammtisch: „So eine Politik gehört verboten, alle Politiker gehören eingesperrt."

16 ●●○
Alles geht von selbst.

Die Buchhandlung **schließt** um 18.30 Uhr und samstags schon um 13 Uhr. Unser Geschäft **öffnet** am kommenden Montag. Die Eier **kochen**.

Diese Verben haben schon eine Passivbedeutung.

➤ Bilden Sie aus diesen Beispielsätzen Passivsätze. Sie werden sofort erkennen, wer dahintersteckt, wer Agens ist.

Nicht immer ist so offensichtlich, was „wirklich" geschieht oder geschehen ist.

➤ Interpretieren Sie, wie in den folgenden Sätzen das Geschehen zu erklären ist:

Das Kind zur Mutter, die die Schokolade sucht: „Die ist verschwunden".
Die Eisenbahnen fallen von den Brücken.
Großvater ist in der Normandie gefallen.

17 ●●○
„es" in Passivsätzen

Es muss betont werden, dass **„es"** in deutschen Passivsätzen sehr beliebt ist.

Passivsätze beginnen oft nicht mit Agens. Sie beginnen häufig mit Angaben von Ort und Zeit, oft auch mit Dativ. Besonders gern beginnen sie auch mit **es**. Dabei hat **es** eine „Platzhalter"-Funktion am Satzanfang; **es** fällt weg, wenn die erste Stelle anders besetzt wird.

➤ Lesen Sie die Sätze der Gruppe 1. Lesen Sie sie dann noch einmal, aber ohne **es**. Sie können mit verschiedenen Satzteilen beginnen.

➤ Lesen Sie die Sätze der Gruppe 2, indem Sie mit **es** beginnen.

➤ Bilden Sie in der Gruppe 3 aus den Aktivsätzen Passivsätze mit **es**.

1 Es darf jetzt gelacht werden.
Nein, es darf hier nicht geraucht werden.
Es ist jetzt genug herumgeredet worden; keiner hat wirklich ehrlich gesagt, was er denkt.

2 In diesem Kapitel sollen die Verwendungen des Passivs gelernt werden.
Zwei Stunden lang wurde völlig ergebnislos diskutiert.
Mir ist in meiner Jugend nichts geschenkt worden.

3 Ich muss noch sagen, dass das eine sehr gute Diskussion war.
Auf der ganzen Reise haben wir gesungen und geblödelt.
Amerikaner beklagen oft, dass man in Deutschland zu viel raucht.

Übungen mit Stil

18 ○●●
Wirkung des Passivs

➤ Lesen Sie die Texte; schreiben Sie auf, wie sie auf Sie wirken.

Kommentieren Sie den Sachverhalt, dass im Text (1) alle Sätze im Passiv formuliert sind, Aktiv kommt zwei Mal in der Mitte und besonders deutlich im letzten Satz. Warum gerade dort?
Wahrscheinlich ist es im Unterhaltungsprogramm, über das Text (2) berichtet, lustig zugegangen.
Aber: Wie lustig klingt der Bericht?
Was ist das Erschreckende in den Sätzen von Text (3)?

(1)

➤ Hier bei uns wird hart gearbeitet. Auf Pünktlichkeit und Ordnung wird bei uns großer Wert gelegt. Zum Beispiel in meiner Firma: Da werden morgens auf die Minute genau um 6.25 Uhr die Lichtanlagen eingeschaltet, fünf Minuten später wird das Werkstor geöffnet. Die automatischen Stechuhren können zwischen 6.30 Uhr und 6.45 Uhr bedient werden. Wer später kommt, wird sofort registriert. Wer dreimal zu spät kommt, wird zum Chef zitiert und ermahnt. Wird jemand mehrfach ermahnt, wird das in seine Personalakte eingetragen. Da kann einer schnell fristlos entlassen werden. Bis 9 Uhr wird gearbeitet, von 9 Uhr bis 9.15 Uhr wird Frühstückspause gemacht, dann wird weitergearbeitet bis Mittag. Um halb vier wird Feierabend gemacht, auf die Minute genau wird um 16 Uhr das Werk geschlossen. Dann gehe ich heim.

(2)
Aus einem Zeitungsbericht über das Unterhaltungsprogramm aus Anlass des Besuchs ausländischer Gäste in der Provinz (Balinger Zeitung):

So wurden die Tennisplätze der Umgebung besucht, Radausflüge und Autoausfahrten in die Natur und in andere Städte unternommen, die Diskotheken und Musik-Cafés der Umgebung abgeklappert, Schwimmbäder und Freizeitzentren gestürmt, Museen, Schlösser und Burgen besichtigt, kulinarisch gegessen, Volksfeste und Sportveranstaltungen besucht, die schwäbische Alb erwandert.

(3)
Einige Beispielsätze über die Höflichkeit der Menschen:

Vater zum Kind: „Jetzt wird ins Bett gegangen, aber dalli!"
Chef, schreiend, zum Mitarbeiter: „Was, diskutieren wollen Sie? Hier wird nicht diskutiert, hier wird gearbeitet!"
Ein alter Herr, mit Begeisterung in der Stimme: „Bei den Preußen, da wurde geschliffen und gedrillt, da wurde exerziert bis zum Umfallen, und vor allem: Wenn etwas befohlen wurde, wurde gehorcht."

19 ●●●
angemessene Ausdrucksweise

➤ Vergleichen Sie die Sätze in den Gruppen; diskutieren Sie, welche Sätze in den Situationen angemessen sind, welche Sätze eine komische Wirkung haben oder unwahrscheinlich sind. Geben Sie Gründe an, warum das so ist.

1	Der Löwe sagt:	„Jetzt fresse ich gleich eine Gazelle."
	Der Löwe sagt:	„Jetzt wird von mir gleich eine Gazelle gefressen."
	Der Löwe sagt:	„Jetzt wird endlich mal wieder mit Lust eine Gazelle gefressen!"
	Die Gazelle denkt:	„Jetzt werde ich gleich vom Löwen gefressen."
	Die Gazelle denkt:	„Jetzt frisst mich gleich der Löwe."
2	Kain zu Gott:	„Tut mir Leid, Gott, ich habe heute Morgen den Abel erschlagen."
	Kain zu Gott:	„Tut mir Leid, Gott, Abel ist heute Morgen von mir erschlagen worden."
	Kain zu Gott:	„Tut mir Leid, Gott, Abel ist heute Morgen erschlagen worden."
	Kain zu Gott:	„Abel ist heute Morgen gestorben."
3	Der Hausbesitzer:	„Ich muss Ihnen leider die Miete erhöhen, Herr Müller."
	Der Hausbesitzer:	„Ich kriege eine höhere Miete, Herr Müller."
	Der Hausbesitzer:	„Die Miete muss von mir leider erhöht werden, Herr Müller."
	Der Hausbesitzer:	„Herr Müller, die Miete muss leider erhöht werden."

20 ●●●
unterschiedliche Perspektiven

In den folgenden Sätzen oder Szenen wechselt die Sehweise bzw. das Interesse; das drückt sich in der Form der Verben aus.

➤ Kommentieren Sie die verwendeten Verbformen im Blick auf den Inhalt.

1. „Die Küche ist gefegt, das Wohnzimmer ist aufgeräumt, die Zeitung ist umbestellt, der Gashahn ist abgedreht, die Katze ist versorgt. Liebling, jetzt können wir in Urlaub fahren!"
2. Beispielsatz von F. J. Degenhardt aus Aufgabe 14: „Das ändert sich so lange nicht, bis es geändert wird!"
3. Erlebnisbericht aus dem Alltag: „Wir fuhren friedlich mit dem Auto daher, da wurden wir plötzlich von einem Streifenwagen der Polizei gestoppt."
4. Die Polizisten protestieren, weil sie zu schlecht bezahlt werden.
5. Der Kater dachte: „Ich habe die Maus so lieb, dass ich sie nicht fressen kann." Die Maus dachte: „Weil mich der Kater so lieb hat, brauche ich keine Angst zu haben, von ihm gefressen zu werden."

21 ●●●
Passiv in Texten

1. ➤ Lesen Sie noch einmal die erste Paradiesgeschichte (von Helme Heine), aber im Passiv. Vergleichen Sie beide Texte; welche Form passt besser für diesen Text? Diskutieren Sie die Unterschiede im Stil.
2. ➤ Lesen Sie noch einmal das Gedicht „Weltende" von Jakob van Hoddis; diskutieren Sie, was da eigentlich „geschieht".
3. Im Leserbrief von Karola Bloch wird der Appell, an das schreckliche Geschehen der „Reichskristallnacht" zu erinnern, mit den grammatischen Formen unterstrichen.

   ➤ Interpretieren Sie diesen Zusammenhang, beachten Sie die Formulierungen: abgebrannte Synagoge – nur die Niederbrennung der Synagoge – wer der Täter war – von deutschen Faschisten niedergebrannt wurde – dass es Deutsche waren, die diese Verbrechen begangen haben.

Zum Abschluss: Das ganze Leben
(und die ganze Grammatik dieses Kapitels: Passiv – Aktiv – Passiv Total) in Kurzfassung:

Er wurde geboren, nahm ein Weib und starb.

4

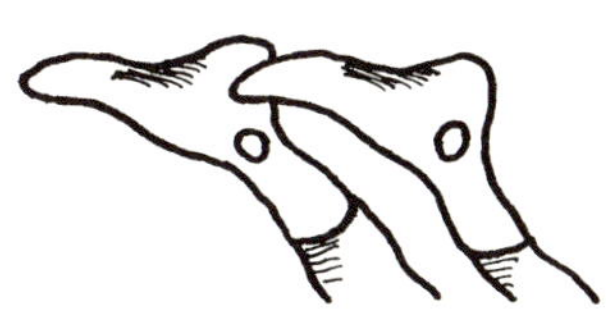

Wenn ich ein Vöglein wär'

Konjunktiv II

Wenn ich ein Vöglein wär'

Wenn ich ein Vöglein wär'
und auch zwei Flügel
hätt', flög' ich zu dir,
da's aber nicht kann sein,
da's aber nicht kann sein,
bleib' ich allhier.

Volkslied

Trostlied im Konjunktiv

Wär' ich ein Baum, stünd' ich droben am Wald.
Trüg' Wolke und Stern in den grünen Haaren.
Wäre mit meinen dreihundert Jahren
noch gar nicht so alt.

Wildtauben grüben den Kopf untern Flügel.
Kriege ritten und klirrten im Trab
querfeldein und über die Hügel
ins offene Grab.

Humpelten Hunger vorüber und Seuche.
Kämen und schmölzen wie Ostern der Schnee.
läg' ein Pärchen versteckt im Gesträuche
und tät sich süß weh.

Klängen vom Dorf her die Kirmesgeigen.
Ameisen brächten die Ernte ein.
Hinge ein Toter in meinen Zweigen
und schwänge das Bein.

Spränge die Flut und ersäufte die Täler.
Wüchse Vergissmeinnicht zärtlich am Bach.
Alles verginge wie Täuschung und Fehler
und Rauch überm Dach.

Wär' ich ein Baum, stünd' ich droben am Wald.
Trüg' Sonne und Mond in den grünen Haaren.
Wäre mit meinen dreihundert Jahren
nicht jung und nicht alt ...

Erich Kästner

aus Papagenos Mädchenarie

Ein Netz für Mädchen wünschte ich, ich fing' sie dutzendweis für mich.
Wenn alle Mädchen wären mein, so tauschte ich brav Zucker ein;
die, welche mir am liebsten wär', der gäb' ich gleich den Zucker her,
und küsste sie mich zärtlich dann, wär' sie mein Weib und ich ihr Mann;
sie schlief' an meiner Seite ein, ich wiegte wie ein Kind sie ein.

Arie aus Mozarts „Zauberflöte", Text von Emanuel Schikaneder

Armer Kurt

Ich bin das Kind der Familie Meier und heiße Kurt.
Ich wäre lieber der Hund der Familie Meier.
Dann hieße ich Senta.
Ich könnte bellen, so laut,
dass sich die Nachbarn empörten.
Das würde die Meiers nicht stören. Niemand sagte zu mir:
„Spring nicht herum! Schrei nicht so laut!“

Ich wäre auch gern die Katze von Meiers.
Dann hieße ich Musch.
Ich fräße nur das, was ich wirklich mag,
und schliefe am Sofa den halben Tag.
Niemand sagte zu mir:
„Iss den Teller leer! Lehn nicht herum!“

Am liebsten wär ich bei Meiers der Goldfisch.
Dann hätt ich gar keinen Namen.
Ich läge still und golden im Wasser,
in friedlicher Ruh,
und schaute durchs Glas den Meiers beim Leben zu.
Die Meiers kämen manchmal und klopften zum Spaß
mit ihren dicken Fingern an mein Wasserglas.
Sie reden mit mir,
doch ich kann sie nicht verstehn,
denn durch das Wasser dringt kein Laut zu mir.

Dann lächle ich mit meinem Fischmaul den Meiers zu.
Doch meine Fischaugen schauen traurig
auf den kleinen Meier
– und der bin ich –, und denke:
ARMER KURT!

Christine Nöstlinger

Der Vater

Ich hätte ihn gern als offenen
Menschen gekannt, jedenfalls etwas
offener und sehr viel befreiter.
Ich würde gern zu seinen Gunsten
erfinden, sehr gerne für ihn
schwindeln und für ihn zaubern.

Christoph Meckel

Wo chiemte mer hi

Wo chiemte mer hi
wenn alli seite
wo chiemte mer hi
und niemer giengti
für einisch z'luege
wohi dass me chiem
we me gieng!

Wo kämen wir hin
wenn alle sagten
wo kämen wir hin
und niemand ginge
um einmal zu schauen
wohin man käme
wenn man ginge

Hans A. Pestalozzi (nach einem Gedicht von Kurt Marti), Berner Mundart, wörtlich ins Hochdeutsche übersetzt

Bedingungsformen

Ich sage
Ich würde sagen
Ich hätte gesagt
Aber man hat Frau und Kinder

Jürgen Henningsen

Grammatik im Kasten

1. Die Formen des Konjunktiv II (KII)

Gegenwartsform

Die Gegenwartsformen des KII gibt es in zwei Varianten:

Variante A: gleich oder ähnlich wie die Formen des Präteritum: hielte (hielt), gingen (gingen)
Viele Verben mit **a**, **o**, **u** haben die Umlaute **ä**, **ö**, **ü**: gäbe (gab), könntet (konntet), müssten (mussten)

Variante B: würde, würdest, würdet, würden + Infinitiv: würde kommen, würden verstehen, würdest einschlafen

Gegenwartsform des KII						
	Variante A	**t-Klasse**		**Vokalklasse**		**Variante B**
		mit Umlaut	ohne Umlaut	mit Umlaut	ohne Umlaut	
Person	sein	haben	sagen	geben	laufen	würde + Infinitiv
ich	wär-e	hätt-e	sagt-e	gäb-e	lief-e	würd-e kommen
du	wär-(e)st	hätt-est	sagt-est	gäb-est	lief-est	würd-est kommen
er/sie/es/man	wär-e	hätt-e	sagt-e	gäb-e	lief-e	würd-e kommen
wir	wär-en	hätt-en	sagt-en	gäb-en	lief-en	würd-en kommen
ihr	wär-(e)t	hätt-et	sagt-et	gäb-et	lief-et	würd-et kommen
sie (Pl)/Sie	wär-en	hätt-en	sagt-en	gäb-en	lief-en	würd-en kommen

Vergangenheitsform

Der KII hat nur eine Vergangenheitsform. (Erinnern Sie sich: Indikativ hat drei Tempusformen für Vergangenheit: Präteritum/Perfekt/Plusquamperfekt). Es kommt darauf an, die Gegenwartsform und Vergangenheitsform des KII sicher zu unterscheiden.

Die Vergangenheitsform von KII bildet man aus der Form Perfekt-Indikativ:
haben oder **sein** im KII → **hätte** oder **wäre** + PII:

Prät.:	man ging	} KII: wäre gegangen	man machte	} KII: hätte gemacht
Perf.:	man ist gegangen		man hat gemacht	
Plusq.:	man war gegangen		man hatte gemacht	

Vergangenheitsform des KII			
Person	(Perfekt)	Vergangenheit des KII	(zum Vergleich: Gegenwart des KII)
ich	bin gekommen	wäre gekommen	käme – würde kommen
du	hast gegeben	hättest gegeben	gäbest – würdest geben
er/sie/es/man	hat gegabt	hätte gehabt	hätte
wir	sind gelaufen	wären gelaufen	liefen – würden laufen
ihr	habt gehabt	hättet gehabt	hättet
sie (Pl)/Sie	sind gewesen	wären gewesen	wären

2. Was es über den Gebrauch der KII-Formen zu sagen gibt

1. Die Grundverben bilden meist oder ausschließlich KII-Formen der Variante A; die KII-Formen der Variante B verwendet man besser nicht (➢ Katalog, Liste 1). Sie können auch beobachten (z. B. im Arientext von Papageno in der Lesepause), dass in der gesprochenen Umgangssprache nach **ich** und **er/sie/es/man** das **-e** am Ende weggelassen wird: **ich hätt'**, **ich wär'**, **man müsst'**, **es könnt'**. Bemühen Sie sich, diese deutsche Aussprache zu treffen (➢ Kap. 19, A 3).

   Variante A: ich hätte/wäre/würde
   ich wollte/müsste/könnte/dürfte/möchte/sollte

   Variante B: ich würde haben/sein/werden
   ich würde wollen/müssen/können/dürfen/(–)/( )

2. Bei allen anderen Verben besteht eine gewisse Entscheidungsfreiheit; dabei können klangliche und regionale Kriterien eine Rolle spielen, aber auch die „Bildung des Sprechers".
   a) Bestimmte Verbformen können eine literarische oder eine „altertümliche" Klangfarbe haben:
   Klängen vom Dorf die Kirmesgeigen/Ameisen brächten die Ernte ein/Hinge ein Toter in meinen Zweigen/und schwänge das Bein. (Kästner)
   Was hülfe es dem Menschen, wenn er die ganze Welt gewönne, und nähme doch Schaden an seiner Seele. (Der Bibeltext in Luthers Sprache klingt besser als die Formen „hälfe"/„gewänne".)
   Drum besser wärs, dass nichts entstünde. (Mephistopheles in Goethes Faust)
   b) Wenn man diese Formen in der aktuellen Gebrauchssprache verwendet, dann entsteht schnell ein altmodischer, komischer oder lächerlicher Effekt:
   Liebling, wenn ich jetzt noch weiter schwömme (oder: schwämme?), dann fröre ich, denn alle Wärme flöhe aus meinem Körper.
   Bestimmte Vokalklänge werden heute nicht mehr akzeptiert, aber sie bieten Material für sprachliche Komik: wüsche/spränge/löge/verschwände/böte/höbe/befähle etc.
   Wie wär's etwa mit folgendem Gedicht (nicht von Goethe!):

   Wenn Goethe sich vom Grab erhöbe
   und lächelnd seinen Gruß entböte,
   die Zauberlippe überflösse
   und Lyrik sich auf uns ergösse
   und Flötentöne noch erschöllen:
   mir Tränen aus dem Auge quöllen.

   c) Das Verständnis des Konjunktivs wird erschwert, weil viele Formen in KII und Präteritum gleich aussehen (alle Verben der t-Klasse ohne Umlaut).
   Wenn ich diesen Satz formulierte, störte die Gleichheit der KII-Formen mit den Präteritum-Formen. (statt: formulieren würde/würde stören)
   Auch können bestimmte Anklänge zu anderen Wörtern stören:
   flöhe – die Flöhe; führe (von fahren) – führen
   d) Norddeutsche verwenden mehr KII-Formen der Variante A als Süddeutsche. Möglicherweise wird eine häufige Verwendung von KII der Variante A als „hochdeutscher", gebildeter (vielleicht auch: eingebildeter) empfunden.

Als Ergebnis kann gesagt werden:
- Die KII-Formen der Variante A soll man für das passive Sprachverständnis kennen, besonders für das Verständnis der Literatursprache.
- Für die Alltagssprache eignet sich die Variante A nur bei Verben, die sehr häufig vorkommen und deren Vokalismus nicht komisch klingt, z. B. bei langem **-ä-**, **-i-** und **-ie-**: **gäbe**, **nähme**, **käme**, **hielte**, **ginge**, **ließe**.
- (Fast) obligatorisch sind die KII-Formen der Variante A bei allen Grundverben und bei **wissen**: **hätte**, **wäre**, **könnte**, **müsste**, **wüsste**.

3. Vergessen Sie nicht, bei Vergangenheit die richtigen KII-Formen zu wählen.
   Gegenwart: Sie sollten das nicht vergessen!
   Vergangenheit: Das **hätten** Sie nicht **vergessen sollen**!

Übungen und Regeln

Übungen zu den KII-Formen

1 ●○○ *Gegenwart*

hätte, wäre, könnte

➤ Wie heißen die umgangssprachlichen KII-Formen in der Gegenwart? Entscheiden Sie dabei, ob man nur die Variante A (ich wäre), ob man nur die Variante B (man würde denken) oder ob man beide Varianten (sie kämen/würden kommen) verwenden kann.

man ist	Sie sollen	es kann	sie lassen
er kommt	man darf	sie hat	es geht
sie denkt	er trägt	man braucht	du gibst
ich will	er muss	er versteht	wir mögen

2 ●○○ *Vergangenheit*

wäre gewesen, hätte gehabt

➤ Bilden Sie Vergangenheitsformen des KII: **hätte/wäre** + PII oder + Inf./Inf.

er kam	er durfte kommen	man konnte glauben
er war	sie hießen	Sie brauchten
man hatte	du konntest wissen	es ging
Sie haben gedacht	er musste fahren	es gab
sie wollten gehen	sie hatten gesagt	sie nahmen
		sie sollte lachen

3 ●●○ *Gegenwart und Vergangenheit*

hätte, hätte gehabt

➤ Wie heißen die Sätze im KII? Achten Sie auf den Wechsel von Gegenwart und Vergangenheit.

Papa tut das nicht.	Mama tat das nie.
Mama hat keine Zeit.	Ich hatte auch keine Zeit.
Man kann überhaupt nichts verstehen.	Sie konnten nichts verstehen.
Dazu darf es nicht kommen.	Du solltest doch den Mund halten.
So etwas gibt es bei uns nicht.	Sie hatte alles allein machen müssen.

4 ●●○ *Passiv*

Schluss **würde gemacht**. – Schluss **wäre gemacht worden**. – Schluss **müsste gemacht werden**. – Schluss **hätte gemacht werden müssen**.

So sehen Passivsätze mit KII aus, in Gegenwart, Vergangenheit und mit Modalverben.

➤ Setzen Sie die Sätze in den KII.

Auch dann wird nichts verändert.	Von den Kindern wurde das sofort verstanden.
Die Chefin muss noch gefragt werden.	Es durfte am Tatort nichts verändert werden.
So etwas wird heute anders geregelt.	Das musste diskutiert werden.

Und dazu unser aktueller Wunsch zum neuen Jahr:
Wir sind zufrieden, wenn das neue Jahr so wird wie das alte ... hätte sein sollen.

Wozu und wie man den KII verwendet

(KII in der indirekten Rede wird in Kapitel 9 behandelt.)

5 ○○● *Höflichkeit*

Würden Sie bitte bei dieser Aufgabe **lächeln**?

Wenn man einer anderen Person etwas sagen will oder von einer anderen Person etwas haben will, kann man eine freundliche, höfliche, diskrete Redeweise wählen. Ein sprachliches Mittel dafür ist der KII. Die Höflichkeit kann ehrlich gemeint sein, sie kann aber auch nur „gespielt" sein.

➤ Verändern Sie die Bitten, Äußerungen und Befehle durch KII und achten Sie auf den Klang. Sprechen Sie die Sätze laut, spielen Sie richtiges Kleintheater.

Komm mal her!
Sagen Sie mir, warum Sie nicht dagewesen sind!
Tun Sie was!
Das musst du eigentlich wissen.
Erklären Sie mir das mal!
Mach das bis morgen!
Herein!
Üben Sie mal Ihre Aussprache!

Andere Redemittel zur Höflichkeit können sein:
Verwendung von Modalverben; Frageform; Redepartikel (bitte, gern, eigentlich, vielleicht, wohl, etwa, mal), freundlicher Tonfall, freundliche Mimik, Gestik.
Es kann Übertreibungen, kuriose Rituale und „Sprechblasen" geben.

➤ Geben Sie den folgenden Beispielen eine einfachere, klarere Form.

Dürfte ich Sie vielleicht fragen, wie viel Uhr es ist?
Ich würde eigentlich meinen, dass das Bild sehr schön über das Sofa passt.

6 ○●● *irreale Bedingungssätze – zwei Varianten*

Wenn ich so erkältet **wäre** wie du, (dann) **würde** ich ein heißes Bad **nehmen**.
Ich **würde** ein heißes Bad **nehmen**, **wenn** ich so erkältet **wäre** wie du.

Irreale Bedingungssätze sind **wenn-dann**-Argumente; das **wenn**-Argument kann als Satz 1 oder als Satz 2 stehen. **dann** kann nur in Satz 2 stehen, es kann auch wegfallen. In literarischen, gehobenen Texten steht oft **so**:
Wenn ich mit Menschen- und mit Engelzungen redete und hätte der Liebe nicht, **so** wäre ich ein tönendes Erz und eine klingende Schelle. (Luthers Bibel-Sprache)

Die **wenn-dann**-Argumentation gibt es in zwei Varianten:
Variante 1 mit **wenn**: Das Verb steht am Satzende.
Variante 2 ohne **wenn**: Das Verb steht am Satzanfang.

➤ Lesen Sie die Sätze der Gruppen 1 und 2; lesen Sie sie dann noch einmal: Gruppe 1 in der Form von Gruppe 2 und umgekehrt.

1 Wenn die Giraffen nicht so lange Hälse hätten, dann würden ihre Köpfe nicht so weit oben sitzen.
Wenn die Köpfe der Giraffen nicht so weit oben sitzen würden, dann hätten sie nicht so lange Hälse.
Wenn das Wasser im Rhein gold'ner Wein wär', dann möcht' ich so gern ein Fischlein sein.
(rheinisches Trinklied)

2 Hätt'st du mich nicht ausgelacht, hätt' ich dich nach Haus gebracht.
Hätte Eva nicht in den Apfel gebissen, so würden wir nichts vom Sündenfall wissen.
Wäre nicht einer gekommen und hätte mich mitgenommen, dann säße ich noch immer hier.

7
●●○
irreale Sätze

Wenn ich ein Vöglein **wär'**, und auch zwei Flügel **hätt'**, **flög** ich zu dir.
Ich **bin kein** Vöglein, und ich **habe** auch **keine** zwei Flügel. **Deshalb kann** ich **nicht** zu dir fliegen.

Satz (2) enthält eine kausale Argumentation. Die Realität ist: Ich bin kein Vöglein. Die gleiche Realität ist auch in Satz (1) enthalten; nur wird hypothetisch argumentiert, mit einer alternativen Realität.

➤ Lesen Sie die kausalen Argumentationen und verändern Sie sie zu irrealen Bedingungssätzen. Achten Sie darauf, dass der Sinn der Argumentation erhalten bleibt. Die Kausalwörter (deshalb, aus diesem Grund, denn, weil etc.) fallen weg.

Weil ich kein Vöglein bin und keine zwei Flügel habe, kann ich leider nicht zu dir fliegen.
Die Hälse der Giraffen sind sehr lang; aus diesem Grund sitzen ihre Köpfe sehr weit oben.
Den Briefträger beiße ich nicht; denn ich bin kein Hund.
Ich bin kein Schneemann. Ich freue mich, wenn es Frühling wird.
Das Wasser im Rhein ist ziemlich schmutzig; deshalb fühlen sich die Fischlein nicht sehr wohl.

8
●●○
vier Varianten

Wenn ich ein bisschen größer **wäre**, **würde** ich den allerschönsten Pudding **kochen**.

Stellen Sie sich diese Küchenszene vor: Ein kleines Mädchen will Pudding machen, aber es ist noch zu klein, um die elektrische Rührmaschine richtig zu bedienen: Es gibt eine ziemliche Kleckerei in der Küche.
Realität ist:
Ich **bin** noch klein. Deshalb **kann** ich die Rührmaschine **nicht** richtig bedienen.
Das Mädchen denkt über den Misserfolg nach. Hier sind vier Varianten:

(1) Negation
Wenn ich **nicht** so klein **wäre**, **könnte** ich die Rührmaschine bedienen.
(2) Gegenteil, Alternative
Wenn ich **groß wäre**, **könnte** ich die Rührmaschine **richtig** bedienen.
(3) Komparativ, in Kombination mit (2)
Wenn ich **größer wäre**, **könnte** ich die Rührmaschine **besser** bedienen.
(4) Graduierender Ausdruck, oft in Kombination mit (2/3); Sie finden solche Ausdrücke in Kapitel 5, A 9.
Wenn ich **ein bisschen größer wäre**, könnte ich die Rührmaschine **ein bisschen besser** bedienen.

Welche Variante inhaltlich und stilistisch am besten passt, muss man im jeweiligen Kontext entscheiden. In unserem Beispiel klingt Variante 1 zu grob, 3 und 4 drücken die Perspektive des Kindes am besten aus.

➤ Bilden Sie irreale Bedingungssätze; üben Sie jeweils die angegebene Variante.

Variante 1: Negation
Wir sind Gazellen; deshalb fressen wir Gras.
Ich bin ein Löwe; aus diesem Grund darf ich Gazellen fressen.

Variante 2: Gegenteil
Wir sind Gazellen; also fressen wir Gras.
Die Nudeln sind kurz; man kann sie nicht Spagetti nennen.

Variante 3: Komparativ
Der Tourist war zu langsam; darum konnte er die Nilpferde nicht fotografieren.
Die Köpfe der Giraffen sitzen weit oben, weil die Hälse so lang sind.

Variante 4: graduierende Ausdrücke
Der Tourist hat langsam fotografiert; deshalb hat er die Nilpferde nie erwischt.
Die Löwen fressen uns Gazellen, weil wir zu friedlich sind.

9 ●●● *verkürzte Bedingungssätze*

Mit dem ICE **wärest** du weniger gestresst in Hamburg **angekommen**.
Das bedeutet:
Wenn du mit dem ICE **gefahren wärest**, **wärest** du weniger gestresst in Hamburg **angekommen**.

Satz 1 enthält die gleiche **wenn-dann**-Argumentation wie Satz 2, auch wenn der **wenn**-Teil nicht ausdrücklich formuliert wird, sondern durch die Nominalisierung verkürzt ist.

➤ Verändern Sie die Sätze wie in Aufgabe 6.

Mit einer guten Bohrmaschine ginge die Arbeit natürlich erheblich schneller.
Ohne Zahnweh wäre das Leben wirklich angenehmer.
Überlege mal, als Stadtrat hättest du noch weniger Zeit für die Familie!
Die drei Nilpferde hätten sich ohne den dummen Touristen mit dem Fotoapparat an diesem Nachmittag sehr gelangweilt.

10 ○●● *Besserwisser, Bessermacher*

Ich **hätte** alles besser **gewusst** und das meiste auch besser **gemacht**.

Man kann sich die Welt, wie sie ist, auch ganz anders vorstellen. Dabei kann man den irrealen Satz in der Gegenwart oder Vergangenheit formulieren.

➤ Formulieren Sie die Sätze als Besserwisser oder Bessermacher, in der Gegenwart oder Vergangenheit.

Was, du hast diesen verrückten Kerl eingeladen?
Sie kam nicht rechtzeitig.
Was, so etwas Dummes ist euch passiert?
Du hast das unterschrieben?

11 ○●● *Wunschsätze*

Wenn ich **doch** im Denken nicht so langsam **wäre**! – **Wäre** ich **doch** im Denken nicht so langsam!

So wünscht man sich die Welt anders, als sie ist, die Sätze spielen gedanklich mit der Vorstellung einer anderen Realität; beide Sätze sagen:
Ich will schneller im Denken sein. Ich möchte, dass ich schneller im Denken bin.
Die Realität ist aber: Ich bin im Denken ziemlich langsam.
Man kann solche hoffnungsvollen, hoffnungslosen, verärgerten oder utopischen Ausrufe durch Redepartikel wie **doch**, **nur**, **bloß**, **endlich**, **hoffentlich**, **bald** etc. verstärken und dramatisieren (➢ Kap. 18).

➤ Beschreiben Sie die Realität, die aus den irrealen Wunschsätzen spricht.

Wenn ich doch endlich den Schlüssel finden würde!
Ach du lieber Gott, hätte ich doch nur nicht so viel getrunken!
Und dann dieses Wetter! Wenn es doch endlich mal aufhören würde zu regnen!

➤ Jetzt umgekehrt: Bilden Sie irreale Wunschsätze. Und bitte mit viel realistischer Dramatik. Beachten Sie die Varianten in Aufgabe 8.

Ich habe dich leider kennen gelernt.
Ich muss alles alleine machen.
Ich weiß nicht mehr, wie sie/er heißt.

12 ○●● *Fragen*

Würdest du das (an meiner Stelle) **tun**? – **Hättest** du so etwas (in der gleichen Situation) **getan**?

Diese Sätze stellen die Welt, so wie sie ist, in Frage.

➤ Schauen Sie noch einmal die Sätze von Aufgabe 10 an; formulieren Sie irreale Fragen. Auch hier kann oft sowohl Gegenwart als auch Vergangenheit verwendet werden.

13 ●●○ *Vergleiche*

Die Gazelle argumentierte (so/ganz/ganz so) **wie** ein Löwe.
→ (als ob): Die Gazelle argumentierte (so), **als ob** sie ein Löwe **wäre**.
→ (als): Die Gazelle argumentierte (so), **als wäre** sie ein Löwe.

Diese Sätze sind Vergleiche. Sie vergleichen mit etwas, was nicht oder nicht genau der Realität entspricht. Auf diese Weise kann man kritisieren, übertreiben, etwas sehr drastisch sagen; manche Vergleiche klingen prophetisch, manche poetisch. Solche Vergleichssätze stehen meistens im KII. Den Vergleich kann man durch **so**, **ganz**, **ganz so**, **quasi** etc. verstärken oder differenzieren. Wenn der Vergleich der Realität nahe kommt, kann man natürlich im Indikativ formulieren:
Er sieht so aus, als ob er krank wäre/ist.

➤ Lesen Sie die Sätze, indem Sie **als ob** oder **als** verwenden.

Ich fühle mich wie ein Vöglein.
Spiel dich doch nicht so auf wie der Chef.
Es sieht ganz nach einem Gewitter aus.
Das Gedicht auf Seite 51 klingt fast wie von Goethe.

Und so hat der Dichter der Romantik Josef von Eichendorff formuliert:

Es war, als hätt' der Himmel
Die Erde still geküsst
Dass sie im Blütenschimmer
Von ihm nur träumen müsst'

Und meine Seele spannte
Weit ihre Flügel aus
Flog durch die stillen Lande
Als flöge sie nach Haus.

Übungen mit Stil

14 ●●● *Rede-wendungen mit KII*

Es wäre doch gelacht, wenn Sie diese beiden letzten Aufgaben nicht auch noch schaffen würden.

Hier ist eine Liste mit Redewendungen. Die Redewendungen in Gruppe 1 gebraucht man vor allem beim Sprechen. Achten Sie darauf, wie man sie spricht: Ich würd' sagen …, Es wär' schön. Natürlich kann man diese Ausdrücke auch in der Schriftsprache verwenden.
Die Redewendungen in der Gruppe 2 kommen vor allem in geschriebenen Texten und in akademischen Diskussionen vor. Nicht alle sollte man nachahmen.

1	Man könnte meinen (glauben),	du hättest das noch nie gehört.
	Man sollte denken (meinen, glauben),	wir wären hier in einem zivilisierten Land.
	Ich könnte mir vorstellen,	noch einmal ganz von vorn anzufangen.
	Ich könnte mir denken,	dass sie das gar nicht gewusst hat.
	Es müsste (sollte) doch möglich sein,	diese Leute zu überzeugen.
	Es könnte (gut) sein,	dass ich mich geirrt habe.
	Es wäre gut,	du würdest dir das noch einmal in Ruhe überlegen.
	Es wäre schön (toll, prima),	wenn wir uns mal wieder sehen könnten.
	Ich würde sagen,	wir haben noch einmal Glück gehabt.
	Wenn ich das gewusst hätte,	dann wäre ich nicht gekommen.
	Ich hätte nicht gedacht,	dass du auf so eine Idee kommen würdest.
2	Ich würde mich sehr wundern,	wenn dieser Vorschlag akzeptiert wird.
	Es müsste Ihnen doch einleuchten,	dass es so nicht weitergehen kann.
	Ich müsste mich (sehr) täuschen,	wenn ich Sie nicht schon einmal gesehen habe.
	Man könnte dagegen einwenden (sagen),	dass diese Taktik den anderen mehr nützt als uns.
	Es wäre angebracht,	auch die Gegenargumente zu hören.
	Ich möchte vorschlagen,	bald zu einem Ende zu kommen.
	Es wäre zu fragen,	wie sich diese Vorschläge finanzieren lassen.
	Es wäre zu wünschen,	dass wir alle etwas bescheidener würden.
	Man sollte annehmen (vermuten),	dass die Regierung sich das gut überlegt hat.

➤ Suchen Sie sich aus den beiden Listen einen persönlichen Katalog von Wendungen heraus, die Ihnen nützlich erscheinen und die Sie wirklich aktiv verwenden wollen.

Beobachten Sie Deutschsprachige beim Sprechen und beim Diskutieren.

➤ Verbinden Sie die Sätze: In der ersten Gruppe mit umgangssprachlichen Wendungen, in der zweiten Gruppe mit schriftsprachlichen oder umgangssprachlichen Wendungen.

1 Heute sind alle verrückt geworden.
Geben Sie sich etwas mehr Mühe!
Mit dir könnte ich Ferien machen.
Das hast du gut gemacht.
Ich fange noch einmal ganz von vorne an.

2 Die Kosten sind größer als der Nutzen.
Hier diskutieren zivilisierte Akademiker.
Die Lösung des Rätsels muss doch zu finden sein.
Wir sollten diese Übung jetzt zu Ende bringen.

15
●●●
Stilübung für Könner

Wir haben empfohlen, bei den 9 Grundverben die KII-Variante A zu verwenden: **wäre**, **hätte**, **würde**, **könnte**, **müsste** etc. (➣ GiK 2).
Man kann aber Redesituationen und Texte finden mit **würde … sein**, **würde … haben**, **würde … werden**, **würde … können** etc.

Beispiel 1:
Ich würde ein großes Haus haben und jeden Abend Gastgeber sein.
Ich hätte ein großes Haus und wäre jeden Abend Gastgeber.
Der zweite Satz klingt so, als ob man realistischer mit dieser Möglichkeit kalkuliert; der erste Satz klingt eher nach einem Spiel mit der unrealistischen – wenn auch schönen – Möglichkeit, ein großes Haus zu haben und Gastgeber zu sein.

Beispiel 2:
Hier bist du nichts, dort würdest du etwas sein.
Hier bist du nichts, dort wärest du etwas.

Der erste Satz unterstreicht den Vollverb-Charakter von **sein** deutlicher als der zweite Satz.

➤ Lesen Sie die Sätze und formulieren Sie sie in der Variante A. Versuchen Sie zu entscheiden, welches die bessere Formulierung ist, ob man Unterschiede im Stil oder gar in der Bedeutung hören kann und welche Gründe das haben könnte. Die Gründe dafür liegen oft in den verschiedenen Funktionsweisen der Grundverben (➣ Kap. 1, GiK).

Ich würde an deiner Stelle nicht so selbstsicher sein.
Wenn das Chaos nicht schon da wäre, würde es bald da sein.
In dieser Situation würdest du überhaupt nichts mehr zu sagen haben.
Erst dachten wir, er würde nie mehr wieder gesund werden.
Und dann würde die Erde verwüstet sein und das Leben keine Chance mehr haben.
Würden Sie bitte die Freundlichkeit haben und mich in die Stadt bringen?
Er würde wieder der kleine dumme Junge von damals gewesen sein.
Denke mal an Gustav Gründgens: Der würde sich mit großer Geste vom Publikum verabschiedet haben.

Zum Schluss die Aufklärung (von Robert Gernhardt):

Ich bin ein Geheimagent, den zum Glück kein Schwein erkennt.
Würde mich ein Schwein erkennen, wär' ich nicht geheim zu nennen.

Jeder weiß, dass das dass anders geschrieben wird als das das.

Über die Schreibung von -s, -ss und -ß

Regeln

Eigentlich ziemlich überflüssig ist der Buchstabe **ß**, zumal es ihn nur in klein geschriebener Form, in der Schweiz und in der E-Mail-Schrift überhaupt nicht gibt. Die Schreibregeln sind aber einigermaßen klar:

a) Man muss die Wörter und Silben kennen, die mit einem „stimmlosen", also „scharf" klingenden /s/ enden, die aber nur mit einem **-s** geschrieben werden:
das Gras – was für ein Glas? – Mit der Maus ist es aus. – Erasmus isst Apfelmus.

b) **-ss** steht nach kurz gesprochenem Vokal:
müssen – gemusst; küssen – geküsst; Hast du gewusst, dass das dass jetzt mit -ss geschrieben wird? Lass das, meinen Kontrabass anzufassen, ich hasse das.

c) **-ß** steht nur noch nach langen Vokalen und Diphthongen (-au-, -äu-, -eu-, -ei-):
Ich schließe mit heißen Grüßen und süßen Küssen.

Übungen

1 ●○○ *ss/ß bei Nomen*

Grü**ß**e und Kü**ss**e

➤ Wie werden die Wörter geschrieben, im Singular und im Plural?

Fu..... – Flu..... – Gru..... – Bu..... – Ku... ..– Genu..... – Bi.....– Ri..... – Nu..... – Prei.....

2 ●○○ *ss/ß bei Verben*

La**ss** mich dich mal kü**ss**en.

➤ Wie ist die Schreibweise der Verben bei folgenden Formen:
a) Infinitiv, b) 3. Person Sg. Präsens, c) Präteritum, d) KII, e) PII?

mü.....en – la.....en – kü.....en – genie.....en – abrei.....en – bei.....en, hei.....en, me.....en

3 ●○○ *„dass" oder „das"?*

Ich weiß, dass das das und das dass nur ein kleines Problem ist.

Man muss also die Konjunktion **dass** von dem Wörtchen **das** unterscheiden; **das** kann Artikel, Relativpronomen oder Demonstrativpronomen sein.

➤ Setzen Sie **dass** oder **das** ein.

Also, ... ist doch ganz leicht. Es ist wirklich ganz leicht, ... zu verstehen. Ich verstehe gar nicht, ... Sie damit noch Schwierigkeiten haben. Schauen Sie noch mal in das Kapitel 16 hinein, ... alles Wichtige über das Relativpronomen .... erklärt, und in das Kapitel 8, wo erklärt wird, ... die Konjunktion .... in Ergänzungssätzen nach bestimmten Verben steht. Ich hoffe, ... Sie dann alles verstanden haben. Ich denke jedenfalls, ... Sie jetzt keine Fehler mehr machen. Aber denken Sie nicht auch, ... „ß", also .... „scharfe s" , eigentlich ziemlich überflüssig ist?

5

Nein sagen lernen

Negation

Lesepause

Was weh tut

Wenn ich dich verliere
was tut mir dann weh?
Nicht der Kopf
nicht der Körper
nicht die Arme
nicht die Beine

Sie sind müde
aber die tun nicht weh
oder nicht länger
als das eine Bein immer weh tut
Das Atmen tut nicht weh
Es ist etwas beengt

aber weniger
als von einer Erkältung
Der Rücken tut nicht weh
auch nicht der Magen
Die Nieren tun nicht weh
und auch nicht das Herz
Warum ertrage ich es dann
nicht
dich zu verlieren?

Erich Fried

Keine Gedanken

Es genügt nicht, keine Gedanken
zu haben, man muss auch unfähig sein,
sie auszudrücken.

Karl Kraus

lichtung

manche meinen
lechts und rinks
kann man nicht
velwechsern.
werch ein illtum!

Ernst Jandl

Von der Liebe kann ich nur träumen

Von der Liebe kann ich nur träumen. Das, was ich hatte, war alles nicht das Richtige. Aber in fünf, zehn Jahren kann ich auch nicht mehr träumen. Das Leben ist kein Film. Keiner wird an der Tür klingeln, und auch Prinzen gibt es nicht auf der Welt. Auch keine Wunder. So wie man allein in der heruntergekommenen Wohnung einschläft, so wacht man auch auf. Wunder gibt es nicht. Nichts und niemanden gibt es auf der Welt, der dir hilft. Nichts und niemanden."

Luka M., eine junge Frau aus Odessa

Der Kerl, dieser Werther

Der Kerl ..., dieser Werther, wie er hieß, macht am Schluß Selbstmord! ... Schießt sich einfach ein Loch in seine olle Birne, weil er die Frau nicht kriegen kann, die er haben will, und tut sich noch ungeheuer leid dabei. Wenn er nicht völlig verblödet war, mußte er doch sehen, daß sie nur darauf wartete, daß er was machte, diese Charlotte. Ich meine, wenn ich mit einer Frau allein im Zimmer bin und wenn ich weiß, vor einer halben Stunde oder so kommt keiner da rein, Leute, dann versuch ich doch alles. ... Und dieser Werther war ... zigmal mit ihr allein. Schon in diesem Park. Und was macht er? Er sieht ruhig zu, wie sie heiratet. Und dann murkst er sich ab. Dem war nicht zu helfen.

Ulrich Plenzdorf

Die deutsche Familie – 1948

Die deutsche Familie im nicht mehr deutschen Vierzonenland war mit Verdrängung beschäftigt, mit Kriegsneurose und Schuldbeschwichtigung, mit ruinierten Nerven und Impotenz. Sie war mit den Folgen von Angst und Verstörung beschäftigt, krankte an intellektueller Auszehrung und plagte sich mit Depressionen ab. Eine ganze Generation schien damit beschäftigt, die verschuldeten, unverschuldeten Wunden zu lecken. Die Mehrzahl der Deutschen flickte an seelischen und materiellen Löchern herum. Man wühlte beklommen und hektisch, für unabsehbare Zeit, in der schadhaft gewordenen, privaten oder kollektiven Identität und fand für nichts mehr eine Bestätigung. Ich, Du und Wir standen ratlos in weltweiter Schuld, wollten ihre Ruhe haben und zogen sich in den Schoß der Familie zurück. Da war man süchtig nach einem ruhigen Gewissen und verscharrte das schlechte unter Kartoffelschalen. Anstelle von deutlicher Antwort auf deutliche Fragen machte sich die große Verharmlosung breit. Sie schallte und seufzte in allen Familien, fälschte ihr Echo und gab sich selber Pardon. Sie war zu jeder Entschuldigung imstand. Sie war des deutschen Pudels verfaulter Kern. Was Wiederaufbau von Staat und Familie hieß, entpuppte sich schnell und bieder als Restauration. Man suchte nach neuen Strohhalmen für das alte Nest. Man war wieder wer, wenn man Frau und Kinder ernährte. Woher sollte die Freude kommen.

Christoph Meckel

Maßnahmen gegen die Gewalt

Als Herr Keuner, der Denkende, sich in einem Saale vor vielen gegen die Gewalt aussprach, merkte er, wie die Leute vor ihm zurückwichen und weggingen. Er blickte sich um und sah hinter sich stehen – die Gewalt. „Was sagtest du?", fragte ihn die Gewalt.

„Ich sprach mich für die Gewalt aus", antwortete Herr Keuner. Als Herr Keuner weggegangen war, fragten ihn seine Schüler nach seinem Rückgrat. Herr Keuner antwortete: „Ich habe kein Rückgrat zum Zerschlagen. Gerade ich muß länger leben als die Gewalt."

Und Herr Keuner erzählte folgende Geschichte: In die Wohnung des Herrn Egge, der gelernt hatte, nein zu sagen, kam eines Tages in der Zeit der Illegalität ein Agent, der zeigte einen Schein vor, welcher ausgestellt war im Namen derer, die die Stadt beherrschten, und auf dem stand, dass ihm gehören solle jede Wohnung, in die er seinen Fuß setzte; ebenso sollte ihm auch jedes Essen gehören, das er verlange; ebenso sollte ihm auch jeder Mann dienen, den er sähe.

Der Agent setzte sich in einen Stuhl, verlangte Essen, wusch sich, legte sich nieder und fragte mit dem Gesicht zur Wand vor dem Einschlafen: „Wirst du mir dienen?"

Herr Egge deckte ihn mit einer Decke zu, vertrieb die Fliegen, bewachte seinen Schlaf, und wie an diesem Tage gehorchte er ihm sieben Jahre lang. Aber was immer er für ihn tat, eines zu tun hütete er sich wohl: das war, ein Wort zu sagen. Als nun die sieben Jahre herum waren und der Agent dick geworden war vom vielen Essen, Schlafen und Befehlen, starb der Agent. Da wickelte ihn Herr Egge in die verdorbene Decke, schleifte ihn aus dem Haus, wusch das Lager, tünchte die Wände, atmete auf und antwortete: „Nein."

Bertolt Brecht

Der Regen – eine wissenschaftliche Plauderei

Der Regen ist eine primöse Zersetzung luftähnlicher Mibrollen und Vibromen, deren Ursache bis heute noch nicht stixiert wurde. Schon in früheren Jahrhunderten wurden Versuche gemacht, Regenwetter durch Glydensäure zu zersetzen, um binocke Minilien zu erzeugen. Doch nur an der Nublition scheiterte der Versuch. Es ist interessant zu wissen, dass man noch nicht weiß, dass der große Regenwasserforscher Rembremerdeng das nicht gewusst hat.

Karl Valentin

Grammatik im Kasten

1. Negationswörter

Hier sind die wichtigsten Negationswörter:
nein, nicht, nichts, nie, niemals, niemand, nirgends, nirgendwo, nirgendwoher, nirgendwohin
kein, keiner, keinesfalls, keineswegs, keinerlei
ohne, weder ... noch, wenig (genauso wenig, ebenso wenig), kaum, alle (Das Geld ist alle.)

Kein ist die Negation des Artikelworts **ein** bzw. des „Nullartikels":
Ich bin doch **kein** Schneemann. Wir konnten dieses Jahr **keinen** Schneemann bauen. Nein, ich habe mit **keinem** Schneemann gesprochen. Es wurden überhaupt **keine** Schneemänner gesehen.

Die Formen niemand**em** (D)/niemand**en** (A) werden heute nur noch von Leuten verwendet, die sehr korrekt sprechen und schreiben wollen; umgangssprachlich: niemand/keinem/keinen.
Wir haben mit **niemand(em)** geredet. Er hat **niemand(en)**, der ihm hilft.
Wir haben mit **keinem** geredet. Er hat **keinen**, der ihm hilft.

Besonders zu üben sind die Kombinationen **nicht mehr**, **kein ... mehr**, **noch nicht**, **auch nicht**, **gar nicht**, **überhaupt nicht** (und die Kombinationen mit **nichts**):

Es hat leider nicht mehr gereicht.
Mit ihm habe ich langsam keine Geduld mehr.
Ich habe doch noch gar nicht gefrühstückt.
Sei ruhig, du bist auch nicht besser gewesen.

Den kann ich überhaupt nicht leiden.
Lass mich mal an deinen Kühlschrank, ich habe heute noch gar nichts gegessen.
Es hat leider nichts mehr genützt.

2/3. Negation durch Vorsilben und Nachsilben

Wie sich Negation durch Vorsilben und Nachsilben bei Verben, Adjektiven und Nomen ausdrücken lässt, ist im Kapitel 13 „Wortbildung" dargestellt.

4. Ausdrücke, die eine Negation in sich tragen

1 falsch, schlecht, miserabel, der Fehler, die Lüge, der Mangel, der Tod, scheitern, die Sünde, die Schuld, die Langeweile, das Desaster
2 der Boykott, die Blockade, der Schluss, die Straßensperre, das Verbot, fehlen, aufhören, etwas lassen (Gegensatz von: etwas tun)

Die Ausdrücke in Gruppe 1 bezeichnen etwas Schlechtes, Falsches, Böses, Unmoralisches, Verwerfliches. Bei den Ausdrücken in Gruppe 2 fehlt dieser Aspekt, obwohl auch sie einen negativen Aspekt haben.

5. Verben und verbale Ausdrücke, die eine Negation einleiten

leugnen, abstreiten, bestreiten, verweigern, sich weigern, nicht wahrhaben wollen, verdrängen, ablehnen, verbieten, warnen, unterlassen, abraten, die Frage verneinen, untersagen etc.

es ist nicht gestattet, es ist/wäre völlig falsch, es war ein Fehler, es ist/wäre unklug etc.

In diesen Zusammenhang gehören auch alle Ausdrücke, bei denen das „So-Sein" negiert wird durch ein „Anders-Sein.

Alternativen:	nicht rot, sondern grün
Gegenteile:	nicht Pro, sondern Kontra
Komparativ:	nicht mehr jung, sondern älter; nicht schwach, sondern noch schwächer (➢ A 5)
Graduierungen:	nicht gut, sondern nur relativ gut; nicht miserabel, sondern hundsmiserabel

(natürlich auch Gesten, z.B. Kopfschütteln oder „Daumen nach unten")

Übungen und Regeln

1
○○●
Negationswörter

Ich hab' **nichts** gesehen, und ich hab' auch **keine** Ahnung!

➤ Negieren Sie die Sätze. Schreiben Sie alle Negationswörter auf. Es gibt manchmal mehrere Lösungen.

Ich glaube, ich habe **etwas** gesehen.
Es hat geklappt.
Es ist **jemand** gekommen. (2 Lösungen)
Du bist **immer** pünktlich. (2 Lösungen)
Du hast dir **schon** die Hände gewaschen.
Ich habe Geld.
Ich habe **noch** Geld.
Er ist **noch** sehr jung.
Ich habe ihn **irgendwo** gesehen. (2 Lösungen)
Das machen wir **auf alle Fälle**. (mehrere Lösungen)
Es ist von **überall her** Kritik gekommen.

2
○●●
Wo steht „nicht"/„kein"?

Manche wissen **nicht**, wo **„nicht"** im Satz steht; **„nicht"** steht **nicht immer** ganz hinten.

Satznegation heißt: Der ganze Satz, die komplette Aussage wird negiert.
Das Negationswort (nicht, nichts, kein etc.) wird mehr oder weniger stark betont.

Wo steht das Negationswort **nicht**/**kein** etc. im Satz?

1. Es steht so weit wie möglich hinten.
2. Aber: **nicht** steht vor allen Teilen, die aufgrund der Regeln a-f hinten stehen sollen:
   a. Partizip II bei Perfekt oder Passiv (ist … nicht gekommen)
   b. Infinitiv bei Modalverben (möchte … nicht wiedersehen)
   c. Ausdruck mit Präpositionen (beschäftigt sich … nicht mit Briefmarken)
   d. andere Teile des Prädikats und Aussagen, die eine enge Verbindung zum Verb haben (hat … keinen großen Hunger; spielt … einen schlechten Fußball)
   e. trennbare Vorsilbe (fährt … nicht ab)
   f. Verb im Nebensatz (…, warum … nicht da war)

Dadurch kann das Negationswort an ganz verschiedenen Positionen im hinteren Satzfeld stehen.

➤ Lesen Sie die Satzgruppen und erklären Sie (mit den angegebenen Zahlen und Buchstaben 1, 2a–f), warum das Negationswort an der jeweiligen Stelle steht.

1. Ich verstehe das nicht.
   Nein, ich gehe nicht.
2. Ich gehe nicht weg.
   Da steige ich nicht ein.
3. Das habe ich nicht verstanden.
   Das wird nicht verändert.
4. Das kann man nicht verbessern.
   Das darf nicht verändert werden.
   Das hat niemand verstehen können.
5. …, weil ich das nicht verstehe.
   …, obwohl er mir nicht schreibt.
6. …, dass er das nicht hat machen dürfen.
   …, obwohl er nicht hätte zu kommen brauchen.
7. Ich stelle keine Fragen.
   Ich will nicht mehr Auto fahren.
   Du hast keinen einzigen Fehler gemacht.
8. Ich interessiere mich nicht für Fußball.

3
○○●
Satznegation

Was tue ich nicht alles für dich!

➤ Negieren Sie die Sätze; achten Sie auf die Stellung des Negationswortes.

Ich liebe dich.
Ich habe Angst.
Ich habe etwas gehört.
Wir konnten noch etwas retten.
Ich habe alles verstanden.
Ich habe noch Hunger.
Ich habe die Arbeit schon fertig.
Ich bin schon 30.

4
●●○
verschiedene Negationsmittel

➤ Negieren Sie die Sätze, verwenden Sie verschiedene Mittel der Negation (Negationswörter, Gegenteilwörter).

Hier kann man gut leben.
Du hättest mich fragen sollen.
Das ist so richtig.
Kannst du mir mal sagen,
warum du mich angerufen hast?

Ich habe sehr viel gesehen.
Ich könnte in diesem Land gut leben.
..., weil man bei diesen Leuten viel hat lernen können.
..., obwohl er mich informiert hat.

5
●●○
Satzteilnegation mit „sondern"

Er war **kein** Mensch, **sondern** eine Maschine.

Satzteilnegation bedeutet: Nicht der ganze Satz, sondern nur ein Satzteil wird negiert und dann korrigiert (ein Wort, eine Angabe, ein Teil eines Wortes). Das Negationswort **nicht/kein** etc. steht unmittelbar vor dem Satzteil, der negiert wird, und zwar unbetont. Der negierte Satzteil und die nachfolgende Korrektur tragen eine starke Betonung. Für die Konjunktion verwendet man **sondern** (nicht „aber"); nach der Negation **nicht nur** folgt die Korrektur **sondern auch**.

➤ Lesen Sie die Sätze und korrigieren Sie die hervorgehobenen Ausdrücke. Markieren Sie die Betonung.

Das Leben beginnt **erst mit dem Alter**. (schon früher)
Heute gehe ich **mit dir** ins Kino. (allein)
Diese Leute hier in der Gegend sind **konservativ**. (reaktionär)
Man kann **nur rechts und links** verwechseln. (mein und dein; ➢ Text von E. Jandl in der Lesepause)
Die Sondernegation bezieht sich **auf den ganzen Satz**. (nur auf einen Teil des Satzes)

6
●●○
Gegenteile, Alternativen

Nicht falsch, sondern **richtig**; **nicht so**, sondern **anders**.

Für viele Ausdrücke gibt es Gegenteile; für andere Ausdrücke gibt es Alternativen.

➤ Formulieren Sie für die Ausdrücke der Gruppe 1 das Gegenteil, für die Ausdrücke der Gruppe 2 verschiedene Alternativen.

1 Die Information war **falsch**.
In seinem Beruf ist er ein **Könner**.
Das ist wirklich ein **Fortschritt**.
Der alte Herr Müller **lebt noch**.
Sie hat einen **guten** Charakter.
Die Diskussion war äußerst **interessant**.
Dieses Spiel haben wir **verloren**.
ein sehr **dummes** Argument

2 ein Strauß mit **lila** Blumen
Ich bin **Schwabe**.
Er denkt ziemlich **konservativ**.
Sie ist **Französin**.
Die **deutsche** Sprache halten einige für ziemlich schwer.

7
●○○
Vergleiche

Manche sagen: Deutsch ist **schwerer** als Englisch. ↔ Englisch ist **nicht so schwer wie** Deutsch.

Vergleiche formuliert man im Deutschen durch
1. Komparativ (➢ Kap. 15, GiK 3): schneller, weiter, höher ... als
2. nicht so ... wie; kein so ... wie

➤ Spielen Sie mit den Vergleichsmöglichkeiten; erfinden Sie in Gruppe 2 dramatische Streitgespräche.

1 früher/jetzt – Winter kalt
Liebe/Krieg – gut
sie/er – fähiger Chef

2 nachbarlicher Streit um: die Qualität der Äpfel und Birnen; die Erziehung der Kinder; Preis und Leistung der Autos; das Glück beim Fischen

8
besondere Komparativ-Bedeutung

Jüngere Frau und **älterer** Herr erbeuten **größeren** Geldbetrag.

Der Komparativ kann auch verwendet werden, wenn man etwas diskreter, höflicher oder nicht so direkt sagen möchte.

➤ Lesen Sie die Sätze, die zusammen eine Geschichte erzählen. Lesen Sie sie noch einmal, nun aber die Adjektive nicht in der Komparativ-Form, sondern in der Grundform. Was sind die Gründe für die Komparativ-Formen?

Vor der Bank: Draußen wartet ein älterer Herr im Auto.
Der Bankdirektor: Gestern traf ein größerer Posten 500-Euro-Scheine ein.
In der Bank: Eine jüngere Frau mit Sonnenbrille betritt den Schalterraum.
Der Mann hinter dem Bankschalter: Wir haben hier ein kleineres Problem.
Die Bankräuber: Wir haben einen größeren Geldbetrag erhalten!
Aus den Memoiren eines Gangsterbosses: In dieser Stadt hatte ich häufiger zu tun.

9
graduierende Ausdrücke

Wenn man über tägliche Erlebnisse und Erfahrungen spricht, verwendet man oft graduierende Ausdrücke. Sie machen die Sprache lebendiger, differenzierter, nuancenreicher. Das ist sicher in Ihrer Sprache auch so.

➤ Lesen Sie die Skala der graduierenden Adverbien. Kreuzen Sie an, was Sie schon oft gehört haben.

absolut, total, unheimlich, irre, echt, extrem	120 %
vollkommen/äußerst/überaus	100 %
sehr/erheblich	90 %
ziemlich	80 %
ganz	60 %
relativ/einigermaßen	40 %
gerade noch	30 %
ein bisschen, ein wenig, etwas	20 %
fast nicht/kaum/nicht so	10 %
nicht, gar nicht	0 %
absolut nicht/ganz und gar nicht/überhaupt nicht	–20 %

Die Prozentzahlen sollen ungefähr angeben, wie man mit diesen Adverbien eine Aussage bewerten kann. Dabei benutzt man auch Betonung, Körpersprache (Mimik und Gestik), um z. B. große Begeisterung, starke Kritik, Ironie, Anerkennung auszudrücken.

➤ Spielen Sie mit den graduierenden Adverbien. Formulieren Sie eine Skala von sehr positiv bis sehr negativ. Welche Ausdrücke eignen sich mehr für die Umgangssprache, welche mehr für die Schriftsprache?

Das Essen war … gut.
Sein Vortrag war … langweilig.
Er ist ein … angenehmer Mensch.
Er ist ein … miserabler Tänzer, Gastgeber, Liebhaber.

Übungen mit Stil

10
●●●
doppelte Negation

Diese Aufgabe ist stilistisch **gar nicht** so **un**interessant.

Doppelte Negation wird im heutigen Deutsch positiv verstanden; man erreicht dadurch besondere rhetorische Wirkungen: Ironie, feine Unterschiede in der Bewertung eines Sachverhalts.

➤ Lesen Sie die Sätze laut, machen Sie sich die genaue Bedeutung klar; achten Sie auf den Inhalt und auf den Klang. Ist das Gesagte positiv oder negativ gemeint?

Das Essen hier ist gar nicht so übel.
Deine Art ist wirklich nicht ohne Charme.
Ihr Verhalten wird nicht ohne Konsequenzen bleiben.
Es ist kein Unglück, wenn Sie diesen Teil der Arbeit noch einmal schreiben.
Ich sage das nicht ohne Bitterkeit.
Das ist durchaus nicht unüblich bei uns.
Ja, ja, das Gespräch war ganz interessant.
Herr Müller, Sie sollten nächstens etwas pünktlicher kommen!
Unser Personalchef ist nicht gerade der hellste Kopf im Haus.
Jetzt kommt unser Super-Wissenschaftler.
Du bist vielleicht ein Könner!
Sicherung des Friedens: Das wäre nicht die schlechteste Politik für eine Regierung.

Ich habe Ihnen selbstverständlich **die Wahrheit** gesagt. ↔ Ich habe Ihnen selbstverständlich **nicht** die **Un**wahrheit gesagt.

➤ Formulieren Sie die Sätze um, aber ohne die Bedeutung zu verändern.

Die Zukunft unserer Erde ist **gefährdet**.
Ich muss zugeben, dass ich mich geirrt habe.
Die Verschwendung von Rohstoffen **muss gestoppt werden**.
Es ist eine Tatsache, dass in vielen Ländern die Sexualmoral freier geworden ist.
Ich habe vergessen, was wir miteinander besprochen haben.
Es ist unter Diplomaten durchaus üblich, so miteinander umzugehen.

11
●●○
„negative" Verben

Ich will das nicht tun. → **Ich weigere mich**, das zu tun.

Einige Verben leiten eine negative Aussage ein (➤ GiK 5).

➤ Bilden Sie entsprechende Sätze.

Reizen Sie meinen Teddybär nicht! (warnen)
Sie dürfen keine Kaugummis unter den Sitz kleben. (verbieten)
Ich diskutiere mit Ihnen nicht über meine Orthographie. (ablehnen)
Er hat nichts gesehen, gehört und gesagt. (bestreiten)

Der Junge **sagte**: Ich **habe** die Fensterscheibe **nicht** eingeworfen. → Der Junge **bestritt**, die Fensterscheibe eingeworfen zu haben.

➤ Leiten Sie die Aussagen mit „negativen" Verben und Ausdrücken ein; im Satz entfällt dann die Negation.

Sie sagte: „Diesen Vertrag unterschreibe ich nicht!"
Er sagte: „Das habe ich überhaupt nicht gesagt."
Sie sagte: „Diesen Menschen habe ich in meinem Leben noch nie gesehen."
Die Großmutter sagte zu Rotkäppchen: „Nimm dich in Acht vor dem Wolf."

12 Fragen mit bestimmten Erwartungen

Habe ich **etwa nicht** Recht? → **Doch doch**, du hast vollkommen Recht.

➤ Lesen Sie die Fragen mit dramatischer Stimme, mit gespielter Übertreibung. Welche Antwort wird erwartet, gewünscht? (➤ Katalog, Liste 10, wo die verwendeten Redepartikel behandelt werden).

Was, arbeitet ihr etwa noch?
Was, wollt ihr tatsächlich weitermachen?
Sind Sie denn nicht mehr mit mir zufrieden?
Ist mein Kleid nicht schick?

13 Stilvarianten

➤ Lesen Sie die Beispiele, die noch einmal zeigen, wie vielfältig Negation ausgedrückt werden kann.

Hat Herr Egge sich dem Agenten unterworfen?
(im Text „Maßnahmen gegen die Gewalt", Lesepause, S. 61)

Nein, er hat sich dem Agenten nicht unterworfen.
Nein, er hat dem Agenten Widerstand geleistet.
Nein, er hat sich dem Agenten widersetzt.
Nein, er hat sich geweigert, sich dem Agenten zu unterwerfen.
Nein, er war nicht bereit, sich dem Agenten zu unterwerfen.
Nein, er war stärker als der Agent.
Nein, er hat länger gelebt als die Gewalt.

14 Aufgaben zu den Texten

➤ Lesen Sie noch einmal die Texte der Lesepause; denken Sie über die unterschiedlichen (formalen und inhaltlichen) „Negations"-Aspekte in diesen Texten nach, diskutieren Sie mit anderen darüber. Hier sind einige Fragen, die dabei anregen sollen.

1. Was ist eigentlich alles „verkehrt" am Text von Ernst Jandl?
2. Den Text von Karl Kraus muss man sich mit großem Pathos, mit großer rhetorischer Geste gesprochen vorstellen; was ist das Komische daran?
3. Kommentieren Sie die traurige Selbstdarstellung der jungen Frau aus Odessa; was könnte man ihr vielleicht sagen?
4. Stellen Sie sich vor, Sie haben als Werthers Freund Gelegenheit, ihm tüchtig die Meinung darüber zu sagen, wie dumm er sich anstellt. Wer Goethes und Plenzdorfs Werther gelesen hat, kann versuchen, zu diskutieren, was denn bei Plenzdorf anders ist als bei Goethe.
5. Was ist so schrecklich an den deutschen Zuständen, die Christoph Meckel beschreibt? Was hinderte denn daran, dass „die Freude kommt"? Fragen Sie ältere Deutsche, die in der Nachkriegszeit aufgewachsen sind, wie sie diese Zeit erlebt haben, was sie von dem Text halten.
6. Worin besteht bei Herrn Egge, bei Herrn Keuner die jeweilige Widerstandshandlung? Was sind ihre „Maßnahmen gegen die Gewalt"? Kann man ihre Handlungsweisen kritisieren? Was bedeutet Illegalität, was sind ihre Kennzeichen? Wie denken Sie über Gewalt?
7. Zu ganz später Stunde und mit Augenzwinkern: Diskutieren Sie mit den Regenwissenschaftlern Karl Valentin und Rembremerdeng über die Regenforschung und über die verwendeten Fachbegriffe. Was bedeutet der letzte Satz, genau genommen?

Zum Abschluss und zum Trost die folgende Botschaft:

Theorie ist, wenn man genau weiß, wie's geht, aber nichts klappt.
Praxis ist, wenn alles klappt, aber keiner weiß, warum.
Bei uns ist es gelungen, Theorie und Praxis zu vereinen:
Nichts klappt – und keiner weiß, warum!

Setze Kommas, wenn es der Verständlichkeit dient.

Die wichtigste(n) Kommaregel(n)

Kommas (und auch die übrigen Satzzeichen) sind wie Straßenschilder: Sie sollen helfen, den richtigen Weg durch einen Text zu finden. Die Zahl der Regeln, wo im Deutschen ein Komma gesetzt werden muss oder wo keins stehen sollte, ist glücklicherweise nicht mehr groß, und eigentlich hätte der Titel dieses Kapitelchens als einzige Kommaregel gereicht.

Regeln

Hier sind die sieben wichtigsten Regeln.

- Werden ‚gleichrangige' Sätze, Teilsätze oder Wortgruppen mit Konjunktionen wie **und**, **oder**, **bzw.**, **sowie**, **entweder ... oder**, **sowohl ... als auch**, **weder ... noch** verbunden, dann braucht man kein Komma; aber wenn's der Klarheit des Textes dient, dann können Sie ein Komma setzen.
  Die Rechtschreibreform gilt(,) **und** die Leute schreiben so, wie es ihnen gefällt.
- Wenn aber ein starker Kontrast ausgedrückt wird mit **aber**, **sondern**, **doch**, **jedoch**, dann soll man ein Komma setzen.
  Die Rechtschreibreform gilt, **aber** nur wenige kümmern sich darum.
- Bei Infinitiv- und Partizip-Gruppen braucht man kein Komma zu setzen. Unser Tipp aber ist: Setzen Sie immer ein Komma, wenn es der Klarheit der Satzstruktur dient.
  Hättest du nicht Lust(,) dir meine Briefmarkensammlung anzuschauen?
- Wird die Infinitiv-Gruppe durch ein ‚hinweisendes' Wort angekündigt, dann – so die Regel – muss man ein Komma setzen. Ich hätte **daran** denken müssen, Sonnencreme mitzunehmen. Sonnencreme mitzunehmen, **daran** hätte ich denken müssen.
- Nebensätze und Reihungen trennt man durch Komma, wenn sie nicht mit **und**, **oder** etc. verbunden sind.
  Er wusste, dass der Mond um die Erde kreist **und dass** der Mond kein Gesicht hat.
- Ausrufe, rhetorisch verkürzte Sätze und namentliche Anreden trennt man durch Komma.
  Hallo, kommen Sie doch herüber! – **Bitte**, wo geht's denn hier zum Bahnhof?
- Mit Komma trennt man nachgestellte Informationen (z.B. auch beim Datum). Herr Streit, ein Gartenfreund, streitet sich mit seinem Nachbarn. – Heute ist Freitag, der 13. Dezember.

Übungen

1 ●○○ *Besser ein Komma oder besser keins?*

➤ Setzen Sie Kommas, wo es korrekt und sinnvoll ist.

1 Ich würde dir gerne schreiben doch ich weiß nicht was.
Alle reden vom Wetter wir nicht.
Die Konkurrenz schläft nicht aber wir schlafen.

2 Ich weiß doch dass ich Recht habe.
Es ist richtig diese Missstände öffentlich zu diskutieren.
Es kann doch nicht so schwierig sein das zu verstehen.

3 Weil die Bernhardinerhunde zu viel getrunken hatten rollten sie den Berg hinunter.
Wegen übermäßigen Alkoholkonsums der Bernhardiner im Dienst kam es zu einem Skandal.
Nachdem der endlos lange Vortrag zu Ende war gab es auch noch eine zweistündige Diskussion.
Nach der Beendigung des Marathon-Vortrags kam es zu einer zweistündigen Diskussion.

4 Moritz Hahn auf seinem Gebiet ein anerkannter Spezialist hielt einen Vortrag über die Nudelkrise in der Europäischen Gemeinschaft.
Hintertupfingen ein kleines bayerisches Nest hat den diesjährigen Wettbewerb „Unser Dorf soll schöner werden" gewonnen.

6

Kleine Wichtigkeiten

es · sich · Pronomina · Kasus

Lesepause

es-Texte

Es war einmal eine alte Geiß,
die hatte sieben junge Geißlein
und hatte sie lieb, wie eine
Mutter ihre Kinder lieb hat.
Märchen der Brüder Grimm

Wer reitet so spät durch
Nacht und Wind?
Es ist der Vater mit
seinem Kind.
Goethe, Erlkönig

Und es waren Hirten in derselben
Gegend auf dem Felde,
die hüteten des Nachts ihre Herde.
aus dem Lukasevangelium

Es war ein König in Thule
Gar treu bis an das Grab
Dem sterbend seine Buhle
Einen goldnen Becher gab
Es ging ihm nichts darüber,
Er leert ihn jeden Schmaus;
Die Augen gingen ihm über,
So oft trank er daraus.
Goethe, Faust I

Es möchte kein Hund so
länger leben!
Drum hab' ich mich
der Magie ergeben.
Goethe, Faust I

Alltag

Ich erhebe mich.
Ich kratze mich.
Ich wasche mich.
Ich ziehe mich an.
Ich stärke mich.
Ich begebe mich zur Arbeit.
Ich informiere mich.

Ich wundere mich.
Ich ärgere mich.
Ich beschwere mich.
Ich rechtfertige mich.
Ich reiße mich am Riemen.
Ich entschuldige mich.
Ich beeile mich.

Ich verabschiede mich.
Ich setze mich
in ein Lokal.
Ich sättige mich.
Ich betrinke mich.
Ich amüsiere mich etwas.
Ich mache mich auf
den Heimweg.
Ich wasche mich.

Ich ziehe mich aus.
Ich fühle mich sehr müde.
Ich lege mich schnell hin:

Was soll aus mir mal
werden,
wenn ich mal
nicht mehr bin?
Robert Gernhardt

Grammatisches Liebesgedicht

Ich lerne Deutsch.
Ich lerne dich kennen.
Ich sehe dich an.
Wir lesen einen Text.
Ich verstehe nichts.
Ich sehe nur dich.
Ich frage dich.
Du antwortest mir.
Du hilfst mir.
Ich höre dir zu.
Du zeigst mir das Heft.
Du gibst mir ein Beispiel.
Wir lesen einen Text. – Du erklärst mir ...
Ja, was erklärst du mir eigentlich?
aus dem Lehrwerk „Sprachbrücke"

für sorge

ich für mich
du für dich
er für sich
wir für uns
ihr für euch
jeder für sich
Burckhard Garbe

nacheinander

wieder haben wir miteinander gegessen
wieder sind wir beieinander gesessen
wieder sind wir auseinander gegangen
wieder haben wir nacheinander
kein verlangen
Ernst Jandl

Grammatik im Kasten

1. Deutsch ist eine morphologiereiche Sprache

Die deutsche Sprache zeigt eine formenreiche Morphologie: Die Vorsilben bei vielen Wörtern, die „Konjugation“ des Verbs, die „Deklination“ der Nominalgruppe (Artikel oder Pronomen, Adjektive oder Partizipien, Nomen) sind charakteristische Kennzeichen der deutschen „Spracharchitektur“. Das macht die Sprache schön, aber das Lernen manchmal schwierig; bis in die Mittel- und Oberstufe werden an diesen Stolpersteinen Fehler gemacht. In diesem Kapitel finden Sie einige dieser kleinen, aber wichtigen Formen des Deutschen systematisch erklärt.

2. Ganz verschiedene „es“

Das Wörtchen **es** hat verschiedene grammatische Funktionen:

a) **es** steht als „Prowort“ für Nomen, die neutrum sind oder für ganze Sätze oder Texte (➢ A1 und A 2):
Das Leben ist kurz, **es** ist sogar sehr kurz, ich weiß, dass **es** so ist.

b) Bestimmte Verben und verbale Ausdrücke haben **es** als festen Bestandteil (➢ A 5 und Katalog, Liste 3):
Wie **geht es** Ihnen heute? – Ach, immer wenn **es regnet**, **gibt es** bei mir die große Krise, und dann **ist es** für mich ganz **schwer**, das Leben positiv zu sehen.

c) **es** dient oft als Satzeinleitung, **es** besetzt dann – als Repräsentant, als eine Art „Joker“ – die Stelle vor dem Verb (➢ A 6 und A 8); das ist besonders beliebt bei Passivsätzen (➢ Kap. 3, A 17):
Wunderbar, **es** scheint die Sonne, **es** kann heute auf der Terrasse gefrühstückt werden.

3. Das Wichtigste über das kleine Wort „sich“

a) **sich** ist obligatorischer Teil bei bestimmten Verben:
sich amüsieren, sich interessieren für

b) **sich** steht an der Stelle einer Person:
Samstags wasche ich erst **meinen Rolls Royce** und dann **mich**.

c) Meistens steht **sich** in der A-Position:
Ich freue **mich**.
Manchmal steht **sich** in der D-Position:
Ich stelle **mir** vor, in der Sonne zu liegen.

4. Wo ist Kasus wichtig?

Er ist wichtig

- in der Nominalgruppe (Nomen, Artikelwörter, Possessivpronomen, Adjektive):
  z. B. Nominativ: der/ein/mein/ein leerer Geldbeutel
  z. B. Akkusativ: den/einen/meinen/einen leeren Geldbeutel
  z. B. Dativ: dem/einem/ihrem/ihrem schönen Liebhaber
  z. B. Genitiv: des/eines/meines/eines schönen Mannes
- beim Personalpronomen, Fragepronomen, Reflexivpronomen und Possessivwort
- bei den Präpositionen mit A, D, A/D, G (➢ Kap. 11):
  mit dem dicken Auto **von meinem** reichen Onkel
- bei den Verben mit A, D, A/D, mit festen Präpositionen etc. (➢ Katalog, Liste 6):
  Rotkäppchen sollte **der Großmutter Essen und Trinken bringen** und **ihr** beim Kuchenbacken **helfen**.

Wichtig für Lerner: Die meisten Fehler werden beim Sprechen mit D gemacht; beim Schreiben mit D und G.

5. Das Kasusschema („Deklination“) bei den wichtigsten Pronomen

	Personalpronomen (Sg)					**Personal-pronomen (Pl)**			**Frage-pronomen (Sg/Pl)**		**Reflexivpronomen**					
			3.								Sg			Pl		
	1.	2.	m	f	n	1.	2.	3.	m/f	n	1.	2.	3.	1.	2.	3.
N	ich	du Sie	er	sie	es	wir	ihr	sie	wer?	was?						
A	mich	dich Sie	ihn	sie	es	uns	euch	sie	wen?	was?	mich	dich	sich	uns	euch	sich
D	mir	dir Ihnen	ihm	ihr	ihm	uns	euch Ihnen	ihnen	wem?	was?	mir	dir	sich	uns	euch	sich
G*	meiner etc.					unser etc.			wessen?							

	Possessivwort (Sg) (als Artikel / als Pronomen) (mein/dein/Ihr/sein/ihr; unser/euer/Ihr/ihr)			**Possessivwort (Pl)** (als Artikel / als Pronomen)
	m	f	n	m/f/n
N	mein Wein / meiner (dein, ...) / (deiner, ...)	meine Flasche / meine (dein, ...) / (deiner ...)	mein Glas / meins (dein, ...) / (deins)	meine / meine Weine / Flaschen/Gläser (deine ,...) / (deine,...).
A	meinen Saft / meinen (deinen, ...) / (deinen, ...)			
D	(mit) meinem Text / meinem (deinem, ...) / (deinem, ...)	(mit) meiner Sprache / meiner (deiner, ...) / (deiner, ...)	(mit) meinem Buch / meinem (deinem, ...) / (deinem, ...)	(mit) meinen / meinen Texten/Sprachen/Büchern
G*	(wegen) meines (deines, ...) Charmes	(wegen) meiner (deiner, ...) Intelligenz	(trotz) meines (deines, ...) Glücks	(wegen meiner (deiner, ...) Erfolge/Gewohnheiten/Prinzipien

* meist nur schriftlich

Unterscheiden Sie also:

Possessivwort als Artikel:
Das ist **mein** Glas, und das hier ist **Ihr** Glas.

Possessivwort als Pronomen:
Meins ist voll und **Ihres** ist leer.

Possessivwort/Adjektiv/Nomen:
Das ist **mein volles** Glas, und das hier ist **Ihr leeres** Glas.

Übungen und Regeln

„es“ und „da(r)-“

1 ○○● *„es“ als Prowort*

A: Was ist mit dem **Rumfässchen**? – B: **Es** ist leer.
A: Wo ist das **Rumfässchen**? – B: Keine Ahnung, ich **hab's** nicht gesehen.

es kann Wörter ersetzen („Prowort“), **es** kann für Nomen und Pronomen stehen, aber nur, wenn sie Neutrum Singular sind. Achten Sie darauf, dass **es** zu **'s** verkürzt werden kann (➢ Kap. 19, A 7).

➢ Antworten Sie kurz, also mit **es**, auf die Fragen.

A: Wo ist das Geld? – B: (weg)
A: Wer hat denn mein Bier getrunken? – B: (Ich)
A: Wo liegt Castrop-Rauxel? – B: ????

2 ○○● *Prowort für ganze Textteile*

Die Prinzessin hat mir genau erklärt, auf welchem Weg ich aus dem Gefängnis entfliehen könnte. Aber ich Unglücklicher habe **es** vergessen.

es kann als Prowort für ganze Texte stehen. Man kann es dann oft durch **das** oder **alles** ersetzen.

➢ Setzen Sie den Dialog oder Text mit **es** fort.

A: Herr Hahn, möchten Sie Chef unserer Nudelfabrik werden? – B: Oh ja, ich möchte ...
Ich wollte so gerne Schauspielerin werden, aber leider ... (nicht).
A: Hätten Sie gewusst, wie Sie das Rätsel lösen können? – B: Nein, ...
A: Kommen Sie, ich erkläre Ihnen die Regeln des Skatspiels. Also, ... (es folgt ein halbstündiger Vortrag). Sie sehen, ... (ganz einfach).

3 ○○● *Antworten mit „es“/„das“*

A: Was sind denn das für komische Gestalten? – B: **Es/Das** sind meine Kinder.

Wenn jemand nach etwas Unbestimmtem/Unbekanntem fragt, antwortet man mit **es** oder **das** (auch wenn das Nomen feminin oder maskulin ist).

➢ Beantworten Sie die Fragen.

Was sind das für Hüte? (Strohhüte)
Was ist denn Lasagne? (eine italienische Spezialität)
Wer war dieser Typ? (Philipp Marlowe)

4 ○●● *„da(r)-“ + Präposition*

Ich interessiere mich nicht für dein Hobby. → Ich interessiere mich nicht **dafür**.

Bei Ausdrücken, die eine feste Präposition haben (➢ Katalog, Liste 6), ist die Proform nicht **es**, sondern **da(r)-** + Präposition.

➢ Wiederholen Sie Kap. 8, A 6, und ersetzen Sie hier die markierten Satzteile durch ein geeignetes Prowort.

Manchmal ärgere ich mich **über dein dummes Geschwätz**.
Herr Böse interessiert sich sehr **für fremdes Eigentum**?
Ich kann mich noch sehr genau **an meine erste Liebesgeschichte** erinnern.

5
●●○
Verben mit „es“

In der Grammatik aus dem Katalog **gibt es** eine Liste mit vielen Verben mit **es**.

es ist bei manchen Verben und Ausdrücken ein fester Bestandteil und darf (meist) nicht weggelassen werden.

➤ Lesen und lernen Sie in der Liste (➢ Katalog, Liste 3) die Ausdrücke mit dem Markerstift. Machen Sie sich bei den Ausdrücken in Gruppe 1.–3. und 5. klar, dass **es** obligatorisch ist, indem Sie Sätze bilden, die mit anderen Satzteilen beginnen; **es** steht dann hinter dem Verb. Bei Gruppe 4 ist **es** nicht obligatorisch, aber üblich. Achten Sie auf die „Abschleifung“ zu **’s** (➢ Kap. 19, A 7).

6
●●○
„es“ als „Joker“

Es macht mich glücklich, dass du mich liebst.
→ Mich macht **es** glücklich, dass du mich liebst.
→ Mich macht glücklich, dass du mich liebst.
→ Dass du mich liebst, macht mich glücklich.
→ Dass du mich liebst, **das** macht mich glücklich.

es kann Repräsentant (eine Art „Joker“) für einen **dass**-Satz oder Infinitivsatz sein. Hinter dem Verb kann **es** auch weggelassen werden.
es verschwindet, wenn der Nebensatz oder Infinitivsatz an der ersten Stelle steht, oder **es** kann durch **das** ersetzt werden.

➤ Variieren Sie die Sätze nach den Beispielen; wenn Sie die Möglichkeit dazu haben, diskutieren Sie mit Deutschsprachigen, welche Varianten am besten klingen.

Es ärgert mich, dass ich alles vergessen habe.
Es ist mir klar, dass ich alles noch mal von vorn beginnen muss.
Es ist mir völlig egal, wie du das machst.
Es macht mich noch wahnsinnig, wie du dich von anderen Leuten bedienen lässt.

7
●●○
„da(r)-“ + Präposition

Es freut mich, den Hauptpreis gewonnen zu haben.
→ Ich freue mich **darüber**, den Hauptpreis gewonnen zu haben.

Bei Ausdrücken mit Präposition ist es wie bei Aufgabe 4: kein **es**, sondern **da(r)-** + Präposition.

➤ Bilden Sie Sätze aus den angegebenen Teilen.

Herr Streit (sich ärgern über)	, dass jemand seine Äpfel geklaut hat.
Ich (achten auf)	, nicht noch dicker zu werden.
Die Nilpferde (sich wundern über)	, dass der Tourist so langsam war.

8
●○○
stilistisches „es“ am Satzanfang

Hoffentlich sind alle Schwierigkeiten gut erklärt worden. → **Es** sind hoffentlich alle Schwierigkeiten gut erklärt worden.

es kann als freie, stilistische Satzeinleitung verwendet werden und steht dann an der ersten Stelle; **es** ist nur dazu da, die Stelle vor dem Verb zu besetzen. Besonders beliebt ist das bei Passivsätzen (➢ Kap. 3, A 17).

➤ Formulieren Sie die Sätze um, indem Sie mit **es** beginnen.

Hier wird viel zu viel geredet.
Heute ist kein einziger Hut verkauft worden.
Zwischen ihnen ist kein einziges Wort gesprochen worden.
In diesem Kapitel sollten Sätze mit „es“ gebildet werden.

„sich“, „selbst“ und „einander“

9 ○○● *„sich“-Verben*

Das Gernhardt-Gedicht (➢ Lesepause, S.70) präsentiert einen ganzen Tagesablauf, ein ganzes Leben mit lauter **sich**-Verben. Die sind sehr beliebt im Deutschen, ganz anders als im Englischen. Eine inhaltlich etwas sortierte Liste finden Sie in „Grammatik aus dem Katalog“ (➢ Katalog, Liste 4).

➤ Markieren und üben Sie die Ausdrücke, die Ihnen wichtig sind. Bilden Sie Beispielsätze, achten Sie auf den Kasus von **sich** (A oder D) sowie auf die Präpositionen.

10 ○●● *Wechsel-verhältnisse*

Herr Böse hat **sich mit** Herrn Streit wieder vertragen.
→ **Sie** haben **sich** wieder vertragen; **Sie** haben **sich** wieder **miteinander** vertragen.

Manche Verben mit **sich** können ein Wechselverhältnis ausdrücken; man kann das mit **einander** (**miteinander**, **füreinander** etc.), **gegenseitig**, **wechselseitig** verdeutlichen.

➤ Drücken Sie das Wechselverhältnis deutlicher aus.

Ich kann mich mit dir nicht einigen!
Sie hat ihn gestern kennen gelernt.
Er und sie gehen sich auf die Nerven.

11 ○○● *„selbst“*

Sie zieht sich an und kann sich schon die Schuhe binden.
→ Sie zieht sich schon **selbst** an und kann sich schon **selbst** die Schuhe binden.

selbst kann einen Ausdruck mit **sich** verstärken.

➤ Stellen Sie sich mal vor, was die kleine Sofie mit 5 Jahren schon alles kann; loben Sie Sofie ein wenig.

Sie zieht sich an und aus.
Sie wäscht sich alleine.
Wenn niemand im Haus ist, macht sie sich Schokoladenpudding mit dem Küchenmixer.

12 ○●● *„sich“ und Passiv*

Es sieht so aus, als ob **sich** das ganze Problem **in Luft auflöst**.

sich wird oft für eine passivische, unpersönliche Redeweise verwendet. Es scheint so, als ob es keinen Täter gibt (➢ Kap. 3, A 14).

➤ Bearbeiten Sie noch einmal die dortige Übung und die folgenden Sätze; beschreiben Sie, worum es geht, was da passiert.

Dieses Geschäft rechnet sich nicht.
Der Fall hat sich erledigt.
Am Anfang hat man oft Schwierigkeiten. Aber später gibt sich das dann.

Pronomen und Kasus

13 ○○● *Geschenkespiel*

Das Buch bekommst **du** (Sie/ihr). – Diese Tafel Schokolade gehört **dir** (Ihnen/euch).
– Die CD gehört **dir** (Ihnen/euch).

➤ Spielen Sie Weihnachtsmann oder Osterhase und verschenken Sie lauter Sachen, und zwar in buntem Wechsel der drei Satzmuster, z.B. Comic, Flasche Wein, Matchboxauto, Mountainbike, Schachtel Pralinen. Briefpapier, Schokoladenosterhase, Handy, Fotoalbum, Einkaufsgutschein über 100 Euro, ...
Verschenken Sie alles, was Sie haben.

14

Wem gehört was?

A: **Wem** gehört das Handy?
B: Das gehört **mir**, das ist **meins**.
C. Nein, das ist nicht dein Handy, das ist **meins**.

➤ Spielen Sie das Eigentumsspiel, mit einigen Partnern oder in Gedanken für sich. Legen Sie alle möglichen Gegenstände des alltäglichen Lebens auf den Tisch. Einer fragt dann Stück für Stück, wem es gehört. Antworten Sie, auch im Streit mit den anderen, mit den genannten Satzmustern. Spielen Sie das Spiel mal in der **du**-Form, mal in der **Sie**-Form. Sie können auch dritte Personen (ich, sie, sie) einbeziehen.

15

falsche Sätze

Hallo, es ist mich. → Hallo, ich bin's.

➤ Verbessern Sie die falschen Sätze.

Zu wem gehört das? – Das gehört zu mir.
Wer ist da? – Es ist mich.
Das klingt nicht gut zu mir.
Kannst du das zu mir erklären.

16

ich/du-Geschichten

Ich sehe **dir** zu, aber **du** siehst **mich** nicht an.

➤ Stellen Sie sich eine Menge Verben zusammen, die die Kommunikation von **ich** und **du** (oder: **ich** und **Sie**) bestimmen können, z.B. (Sie werden sicher noch mehr finden):

abholen – anrufen – ansehen – antworten – beschimpfen – bewundern – denken an – eine Ohrfeige geben – einladen – fragen – gratulieren – helfen – küssen – lieben – nachdenken über – schenken – schreiben – sich ärgern über – sich lustig machen über – tanzen mit – verachten – verlassen – wegschicken – widersprechen – zuhören – zum Teufel jagen – zurückweisen – zusehen

➤ Schreiben Sie nun kleine oder auch größere **ich/du/Sie**-Geschichten, so wie in dem kleinen Text in der Lesepause, fiktiv oder real, ernst oder heiter, harmonisch oder dramatisch.

17

„do-it-yourself"-Grammatik

➤ Machen Sie sich von den Kasustabellen eine Vergrößerung, die Sie als Wandtafel, als Lernplakat irgendwo (Warum nicht neben dem Bett?) eine Zeit lang aufhängen. Noch besser: Gestalten Sie sich Ihre eigene Kasus-Lerntafel, mit Farben, Bildchen, Symbolen, so, wie es Ihnen am besten gefällt. Sie werden sehen: Das ist schon halb gelernt.

Besonders empfehlen wir Kärtchen für die Arbeit mit den Präpositionen und den Kasus: Man schreibt z.B. auf die eine Seite eine wichtige Präposition, auf die andere Seite mehrere (drei bis fünf) gute Phrasen und kleine Sätze. Die Kasusendungen in der Nominalgruppe können Sie mit dem Markerstift hervorheben. Diese Phrasen lesen (noch besser: sprechen) Sie so oft, dass die Formen ganz automatisiert werden.

➤ Üben Sie vor allem korrekte Dativ-Phrasen. Der Dativ ist das wirkliche Kasus-Problem für alle, die Englisch als Muttersprache oder erste Fremdsprache sprechen.

➤ Und: Bitten Sie Ihre Partner, Sie bei falschem Kasus unbedingt immer zu korrigieren. Es soll Ihr Ziel sein, die Kasus richtig und sicher zu treffen.

Zwei abschließende Bemerkungen zum Trost:
Mir und **mich** zu verwechseln ist nicht so schlimm, **mein** und **dein** zu verwechseln ist schlimmer. Und auch in Deutschland halten manche Leute andere Dinge für wichtiger als die Kasus: In Berlin sagt z.B. der nette dicke Berliner zu seine (!) Kleine (!): Du, Schatz, ik liebe dir (aber nur auf Berlinerisch).

Wie wichtig **es** ist, kann man auf der ersten Seite der Bibel lesen (1. Moses 1, Vers 3):

Und Gott sprach: Es werde Licht! Und es ward Licht.

7

Sätze über Sätze

Satzbau

Lesepause

Wer ist Philipp Marlowe?

Was ist passiert? – Eine Reihe von Morden wurde begangen.
Wer hat die Morde begangen? – Verschiedene Täter.
Wen haben die Täter ermordet? – Sylvia Lennox, Mr. Wade und Mrs. Wade.
Wie sind die drei ermordet worden? – Lennox und Mr. Wade wurden erschossen. Mrs. Wade nahm zu viel Schlaftabletten.
Wo wurden Lennox und Wade erschossen? – Lennox in Encino und Wade in Idle Valley.
Womit wurden sie erschossen? – Mit einer 38er-Pistole.
Wann wurden Lennox und Wade erschossen? – Mrs. Lennox wurde nach einem Schäferstündchen erschossen. Mr. Wade, als er volltrunken schlief.
Warum sind Lennox und Wade erschossen worden? – Weil Mrs. Wade eifersüchtig war.
Auf wen war sie eifersüchtig?
Auf Mr. Lennox und Mr. Wade.
Warum hat Mrs. Wade zu viel Schlaftabletten genommen? – Weil angenommen wurde, dass sie Lennox und Wade erschossen hatte.
Wer hat das angenommen? – Philipp Marlowe.
Wer ist Philipp Marlowe? – Ein Privatdetektiv.

Hans Jürgen Heringer

Präambel einer nicht verabschiedeten Verfassung April 1990

Ausgehend von den humanistischen Traditionen, zu welchen die besten Frauen und Männer aller Schichten unseres Volkes beigetragen haben,
eingedenk der Verantwortung aller Deutschen für ihre Geschichte und deren Folgen,
gewillt, als friedliche, gleichberechtigte Partner in der Gemeinschaft der Völker zu leben, am Einigungsprozess Europas beteiligt, in dessen Verlauf auch das deutsche Volk seine staatliche Einheit schaffen wird,
überzeugt, dass die Möglichkeit zu selbstbestimmtem verantwortlichen Handeln höchste Freiheit ist,
gründend auf der revolutionären Erneuerung,
entschlossen, ein demokratisches und solidarisches Gemeinwesen zu entwickeln, das Würde und Freiheit des Einzelnen sichert, gleiches Recht für alle gewährleistet, die Gleichstellung der Geschlechter verbürgt und unsere natürliche Umwelt schützt,
geben sich die Bürgerinnen und Bürger der Deutschen Demokratischen Republik diese Verfassung.

Arbeitsgruppe Neue Verfassung der DDR des Runden Tisches Berlin/Christa Wolf

Präambel des Einigungsvertrags, August 1990

Die Bundesrepublik Deutschland und die Deutsche Demokratische Republik –
entschlossen, die Einheit Deutschlands in Frieden und Freiheit als gleichberechtigtes Glied der Völkergemeinschaft in freier Selbstbestimmung zu vollenden,
ausgehend von dem Wunsch der Menschen in beiden Teilen Deutschlands, gemeinsam in Frieden und Freiheit in einem rechtsstaatlich geordneten, demokratischen und sozialen Bundesstaat zu leben,
in dankbarem Respekt vor denen, die auf friedliche Weise der Freiheit zum Durchbruch verholfen haben, die an der Aufgabe der Herstellung der Einheit Deutschlands unbeirrt festgehalten haben und sie vollenden,
im Bewusstsein der Kontinuität deutscher Geschichte und eingedenk der sich aus unserer Vergangenheit ergebenden besonderen Verantwortung für eine demokratische Entwicklung in Deutschland, die der Achtung der Menschenrechte und dem Frieden verpflichtet bleibt,
in dem Bestreben, durch die deutsche Einheit einen Beitrag zur Einigung Europas und zum Aufbau einer europäischen Friedensordnung zu leisten, in der Grenzen nicht mehr trennen und die allen europäischen Völkern ein vertrauensvolles Zusammenleben gewährleistet,
in dem Bewusstsein, dass die Unverletzlichkeit der Grenzen und der territorialen Integrität und Souveränität aller Staaten in Europa in ihren Grenzen eine grundlegende Bedingung für den Frieden ist –
sind übereingekommen, einen Vertrag über die Herstellung der Einheit Deutschlands mit den nachfolgenden Bestimmungen zu schließen: …

Grammatik im Kasten

1. Verb und Satzglieder

Das Verb ist das zentrale Element eines Satzes. Im Hauptsatz kann das Verb zwei Stellen im Satz besetzen: die zweite Stelle und die letzte Stelle. An der zweiten Stelle steht das markierte Verb (mit den Merkmalen für Person, Singular und Plural, Tempus, Konjunktiv). An der letzten Stelle stehen die übrigen Teile des Verbs (PII, Infinitiv, trennbare Vorsilben, andere Teile des verbalen Ausdrucks).

Das Verb bestimmt die „mitspielenden" Satzglieder, damit ein vollständiger Satz entsteht.
1. Nominativ: **Ich** lebe.
2. Akkusativ: Ich sammle **Bierdeckel**.
3. Dativ: Alle Bierdeckel gehören **mir**.
4. Objekte mit Präposition: Ich sehne mich **nach dir**.
5. bestimmte Informationen, die man mit Adverbien ausdrücken kann: Mir geht's **gut**.
6. Genitiv (im modernen Deutsch nicht mehr häufig): Der Genitiv bedarf **eines besonderen Stils**.

1. bis 6. sind die Satzglieder, die beim Verb „mitspielen" können.
Wir nennen sie Ergänzungen, wenn sie obligatorisch sind. Wir nennen sie Angaben, wenn sie frei sind (nicht obligatorisch): Angaben der Zeit, des Ortes, des Grundes, der Art und Weise etc.

Satzglieder
(➢ Lesepause: Wer ist Philipp Marlowe?)

1. Stelle: Satzglied 1	2. Stelle: markiertes Verb	Weitere Stellen: Satzglied 2, Satzglied 3 etc.	Letzte Stelle: andere Verbteile
Verschiedene Täter	haben	die Morde	begangen.
Die Täter	haben	Sylvia Lennox, Mr. und Mrs. Wade	ermordet.
Man	ermordete	sie, indem man sie erschoss.	
In Encino und Idle Valley	sind	Lennox und Wade	erschossen worden.
Mit einer 38er-Pistole	wurden	sie	erschossen.
Weil Mrs. Wade eifersüchtig war,	wurden	sie	erschossen.
Mrs. Wade	war	auf Mr. Lennox und Mr. Wade	eifersüchtig.
Philipp Marlowe, ein Privatdetektiv,	hat	das	angenommen.

An der ersten Stelle (also: vor dem markierten Verb) steht nur ein Satzglied. Es kann ganz verschiedene Formen haben:

Nomen:	verschiedene Täter; die Täter; in Encino und Idle Valley; mit einer 38er-Pistole; Mrs. Wade; Philipp Marlowe, ein Privatdetektiv
Pronomen:	man, sie, es, er etc.
Adverbien:	dort, heute, hier, ab und zu, so etc.
bestimmte Konjunktionen:	deshalb, trotzdem, aus diesem Grund etc.
Nebensätze:	weil Mrs. Wade eifersüchtig war

In der Umgangssprache stehen oft die folgenden Informationen an der ersten Stelle:

Angabe des Ortes:	**Hier** muss es passiert sein.
Angabe der Zeit:	**Kurz vor acht** ist es passiert.
Agens, Täter (Nominativ):	**Ich** bin's nicht gewesen.
Angabe bestimmter Umstände:	**So** hätte ich es nicht gemacht.

Die erste Stelle kann die rhetorische Funktion haben, ein bestimmtes Satzglied zu betonen, besonders stark zu thematisieren:
Mit dir bin ich fertig! – **Noch nie** habe ich so etwas erlebt! – **Zu spät gekommen** bist du auch noch!

Es kann also jedes beliebige Satzglied an der ersten Stelle stehen, in der Schriftsprache auch ein sehr langes (wie in den beiden deutschlandpolitischen Texten der Lesepause ➢ S. 78).

2. Obligatorische Glieder im Satz: Ergänzungen

Das Verb bildet mit seinen Ergänzungen ein Satzmuster.
Die neun wichtigsten Satzmuster sind:

1. Verben mit Nominativ und Akkusativ
   Man – ermordete – Mrs. Wade.
   Marlowe – entdeckte – die Wahrheit.

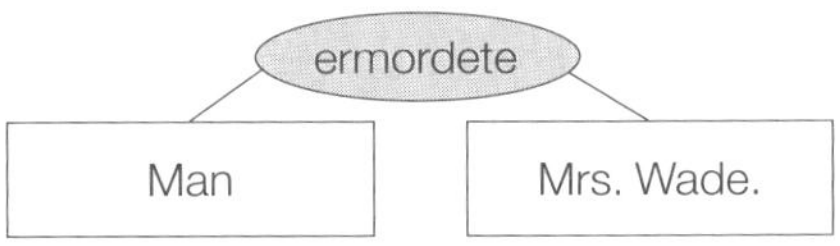

2. Verben mit Nominativ und Ausdruck mit Präposition
   Mrs. Lennox – ging – in die Falle.
   Wir – denken – an eine Pause.

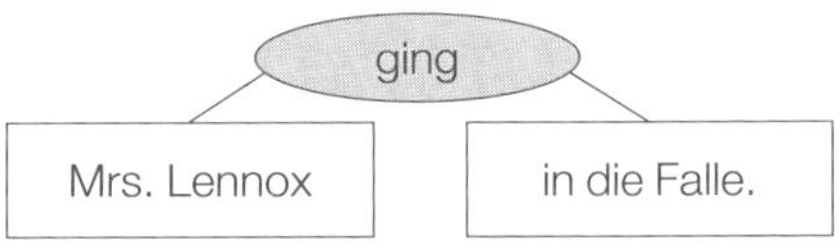

3. Verb mit Nominativ
   Mr. Wade – schlief.
   Ein Mord – ist geschehen.

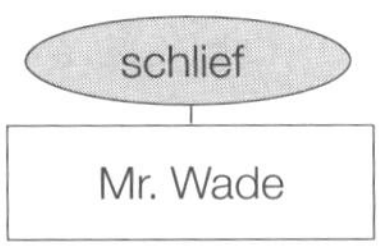

4. Verb mit Nominativ und Dativ
   Die Geschichte – gefällt – keinem.
   Keiner – hilft – mir.

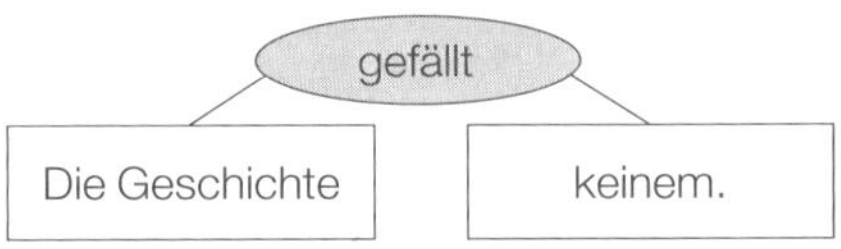

5. Verb mit Nominativ und Dativ und Akkusativ
   Sie – gab – ihm – einen Abschiedskuss.
   Er – schrieb – ihr – einen Abschiedsbrief.

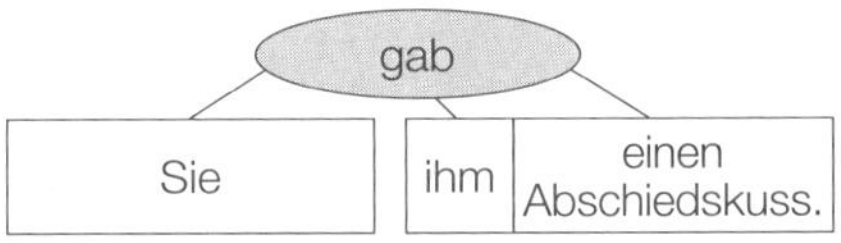

6. Verb mit Nominativ und Dativ und Ausdruck mit Präposition
   Ich danke – Ihnen – für die Einladung.
   Sie – gratulierte – mir – zum Geburtstag.

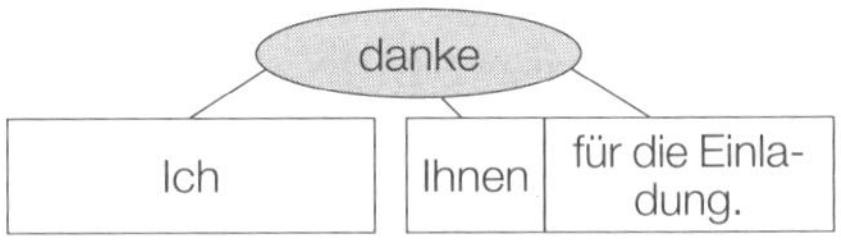

7. Verb mit Nominativ und Akkusativ und Ausdruck mit Präposition
   Er – beeindruckte – sie – mit seinem Porsche.
   Jemand – erschoss – Mrs. Lennox und Mr. Wade – mit einer 38er-Pistole.

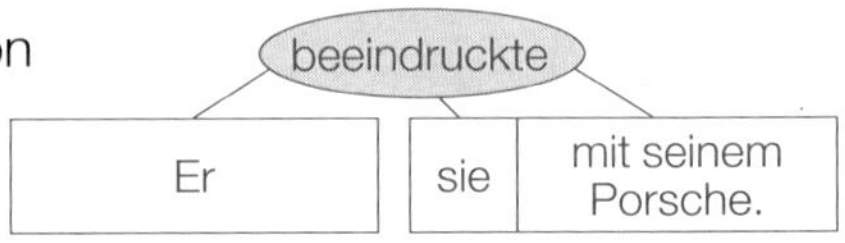

8. Verb mit Nominativ und Akkusativ und Akkusativ
   Sie – nannte – mich – eine Null.

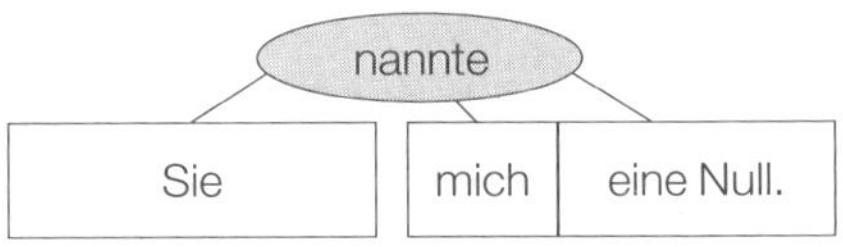

9. Verb ohne Ergänzung (mit obligatorischem **es**)
   Es – schneit, stürmt, blitzt und donnert.

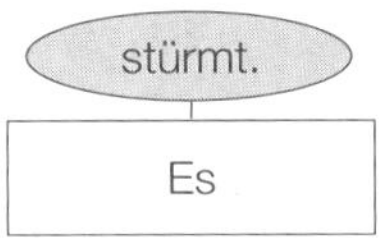

3. „freie“ Glieder im Satz: Angaben

Angaben sind freie, nicht obligatorische Satzglieder. Durch sie können nähere Umstände beschrieben werden (Ort, Zeit, Grund, Bedingung etc. ➢ Kap. 8, GiK 4 und A 9 ff.):

Lennox wurde **in Encino** erschossen.	wo?	(Angabe des Ortes)
Sie wurden **mit einer 38er-Pistole** umgebracht.	wie?	(Angabe der Art und Weise)
Sie wurden erschossen, **weil Mrs. Wade eifersüchtig war**.	warum?	(Angabe des Grundes)
Mr. Wade fand den Tod, **als er volltrunken schlief**.	wann?	(Angabe der Zeit)

4. Stellung des Verbs

Die Stellung des markierten Verbs führt zu drei Satzformen:
a) Das markierte Verb steht an der zweiten Stelle: Hauptsatz; Fragen mit einem Fragepronomen (W-Fragen)

Satzglied 1	markiertes Verb	weitere Satzglieder	andere Verbteile
Der Mord an den drei Personen Auf diese Weise	ist konnte	von Philipp Marlowe der gesamte Fall schnell zu den Akten	aufgeklärt worden. gelegt werden.

b) Das markierte Verb steht am Satzende: „Nebensatz", besser: „Verb-ans-Ende-Satz" (➢ 5.)

Satz 1 (Komma)	Konjunktion	weitere Satzglieder	alle Verbteile
Man erschoss Lennox und Wade,	als	sie	schliefen.

c) Das markierte Verb steht am Satzbeginn: Ja/Nein-Frage; Imperativ; Bedingungssatz (ohne „wenn")

markiertes Verb	weitere Satzglieder	andere Verbteile
Hatte Setzen Wäre	Mrs. Wade zu viele Schlaftabletten Sie sich bitte mit Philipp Marlowe Mrs. Wade nicht	genommen? in Verbindung! eifersüchtig gewesen, dann…

5. Nebensätze (besser: „Verb-ans-Ende-Sätze")

1. Nebensätze mit Konjunktion (➢ Kap. 8):
   Marlowe hat angenommem, **dass** Mrs. Wade Schlaftabletten genommen hat.
2. Nebensätze mit „Fragewörtern" als Konjunktion (indirekte Fragesätze) (➢ Kap. 8, GiK 3, A 4 ff.):
   Niemand konnte sich erklären, **wie** sich die Morde ereignet hatten.
3. Infinitivsätze mit **zu** (➢ Kap. 8, GiK 3, A 4 ff.):
   Es ist nicht einfach, so einen komplizierten Kriminalfall **zu lösen**.
4. Relativsätze (➢ Kap. 16, GiK 3, A 1 ff.):
   Marlowe ist einer der wenigen Detektive, **die solche Fälle lösen können**.

6. Stellung der Satzglieder: Tendenzen und Tipps

Die Stellung der Satzglieder ist im Deutschen relativ frei. Dennoch gibt es Tendenzen, in welcher Reihenfolge die Satzglieder im Satz stehen. In einem „neutral" gesprochenen Satz liegt die Betonung im hinteren Bereich des Satzes. Tendenz-Regeln für die „neutrale" Stellung der Satzglieder:

1. Zuerst das Bekannte, dann das Neue.
   Es war einmal **ein König**. **Der** hatte **ein wunderschönes Schloss**. **In dem Schloss** ließ er immer wieder **rauschende Feste** feiern. **Zu einem solchen Fest** hatte er **viele Prinzen** eingeladen. …
2. Kurze Satzglieder stehen vor langen Satzgliedern. Das bedeutet auch: Pronominale Satzglieder (kurz) stehen vor nominalen Satzgliedern (lang).
   Rotkäppchen hat **sich im Weg** geirrt.
   Da hat **ihm** der Wolf **den richtigen Weg** gezeigt.
   Abends hat **es der Großmutter die ganze Geschichte** erzählt.
3. Sind die Satzglieder gleich lang (Pronomen oder Nomen), dann gilt: Nominativ kommt zuerst.
   Schließlich hat **der Wolf Rotkäppchen einen Kuss** gegeben.
   Schließlich hat **er es** überhaupt nicht aufgefressen.
4. Für Ergänzungen im Dativ und Akkusativ findet man die Regeln in A 4.
5. Am Ende stehen Satzglieder, die eine enge Beziehung zum Verb haben.
   An diesem Abend litt der Wolf **großen Hunger**.
   Dafür erhielt er vom Jäger **den Friedensnobelpreis**.
6. Tendenz-Regeln für die Stellung freier Angaben findet man in A 6.

Diese Wortstellungs-Tendenzen gelten genauso für den Nebensatz.

Übungen und Regeln

1 ●○○ *Satzglied vor dem Verb*

Wir beenden unser Nachtprogramm in zehn Minuten. ↔ **In zehn Minuten** beenden wir unser Nachtprogramm.

Im Hauptsatz steht vor dem Verb nur ein Satzglied. Die Position vor dem Verb wird sehr oft von Angaben (Zeit/Ort etc.) oder vom Agens (Nominativ) besetzt.

➤ Lesen Sie die Sätze der Gruppen 1 und 2. Vertauschen Sie Nominativ und Angabe.

1 Ich möchte morgen ganz lange im Bett bleiben.
Wir frühstücken gleich.
Der Heizer hatte auf der Titanic alle Hände voll zu tun.
Mr. Wade wurde erschossen, als er volltrunken schlief.

2 Mitten auf dem Schneefeld tanzten die Bernhardiner einen Tango.
Nach einem Schäferstündchen wurde Mrs. Lennox erschossen.
Jeden Morgen habe ich Probleme, aus dem Bett zu kommen.
Wenn ich dieses Fernsehprogramm sehe, schlafe ich immer gleich ein.

2 ●○○ *W-Fragen*

Nach einem Schäferstündchen wurde Mrs. Lennox erschossen.
→ **Wann** wurde Mrs. Lennox erschossen? (Zeitangabe)
Nach einem Schäferstündchen wurde sie erschossen.
→ **Wer** wurde erschossen? (Nominativ)
Mrs. Lennox wurde erschossen.

Nach Satzgliedern kann man mit W-Fragen fragen:
wer, **was**, **wen**, **wem**, **womit**, **mit wem**, **wann**, **wo**, **wie**, **warum**, **wozu** etc.

➤ Fragen Sie in den folgenden Sätzen mit W-Fragen nach den hervorgehobenen Satzteilen. Antworten Sie, indem Sie die Antwort an die erste Stelle setzen.

Mehrere Personen sind **von verschiedenen Tätern** erschossen worden.
Mit einer 38er-Pistole ist **Mr. Wade in Idle Valley** erschossen worden.
Philipp Marlowe hält **Mrs. Wade** für mordverdächtig.

3 ●●○ *Stellung der Satzglieder*

Philipp Marlowe fuhr mit dem Taxi nach Idle Valley. (Sofort)
→ **Sofort** fuhr Philipp Marlowe mit dem Taxi nach Idle Valley.
Er fand in Idle Valley die Leiche von Mr. Wade. (Nach einigem Suchen)
→ **Nach einigem Suchen** fand er in Idle Valley die Leiche von Mr. Wade.

Für die „neutrale“ Reihenfolge der Satzglieder haben wir in „Grammatik im Kasten“ Punkt 6 die Tendenzregeln 2 und 3 genannt.

➤ Verändern Sie die Sätze, indem Sie das Satzglied in Klammern an die erste Stelle setzen. Wie ist die Stellung der Satzglieder hinter dem Verb?

Mitten auf dem Schneefeld tanzten die Bernhardiner einen Tango. (Völlig betrunken)
Die Kinder gratulierten ihnen zum Geburtstag. (Natürlich)
Sie wurden wegen groben Unfugs aus dem Rettungsdienst entlassen. (Noch am gleichen Abend)
Mit ihrer Schnelligkeit haben die Nilpferde den Touristen genarrt. (Immer wieder)
Sie hatten an diesem Tag ein herrliches Vergnügen. (So)
Ihnen hat der Wettkampf mit dem Touristen großen Spaß gemacht. (Auf jeden Fall)

4
Dativ und Akkusativ

Ergänzungen im D(ativ) und A(kkusativ):
1. Sind beide Ergänzungen nominal, gilt: D vor A. Der Grund ist: Akkusativ-Ergänzungen haben einen engeren Bezug zum Verb, sind oft Teil des Prädikats und haben deshalb die Tendenz, hinten zu stehen.
2. Sind beide Ergänzungen pronominal, gilt: A vor D. Der Grund ist: Tendenziell sind die A-Formen kürzer als die D-Formen; es wird in der gesprochenen Sprache mit dem markierten Verb verbunden: Ich **hab's** dir ja schon immer gesagt! (➢ Kap. 19, A 7)
3. Sind D und A als Nomen und Pronomen gemischt, gilt: kurz vor lang.

➤ Lesen Sie die Sätze in beiden Gruppen; ersetzen Sie in Gruppe 1 die hervorgehobenen Teile durch Pronomen; ersetzen Sie in Gruppe 2 nacheinander beide pronominalen Ergänzungen durch die Nomen.

1 Der Tourist hatte **sich** immer schon **ein schönes Nilpferdbild** gewünscht.
Die Nilpferde haben **ihm das Foto** nicht gegönnt.
Man sieht **ihnen** gar nicht an, **dass sie so flott tauchen können**.

2 Die Bernhardiner haben **es ihnen** gezeigt. (das Lawinenspiel/den Leuten)
Man konnte **es ihnen** ansehen. (ihren Spaß/den Bernhardinern)
Man hatte **sie uns** als sehr zuverlässig empfohlen. (die Bernhardiner/der Bergwacht)

5
Wo steht „sich"?

➤ Sie sollten sich bitte vor dieser Übung die Liste 4 in „Grammatik aus dem Katalog" anschauen.
1. Wenn **sich** als Reflexivpronomen zum Verb gehört (➢ Kap. 6, GiK 3), kann es nicht an der ersten Stelle stehen.
2. Als pronominales (also: kurzes) Satzglied tendiert es nach vorn.
3. Dabei kommt es darauf an, ob es A oder D ist. (➢ Kap. 6, GiK 3)
4. Obwohl es zum Verb gehört, geht es in Nebensätzen nicht mit dem Verb nach hinten, sondern bleibt vorn.

➤ Erklären Sie die Stellung von **sich** in den Beispielsätzen.

Philipp Marlowe hat **sich** in dieser Mordsache bestimmt nicht geirrt.
In dieser Mordsache hat **sich Philipp Marlowe** bestimmt nicht geirrt.
In dieser Mordsache hat **er sich** bestimmt nicht geirrt.
Phillip Marlowe ist ein gefragter Detektiv, weil **er sich** noch niemals geirrt hat.
Die Geschichte ist so kompliziert, weil **sich die Morde** an verschiedenen Orten ereignet haben.

6
Reihenfolge der Angaben

Vergangenen Freitag flog der Tourist **mit einer Reisegesellschaft nach Afrika**.

➤ Lesen Sie jeweils in einem Zug die Sätze, achten sie auf die Position der hervorgehobenen Satzteile.

Der Tourist flog **im Sommer mit einer Reisegesellschaft nach Afrika**.
In Afrika fotografierte der Tourist Nilpferde.
Der Tourist fotografierte **den ganzen Tag lang in Afrika** Nilpferde.
Der Tourist fotografierte **den ganzen Tag lang aus Langeweile** Nilpferde.
Aus lauter Langeweile fotografierte er **dort den ganzen Tag lang** Nilpferde.

Zur Reihenfolge der Angaben kann man sagen:
1. Ein Hauptsatz wird oft mit einer Angabe der Zeit oder des Orts eingeleitet; generell können aber alle möglichen Angaben an der ersten Stelle stehen.
2. Auch bei Angaben gilt: kurz vor lang, also Adverbien vor nominalen Angaben.
3. Bei Verben, die eine Richtung oder lokale Position ausdrücken, ist „Ort" eine obligatorische Ergänzung und steht hinten.
4. Hinter dem Verb kann man die Angaben nach dem Muster ordnen:
temporal → **ka**usal → **mo**dal → **lo**kal (manche nennen das die „**Te-Ka-Mo-Lo-Regel**")
5. Man ist bei der Reihenfolge relativ frei. Auch der Rhythmus und die Bequemlichkeit beim Sprechen spielen eine Rolle.

➤ Lesen Sie die Sätze noch einmal und erklären Sie die Wortstellung.

7
●●○
Satzglieder am Satzende

Marlowes letzter Fall ist so schwierig gewesen **wie noch nie**.

Bestimmte Satzglieder können ganz nach hinten gestellt werden, also hinter die letzte Stelle mit den unmarkierten Verbteilen. Man formuliert so, um Sätze einfacher zu strukturieren oder um die Angabe am Satzende zu betonen.

1. Vergleiche mit **wie** und **als**
2. Ergänzungssätze und Angabesätze (auch Infinitivsätze)
3. Aufzählungen oder sehr lange Satzglieder
4. Man will eine Information stark betonen, rhetorische Wirkung oder Pathos erzeugen.

➤ Lesen Sie die Beispielsätze und erklären Sie die Wortstellung.

Und am Schluss haben die Nilpferde sogar vergessen **sich zu entschuldigen**.
Die Bernhardiner haben sich amüsiert **mit Tangotanzen**, **Rumsaufen und Lawinenkullern**.
Die Bernhardiner waren beschäftigt **als Rettungshunde,** aber sie haben sich benommen **wie Betrunkene**.
Und es wird kommen **ein großer Regen**, und die Menschheit wird beten **zu Gott**.

8
●●○
falsche Sätze

Von den jeweils drei Beispielsätzen ist einer richtig, zwei sind falsch oder nicht gut formuliert. Kreuzen Sie die falschen Sätze an (achten Sie auch auf die kleinen Fehler, z.B. Kommafehler), korrigieren Sie sie und geben Sie eine Erklärung für den Fehler.
Welche Fehler kommen bei Ihnen immer wieder vor?

Gruppe 1: Wortstellung in Hauptsätzen:

1. a) In Idle Valley wurde Mr. Wade erschossen.
   b) Aufgrund seiner intensiven Recherchen, der Detektiv Marlowe fand die Lösung.
   c) Weil Marlowe richtig kombiniert hatte, der Fall konnte aufgeklärt werden.

2. a) Dass du ihr das nicht gesagt hast, ich finde nicht gut.
   b) Wenn das hier so weitergeht, gehe ich.
   c) Seine Fehler einzugestehen ihm fällt sehr schwer.

3. a) Herr Valentin ging in ein Hutgeschäft gestern.
   b) Die Bernhardiner rollten am Abend den Berg hinunter.
   c) Ich habe kein Geld leider.

4. a) Sie hat für Literatur sich immer interessiert.
   b) Gestern haben sie sich ganz schön gestritten.
   c) Der Fehler ist mir schon wieder passiert, weil ich an die Regeln mich nicht erinnern kann.

5. a) Ich habe es dir immer schon gesagt.
   b) Ich habe danach dich nicht gefragt.
   c) Sie dürfen eine Tasse Kaffee mir gerne anbieten.

Gruppe 2: Wortstellung in Nebensätzen

1. a) Die Sache kam ins Rollen, weil die Bernhardiner Geburtstag hatten.
   b) Die Sache, weil die Bernhardiner Geburtstag hatten, kam ins Rollen.
   c) Die Sache kam ins Rollen, weil die Bernhardiner hatten Geburtstag.

2. a) Ich wusste nicht dass du das warst.
   b) Ich wusste nicht dass du warst das.
   c) Ich wusste nicht, dass du das warst.

3. a) Das ist was ich habe gesagt.
   b) Das ist, was ich gesagt habe.
   c) Genau das habe ich gesagt.

4. a) Dort drüben läuft das Pferd, dass mein Esszimmer tapezieren soll.
   b) Dort drüben läuft das Pferd, das mein Esszimmer tapezieren soll.
   c) Dort drüben läuft das Pferd das soll tapezieren mein Esszimmer.

5. a) Ich habe gehört, dass Bernhardinerhunde Tango tanzen können und rollen dann den Berg hinunter.
   b) Ich habe gehört dass Bernhardinerhunde können Tango tanzen und rollen dann den Berg hinunter.
   c) Ich habe gehört, dass Bernhardinerhunde Tango tanzen können und dann den Berg hinunter rollen.

6. a) Pferde sollten nicht tapezieren, weil wenn sie das tun es gibt ein Chaos.
   b) Pferde sollten nicht tapezieren, weil, wenn sie das tun, es gibt ein Chaos.
   c) Pferde sollten nicht tapezieren, weil es ein Chaos gibt, wenn sie das tun.

7. a) Das Pferd gab Tipps, die man um ein Esszimmer zu tapezieren beachten soll.
   b) Das Pferd gab Tipps, die man beachten soll, um ein Esszimmer zu tapezieren.
   c) Das Pferd gab Tipps, die man soll beachten zu tapezieren ein Esszimmer.

Übung mit Stil

9 ○●● *Aufgaben zu den Texten*

Hier sind einige Aufgaben zum Stil der Lesetexte.

1. Die Fragen, die im Philipp-Marlowe-Text gestellt werden, werden sehr knapp beantwortet. Die meisten Antworten sind „unvollständige" Sätze.
   ➤ Antworten Sie probeweise „in vollständigen Sätzen" (so, wie man es meistens im Sprachunterricht lernt). Welche Textform klingt besser? Was sind Gründe, in der gesprochenen Sprache auf Fragen knapp, nur mit Satzgliedern, zu antworten? (➢ Kap. 19, A 20)
2. ➤ Wie heißen in den beiden politischen Texten die Hauptsätze? Was sind Gründe dafür, im Vorwort eines Vertrags, in der Präambel einer Verfassung solche gewaltigen Häufungen von Satzgliedern an den Anfang zu stellen?
3. Mark Twain (➢ Lesepause zu Kap. 13, S. 142) hat ja Recht! Aber dem Mann kann leicht geholfen werden.
   ➤ Mit einem kleinen Trick können Sie dem trennbaren Verb seinen stilistischen Schrecken nehmen. (Aber Sie nehmen damit dem Text seinen Witz.)

Lange Vokale, kurze Vokale, reduzierte Vokale

Zur Schreibweise und Aussprache der Vokale

Das „Phonetische Inventar" (➢ Katalog, Liste 11) stellt die Beziehungen zwischen der Aussprache und der Orthographie im Deutschen dar. Sie ist an vielen Stellen nicht sehr eindeutig, es gibt viele Inkonsequenzen, die zu Aussprachefehlern oder zu Schreibfehlern führen können. Hier weisen wir auf einige dieser Probleme hin und geben einige Tipps zum Lernen.

Regeln

- Lange Vokale werden oft durch Längensignale markiert:
  a) **-ie-** bei langem /i:/: Sie, vier, sieben (Aber 14, 17, 40 und 70 werden trotz **-ie-** kurz gesprochen.)
  b) **-h** hinter dem Vokal: Die Söhne von Frau Kühne sehnen sich nach Sahnetorte.
  c) Verdoppelung des Vokals (nur bei **a**, **e** und **o**): Wir lagen im Moos am Rande des Saale-Stausees.
  Oft kann man die Länge des Vokals nicht am Schriftbild erkennen: Sabine war so schön, so süß.
  Die richtige Aussprache der Langvokale können Sie üben, indem Sie einige Wörter mit ganz vielen Buchstaben aufschreiben (siiiiieben Zwiiiiibeln; Der Eeeeesel trinkt nie Teeeee im Schneeeee) und indem Sie den Kopf weit nach vorn oben strecken und die Halsmuskulatur extrem anspannen.
- Kurze Vokale kann man oft, aber nicht immer, daran erkennen, dass der folgende Konsonant verdoppelt wird (bei /k/ → ck): Satte Ratten können zum Glück nicht immer so schnell rennen.
  Die Aussprache der Kurzvokale können Sie üben, indem Sie einige Wörter mit ganz vielen Konsonanten aufschreiben (Flottttte Motttttten küsssssen nettttte Männnnnner); senken Sie dabei den Kopf nach unten (dann entspannt sich die Halsmuskulatur), und verstärken Sie dabei den Kurzvokal mit einem knappen einsilbigen Handschlag oder Klatschen.
- Die Endungssilben mit **-e**, **-en**, **-er**, **-em**, **-es**, **-el** bei Nomen, Verben, Adjektiven, Pronomen, Artikeln sind immer völlig unbetont und werden in der hochdeutschen Umgangssprache so extrem wie möglich (in den süddeutschen Sprachregionen und in der Schweiz und Österreich weniger stark) reduziert. Dadurch werden viele dem Schriftbild nach zweisilbige Wörter fast einsilbig gesprochen. Dazu gibt es weitere Hinweise und Übungen in Kapitel 19 (➢ S. 214 f., A 2, 3 und 5).

Übungen

1 ●○○ *Theaterspielen mit Vokalen*

➢ Lesen oder besser noch deklamieren Sie die Sätze mit viel Übertreibung, Theater und Körpersprache.

Weh mir, ich armer Tor, ich bin verloren, oh wär' ich nie geboren!
So viele müde Schüler in der Schule.
Die Seelen der Toten schweben im Nebel über dem See.

2 ●○○ *Kopf hoch, Kopf runter*

➢ Lesen Sie die langen Wörter extrem lang und mit gehobenem, gestrecktem Kopf, die kurzen Wörter extrem kurz und mit auf die Brust gesenktem Kopf.

glücklich – Hüte – Hütte – führen – füllen – müde – Mütter – Schüler – Münster – München – Müller – Süden
unten – Ufer – Schulbus – Hund – munter – Ruhe – Betrug – bunt – Huhn – Schule – kurz – suchen – Kunden
Söhne – öffnen – können – König – schön – möchte – Löffel – Töne – Töpfchen – Köpfe – mögen
oben – offen – holen – hoffen – Stoff – Stoß – Socken – Sohn – Ton – Sonntag – konnte – loben – locker
Mädchen – Meer – mehr – Männer – kennen – Rätsel – hätte – wenn – käme – Wetter – Leben – wählen

3 ●○○ *Endungen: unbetont, reduziert*

➢ Sprechen Sie die dünn gedruckten Endungen ganz unbetont, extrem kurz, wenn möglich ohne **-e**.

Auch die lieben sieben Schwaben fahren gern nach Baden-Baden, um zu spielen, um zu baden.
Ich wollte mit dem schönen Mädchen tanzen, aber die bösen Buben haben mich rausgeworfen.
Im November war das Wetter in Oberammergau viel netter als das Wetter im Dezember.

8

Zwischen den Sätzen

Konjunktionen

Lesepause

Herr Böse und Herr Streit

Es war einmal ein großer Apfelbaum. Der stand genau auf der Grenze zwischen zwei Gärten. Und der eine Garten gehörte Herrn Böse und der andere Herrn Streit.
Als im Oktober die Äpfel reif wurden, holte Herr Böse mitten in der Nacht seine Leiter aus dem Keller und stieg heimlich und leise-leise auf den Baum und pflückte alle Äpfel ab. Als Herr Streit am nächsten Tag ernten wollte, war kein einziger Apfel mehr am Baum. „Warte!“, sagte Herr Streit. „Dir werd ich's heimzahlen.“
Und im nächsten Jahr pflückte Herr Streit die Äpfel schon im September ab, obwohl sie noch gar nicht reif waren. „Warte!“, sagte Herr Böse. „Dir werd ich's heimzahlen.“
Und im nächsten Jahr pflückte er die Äpfel schon im August, obwohl sie noch ganz grün und hart waren. „Warte!“, sagte Herr Streit. „Dir werd ich's heimzahlen.“
Und im nächsten Jahr pflückte Herr Streit die Äpfel schon im Juli, obwohl sie noch ganz grün und hart und sooo klein waren. „Warte!“, sagte Herr Böse. „Dir werd ich's heimzahlen.“
Und im nächsten Jahr pflückte er die Äpfel schon im Juni, obwohl die noch so klein wie Rosinen waren. „Warte!“, sagte Herr Streit. „Dir werd ich's heimzahlen.“
Und im nächsten Jahr schlug Herr Streit im Mai alle Blüten ab, so dass der Baum überhaupt keine Früchte mehr trug. „Warte!“, sagte Herr Böse. „Dir werd ich's heimzahlen.“
Und im nächsten Jahr im April schlug Herr Böse den Baum mit einer Axt um. „So“, sagte Herr Böse, „jetzt hat Herr Streit seine Strafe.“
Von da ab trafen sie sich häufiger im Laden beim Äpfelkaufen.

Heinrich Hannover

Wie der Apfel sich einen Wurm fing

da ich bin
träume ich dass
auf den müllhalden rosen blühen
blätter aus den mauern brechen
bäume alle kreuzungen blockieren
der himmel durch die dächer dringt
sonnenstrahlen die türen aufkitzeln
regenschnüre den asphalt wegpeitschen
blitze den antennenwald schmelzen
aus allen waffen nur noch konfetti kommt
und mich meine ganz persönliche hexe
endlich in richtung vollmond entführt

Peter-Jürgen Boock

Das is' nit g'wiss

Heut kommt der Hans zu mir,
freut sich die Lies.
Ob er aber über Oberammergau,
oder aber über Unterammergau,
oder aber überhaupt nit kommt,
das is nit g' wiss.

Volkslied

Das wußte er

Er wußte, daß der Mond um die Erde kreist und daß der Mond kein Gesicht hat, daß das nicht Augen und Nasen sind, sondern Krater und Berge. Er wußte, daß es Blas-, Streich- und Schlaginstrumente gibt.
Er wußte, daß man Briefe frankieren muß, daß man rechts fahren muß, daß man Fußgängerstreifen benützen muß, daß man Tiere nicht quälen darf. Er wußte, daß man sich zur Begrüßung die Hand gibt, daß man den Hut bei der Begrüßung vom Kopf nimmt. Er wußte, daß sein Hut aus Haarfilz ist und daß die Haare von Kamelen stammen, daß es einhöckrige und zweihöckrige gibt, daß man die einhöckrigen Dromedare nennt, daß es Kamele in der Sahara gibt und in der Sahara Sand. Das wußte er.

Peter Bichsel

Im Zoo

Sie stehen vor dem Affenhaus und gucken den Affen beim Spielen zu. Sofie brüllt: „Guten Tag, du Affe!" Papa zuckt zusammen. Ein anderer Mann zuckt auch zusammen. Zwei Frauen drehen sich zu Sofie um. Vater zieht Sofie weg und sagt leise: „Affen begrüßt man nicht. Sie können ja nicht antworten." Sofie sagt: „Dann ist Herr Schneider auch ein Affe." Vater sagt: „Na, hör mal! So etwas kannst du doch nicht sagen." Aber Sofie bleibt dabei. „Der antwortet auch nicht, wenn ich guten Tag sage. Also ist er ein Affe." Jetzt lacht Vater endlich.

Peter Härtling

Wenn die Kinder nach Hause kamen

Wenn die Kinder nach Hause kamen, aus Freundschaften, Ferien und erster Liebe, aus Epochen des Lichts und der Unbedenklichkeit, Zeitaltern voll Schnee
wenn sie erschöpft in der Gartentür standen, mit Fahrrädern, Schultersäcken, Beulen und Sonnenbrand wenn sie mit zerrissenen Hosen kamen, mit kleinen Schulden und wenig Verspätung, mit ruinierten Schuhen und schmutzigen Pfoten
wenn sie mit heißen Köpfen durch die Wohnung rannten, voll märchenhafter Berichte, und ihre Begeisterung zeigten
wenn sich herausstellte, daß sie glücklich waren, außerhalb des Hauses, in aller Welt, auf Festen und Vagabondagen, jenseits des Vaters
wenn sie in vollem Umfang die enge, immer gleiche Wohnung füllten – dann war der Zauber nach einer Stunde vorbei. Der Vater ließ das Badewasser ein.

Christoph Meckel

Grammatik im Kasten

1. Satzverbindung durch Konjunktionen

Konjunktionen können Texte, Sätze und Satzteile verbinden. In diesem Kapitel geht es vor allem um die Verbindung von Sätzen.

1. Konjunktionen können inhaltliche Beziehungen zwischen Sätzen herstellen (Grund, Zweck, zeitliche Beziehung, Folge etc.):
   denn, **weil**, **deshalb**, **um … zu**, **damit**, **nachdem**, **als**, **bevor**, **so dass**, **folglich** etc.
2. Konjunktionen können Signale der Gliederung von Texten sein:
   1. (erstens); **schließlich**; **z. B. (zum Beispiel)**; **bzw. (beziehungsweise)**; **sowohl … als auch** etc.
3. Einige Konjunktionen sind nur dazu da, Sätze grammatisch zu verbinden: **dass**, **ob**.

2. Konjunktionen und Wortstellung

Konjunktionen haben eine Wirkung auf die Stellung des Verbs. Wir unterscheiden 3 Typen.

Typ A:
Konjunktionen, die gleiche Teile verbinden; die Wortstellung ändert sich nicht:
und, **oder**, **doch**, **aber**, **sondern**, **denn**, **d. h. (das heißt)**, **bzw. (beziehungsweise)** etc.
Verbindung von zwei Hauptsätzen:
Herr Böse klaute Herrn Streits Äpfel **und** Herr Streit sagte: „Na warte!"
Verbindung von zwei Nebensätzen:
Er wusste, dass der Mond um die Erde kreist **und** (dass) (der Mond) kein Gesicht hat.

Typ B:
Konjunktionen, die „Nebensätze" einleiten; das Verb steht am Ende:
dass, **ob**, **wenn**, **als**, **weil**, **obwohl**, **nachdem**, **bevor**, **falls**, **indem** etc.
Der Satz mit der Konjunktion steht hinten oder vorne:
Herr Streit pflückte die Äpfel im September, **obwohl** sie noch gar nicht reif **waren**.
Wenn der Satz mit der Konjunktion vorne steht, muss man auf die Wortstellung hinter dem Komma achten:
Weil Herr Böse und Herr Streit keine Apfelbäume mehr **hatten**, **mussten sie** ihre Äpfel im Supermarkt kaufen.

Typ C:
Viele Konjunktionen und konjunktionale Ausdrücke (trotzdem, aus diesem Grund etc.) sind selbstständige Satzteile. Sie können an der ersten Stelle oder hinter dem Verb stehen:
deshalb, **aus diesem Grund**, **dennoch**, **übrigens**, **dagegen**, **darüberhinaus**, **außerdem** etc.
Herr Böse hatte keinen Apfelbaum mehr; **deshalb** traf er seinen Nachbarn im Supermarkt.
Herr Böse hatte keinen Apfelbaum mehr; er traf **deshalb** seinen Nachbarn im Supermarkt.

3. Ergänzungssätze

Ergänzungen sind notwendige Satzglieder (➢ Kap. 7, GiK 2). Werden Ergänzungen verbal formuliert, sprechen wir von Ergänzungssätzen. Wir unterscheiden fünf Arten:

1. Nebensatz mit **dass**:
   Da wussten die Herren Böse und Streit, **dass** sie ihre Äpfel im Supermarkt holen mussten.
2. Infinitivsatz mit **zu**:
   Es war nicht ratsam, die Äpfel vom Nachbarn **zu klauen**.
3. Hauptsatz:
   Herr Böse behauptet, er hat die Äpfel gefunden. (statt: Inf. oder **dass**)

4. Nebensatz mit **ob** oder **wenn**:
   Herr Böse, wissen Sie, **ob** der Supermarkt noch offen ist?
   Es wäre besser, **wenn** Sie Ihre Äpfel kaufen statt klauen würden.
5. Nebensatz mit Fragewort: **wer**, **was**, **wann**, **wo**, **wie** etc.
   Jetzt wissen die beiden, **wie** teuer Supermarktäpfel sind.

4. Angabesätze

Angaben sind freie Satzglieder. Werden Angaben nominal formuliert, braucht man Präpositionen (➢ Kap. 14); werden sie verbal formuliert, braucht man Konjunktionen, und wir sprechen von Angabesätzen.

nominale Variante: **Wegen des Äpfeldiebstahls** bekam Herr Böse Streit mit Herrn Streit.
verbale Variante: **Weil** Herr Böse Äpfel **geklaut hatte**, bekam er Streit mit Herrn Streit.

In der Liste finden Sie die wichtigsten Entsprechungen zwischen Konjunktionen und Präpositionen.

Konjunktionen und Präpositionen, die sich entsprechen		
Art der Angabe	Konjunktionen (➢ Kap. 8, GiK 2) (Wortstellungstypen A, B, C)	Präpositionen (➢ Kap. 11, A 1 ff.)
Warum? (Grund)	A denn B weil, da C deshalb, aus diesem Grund	wegen (G/D), durch (A), dank (G/D), kraft (G) angesichts (G), aufgrund (G), infolge (G), laut (D)
Argumente, die sich widersprechen	A aber, sondern, oder B obwohl, obgleich, obzwar, wenngleich, während C trotzdem	trotz (G) ungeachtet (G)
Wozu? (Ziel, Zweck)	B damit, um...zu (Inf.)	zu (D), zwecks (G), zum Zwecke (G)
Unter welcher Bedingung?	B wenn, falls, vorausgesetzt dass C vorausgesetzt	bei (D), mit (D), unter der Bedingung (G) im Falle (G), unter der Voraussetzung (G)
Wie? (Art und Weise)	B indem, dadurch dass	mit (D), durch (A), mithilfe (G), mittels (G), unter Zuhilfenahme (G)
Folge	B so dass C folglich, also, infolgedessen	infolge (G)
Wann?/Wie lange? (Zeit)	gleichzeitig	
	A und B während, solange, wenn, als C gleichzeitig	während (G/D), bei (D)
	vorher oder nachher	
	B als, seit, nachdem, bevor, bis, wenn C dann, schließlich, danach, vorher, zuvor, zuletzt	nach (D), seit (D) vor (D), bis zu (D)
Wo? (Ort)	B wo	in (A/D), auf (A/D), an (A/D), nach (D), zu (D), aus (D), aus (D)

Übungen und Regeln

Verbindung gleicher Satzarten

1 ●○○
„und", „aber", „oder" etc.

Der Mensch denkt **und** Gott lenkt.

Eine Reihe von Konjunktionen verbinden gleiche Satzarten oder Satzteile. Sie ändern die Wortstellung in den beiden Teilen nicht. Sie stehen „zwischen" den Sätzen oder Satzteilen.

➤ Lesen Sie die Sätze, markieren Sie die Konjunktionen mit dem Markerstift, achten Sie auf die Wortstellung.

Äpfel kauft man im Supermarkt, oder man klaut sie beim Nachbarn.
Nicht ich habe den Streit angefangen, sondern Sie!
Du glaubst, du bist erwachsen, aber in Wirklichkeit bist du noch ein Kind.
Ich kann nicht schlafen, denn ich liebe dich.
Wir hätte dich gerne gefragt, doch ich habe mich nicht getraut.
Ich verstehe das jetzt, d.h. (das heißt) ich glaube, es zu verstehen.
Wir haben das Problem jetzt verstanden, bzw. (beziehungsweise) einige von uns glauben, es verstanden zu haben.

2 ●○○
Satz-verbindungen

Ich kann nicht mehr. Ich will auch nicht mehr. → Ich kann nicht mehr, **und** ich will auch nicht mehr.
→ Ich kann **und** (ich) will auch nicht mehr.

➤ Verbinden Sie die Sätze mit passenden Konjunktionen aus Aufgabe 1; es kann mehr als eine sinnvolle Verbindung geben.

Herr Böse schimpfte. Herr Streit wurde böse.
Ich bin nicht verrückt. Sie sind es!
Jetzt ist die Situation schwierig. Wir wollen nichts unversucht lassen.
Wir brauchen ein paar mutige Leute. Einer wäre schon sehr gut.
Wir müssen uns entschuldigen. Ich muss das wohl selber machen.

3 ●●○
„aber" oder „sondern"?

Man darf keine Äpfel klauen, **aber** man kann welche kaufen.
Manchmal kaufe ich keine Äpfel, **sondern** klaue welche.

aber oder **sondern** kann man leicht verwechseln; mit **aber** schließt man ein Gegenargument an, mit **sondern** eine Korrektur (➢ Kap. 5, A 5 und A 6).

➤ Bearbeiten Sie die Aufgabe 6 in Kapitel 5.
➤ Was ist als Verbindung richtig, **aber** oder **sondern**?

Du kannst gehen, wenn du willst. Ich muss noch bleiben.
Ich habe den Streit nicht angefangen. Sie!
Bis jetzt hat es noch nicht funktioniert. Es kann ja noch kommen.

Ergänzungssätze

4 ●●○
„dass"-Sätze, „ob"-Sätze, Infinitivsätze

Ich muss zugeben, mich **geirrt zu haben**. ↔ **Ich** muss zugeben, **dass** ich mich **geirrt habe**.

Infinitivsätze sind eine Alternative zu **dass**- oder **ob**-Sätzen, wenn die Bedeutung des Infinitivsatzes mit dem Hauptsatz inhaltlich harmoniert. Vor dem Infinitiv steht **zu**.

➤ Formulieren Sie in Gruppe 1 aus den Infinitivsätzen **dass**-Sätze, in Gruppe 2 umgekehrt.

1 Du musst zugeben, dich geirrt zu haben.
Es ist mir nicht bewusst, mich geirrt zu haben.
Ich finde es unmöglich von dir, mich hier eine Stunde warten zu lassen.
Ich hoffe, gegen sechs Uhr zurück zu sein.

2 Herr Böse gibt zu, dass er gerne Äpfel stiehlt.
Herr Streit glaubte, dass er Herrn Böse ärgern kann.
Er schlug mir vor, dass ich ihn einmal besuche.
Ich kann mich nicht daran erinnern, dass ich sie schon einmal gesehen habe.

5
○○●
feste Ausdrücke mit „dass" oder Inf. + „zu"

Es ist wichtig, **dass man immer frische Äpfel hat**. ↔ Es ist wichtig, **immer frische Äpfel zu haben**.

Die folgenden Ausdrücke nennen allgemeine Regeln, Normen, Möglichkeiten, Notwendigkeiten etc. (➢ Kap. 1, Tabelle 1, S.12); stehen sie am Satzanfang, haben sie ein unpersönlichen **es**.

➤ Verändern Sie die Sätze mit **dass**, so dass Infinitivsätze entstehen.

Es ist nicht korrekt, dass Sie die Äpfel beim Nachbarn stehlen.
Es ist sinnvoll, dass man sich einen eigenen Apfelbaum pflanzt.
Dass Sie Äpfel geklaut haben, ist nicht so schlimm.
Mir ist klar, dass ich den Schaden ersetzen muss.
Es wäre vielleicht gut, wenn Sie einen höheren Gartenzaun bauen.

6
○●●
„da(r)-" + Präposition

Denkst du **daran**, die Äpfel rechtzeitig zu pflücken. (denken an)
Das hängt **davon** ab, ob unser Nachbar welche übrig gelassen hat. (abhängen von)

Schließt sich ein Ergänzungssatz an ein Verb oder Adjektiv mit fester Präposition an (➢ Katalog, Liste 6), dann steht vor dem Komma **da(r)-** + Präposition.

➤ Bilden Sie aus den hervorgehobenen Satzteilen Ergänzungssätze.

Auf einen frischen Apfel täglich kann ich nicht verzichten.
Unser Nachbar träumt **von einem eigenen Obstgarten**.
Ich habe lange **über sein Motiv für den Diebstahl** nachgedacht.
Ich möchte mich **für den Diebstahl der Äpfel** entschuldigen.

7
●●●
nominaler und verbaler Stil

Ihre Antwort war inakzeptabel. (nominale Variante)
Was Sie geantwortet haben, war inakzeptabel. (verbale Variante)

➤ Verbalisieren Sie in der Gruppe 1 die hervorgehobenen Satzteile, nominalisieren Sie in der Gruppe 2 die Ergänzungssätze. Machen Sie sich bei dieser Aufgabe und bei allen vergleichbaren Aufgaben (bis Aufgabe 31) die Stilunterschiede zwischen gesprochener und geschriebener Sprache klar (➢ auch Kapitel 14).

1 **Meine Entscheidung** steht noch nicht fest.
Unsere Teilnahme ist noch völlig ungewiss.
Diese Steuererhöhung ist nicht sehr populär, Herr Bundeskanzler!

2 Ich habe nicht verstanden, **was „klauen" bedeutet**.
Ich weiß noch nicht, **wie Sie heißen**.
Ich empfehle Ihnen, **Urlaub zu nehmen**.

8
●●○
Verben und Satzarten

Ich gebe zu: Ich **bin** der Apfeldieb. Ich **habe** die Äpfel **geklaut**.
→ Ich gebe zu, **dass** ich der Apfeldieb bin **und dass** ich die Äpfel geklaut habe.
→ Ich gebe zu, der Apfeldieb **zu sein** und die Äpfel **geklaut zu haben**.

Bei den einzelnen Verben ist festgelegt, welche der Satzarten 1–5 (➢ GiK 3) möglich sind bzw. bevorzugt werden.

➤ Bilden Sie Sätze, spielen Sie mit den verschiedenen Satzarten. Welche Formulierungen klingen in der gesprochenen Sprache am besten?

1. Ich **hoffe (nicht)**:
   Sie klauen nie wieder meine Äpfel.
   Ich entscheide mich richtig.
   Sie entscheiden sich richtig.
2. Ich **versuche**:
   Ich mache wenig Fehler.
   Ich rufe dich morgen an.
   Ich treffe die richtige Entscheidung.
3. Ich **meine/denke/glaube (nicht)**:
   Sie sollten in Zukunft keine Äpfel mehr stehlen.
   Entschuldigen Sie sich bei Herrn Böse!
   Wir sollten uns wieder vertragen.
4. Ich **ärgere mich (über)**:
   Ich habe zu viel für die Äpfel bezahlt.
   Du bist zu spät gekommen.
   Ich bin zu spät gekommen.
5. Ich **weiß (nicht)**:
   Wo gibt es billige Äpfel?
   das Wetter von morgen
   xyz?><*
6. Ich **will/möchte wissen**:
   Wo kann man in kurzer Zeit Deutsch lernen?
   Warum haben Sie den Baum umgesägt?
   Name, Geburtstag, Geburtsort, Adresse und Uhrzeit
7. Ich **wundere mich (über)**:
   Alle fahren in Deutschland so schnell.
   Ich habe alles richtig gemacht.
   Du hast alles richtig gemacht.
8. Ich **freue mich (über)**:
   Ich habe jetzt ein eigenes Haus mit Garten.
   Wir haben jetzt ein eigenes Haus mit Garten.
   Der Nachbar hat überhaupt nichts gemerkt.
9. Ich/Er **behaupte/t (nicht)**:
   Ich habe alles richtig gemacht.
   Er hat von gar nichts gewusst.
   Sie haben die Äpfel geklaut.
10. Ich **gebe zu**:
    Ich habe Äpfel geklaut.
    Das war ein Irrtum.

Angabesätze

Angaben der Zeit

9
●○○
„als" oder „wenn"

Als ich klein war, habe ich oft Äpfel geklaut. Aber **wenn** die Leute größer werden, werden sie auch seriöser.

als: einmalige, abgeschlossene Ereignisse in der Vergangenheit
wenn: andere Zeitverhältnisse (Ereignisse in der Gegenwart und Zukunft; bei wiederholten, regelmäßigen Ereignissen kann man immer **wenn**, **jedesmal wenn** verwenden).

➤ Lesen Sie die Sätze und entscheiden Sie, ob man sie mit **wenn**; **immer (jedesmal)**, **wenn** oder **als** verbinden kann.

Es wurde Frühling. Herr Böse freute sich über den blühenden Apfelbaum.
Der Apfelbaum blühte. Herr Streit wurde täglich nervöser.
Herr Böse hackte den Baum um. Herr Streit schaute irritiert aus dem Fenster.
Herr Böse und Herr Streit treffen sich im Supermarkt. Sie sind sehr freundlich zueinander.

10
●●●
nominaler und verbaler Stil

Bei Regen gehen wir ins Hallenbad. (nominaler Stil)
Wenn es regnet, gehen wir ins Hallenbad. (verbaler Stil)

➤ Verbalisieren Sie in Gruppe 1 die hervorgehobenen Satzteile, nominalisieren Sie in Gruppe 2 die Angabesätze.

1 **Bei deinem letzten Besuch** hast du viel besser ausgesehen.
Während des Flugzeugstarts ist das Rauchen untersagt.
Man darf die Türen nicht **vor dem Anhalten des Zugs** öffnen.
Bis zum Beginn der nächsten Sendung zeigen wir Ihnen einen Pausenfilm.
Seit meinem letzten Treffen mit dir hat sich bei mir viel verändert.

2 **Wenn die Sachlage so traurig ist**, kann ich auch nichts mehr machen.
Sie haben die ganze Zeit Nüsschen geknackt, **während der Liebesfilm lief**.
Wenn die Vorstellung zu Ende ist, kann man noch mit dem Regisseur diskutieren.
Seitdem du aus dem Urlaub zurück bist, gab es nichts als Ärger.
Bevor du dich entscheidest, solltest du dir das noch mal genau überlegen.

11 ○●● *weitere Zeit-Konjunktionen*

➤ Für die Angabe der Zeit gibt es noch viele weitere Konjunktionen. Lesen die Sätze in der folgenden Liste, vergleichen Sie auch die Zeitadverbien (➢ Kap. 15, A 9). Streichen Sie sich die Konjunktionen an, die Sie gern verwenden möchten. Achten Sie auf die Wortstellung und auf die Verwendung von Plusquamperfekt bei einigen Konjunktionen (➢ Kap. 2, A 15).

bevor
Bevor du das nicht begriffen hast, brauchen wir nicht weiterzureden.

bis
Bis der Nachbar das merkt, sind wir längst über alle Berge.

da
Draußen gab es einen großen Knall. Da sind alle zum Fenster gelaufen.

danach/dann
Erst waren wir in der „Rose" auf ein, zwei Bier. Danach waren wir noch ein bisschen in „Rosy's Night Club".

davor/zuvor
Heute bin ich Politiker. Davor war ich Gärtner.

ehe
Ehe der Hahn drei Mal kräht, wirst du mich verraten haben. (Jesus zu Petrus)

früher
Unser Nachbar läuft immer mit einem Texashut herum; er hatte früher mal nach Amerika auswandern wollen.

immer/jedesmal, wenn
Immer/Jedesmal, wenn ich das Wort Grammatik höre, wird mir ein bisschen komisch.

kaum, kaum dass
Kaum war er im Haus, gab es auch schon Streit.

nachdem
Niemand weiß genau, was passiert war, nachdem die Alarmsirenen die Leute aus den Betten geholt hatten.

seit(dem)
Seitdem ich hier lebe, geht es mir wieder besser.

sobald/sowie
Melden Sie sich bitte bei mir, sobald Sie zurück sind.

solange
Solang du deine Füße unter meinen Tisch streckst, tust du, was ich dir sage. (Vatis Argument)

sooft
Sooft ich auch darüber nachdenke: Ich kann das einfach nicht verstehen.

später
Die Kinder dachten: „Jetzt dürfen wir noch spielen. Aber später müssen wir in die Badewanne."

vorher
Natürlich können Sie irgendwann Feierabend machen. Aber vorher muss ich Ihnen noch ein paar Briefe diktieren.

während
Während draußen die Welt brennt, sitzt ihr vor dem Fernseher!

währenddessen
Das Pärchen setzte sich verliebt auf eine Parkbank. Währenddessen ging der Holzwurm seiner Arbeit nach.

12 ○●● *Wie sind die Zeitverhältnisse?*

➤ Setzen Sie passende Konjunktionen ein.

.... ich endlich an die Reihe kam, war die letzte Weißwurst gerade verkauft.
Sie gibt nicht auf, ... sie erreicht hat, was sie will.
.... ich hier wohne, hat sich die Stadt ziemlich verändert.
Ich studiere hier seit zwei Semestern. .... fuhr ich anderthalb Jahre zur See.
Wollen Sie bitte auf meinen Apfelbaum aufpassen, ... ich im Urlaub bin, Herr Streit?
.... ich wieder zurück bin, rufe ich Sie an.
.... ich dich brauche, hast du keine Zeit.
.... du so einen komplizierten Fotoapparat benutzt, solltest du die Bedienungsanleitung lesen.
Ich bin sofort losgefahren, ... du mich angerufen hattest.
Jetzt arbeiten wir noch ein bisschen. Und .... machen wir ein Stündchen Pause.

Angaben des Grundes

13
●○○
„weil" und „da"

Ich gehe nicht hin, **weil (da)** ich einfach keine Lust habe. ↔ **Weil (da)** ich keine Lust habe, gehe ich nicht hin.

➤ Verbinden Sie die Sätze mit den Konjunktionen **weil** oder **da** (**da** klingt schriftsprachlich, literarisch). Variieren Sie die Wortstellung. Achten Sie auf die Logik der Argumentation.

Die Arbeit ist mühsam. Es gibt keine Heinzelmännchen mehr.
Und Gott war sehr zufrieden. Alles war gut geraten.
Der Mensch ist schlecht geworden. Gott war unzufrieden.

14
●○○
„denn"

Ich gehe nicht hin. **Denn** ich habe einfach keine Lust.

➤ Lesen Sie die Sätze von Aufgabe 13 noch einmal, aber mit der Konjunktion **denn**; der **denn**-Satz steht hinten; statt mit Punkt kann auch mit Semikolon oder Komma getrennt werden.

15
●●○
„deshalb" und „deswegen"

Ich esse Sauerkraut so gern; **aus diesem Grund** bin ich nach Deutschland gekommen. ↔ Ich esse Sauerkraut so gern; ich bin **deshalb** nach Deutschland gekommen.

➤ Lesen Sie die nächsten Sätze mit den Konjunktionen **deshalb**, **daher**, **darum**, **deswegen**, **aus diesem Grund** etc. Achten Sie auf die Wortstellung und auf die Logik der Argumentation.

Manchmal klaue ich Äpfel beim Nachbarn; ich liebe die Natur.
Ich kann den Mann gar nicht ermordet haben, denn ich kann kein Blut sehen.
Ich mag dich, weil du Fehler zugeben kannst.

16
●●●
nominaler und verbaler Stil

Aus Feigheit sind sie weggelaufen. (nominaler Stil)
Weil sie feige waren, sind sie weggelaufen. Sie sind weggelaufen, **denn sie waren feige.**
Sie waren feige, **deshalb** sind sie weggelaufen. (verbaler Stil)

➤ Verbalisieren Sie in Gruppe 1 die hervorgehobenen Angaben, nominalisieren Sie in Gruppe 2 die Angabesätze; verwenden Sie verschiedene Konjunktionen.

1 **Wegen wiederholten Apfeldiebstahls** werden Sie zu zwei Wochen Gartenarbeit verurteilt.
Aus Freude über euer wunderschönes Geschenk spendiere ich jetzt Sekt für alle.
Dank Ihrer spontanen Hilfsbereitschaft haben wir das Schlimmste hinter uns.

2 **Weil die Bernhardiner so übermütig waren**, haben sie den Rum ausgesoffen.
Der Hans kommt über Unterammergau, **denn in Oberammergau herrscht Lawinengefahr**.
Das Pferd darf mein Zimmer nicht tapezieren, **es fehlt ihm an Berufserfahrung**.

Angaben mit Argumenten, die sich widersprechen

17
●○○
„obwohl"

Der Tourist konnte die Nilpferde nicht fotografieren, **obwohl** er schnell gerannt ist.

Es gibt noch die Konjunktionen **obgleich**, **obschon**, aber sie klingen schriftsprachlich, literarisch, manchmal veraltet. Man verwendet sie selten.

➤ Verbinden Sie die Sätze mit der Konjunktion **obwohl** oder ihren Varianten.

Wir machen jetzt das Lawinenspiel. Es ist eigentlich verboten.
Der Tourist ist schnell gerannt. Aber er konnte die Nilpferde nicht fotografieren.
Ich habe es dreimal nicht geschafft. Ich versuche es ein viertes Mal.

Der Tourist ist schnell gerannt. Die Nilpferde konnte er **trotzdem** nicht fotografieren.

18 ○●● *„trotzdem"*

In schriftsprachlichen, literarischen Texten kann man auch die Ausdrücke **dessenungeachtet**, **nichtsdestoweniger**, **nichtsdestotrotz** finden; Sie brauchen sie im heutigen Deutsch nicht unbedingt zu verwenden.

➤ Lesen Sie die Sätze in Aufgabe 17 noch einmal, aber mit den Konjunktionen **trotzdem**, **dennoch**, **trotz dieser Tatsache**.

19 ●●● *nominaler und verbaler Stil*

Trotz einer gewissen Unsicherheit betrat ich die Geisterbahn. (nominaler Stil)
Obwohl ich mich ein wenig unsicher fühlte, betrat ich die Geisterbahn. (verbaler Stil)

➤ Verbalisieren Sie in der Gruppe 1 die hervorgehobenen Satzteile, nominalisieren Sie in der Gruppe 2 die Angabesätze.

1 Die Bernhardiner tranken den Rettungsrum **trotz strengsten Verbots**.
Trotz angestrengter Bemühungen konnte der Tourist die Nilpferde nicht fotografieren.

2 **Obwohl die Straßen so glatt waren**, sind alle zu schnell gefahren.
Niemand verstand ihn, **obwohl er sich bemühte, langsam zu sprechen**.

20 ●●● *„ohne dass", „ohne ... zu" + Inf.*

Ich verließ das Kino, **ohne dass** ich verstanden hatte, um was es gegangen war.
Ich verließ das Kino, **ohne** verstanden **zu** haben, um was es gegangen war.

In diesen Sätzen passiert das, was man erwartet hat oder normalerweise erwarten würde, nicht.

➤ Verbinden Sie die Sätze mit **ohne dass** oder **ohne ... zu + Inf.**; achten Sie auf die Veränderung bei der Negation.

Er fing an zu weinen. Er wusste nicht, warum.
Der Tourist hat fünf Bilder geknipst. Kein Nilpferd war zu sehen.
Wir haben uns gleich gemocht. Wir hatten noch kein Wort miteinander gesprochen.

Angaben des Ziels, des Zwecks

21 ○●● *„um ... zu" + Inf., „damit"*

Unser Nachbar klaut Äpfel, **damit** er Geld spart. ↔ Unser Nachbar klaut Äpfel, **um Geld** zu sparen.

Angaben des Ziels und Zwecks benennen etwas, was man erreichen will. Sie stehen also im Zusammenhang mit den Angaben des Grundes (➢ S. 96). Man kann auch mit **weil** und **denn** formulieren:
Unser Nachbar klaut Äpfel, **weil** er Geld sparen will/möchte.

➤ Lesen Sie die Sätze der Gruppe 1 mit **damit**, die Sätze der Gruppe 2 mit **um ... zu + Inf.**; wie kann man die Sätze mit **weil** und **denn** etc. formulieren?

1 Ich habe wochenlang Zeitungsanzeigen studiert, um eine Wohnung zu finden.
Ich habe mich beeilt, um noch Theaterkarten zu bekommen.
Der Tourist rannte hin und her, um die Nilpferde zu fotografieren.

2 Gehen Sie mehr unter die Leute, damit Sie besser Deutsch lernen.
Rettungsbernhardiner haben ein Rumfässchen, damit sie verunglückte Bergsteiger retten können.
Giraffen haben lange Hälse, damit sie besser fernsehen können.

22 ●●●
nominaler und verbaler Stil

Wir machen das **zum Spaß**. (nominaler Stil)
Wir machen das, **um Ihnen ein Vergnügen zu bereiten**. (verbaler Stil)

➤ Verbalisieren Sie in Gruppe 1 die hervorgehobenen Satzteile, nominalisieren Sie in Gruppe 2 die Angabesätze.

1 Sie sammelt Briefmarken **zum reinen Zeitvertreib**.
Zur Entspannung höre ich mir manchmal eine Mozart-Schallplatte an und manchmal nicht.
Zum Zwecke der Versöhnung veranstalteten Herr Streit und Herr Böse ein Gartenfest.

2 **Damit Sie das besser verstehen**, lese ich dieses Kapitel noch einmal.
Kaufen Sie Energiesparlampen, **um Strom zu sparen**.
Damit du mich nicht vergisst, schenke ich dir diesen Talisman.

Angaben der Bedingung

23 ●○○
„wenn" und „falls"

Mein Haus ist für dich immer offen, **wenn/falls** du mal wieder nach Deutschland kommst.

➤ Verbinden Sie die Sätze mit **wenn** oder **falls**.

Brauchst du meine Hilfe, ruf' mich an!
Wir fahren nach Sizilien. Aber das Auto darf nicht kaputt gehen.
Abflussrohr verstopft? Tel. 13-00-13

24 ●●○
schrift-sprachliche Konjunktionen

Vorausgesetzt, dass Sie noch Lust dazu haben, können Sie diese Aufgabe noch lösen.

➤ Lesen Sie die Sätze mit den schriftsprachlichen Konjunktionen: **im Falle, dass** ...; **unter der Bedingung, dass** ...; **unter der Voraussetzung, dass** ...; **vorausgesetzt, dass** ...
Formulieren Sie die Sätze einfacher, mit **wenn** oder **falls**.

Im Falle, dass ihr Lust dazu habt, machen wir einen Betriebsausflug.
Herr Valentin kauft einen Hut nur unter der Voraussetzung, dass er feuerfest ist.
Vorausgesetzt, Sie haben am Wochenende nichts anderes vor, kommen Sie doch zu unserer Gartenparty!

25 ●●●
nominaler und verbaler Stil

Bei Nichtgefallen des Ölgemäldes mit dem Matterhorn Geld zurück! (nominaler Stil)
Wenn Ihnen das Matterhorn-Ölgemälde nicht gefällt, erhalten Sie Ihr Geld zurück. (verbaler Stil)

➤ Verbalisieren Sie in Gruppe 1 die hervorgehobenen Satzteile, nominalisieren Sie in Gruppe 2 die Angabesätze.

1 Man kann Original und Fälschung nur **bei genauem Hinsehen** unterscheiden.
Ich verrate Ihnen das nur **unter der Bedingung Ihrer Verschwiegenheit**.
Im Falle einer Störung rufen Sie unseren 24-Stunden-Service an!

2 **Falls dieses rote Lämpchen aufleuchtet**, überprüfen Sie Ihre Autobatterie!
Im Falle, dass es ein Großfeuer gibt, sind Strohhüte gefährlich.
Wenn man das Abitur hat, ist man noch lange nicht erwachsen, mein lieber Sohn!

Angaben der Art und Weise

26 ●●○
„indem"; „dadurch, dass"

Die Soße wird am besten, **indem** man Crème Fraîche nimmt.
Die Soße wird **dadurch** am besten, **dass** man Crème Fraîche nimmt.

➤ Formulieren Sie die Sätze mit **indem** und **dadurch, dass**.

Ich versuche, mir das Rauchen abzugewöhnen. Ich esse viel Schokolade.
Ich habe so günstig eingekauft. Ich habe einfach die Preise verglichen.
Durch eine langsamere Fahrweise kommt man möglicherweise schneller ans Ziel.

Durch langes und kräftiges Rühren wird der Teig schön locker. (nominaler Stil)
Der Teig wird schön locker, **indem man ihn lange und kräftig rührt**. (verbaler Stil)

27 ●●● *nominaler und verbaler Stil*

➤ Verbalisieren Sie in Gruppe 1 die hervorgehobenen Satzteile, nominalisieren Sie in Gruppe 2 die Angabesätze.

1 **Durch mein langes Zögern** wurde meine Situation auch nicht besser.
Durch genaues Nachdenken konnte Philipp Marlowe den Fall schnell klären.

2 **Nur indem man täglich übt**, macht man beim Leben Fortschritte.
Dadurch, dass die Nilpferde immer untertauchten, hatte der Tourist nur Wasser auf den Fotos.

Angaben der Folge

Es regnete ununterbrochen, **so dass** sogar mein Goldfisch depressiv wurde.
Die Nilpferde tauchten **so** schnell weg, **dass** der Tourist sie nicht fotografieren konnte.

28 ○○● *„so dass"*

➤ Drücken Sie die Folgebeziehung in den Sätzen mit **so dass** aus.

Die Kinder waren sehr schmutzig; sie mussten in die Badewanne.
Die Rettungsbernhardiner waren betrunken. Sie vergaßen Ihre Dienstvorschriften.
Gott sah, dass alles gut geraten war; er nahm sich einen freien Tag.

Wir feierten die ganze Nacht; **infolgedessen** war meine Arbeitslust am nächsten Morgen bescheiden.

29 ○●● *„folglich", „also"*

➤ Lesen Sie die Sätze der Aufgabe 28 noch einmal mit **folglich**, **infolgedessen**, **demzufolge, also**.

Es war **so** laut, **dass** man sich nicht unterhalten konnte.
↔ Es war **zu** laut, **um** sich unterhalten **zu** können.
↔ Es war **zu** laut, **als dass** man sich **hätte** unterhalten können. (mit KII !)

30 ●●● *„zu ..., um ... zu"; „so ..., dass nicht"; „zu ..., als dass"*

In diesen Sätzen passiert etwas Erwartetes nicht; eine Folge tritt nicht ein.

➤ Formulieren Sie die Sätze mit **zu ..., um zu**; **so ..., dass nicht**; **zu ..., als dass**.

Die Nilpferde waren sehr schnell. Der Tourist konnte sie nicht fotografieren.
Der Apfel ist sehr schön. Schneewittchen kann nicht widerstehen.
Herr Valentin war sehr wählerisch. Er konnte sich für keinen Hut entscheiden.

Infolge eines Computer-Fehlers funktionierte glücklicherweise nichts mehr. (nominaler Stil)
Weil es einen Computer-Fehler gab, funktionierte glücklicherweise nichts mehr. (verbaler Stil)
Es gab einen Computer-Fehler, **so dass glücklicherweise nichts mehr funktionierte**. (verbaler Stil)

31 ○●● *nominaler und verbaler Stil*

➤ Verbalisieren Sie die hervorgehobenen Satzteile mit **weil** und **so dass**.

Infolge ihres großartigen Talents machte sie eine Bilderbuchkarriere.
Infolge seines finanziellen Leichtsinns musste der Ministerpräsident seinen Hut nehmen.
Infolge ihrer Unversöhnlichkeit wurde die Beziehung zwischen Herrn Streit und Herrn Böse stark beeinträchtigt.

Noch viel mehr Konjunktionen finden Sie in „Grammatik aus dem Katalog" (➤ Liste 8). Lesen Sie aufmerksam die Beispielsätze und streichen Sie sich die Konjunktionen an, die Sie gerne verwenden möchten. Stellen Sie sich Ihre eigene Lernliste zusammen.

32 ●●● *Konjunktionen-Nachlese*

33
●●●
Konjunktionen mit KI

Diese Konjunktionen sind nicht so wichtig, **es sei denn**, Sie üben sich im gehobenen Sprachstil.

Einige komplexe Konjunktionen sind mit **sein** im KI gebildet: **es sei denn**; **..., wie dem auch sei, ...**; **sei es, (dass) ... oder (dass)**.

➤ Lesen Sie die Sätze der Gruppe 1 und formulieren Sie sie so um, dass die KI-Formen verschwinden. Verfahren Sie bei Gruppe 2 umgekehrt.

1 Wir werden weiterhin von der Integrität von Herrn Müller ausgehen, **es sei denn**, es werden wirklich stichhaltige Beweise für die Vorwürfe gegen ihn vorgelegt.
Wir haben jetzt die unterschiedlichen Standpunkte gehört. **Wie dem auch sei**: Wir kommen nicht daran vorbei, uns eine eigene Meinung zu bilden.
Ich stehe zu meiner Handlung, **sei** sie nun von Vorteil **oder** nicht.

2 Herr Meier kann zur Tatzeit nicht am Tatort gewesen sein. Oder hat er einen Privathubschrauber?
Diese Tat ist scharf zu missbilligen, gleichgültig, ob sie nun aus Berechnung oder nur aus Leichtsinn begangen worden ist.
Es gibt für Ihren Vorschlag wirklich sehr gute Argumente. Aber trotz allem: Ich kann mich nicht entschließen, meine Zustimmung zu geben.

Übungen mit Stil

34
●●●
Aufgaben zu den Lesetexten

Lesen Sie die Texte der Lesepause noch einmal. Hier sind einige Fragen dazu.

1. Die Zoo-Geschichte von Peter Härtling enthält wenig Konjunktionen. Aber man versteht den Zusammenhang. Setzen Sie versuchsweise die „gedachten" Satzverbindungen in den Text ein. Wird der Text dadurch besser?
2. Die Geschichte mit Herrn Böse und Herrn Streit ist umgangssprachlich formuliert. Schreiben Sie die Geschichte als Polizeibericht oder als Klageschrift eines Rechtsanwalts. Verwenden Sie dazu schriftsprachliche Stilelemente (Nominalisierungen, Präpositionen statt Konjunktionen, schriftsprachliche Konjunktionen, ➢ Katalog, Liste 9).
3. Warum verwendet Christoph Meckel in seiner Erinnerung an die Kindheit **wenn** statt **als**? Hat das etwas mit dem Vater zu tun?
4. Ersetzen Sie im Text von Peter Bichsel probeweise die **dass**-Sätze durch Hauptsätze. Lesen Sie dann den Originaltext noch einmal laut vor, lernen Sie ihn am besten auswendig, um Wortstellung und Rhythmus der **dass**-Sätze ganz sicher zu beherrschen.

Stanislaw Jerzy Lec bringt den allerletzten Beispielsatz: je ..., desto

Je tiefer man fällt, desto weniger tut es weh.

9

Was die anderen sagen

Indirekte Rede und Konjunktiv I

Nach Kanada

Im Eisenbahnabteil auf der Rückfahrt von Irgendwo nach Itzehoe und nachdem wir spät ins Gespräch gekommen, redete sie, eine hübsche Mischung aus Frau, Mädchen und Modeblatterscheinung, immer hastiger auf mich ein, als schaffe sie es sonst vor Ankunft des Zuges nicht mehr, ihre allerwichtigste Mitteilung loszuwerden: Nach Kanada wolle sie auswandern. Mit ihrem Mann. Ihr Ziel liege fest, man werde abseits der Zivilisation hausen, in einem Blockhaus, selbstgebaut, und von eigener Hände Unternehmen leben. Es gehe darum, frei zu sein, und zwar gründlich. Dies sei ihr letzter Besuch in Itzehoe bei ihren Eltern und Freunden, die sie vielleicht niemals mehr in ihrem Leben wiedersehe, denn Geld für erneute Besuche hätten sie keins. Das sei der Preis der Freiheit, den müsse man zahlen; dazu sei sie bereit, obwohl er, wie sie spüre, ständig steige, aber auch ihr Wissen über sich selber ständig erweitere. Möglicherweise wäre alles falsch, was sie da tue, doch sei sie viel reifer geworden. Und darauf komme es doch an, auf sonst gar nichts. Gleich nach unserer Ankunft stieg sie in die erste Taxe vor dem Ausgang, nickte noch einmal Abschied nehmend und eigentlich mehr für sich als für mich vor sich hin und fuhr, ohne Blick für ihren Geburtsort, den langen, langen Weg nach Kanada davon.

Günter Kunert

Katharina Blum gab an, dass sie Angst habe

Katharina Blum gab an, dass sie Angst habe, es sei nämlich in jener Donnerstagnacht, kurz nachdem sie mit Götten telefoniert habe (jeder Außenstehende sollte an der Tatsache, daß sie, wenn auch nicht bei der Vernehmung, offen über ihre telefonischen Kontakte mit Götten sprach, ihre Unschuld erkennen) etwas ganz Scheußliches passiert. Kurz nachdem sie mit Götten telefoniert, den Hörer gerade wieder aufgelegt habe, habe wieder das Telefon geklingelt, sie habe, in der „wilden Hoffnung", es sei wieder Götten, sofort den Hörer abgenommen, aber es sei nicht Götten am Apparat gewesen, sondern eine „fürchterlich leise" Männerstimme habe ihr „fast flüsternd" lauter „gemeine Sachen" gesagt, schlimme Dinge, und das Schlimmste sei, der Kerl habe sich als Hausbewohner ausgegeben und gesagt, warum sie, wenn sie so auf Zärtlichkeiten aus sei, so weit hergeholte Kontakte suche, er sei bereit und auch in der Lage, ihr jede, aber auch jede Art von Zärtlichkeit zu bieten. Ja, es sei dieser Anruf der Grund gewesen, warum sie noch in der Nacht zu Else gekommen sei. Sie habe Angst, sogar Angst vor dem Telefon, und da Götten ihre, sie aber nicht Göttens Telefonnummer habe, hoffe sie immer noch auf einen Anruf, fürchte aber gleichzeitig das Telefon.

Heinrich Böll

Die Zwiebacktüte

Bei allem falle ihm immer aus seiner Jugendzeit die Geschichte mit der Zwiebacktüte ein, die Zwiebacktüte, auf der immer eine Bäckersfrau abgebildet gewesen sei, die auf ihrem Kopf eine Zwiebacktüte getragen habe, und eben auf dieser zweiten Tüte sei wieder eine Bäckersfrau abgebildet gewesen, die eine weitere, schon wesentlich kleinere Zwiebacktüte getragen habe, und auf dieser schon wesentlich kleineren Zwiebacktüte sei wieder eine weitere, aber immer die gleiche Bäckersfrau abgebildet gewesen, die eine weitere, schon winzig kleine, aber immer die gleiche Zwiebacktüte auf ihrem Kopf getragen habe, und nun habe man diese letzte Zwiebacktüte nur noch mit der Lupe erkennen können, gleichviel aber habe immerfort eine weitere, immer kleiner werdende Bäckersfrau eine immer kleiner werdende Zwiebacktüte auf ihrem Kopf getragen, und auf einmal wären weder Bäckersfrau noch Zwiebacktüte auszumachen gewesen, aber in seinem Kopf habe er die Geschichte weiterverfolgt bis zur Schlaflosigkeit über die Endlosigkeit der Bäckersfrau mit der Zwiebacktüte, bis zum Wahnsinnigwerden, und heute habe er große Lust, über sein ganzes Tun und Lassen DIE ZWIEBACKTÜTE zu schreiben.

Hanns Dieter Hüsch

Grammatik im Kasten

1. Fremde Meinungen oder Texte kann man auf verschiedene Arten zitieren

1. Hervorhebungen von wörtlichen Zitaten in gedruckten Texten

In Artikel 17 des Grundgesetzes heißt es:

> „Jedermann hat das Recht, sich einzeln oder in Gemeinschaft mit anderen schriftlich mit Bitten oder Beschwerden an die zuständigen Stellen und an die Volksvertretung zu wenden."

In diesem Beispiel werden mehrere Möglichkeiten benutzt, um den Text als Zitat hervorzuheben:
1. Einrückung
2. Wechsel der Schrift (z.B. kleinere Schrift, kursive Schrift)
3. Anführungszeichen „..." (auch Gänsefüßchen genannt)

In wissenschaftlichen Texten werden die Belegstellen des Textes angegeben (z.B. durch Fußnoten). Zitate werden unverändert zitiert; Kürzungen kann man durch Pünktchen (...) kennzeichnen.

2. Direkte Rede bei wörtlichen Zitaten in geschriebenen oder gedruckten Texten

In geschriebenen oder gedruckten Texten (z.B. in Briefen oder Erzählungen) wird die wörtliche Rede durch Doppelpunkt, Großschreibung des ersten Buchstabens und Anführungszeichen gekennzeichnet:
Und dann fragte Rotkäppchen: „Großmutter, warum hast du so große Ohren?"
Da antwortete der Wolf: „Damit ich dich besser hören kann!"

Im Deutschen pflegt man diese Zeichen sehr genau zu setzen:
„Großmutter", fragte Rotkäppchen, „warum hast du so ein großes Maul?" – „Damit ich dich", sagte da der Wolf und sprang aus dem Bett, „besser fressen kann!"

3. Indirekte Rede (iR)

Auch in der iR wird deutlich gemacht, dass man einen fremden Text referiert, die Aussage einer anderen Person. Aber: Man muss diesen Text nicht mehr unbedingt Wort für Wort wiedergeben; man baut ihn grammatisch in den eigenen Text ein.
Zitate in iR können im Indikativ oder im Konjunktiv formuliert werden. Mit welchen Formen und mit welcher stilistischen Wirkung dies geschieht, wird jetzt erklärt.

2. Verwendung von Indikativ in der iR

1. Gesprochene Umgangssprache, Situationen des alltäglichen Lebens

Sie haben doch gestern ausdrücklich erklärt, dass Sie **mitmachen**.
Sie hat mir erzählt, dass sie ganz anders darüber **denkt**.

2. Unbezweifelbare, objektive Wahrheiten (oder wenn man etwas als wahr oder unbezweifelbar darstellen möchte)

Sie hat mir mitgeteilt, dass sie mit dem Zug um 18.10 Uhr **ankommt**.
(Es gibt keinen Grund, daran zu zweifeln.)
Und dann hat Galileo Galilei gesagt, dass sie (die Erde) sich doch **bewegt**.
(Es gibt für uns heute keinen Grund mehr, daran zu zweifeln.)

3. KII in der iR (➢ Kap. 4, GiK)

1. Gesprochene Umgangssprache, Situationen des alltäglichen Lebens

Er hat mir gesagt, die Heinzelmännchen **kommen** heute Abend und **helfen** uns. (Indikativ)
Er hat mir gesagt, die Heinzelmännchen **kämen** heute Abend und **würden** uns **helfen**. (KII)

In beiden Sätzen zeigt sich der Sprecher überzeugt, dass die Heinzelmännchen kommen und helfen werden. Indikativ und KII sind also zwei Möglichkeiten für iR in der gesprochenen Umgangssprache.

2. Man will sich vom Gesagten distanzieren, man bezweifelt die Wahrheit

Der Kerl hat die ganze Zeit behauptet, die Heinzelmännchen **würden** uns **helfen**.
Der Wolf sagte zu den sieben Geißlein, er **wäre** ihr liebes Mütterlein.

In beiden Sätzen soll man hören, dass das Gesagte nicht glaubhaft ist. Die distanzierende Wirkung des KII kann man durch bestimmte Ausdrücke (Kerl, behauptet) verstärken; in der realen Gesprächssituation kann man die distanzierende Wirkung auch durch Mimik und Gesten (z.B. Kopfschütteln, Grinsen, „den Vogel zeigen") oder durch den Tonfall der Stimme verstärken.

4. KI und KII in der schriftsprachlichen Form der iR

Im heutigen Deutsch werden viele K(onjunktiv)I-Formen, die in älteren Grammatiken noch dargestellt werden, nicht mehr gesprochen oder geschrieben. Nicht mehr verwendet werden:
1. Formen, die man nicht vom Indikativ unterscheiden kann (1. Person Singular Gruppe 3; 1. und 3. Person Plural Gruppe 2 und 3),
2. Formen, die zwar anders geschrieben werden als Indikativ, die aber ähnlich klingen (2. Person Plural),
3. auch fast alle Formen 2. Person Singular.

Die verschwundenen KI-Formen werden im heutigen Deutsch durch KII-Formen ersetzt. In der schriftsprachlichen iR gibt es also eine Mischung von KI- und KII-Formen.

Verteilung von KI/•KII in der schriftsprachlichen Form der iR (Gegenwartsform)

Person	sein	Modalverben und „wissen"	„haben" und alle anderen Verben (z.B. „nehmen", „machen")
ich	sei	könne	•hätte •nähme/•würde nehmen
du	sei(e)st/•wär(e)st	•könntest	•hättest •nähmest/•würdest nehmen
er/sie/es/man	sei	könne	habe nehme
wir	seien	•könnten	•hätten •nähmen/•würden nehmen
ihr	•wär(e)t	•könntet	•hättet •nähm(e)t/•würdet nehmen
sie (Pl)/Sie	seien	•könnten	•hätten •nähmen/•würden nehmen

Vergangenheitsform der iR in der Schriftsprache (KI/•KII)
Im KI gibt es nur eine Vergangenheitsform (KII ➢ Kap. 4, GiK); sie wird auf der Basis der Perfekt-Formen gebildet.

Perfekt mit **sein** + PII		Perfekt mit **haben** + PII	
Indikativ	iR	Indikativ	iR
es gelang es ist gelungen es war gelungen } ➔	es sei gelungen	man arbeitete man hat gearbeitet man hatte gearbeitet } ➔	man habe gearbeitet
sie gingen sie sind gegangen sie waren gegangen } ➔	sie seien gegangen	sie schrieben sie haben geschrieben sie hatten geschrieben } ➔	•sie hätten geschrieben

Übungen und Regeln

1 *Formen*

➤ Schreiben Sie für die Verben **sein**, **dürfen**, **haben**, **verstehen**, **wissen** das ganze Formen-Schema auf, wie es in der schriftsprachlichen Form der iR gebraucht wird (➢ Schema GiK 4).

2 *Gegenwart*

➤ Wie heißen die schriftsprachlichen Konjunktiv-Formen für die iR (KI oder KII)?

es geht	wir wissen	ich darf	man braucht	Sie haben	du weißt
wir können	man muss	man versteht	Sie sind	sie wollen	man hat
sie soll	man nimmt	es gibt	ihr müsst	du bist	sie verlieren

3 *Vergangenheit*

➤ Konjugieren Sie die Vergangenheitsformen der schriftsprachlichen iR für die Verben **kommen**, **schreiben**, **wissen**, **sein**, **haben**, und zwar in der Reihenfolge:

a) er, sie, es, man/sie, Sie b) du/ihr c) ich/wir

4 *Gegenwart und Vergangenheit*

➤ Wie heißen die schriftsprachlichen Formen der iR? Achten Sie auf den Wechsel von Gegenwart und Vergangenheit.

ich war	man macht	sie antworteten	sie sind gekommen
es gab	es ist gelungen	ich weiß nichts	er hatte kein Geld gehabt
er hat es gewusst	es geht nicht	wir waren	sie konnten nichts wissen

5 *Formen im Text*

➤ Lesen Sie aufmerksam die Texte in der Lesepause Seite 102 noch einmal. Machen Sie sich die KI- und KII-Formen noch einmal klar.

6 *Personenperspektive*

Sie sagte: „Das ist **mein** neues Auto, **ich** fahre damit sehr gern."
→ **Sie** sagte, das sei **ihr** neues Auto, **sie** fahre damit sehr gern.

Wenn ein Sprecher („ich") zu einem bestimmten Zeitpunkt („jetzt") und an einem bestimmten Ort („hier") etwas sagt, dann sind diese Bedingungen der Sprechsituation für den Zuhörer klar, denn er steht dem Sprecher gegenüber. In der iR ist das nicht so; die personalen Perspektiven verändern sich, im Deutschen genau wie in anderen Sprachen auch.

➤ Formulieren Sie die Sätze in der iR. Achten Sie darauf, dass die Personal- und Possessiv-Pronomen stimmen.

Schließlich gab er zu: „Ich kann mich sehr genau an diesen Tag erinnern."
Er sagte mir: „Ich habe deine Gedichte gelesen. Sie sind schöner als meine eigenen. Auch meiner Frau haben sie sehr gut gefallen."
Er sagte: „Ab und zu vergesse ich meine ökologischen Prinzipien und fahre völlig zwecklos mit dem Auto durch die Gegend."
Sie sagte zu mir: „Du bist ein großer Dummkopf!"
Der Pfarrer sagte: „Wir sind alle Sünder und unser Leben ist ein Jammertal."

7
●○○
Hauptsatz/ „dass"-Satz

Die Maus klagte, **ihr werde die Welt immer enger.** ↔ Die Maus klagte, **dass ihr die Welt immer enger werde.**

Im gesprochenen und geschriebenen Deutsch kann man zwischen zwei verschiedenen Satzformen wählen; beide Satzformen sind mündlich und schriftlich populär.
1. Hauptsatz: Das Verb steht an der zweiten Stelle.
2. **dass**-Satz (bei Fragen/Zweifel **ob**): Das Verb steht am Satzende.

➤ Lesen Sie die Sätze der Gruppe 1 in der Form von 2 und umgekehrt.

1 Sie erzählte atemlos, sie wollten nach Kanada auswandern.
Sie betonte auch, dies sei der letzte Besuch in ihrer Heimatstadt.
Sie fügte hinzu, dies sei der Preis der Freiheit.

2 Die Katze sagte, dass die Maus in die andere Richtung laufen solle.
Die Maus glaubte, dass dies der Weg in die Freiheit sei.

8
●●○
längere Texte

Für längere Texte in der iR eignen sich Hauptsätze besser als **dass**-Sätze; denn es ist stilistisch nicht so günstig, viele **dass**-Sätze hintereinander zu reihen.

➤ Formen Sie den Text um, indem Sie Hauptsätze verwenden. Der Text wird dadurch besser.

Er sagte, dass er pünktlich um vier Uhr kommen würde, und dass er seine ganzen Arbeitsunterlagen mitbringen würde, und dass er bis ungefähr sechs Uhr Zeit hätte, und dass er dann zu einem anderen Termin müsse.

9
●●○
Ja/Nein-Fragen

Er hat sie gefragt, **ob** sie ihn eigentlich noch **liebe**.

Fragen, auf die man mit „Ja/Nein/Ich weiß es nicht" antwortet (Ja/Nein-Fragen), bilden in der iR Nebensätze mit **ob**.

➤ Lesen Sie die Fragen in der iR, umgangssprachlich oder schriftsprachlich.

Dann wollte sie plötzlich wissen: „Hast du mir die Wahrheit gesagt?"
Mein Arzt fragte mich: „Rauchen und trinken Sie immer noch so viel?"
Mein kleiner Sohn fragte mich: „Dreht sich die Sonne um die Erde oder ist es umgekehrt?"
Kasperle fragte die Kinder: „Wart ihr alle dabei, als der Teufel die Großmutter holte?"

10
●●○
W-Fragen

Ich wurde gefragt, **warum** ich nicht rechtzeitig gekommen **sei**.

Fragen, auf die man eine neue Information erwartet (W-Fragen, Informationsfragen, ➢ Kap. 8, GiK 3), werden in der iR als Nebensätze formuliert; das markierte Verb steht also am Ende.

➤ Formulieren Sie die Informationsfragen in der iR.

Der Chef fragte mich: „Wieso sind Sie erst so spät gekommen?"
Ich fragte ihn dann: „Aus welchem Grund haben Sie mich denn herbestellt?"
Er fragte sie streng: „Wo bist du gewesen?" – Sie fragte kalt zurück: „Was geht dich das an?"

11
●●○
Aufforderungen, Ratschläge

Sie sagte, ich **solle** (bitte/mal) zu ihr kommen.
Aufforderungen, Empfehlungen, gute (oder schlechte) Ratschläge drückt man in der iR mit den Grundverben **sollen/müssen** aus (➢ Kap. 1: Tabelle 1, S. 12, A 13 und A 16; Kap. 10, GiK).

➤ Bilden Sie Aufforderungssätze in der iR.

Und dann sagte mein Chef zu mir: „Sie machen morgen Dienst!"
Die Lehrerin rief mit lauter Stimme: „Hört doch auf, einen solchen Lärm zu machen!"
Sie sagte mit nachdrücklicher Stimme: „Mach du das bitte, sonst kann's ja doch keiner!"
Als wir endlich an der Reihe waren, sagte der Beamte: „Mittagspause! Verlassen Sie jetzt mein Büro!"

Übungen mit Stil

12 ○○● *Verben der Kommunikation*

Er **meinte,** da hätten sich die Politiker wohl geirrt.
Er **äußerte die Vermutung**, da hätten sich die Politiker wohl geirrt.

Wenn man fremde Text wiedergibt (in direkter oder indirekter Rede), so leitet man dies mit Verben der Kommunikation ein; damit drückt man aus, welche Art der Kommunikation gemeint ist: Äußerung eines Sachverhalts, Mitteilung, Zitat, Vermutung, Kritik, Frage, Lüge, Vorwand etc.
Sie finden in der Gruppe 1 Verben und Ausdrücke der Umgangssprache, in der Gruppe 2 Verben und Ausdrücke der Schriftsprache.

➤ Formulieren Sie passende Beispiele. Welche Satzvarianten sind geeignet? (➢ Kap. 8, A 8).
Diskutieren Sie mit Deutschsprachigen, ob Ihre Beispiele stilistisch gut formuliert sind, vor allem der Gruppe 2.

1 sagen, schreiben, fragen, antworten, meinen, glauben, finden, denken, wissen wollen, erklären, erzählen, behaupten, vermuten, das Gefühl haben, erklären, der Meinung sein

2 angeben, betonen, es stellt sich die Frage, es heißt, man sagt, die Ansicht vertreten, mitteilen, annehmen, die Vermutung äußern, einwenden, feststellen, den Einwand erheben, unterstreichen, zitieren, die Feststellung machen, die Behauptung aufstellen

13 ○●● *Distanzierung durch K II*

Und dann sagte dieser verdammte Kerl doch, ich **wäre** selbst schuld daran.

Durch KII (und durch bestimmte Ausdrücke, durch Mimik, Tonfall und Gesten) kann man eine distanzierende Wirkung erzielen, d.h. die Wahrheit der Aussage bezweifeln.

➤ Vergleichen Sie die Sätze:

Sie sagte, sie sei um 8 Uhr gar nicht zu Hause gewesen. → Sie behauptete, sie wäre um 8 Uhr gar nicht zu Hause gewesen.

➤ Dramatisieren Sie die Sätze, indem Sie sich durch KII deutlich distanzieren. Überlegen Sie, mit welchen Wörtern, Gesten etc. Sie die distanzierende Wirkung noch steigern können.

Er sagte: „Ich war den ganzen Abend im Büro."
Viele haben später gesagt: „Davon haben wir gar nichts gewusst."
Er sagte, er habe noch nie im Leben die Unwahrheit gesagt.
Letztes Jahr hat er mir versprochen: „Du bekommst das Geld in zwei Wochen zurück!"

14 ○●● *Zeit-/Ort-perspektive*

morgen früh → am folgenden Morgen; heute Abend → am gleichen Abend; hier → an dieser Stelle

Ort und Zeit einer Aussage sind oft ganz verschieden von der Situation, in der sie wiedergegeben werden; anders als bei Verschiebung der personalen Perspektive (➢ A 6) hat man hier mehr Freiheit beim Formulieren; man soll aber darauf achten, dass die Bedeutungen von Ort und Zeit im Kontext klar sind und dass die Formulierungen nicht komisch wirken.

➤ Verändern Sie die Zeit-/Ortperspektiven wie in den Beispielen; überlegen Sie, ob man vielleicht auf die Verschiebung der Zeit-/Ortperspektive verzichten kann.

Cäsar sagte: „Morgen früh besiege ich alle meine Feinde."
Cäsar sagte zu Kleopatra: „Heute Abend wirst du noch eine große Überraschung erleben."
Cäsar sagte: „Genau hier will ich für mich eine Siegessäule bauen."
Als er in Hawaii ankam, sagte er sofort: „Hier gefällt es mir."

15
●●○
undramatischer, glatter Stil der iR

„Hey, Mann, klar doch, ich komme heut' Abend!" → Er sagte, **dass** er (ganz bestimmt) abends kommen **werde**.

➤ Hören Sie einmal genau zu, wenn jemand spricht: Die Rede wird voll von kleinen Wörtern und Tönen sein, die die gesprochene Sprache, die direkte Rede lebendig machen. Die iR dagegen klingt geglättet, denn diese Elemente der lebendig gesprochenen Sprache fehlen teilweise oder ganz.

➤ Formulieren Sie die gesprochenen Sätze in der iR.

Er sagte: „Nein, nein, das mache ich nicht!"
Sie sagte: „Ach was, Quatsch, das ist gar nicht so schlimm!"
Er schrie: „Mensch, pass' mal auf, das ist doch ganz große Klasse für uns."

➤ Versuchen Sie – als kuriose Sprachspielerei – eine Comic-Szene (z. B. Asterix oder Mickey Mouse) in der iR wiederzugeben.

16
●●●
Dialoge

Valentin: „Ich will einen bequemen Hut. Haben Sie Strohhüte?"
→ Valentin sagte, er **wolle** einen bequemen Hut und er fragte, ob sie in diesem Laden Strohhüte **hätten**.

Ein Text in der iR soll ebenso klar sein wie ein direkt gesprochener Text. Wenn Aussagesätze und Fragesätze abwechseln oder wenn im Dialog gesprochen wird, muss man das erkennen können.

➤ Versuchen Sie, die ersten Passagen des Dialogs zwischen Valentin und der Hutverkäuferin in der Lesepause im Kapitel 16 (➢ S. 182) in iR wiederzugeben.

17
●●○
Literaturtexte in iR

➤ Geben Sie die literarischen Texte in iR wieder. Beachten Sie die folgenden Arbeitshinweise:

- Verwenden Sie möglichst wenig oder keine **dass**-Sätze, weil es sich um längere Texte handelt (➢ A 7 und A 8).
- Achten Sie auf die „Ich-Jetzt-Hier-Perspektiven" (➢ A 6 und A 15).
- Achten Sie auf die Zeit (➢ GiK 4).
- Entscheiden Sie, wie weit Sie bei lebendig gesprochenen Passagen den Text glätten wollen. Es muss klar sein, wer gerade spricht, ob eine Frage gestellt wird (➢ A 15 und A 16).
- Besprechen Sie Ihre Lösungen mit anderen (oder mit Deutschsprachigen); vergleichen Sie sie mit den Lösungen im Lösungsheft. Möglicherweise finden Sie noch bessere, flüssigere Formulierungen.

(1)

Franz Kafka schreibt: „‚Ach', sagte die Maus, ‚die Welt wird immer enger mit jedem Tag. Zuerst war sie so breit, dass ich Angst hatte. Ich lief weiter und war glücklich, dass ich endlich rechts und links in der Ferne Mauern sah, aber diese langen Mauern eilen so schnell aufeinander zu, dass ich schon im letzten Zimmer bin, und dort im Winkel steht die Falle, in die ich laufe.' – ‚Du mußt nur die Laufrichtung ändern', sagte die Katze und fraß sie auf."

(2)

Kleine Goethe-Geschichte: Ich las: „Herr B. (Bertolt Brecht) war ein guter Schüler. Er liebte es, seine Aufsätze mit Goethe-Zitaten zu belegen, um seinen Ansichten einen größeren Nachdruck zu verleihen. Die Zitate erfand er selber. Trotzdem fiel er nie auf, weil kein Lehrer zugeben wollte, dass ihm ein Goethe-Wort unbekannt sei."

A.Müller/G.Semmer

(3)

Bertolt Brecht schreibt: „Herr Keuner war mit seinem kleinen Sohn auf dem Land. Eines Vormittags traf er ihn in der Ecke des Gartens und weinend. Er erkundigte sich nach dem Grund des Kummers, erfuhr ihn und ging weiter. Als aber bei seiner Rückkehr der Junge immer noch weinte, rief er ihn her und sagte ihm: ‚Was hat es für einen Sinn zu weinen bei einem solchen Wind, wo man dich überhaupt nicht hört.' Der Junge stutzte, begriff diese Logik und kehrte, ohne weitere Gefühle zu zeigen, zu seinem Sandhaufen zurück."

18 ●●● *iR für Könner*

➤ Geben Sie diesen Text in iR wieder. In dieser Aufgabe sind alle grammatischen und stilistischen Schwierigkeiten versammelt; dafür sollten Sie sich Zeit lassen und Ihr Ergebnis, wenn möglich, mit Deutschsprachigen diskutieren.

In einem Buch las ich: „Zu Sokrates sagte einmal ein Mann: ‚Ich muss dir etwas Wichtiges über deinen Freund erzählen!' Sofort unterbrach ihn der Philosoph: ‚Hast du deine Mitteilung auch durch die drei Siebe hindurchgehen lassen?' – ‚Welche drei Siebe?' – ‚Hör zu! Das erste Sieb ist das Sieb der Wahrheit. Bist du überzeugt, dass alles, was du mir sagen willst, auch wahr ist?' – ‚Das weiß ich nicht, ich habe es nur sagen hören', antwortete der Mann. ‚Hast du es dann durch das zweite Sieb gesiebt, durch das Sieb der Diskretion?', fragte Sokrates weiter. Der Mann errötete und antwortete: ‚Ich muss gestehen, nein!' Sokrates wollte weiter wissen: ‚Und hast du auch an das dritte Sieb gedacht und dich gefragt, ob es nützlich ist, mir das von meinem Freund zu erzählen?' – ‚Nützlich', erwiderte der Mann, ‚nützlich ist es eigentlich nicht.' Da antwortete Sokrates: ‚Wenn das, was du mir von meinem Freund erzählen willst, weder wahr, noch diskret, noch nützlich ist, dann behalte es lieber für dich!' So ließ er den Mann stehen und ging weg."

19 ●●● *Freiheiten beim Formulieren*

Regeln zur iR sind vor allem Stilregeln: Sie lassen gewisse Freiheiten beim Formulieren. Zwei Beispiele, die den genannten Regeln widersprechen, finden sich in den Texten der Lesepause auf Seite 102 (Kunert und Hüsch).

Möglicherweise wäre alles falsch, was sie da tue … (Kunert)
… und auf einmal wären weder Bäckersfrau noch Zwiebacktüte auszumachen gewesen … (Hüsch)

➤ Können Sie Gründe dafür finden?

20 ●●● *Wo gibt es die iR?*

Wir haben gesagt, dass KII ein Mittel der Distanzierung sein kann. Aber auch die Neutralität, die mit einer schriftsprachlich korrekten iR bewirkt wird, schafft Distanz: nicht zum Zweck, das Gesagte für unglaubwürdig zu erklären; man betont aber z.B., dass eine andere Person die Verantwortung für das Gesagte trägt; dass man selbst zu absoluter Neutralität verpflichtet ist; dass man die Rolle des neutralen Beobachters spielt; dass man den fremden Text nicht zu seinem eigenen machen möchte.
Es gibt bestimmte Berufe, in denen häufig in der schriftsprachlichen Form der iR formuliert wird: Journalisten, Nachrichtenredakteure in Rundfunk und Fernsehen, Juristen, Gutachter … und Schriftsteller, wenn sie die Rolle des objektiven, kritischen, distanzierten Beobachters einnehmen wollen. Auch der Wechsel von Textpassagen in direkter und indirekter Rede ist ein beliebtes Stilmittel von Journalisten und Schriftstellern.

➤ Achten Sie bei der Zeitungslektüre, bei den Rundfunk- und Fernsehnachrichten auf Form und Stil der iR. Diskutieren Sie mit Deutschsprachigen den Gebrauch der iR in den Texten der Lesepause. Wie klingen die Texte, welche Wirkungen werden erzielt?

21

Ästhetik der iR

Es ist möglich, dass man Texte in der schriftsprachlichen Form der iR als besonders elegant und flüssig formuliert empfindet.

➤ Diskutieren Sie diesen ästhetischen Aspekt der Verwendung der iR noch einmal anhand der Texte der Lesepause auf Seite 102 und der Aufgaben 18 und 19.

22

iR im Zeitungstext

➤ Lesen Sie zum Abschluss noch einen Bericht aus der ZEIT über einen sonderbaren Rechtsfall in Westfalen: ein Streit um die angemessene Bewertung des Tanzes Lambada, wiedergegeben mit einer bunten Mischung von Reportersprache, iR und direkten Zitaten der Beteiligten. Folgen Sie mit Vergnügen den Bewegungsabläufen des Tanzes und des Textes.

Eine dpa-Meldung durchfuhr die Medienlandschaft. Es ging um den sittlichen Stellenwert des Tanzes Lambada in der Arbeitswelt. Die 3. Kammer des Arbeitsgerichts im westfälischen Bocholt hatte entschieden, dass ein Vorgesetzter eine Angestellte nicht ungestraft in die Nähe von Prostituierten rücken darf, wenn sie beim Betriebsfest einen heißen Lambada hinlegt.

Nach dem Betriebsfest hatte der Chef seiner Mitarbeiterin gesagt, sie habe sich auf dem Fest in Gegenwart wichtiger Geschäftskunden „unsittlich verhalten wie ein Mädchen aus Hamburg, wie eine Dirne." Sie habe „Lambada hoch drei" getanzt und ihr Partner habe „seine Hand in ihr am Rücken tief ausgeschnittenes Kleid gesteckt". Die junge Frau erlitt einen Weinkrampf, suchte einen Arzt auf, der sie für eine Woche krankschrieb und ihr nahelegte zu kündigen, was sie auch tat. Dem Gericht gegenüber erklärte der wegen Beleidigung angeklagte Firmenchef, die Klägerin sei gar nicht als Dirne bezeichnet worden, der Ausdruck Dirne habe lediglich „der Beschreibung des Tanzes der Klägerin" gedient. Insofern sei das Gespräch „genausowenig eine Beleidigung, als wenn man zu einem Autofahrer sagt, er fahre wie ein Rennfahrer".

Die Richter aber bewerteten das Verhalten des Beklagten eindeutig als Beleidigung. Immerhin habe er den Tanz seiner Mitarbeiterin „mit dem einer Dirne verglichen".

Immerhin sei der „Beruf der Dirne im allgemeinen Geschäftsleben als unsittlich angesehen." Deshalb sei Dirnenlohn nicht einklagbar, erinnerte die Kammer und folgerte: „Bereits hier liegt eine Unterscheidung zu einem Rennfahrer vor, der seine Lohn- und Gehaltsansprüche auf dem Rechtswege geltend machen kann. Auch muss Rennfahrern im Allgemeinen eine äußerst verantwortungsbewusste Fahrweise bescheinigt werden." Der Vergleich mit der Verhaltensweise einer Dirne stelle demgegenüber die „Person regelmäßig in die Nähe dieser Berufsgruppe."

Nach dem motorsportlichen Auftakt drangen die Arbeitsrichter auch in die Kulturgeschichte des Tanzes ein. Weil „es im Bereich des Tanzsports etliche Tänze mit Körperkontakt" gibt, sei „der Vorwurf eines dirnenartigen Verhaltens objektiv falsch. Der Lambada-Tanz könne auch deshalb nicht unsittlich sein, weil „gerade dieser Tanz vielfach bereits im Nachmittagsprogramm des öffentlich-rechtlichen Fernsehens gezeigt wurde und wird." Darüber hinaus würben die dem Allgemeinen Deutschen Tanzlehrerverband (ADTV) angeschlossenen Tanzschulen gerade mit Lambada. Auch dies beweise, dass der Tanz nicht unsittlich sei, da „gerade der ADTV zuständig ist für die Festlegung der Benimmregeln". Lambada müsse im Übrigen mit Körperkontakt getanzt werden, denn „bei einer Reihe von Elementen dieses Tanzes werden von der Tänzerin Bewegungsabläufe verlangt, die biophysikalisch nur unter Herstellung eines direkten Körperkontakts möglich sind", anderenfalls „müsste die Tänzerin zu Boden fallen."

Der Spediteur wurde zur Zahlung eines Schmerzensgeldes (2000 Mark) und Lohnersatzes verurteilt.

Rolf Liffers

10

Frau nehme ...

Aufforderungen

Kindsein ist süß?

Tu dies! Tu das!
Und dieses lass!
Beeil dich doch!
Heb die Füße hoch!
Sitz nicht so krumm!
Mein Gott, bist du dumm!
Stopf's nicht in dich rein!
Lass das Singen sein!

Du kannst dich nur mopsen!
Hör auf zu hopsen!
Du machst mich verrückt!
Nie wird sich gebückt!
Schon wieder 'ne vier!
Hol doch endlich Bier!
Sau dich nicht so ein!
Das schaffst du allein!

Mach dich nicht so breit!
Hab jetzt keine Zeit!
Lass das Geklecker!
Fall mir nicht auf den Wecker!
Mach die Tür leise zu!
Lass mich in Ruh!

Kindsein ist süß?
Kindsein ist mies!

Susanne Kilian

Monopoly. Eine Spielbeschreibung

Also, das ist so: Du ziehst hier los, und mit jedem Auge, das du gewürfelt hast, rückst du um ein Feld weiter vor. Auf den Feldern sind bezeichnete Objekte, die du kaufen kannst, wenn du willst. Am besten, du suchst immer eine ganze Straße zu kaufen, dann kannst du darauf bauen, hier, diese grünen und roten Häuschen. Die Preise stehen auf den Kärtchen, die dir die Bank gibt, wenn du sie kaufen willst. Wenn dann einer auf dein Feld kommt, muss er Miete zahlen, und zwar um so mehr, je größer du gebaut hast. Was also in die einzelnen Häuser reingesteckt wird, zahlt sich unbedingt aus. Andererseits, wenn du auf das Feld eines Anderen gerätst, musst du zahlen. Verstehst du? Du musst also versuchen, den Anderen fertig zu machen und ihm die ganzen Häuser vor der Nase wegzukaufen. Wenn du auf ein Feld kommst, auf dem „Ereignisfeld" steht, nimmst du von dem Haufen in der Mitte eine Karte ab und liest sie laut vor. Da ist dann immer irgendetwas los. Das wirst du ja noch sehen. Und dann gibt es noch ein Feld, auf dem steht „Gemeinschaftsfach". Dann nimmst du halt dort eine Karte weg, aber das ist nicht so wichtig. Jetzt bist du dran, los, würfle!

Manfred Bosch

Pasta asciutta für zweihundert bis dreihundert Personen

Frau nehme:
Fünfundzwanzig bis dreißig Kilo Rinderhack und brate es in Olivenöl an, dünste es mit fünfzehn Kilo Zwiebeln, fünfzehn Kilo geraspelten Karotten, einer Menge in Streifen geschnittenen Sellerieblättern, zehn bis fünfzehn Knoblauchzehen, Salz, Paprika und Oregano, sieben bis neun Kilo Tomatenmark, fünf bis acht Kilo geschälten Tomaten und drei Flaschen guten Rotweins an, rühre alles gut um und dünste es mindestens vier bis fünf Stunden.
Währenddessen gart frau etwa dreißig Kilogramm Spaghetti in Salzwasser mit einem Schuss guten Öls, würze mit Salz, Oregano und flüssiger Butter, nehme sechs Kilo Parmesankäse zum Bestreuen und hat Pasta asciutta nach echt italienischem Rezept für etwa zweihundert bis dreihundert (Letzteres aber nur, wenn sie nicht sehr hungrig sind) Personen.
Dazu wird Rotwein serviert. Reichlich.

Peter Paul Zahl

Rezept

Man nehme 12 Monate, putze sie sauber von BITTERKEIT, GEIZ, PEDANTERIE und ANGST und zerlege jeden in 30 oder 31 Teile, so dass der Vorrat für ein Jahr reicht. Es wird jeder einzeln angerichtet aus 1 Teil ARBEIT und 2 Teilen FROHSINN und HUMOR. Man füge 3 gehäufte Teelöffel OPTIMISMUS hinzu, einen Teelöffel TOLERANZ, ein Körnchen IRONIE und eine Prise TAKT. Dann wird die Masse sehr reichlich mit LIEBE übergossen. Das fertige Gericht schmücke man mit Sträußchen kleiner AUFMERKSAMKEITEN und serviere es täglich mit HEITERKEIT.

aus der Speisekarte der Autobahn-Raststätte Waldmohr/Pfalz

Grammatik im Kasten

1. Sprachliche Formen für Bitten und Aufforderungen im Dialog

1. Imperativ, oft verbunden mit Redepartikeln ➢ Kap 18, A 7–9):
   Bleiben Sie bloß von meinem Grundstück **weg**, Herr Streit!
2. Modalverben (➢ Kap. 1, Tabelle 1, S. 12):
   Herr Streit, ich sage es noch einmal: **Sie sollen** von meinem Grundstück **wegbleiben**!
3. Verben, die Bitte/Aufforderung ausdrücken:
   Herr Streit, ich **fordere Sie auf** (ich bitte Sie), von meinem Grundstück **fernzubleiben**!
4. Präsens und Futur:
   Sie verlassen sofort mein Grundstück! **Sie werden** sofort mein Grundstück **verlassen**!
5. Infinitiv und PII:
   Wegbleiben, Herr Streit! – **Weggeblieben**, Herr Streit!
6. appellative Ausdrücke ohne Verb:
   Jetzt aber **raus hier**! **Runter** von meinem Grundstück!
7. Fragen:
   Wollen Sie jetzt bitte mein Grundstück **verlassen**?
8. KII als Ausdrucksmittel der Höflichkeit (➢ Kap. 4, A 5):
   Würden Sie bitte mein Grundstück **verlassen**, Herr Streit!
9. Äußerungen, die in bestimmten Situationen als Aufforderung gemeint sind:
   Da ist die Tür!
10. Verkürzte Äußerungen in „professionellen" Situationen:
    Schnell! Das Telefon! Die Feuerwehr!
    Pinzette! Schere! Tupfer! Alkohol! – Nein, natürlich den Cognac!

2. Imperativ: Formen und Wortstellung

du-Form	ihr-Form	Sie-Form
Komm! (Komme!) Vergiss es! Entschuldige bitte! Sei ein wenig geduldig!	Kommt! Vergesst es! Entschuldigt bitte! Seid ein wenig geduldig!	Kommen Sie! Vergessen Sie es! Entschuldigen Sie bitte! Seien Sie ein wenig geduldig!

Bei der **du**-Form fällt das Endungs-**e** in der heutigen gesprochenen Sprache meist weg (➢Kap. 19, A 3). Bei den Imperativsätzen steht das Verb am Satzanfang (➢ Kap. 7, GiK 4).

3. Auch KI ist eine sprachliche Form, mit der man appellieren kann

1. Arbeitsanweisungen (Kochrezepte, Bedienungsanleitungen, Fachbücher):
   Man **verwende** die Zahnpasta sparsam!
   Die Strecke zwischen den Punkten A und B **betrage** 7 cm.
2. religiöse, pathetische oder prophetische Rhetorik:
   Möge der Herr ihm ewigen Frieden **schenken**!
   Wer Ohren hat zu hören, der **höre**! (mahnendes Wort aus der Bibel)
3. akademische Texte und Diskussionen:
   Es **sei** aber **darauf hingewiesen**, dass dieses Kapitel nicht so wichtig ist.

Übungen und Regeln

1 ●●○ *Bitten und Aufforderungen*

Hilf mir doch mal!

Bitten und Aufforderungen können in vielfältiger Weise höflich oder unhöflich formuliert werden: durch Verwendung von KII (➢ Kap. 4, A 5), durch die Frageform, durch bestimmte Modalverben und bestimmte Redepartikel (➢ Kap. 18, A 7–9).

➤ Formulieren Sie die Sätze höflicher oder noch unhöflicher.

Hau ab!
Lass mich nicht allein!
Bring mir die Zeitung!

2 ●●○ *Schildersprache*

STOPP! → Hier müssen Sie anhalten (= stoppen).

➤ Erklären Sie, was die Verkehrshinweise bedeuten. Suchen Sie sich eine Tafel mit Verkehrsschildern und interpretieren Sie sie.

Kein Zugang!
Einbahnstraße!
Langsam fahren!
Vorsicht!

3 ●○○ *Hinweisschilder*

Man darf den Rasen nicht betreten! (hört man)
RASEN BETRETEN VERBOTEN (steht auf dem Schild)

➤ Was steht auf den Hinweisschildern?

Hier darf man nicht baden.
Bitte klopfen Sie nicht, wenn Sie eintreten wollen.
Radfahrer sollen vor der Baustelle absteigen.

4 ●○○ *kurze Aufforderungen*

Aufstehen! – Aufgestanden! – Raus!

➤ Ersetzen Sie die Ausdrücke durch Kurzformen.

Haltet den Mund, passt auf und macht mit!
Sie können hereinkommen.
Bleiben Sie stehen!

➤ Wie klingen die drei letzten Aufforderungen?

Stillgestanden!
Hinsetzen!
Aufgepasst!

5 ●●○ *kurze Anweisungen*

Rauf! – Bisschen höher! – Jetzt links! – Okay, langsam ablassen!
(so ruft z. B. auf einer Baustelle ein Bauarbeiter zum Kranführer)

Name – Vorname – geboren – Geburtsort – wohnhaft – Passnummer?
(auf einer Behörde mit ziemlich unfreundlichem Umgangston)
In bestimmten Situationen werden nur noch Fachausdrücke, kurze Anweisungen ohne Kontext als Aufforderung verwendet.

➤ Interpretieren Sie, was man in den oben stehenden Anweisungen machen soll.
Machen Sie – z.B. als Drehbuchautor – Vorschläge für mehr oder weniger höfliche Texte in den Szenen:

beim Porträtfotografen – beim Zahnarzt – beim Safeknacken im Tresorraum der Bank – beim Feuerlöschen

6 ○○● *Verben für Aufforderung*

Ich **empfehle** Ihnen, diese Aufgabe nicht zu überspringen.

Hier sind Ausdrücke, die für Aufforderungen verwendet werden können.

➤ Lesen Sie die Ausdrücke; lassen Sie sich Beispielsätze und Situationen einfallen. Beachten Sie die möglichen Satzvarianten (➢ S. Kap. 8, A 8).

bitten	verlangen	anordnen	beauftragen
sagen	auffordern	vorschlagen	du solltest
befehlen	raten	es ist verboten	veranlassen

7 ●●● *indirekte Aufforderungen*

Hier zieht's. = Kannst du mal bitte das Fenster schließen?

Man kann auch auf „indirekte" Weise Aufforderungen aussprechen. Aufforderungen und Bitten können sich in ganz „normalen" Sätzen verstecken. Sicher kennen Sie Ähnliches aus Ihrer Sprache. Bestimmte Ausdrücke und Redeweisen werden eindeutig als Aufforderung verstanden.

➤ Lesen Sie die Ausdrücke und interpretieren Sie sie.

Dort hat der Zimmermann das Loch gelassen!
Kommen Sie gestern wieder!
Du redest zu viel.

8 ○●● *Arbeits-anweisungen*

Setzen Sie die folgenden Sätze **ins Passiv**.

In Arbeitsanweisungen (z. B. Kochrezepte, Bedienungsanleitungen für technische Geräte, Packungsbeilagen bei Medikamenten, Grammatikbücher) werden Appelle sehr unterschiedlich formuliert.

➤ Erklären Sie in den Sätzen die jeweilige sprachliche Form.

Das Gerät wird mit dem Hauptschalter auf der Gehäusefront eingeschaltet.
Man nehme 25–30 Kilogramm Rinderhack, brate es in Olivenöl …
Zuerst 25–30 Kilogramm Rinderhack gut durchkneten und in Olivenöl braten, …
Drei Mal täglich eine Tablette nach den Mahlzeiten.
Für die Nachspeise: 300 g Zucker, 4 Eier, …

9 ●●● *Wünsche mit Pathos*

Es werde Licht!

➤ Lesen Sie die Sätze – mit Pathos in der Stimme, mit theatralischer Übertreibung.
Erklären Sie umgangssprachlich, was gemeint ist.

Möge Gott dir gnädig sein!
Der Herr sei seiner Seele gnädig!
Wer ohne Sünde ist, der werfe den ersten Stein!
Möge der Verstorbene uns stets ein leuchtendes Vorbild sein!

10
●●●
akademische Rhetorik

Es sei darauf hingewiesen, dass das ziemlich akademisch klingt.

Zur akademischen Rhetorik gehören diese Ausdrücke (mit KI), die einen gewissen auffordernden Charakter haben.
es sei daran erinnert, dass ...
es sei noch angemerkt, dass ...
es sei noch erwähnt, dass ...
im Folgenden sei dargestellt, dass ...

➤ Formulieren Sie die Sätze um, indem Sie solche Formen verwenden.

Ich erinnere daran: Es ist nicht bewiesen, dass der Angeklagte an diesem Unfall überhaupt beteiligt war.
Ich möchte im Folgenden darstellen, welche Vorteile unsere neue Wegwerf-Dose bietet.
Es soll vor allem darauf hingewiesen werden, dass politische Fernsehsendungen den Stoffwechsel nachteilig beeinflussen können.

11
●●●
Hypothesen mit KI

Die Grundfläche **betrage** 48 qm.

In wissenschaftlichen Texten oder (älteren) Lehrbüchern können Aufgaben, Beispiele, Vorgaben mit KI formuliert werden. Man formuliert stattdessen besser umgangssprachlich.
wir nehmen einmal an, dass ...
wir setzen voraus, dass ...
wir legen fest, dass ...
wir definieren ...
angenommen, ...

➤ Geben Sie den Sätzen eine umgangssprachlichere Form.

Gegeben sei ein Dreieck mit der Seite a = 5 cm und der Höhe d = 4,5 cm.
p und q seien beliebige Sätze der Sprache L.
125, 343 und 441 seien Potenzen einer Zahl x.

Der Dichter zum Thema:

Brief-Schluss
Fall in keinen tiefen Graben!
Stochre in kein Wespennest!
Tiger, welche Eile haben,
halte nicht am Schwanze fest!
Lass noch vieles andre bleiben,
doch vergiss nicht, mir zu schreiben!
Josef Guggenmos

11

Für und Wider

Präpositionen

Frei von Zuckerbrot und Peitsche

Erst die lustige Zusammenarbeit zwischen Arbeit und Spiel, zwischen Unterrichtsstunde und Pause, zwischen Bildungshunger und Knäckebrot schafft einen neuen Menschen, jenseits von Zuckerbrot und Peitsche. Doch im spielenden Arbeiten und im arbeitenden Spielen wird die Peitsche nicht einfach zum Zuckerbrot und das Zuckerbrot zur Peitsche werden, o nein. Dieser neue Mensch wird nicht außer sich sein, sondern er wird zu sich kommen. Denn diese lustige Zusammenarbeit von Arbeit und Spiel und dieses frohe Zusammenspiel zwischen Spiel und Arbeit wird den neuen Menschen ganz frei machen von Zuckerbrot und Peitsche.

Ludwig Harig

Recht auf Eigentum (Grundgesetz, Artikel 14)

(1) Das Eigentum und das Erbrecht werden gewährleistet. Inhalt und Schranken werden durch die Gesetze bestimmt.

(2) Eigentum verpflichtet. Sein Gebrauch soll zugleich dem Wohle der Allgemeinheit dienen.

(3) Eine Enteignung ist nur zum Wohle der Allgemeinheit zulässig. Sie darf nur durch Gesetz oder auf Grund eines Gesetzes erfolgen, das Art und Ausmaß der Entschädigung regelt. Die Entschädigung ist unter gerechter Abwägung der Interessen der Allgemeinheit und der Beteiligten zu bestimmen. Wegen der Höhe der Entschädigung steht im Streitfalle der Rechtsweg vor den ordentlichen Gerichten offen.

Frage

Mein Großvater starb
an der Westfront;
mein Vater starb
an der Ostfront;
an was sterbe ich?

Volker von Törne

In Erwägung unsrer Schwäche

In Erwägung unsrer Schwäche machtet
Ihr Gesetze, die uns knechten solln.
Die Gesetze seien künftig nicht beachtet
In Erwägung, daß wir nicht mehr Knecht sein wolln.
In Erwägung, daß ihr uns dann eben
Mit Gewehren und Kanonen droht
Haben wir beschlossen, nunmehr schlechtes Leben
Mehr zu fürchten als den Tod.

Bertolt Brecht

Zuflucht

Manchmal suche ich Zuflucht
bei dir vor dir und vor mir
vor dem Zorn auf dich
vor der Ungeduld
vor der Ermüdung
vor meinem Leben
das Hoffnungen
abstreift wie der Tod
Ich suche Schutz bei dir
vor der zu ruhigen Ruhe
Ich suche bei dir
meine Schwäche
Die soll mir zu Hilfe kommen
gegen die Kraft
die ich nicht haben will

Erich Fried

Verhältniswörter

Ich stehe nicht an
Du stehst nicht auf
Er steht nicht hinter
Sie steht nicht neben
Es steht nicht in

Wir gehen nicht über
Ihr geht nicht unter
Sie gehen nicht vor und nicht zwischen
Es geht nichts
über die Gemütlichkeit

Hildegard Wohlgemuth

Grammatik im Kasten

1. Einfache Präpositionen in der Alltagssprache, komplexe Präpositionen in der Schriftsprache

Dieses Kapitel behandelt und übt vor allem die Präpositionen, die in der gesprochenen und geschriebenen Sprache häufig verwendet werden.

Im Übungsteil finden Sie in A1 die Liste der wichtigsten Präpositionen.

In „Grammatik aus dem Katalog" finden Sie:
- eine Übersicht mit Verben und Adjektiven, die mit einer festen Präposition verbunden sind (sich freuen auf, beliebt bei) (➢ Katalog, Liste 6)
- eine große Auswahl weniger oft verwendeter Präpositionen der Schriftsprache (dank, aufgrund etc.) (➢ Katalog, Liste 9a)
- eine große Auswahl komplexer Ausdrücke, die wie Präpositionen wirken (im Unterschied zu, im Verhältnis zu, in Erwägung). Man verwendet sie vor allem in der Schriftsprache (Juristen- und Verwaltungssprache, akademischer und technischer Sprachgebrauch etc.) (➢ Katalog, Liste 9b).

2. Präpositionen und Kasus

Bei den häufig verwendeten Präpositionen (➢ A 1) sind A(kkusativ) und D(ativ) am wichtigsten. Machen Sie sich klar, dass die Präpositionen **durch**, **für**, **gegen**, **ohne**, **um** etc. mit A, die Präpositionen **aus**, **bei**, **mit**, **nach**, **seit**, **von**, **zu** etc. mit D verbunden sind.

Eine wichtige Gruppe von Präpositionen ist je nach Kontext mit A oder mit D verbunden: **an**, **auf**, **hinter**, **in**, **neben**, **über**, **unter**, **vor**, **zwischen** etc. Man kann sich an den lokalen und temporalen Funktionen dieser Präpositionen orientieren:

wohin?	ins Bett (A)	wo?	im Bett (D)
wie lange?	über einen Monat (A)	wann?	im August und im halben September (D)

G(enitiv) kommt in der Umgangssprache nur bei wenigen Präpositionen vor: **wegen**, **während**, **statt**, **trotz**, **oberhalb** etc. In der gesprochenen Sprache wird oft lieber D verwendet; das wird auch mehr und mehr in geschriebenen Texten akzeptiert. Man kann sagen, dass G in der gesprochenen Sprache fast ganz verschwindet:
Wegen des Zahltags sind die Beamten ganz unruhig. (korrekte Schriftsprache)
Wegen dem Zahltag sind die Beamten ganz unruhig. (übliche, korrekte Umgangssprache)

Bei Personalpronomen wird fast immer D statt G verwendet:
wegen mir, **wegen euch**, **wegen ihr**, **statt ihm**
Daneben gibt es auch die schriftsprachlichen Formen:
euretwegen, **seinetwegen**, **ihretwegen**

Anders ist es bei den Listen der schriftsprachlichen Präpositionen und präpositionalen Ausdrücke (➢ Katalog, Liste 9): hier ist G der wichtigste Kasus:
In Anbetracht Ihres besonderen Eifers bekommen Sie eine Gehaltserhöhung.

Oft ist **von** + D bei solchen Ausdrücken eine Alternative zu G:
Nach Prüfung **zahlreicher Akten** konnte festgestellt werden, dass er fast immer ein loyaler Beamter gewesen ist.
Nach Prüfung **von zahlreichen Akten** konnte nicht festgestellt werden, wohin die ganzen Gelder verschwunden sind.

3. Die Bedeutung(en) der Präpositionen

Für die meisten Präpositionen in A1 gilt: Sie werden häufig verwendet, in der Umgangssprache wie in der Schriftsprache. Wichtig ist: Sie können mehrere, zum Teil sehr verschiedene Bedeutungen haben, z. B.: **aus**
aus der Tasche; **aus** Hamburg (räumlich-lokale Bedeutung)
aus Mitleid (Grund, Motiv)
aus Holz (Material)
Beim Hören und Lesen muss man diese Bedeutungen schnell und sicher erkennen.

Bei den komplexen Präpositionen und Ausdrücken der Schriftsprache (➢ Katalog, Liste 9) ist es anders: Sie kommen seltener vor, sind aber fast immer eindeutig.

4. Die Position der Präpositionen

Der Begriff Präposition sagt eigentlich, dass diese Wörter vor dem Nomen/Pronomen/Adverb stehen (prä = vor). Einige Präpositionen können aber davor oder dahinter stehen: **entgegen**, **entlang**, **gegenüber**, **gemäß**, **nach**, **ungeachtet**, **wegen** etc.
Einige stehen immer dahinter: **zuliebe**, **halber**
Es gibt auch die Position vor und hinter dem Wort: **um ... willen**
Beispiele:
Nach seiner Meinung ist Grammatik demotivierend.
Meiner Meinung **nach** erzeugt sie Lust.
Dir **zuliebe** bin ich zu Hause geblieben.
Der Dichter trinkt im Stillen nur **um** des Reimes **willen**.

5. Verschmelzung von Artikelwörtern mit Präpositionen

In der Schriftsprache wie in der Umgangsprache können Artikelwörter im D und A mit bestimmten Präpositionen verschmolzen werden (➢ Kap. 19, A 6).

Schriftsprache und Umgangssprache:
dem: am/beim/im/vom/zum
der: zur
das: ans/ins

Umgangssprache:
das: ans/aufs/durchs/fürs/hinters/übers/ums/unters
nur in gesprochener Sprache:
eine/einem: mit 'ner/mit 'nem/für 'ne etc.

6. Bestimmte Präpositionen und Konjunktionen entsprechen sich

Aus Neugier wollte der Tourist die Nilpferde sehen. ↔
Weil er neugierig war, wollte der Tourist die Nilpferde sehen.

Man kann wählen zwischen einem Ausdruck mit Präposition + Nomen (nominale Stilform, Schriftsprache) oder einem Satz, der durch eine Konjunktion eingeleitet wird (verbale Stilform, gesprochene Umgangssprache) (➢ Kap 8, GiK und A 10–31, Kap. 14).
Der verbale Stil ist die wichtigere, verständlichere Sprachform.

Übungen und Regeln

Liste der häufigen Präpositionen

1 ○○● *Verwendung der Präpositionen*

➤ Machen Sie aus der Liste Ihre persönliche Auswahlliste: Streichen Sie mit Markerstift das an, was Ihnen interessant, neu und wichtig erscheint. Lernen Sie dann Ihre Liste, z. B. mit Karteikarten. Beachten Sie die Angaben des Kasus (D/A/G). Üben Sie vor allem die Beispiele mit D. Denn dort passieren die meisten Fehler.
Hinter jedem Beispielsatz wird die Bedeutung der Präposition in diesem Satz erklärt: lokal, Richtung, temporal etc.

➤ Setzen Sie die Präpositionen in die Beispielsätze ein. Machen Sie sich die jeweilige Bedeutung genau klar. Vergleichen Sie das Beispiel mit Ihrer Sprache. Beachten Sie, dass Sie oft auch Artikelwörter einsetzen müssen (➣ Kap. 12). Sie müssen sich zwischen bestimmtem, unbestimmtem Artikel und Nullartikel (= ohne Artikel) entscheiden – und alles mit dem richtigen Kasus.

ab (A/D)
Nehmen Sie den Zug um 8.10 Uhr, ... Stuttgart haben Sie dann einen Speisewagen. (lokal, D)
.... italienisch... Grenze sind Fahrpreise niedriger. (lokal, D)
........1. Januar sind die Gaspreise höher. (temporal; D: ab dem ersten Januar; A: ab ersten Januar)

als (kein fester Kasus)
Er arbeitet bei Daimler-Benz .... Feinmechaniker. (Beruf, Funktion)
Ich habe ihn .... aufrichtig... Menschen kennen gelernt. (bestimmte Eigenschaft)
Wenig Geld ist besser .... gar kein Geld. (Vergleich, ➣ Kap. 5, A 7)

an (D/A)
Die Urlaubspostkarten hängen alle .... Wand. (lokal, D)
Schieben Sie bitte den Tisch .... Wand. (Richtung, A)
Wir sind jetzt in Köln .... Rhein. (geographisch: an einem Fluss, Berg etc., D)
Seit Jahren schreibt er .... Roman. (metaphorisch: an einer großen Aufgabe, D)
Liebling, ich denke jeden Tag .... dich. (Adressat einer Handlung, A)
.... Anfang war das Wort. (temporal, Zeitpunkt, D)
Ich bin .... 2. Oktober geboren. (Datum, D)
Wie komme ich nur .... schnellst... zu Geld? (Superlativ, ➣ Kap. 15,GiK 3)
Ach Papa, immer sagst du, du wärst .... Arbeiten. (besondere Form des Präsens, ➣ Kap. 2, A1)

auf (D/A)
die Katze .... heiß... Blechdach (lokal, D)
Die Katze springt .... heiß... Blechdach. (Richtung, A)
Briefmarken bekommen Sie .... Post. (Alternative zu **bei/in**, hauptsächlich bei staatlichen Institutionen: Polizei, Bank, Gericht etc.)
Unser Hotel ist .... mehrer... Monate ausgebucht. (Zeitdauer, A)
.... Millimeter genau; .... die Minute (genaue Maßangabe, A)
Sagen Sie das bitte nochmal, aber .... Deutsch. (bei Sprachen)
.... Reise, ... Konferenz, ... Flucht (Alternative zu **während**: gleichzeitig, D)
Ich besuche Sie .... Empfehlung meines Professors. (Angabe eines Grundes, A)
.... einmal wurde es stockfinster. (idiomatisch: plötzlich)

aus (D)
Nimm bitte den Finger .... Nase. (lokal)
Ich mache das .... lauter Langeweile. (Angabe des Grundes)
Städte .... Glas, Beton, Aluminium und Langeweile. (Material, Beschaffenheit)

außer (D)
.... Spesen nichts gewesen. (eine Erwartung wird nicht erfüllt)
Ich bin ganz .... Atem. (etwas ist nicht vorhanden)
Europa liegt nicht .... Reichweite der Probleme der Dritten Welt. (lokal: außerhalb)

außerhalb, **innerhalb**, **oberhalb**, **unterhalb**, **rechts**, **links**, **diesseits**, **jenseits**
(alle G; umgangssprachlich zum Teil D)
.... Umzäunung grasten die Schafe. (lokal)
.... ganz... Stadtgebiet... gilt Tempo 30. (lokal)
.... Monat... hat er zweimal im Lotto gewonnen. (temporal)
Wir zelteten ein paar hundert Meter .... Flussmündung. (lokal)
.... und .... Weg... beginnt der Dschungel. (lokal)
Kinder suchen immer nach dem Geheimnis .... Spiegel...; nur wir Erwachsenen begnügen uns mit unserer flachen Vordergründigkeit. (Stanislaw Jerzy Lec)

bei (D)
Am liebsten bin ich .... (du). (in der Nähe von Personen)
Köln liegt .... Bonn, oder ist es umgekehrt? (geographische Angabe: in der Nähe von)
Er arbeitet .... Finanzamt. (Arbeitgeber, Firma)
Tut mir Leid, aber ich habe nicht genug Geld .... mir. (dabei)
.... wem haben Sie das denn abgeschrieben? (Quellenangabe)
.... so ein... Wetter sollte man im Bett bleiben. (Gleichzeitigkeit und Bedingung)
Das habe ich doch .... best... Willen nicht wissen können. (idiomatisch: wirklich)

bis (A) (oft mit einer zweiten Präposition, die dann den Kasus bestimmt)
Von Stuttgart .... (nach) Mannheim dauert es mit dem ICE nur 40 Minuten. (Strecke)
.... zum Ausgang waren es nur wenige Meter. (lokal)
Also dann Tschüs .... Montag! (temporal)
Der Saal war .... auf .... letzt... Platz gefüllt. (100 %)

durch (A)
.... die Innenstadt kommen Sie mit dem Auto fast nicht vorwärts. (vorn rein, hinten raus)
Wir sind stundenlang .... Wald gelaufen. (ohne Ziel, innerhalb eines Raumes)
Mit einem Satz sprang er .... Fenster. (hindurch)
Es ist schlimm, dass wir so etwas erst .... Zeitung erfahren. (medial)
Der ganze Streit ist .... dumm... Missverständnis entstanden. (Angabe des Grundes)
Auch .... die ausländischen Arbeiter ist Deutschland ein reiches Land geworden. (Agens)

für (A)
Ich arbeite nur zum Teil .... (ich), der andere Teil ist .... mein... Chef. (wer den Nutzen hat)
.... Arbeit brauchen wir sicher zwei Wochen. (temporal, Ziel)
.... sein Alter ist er noch ganz schön fit. (Vergleich)
Das brauche ich .... mein Diplom. (Zweck)
Meter .... Meter kämpften wir uns vorwärts. (kontinuierlicher Prozess)
.... 50 Euro bekommst du heute nicht mehr viel. (Tausch)
.... Torwart brauchen wir heute einen Ersatzspieler. (Ersatz)
Was ist das denn .... komisch... Vogel? (Frage nach einer Qualität)
So, das war's .... heute. (idiomatisch, Zeitangabe: Ende)

gegen (A)
Renn' doch nicht mit dem Kopf .... Wand. (Zusammenstoß)
Es ist nicht immer leicht, ... Strom zu schwimmen. (Gegenrichtung)
Einige sind immer noch .... Tempolimit. (Opposition)
Ich komme so .... 8 Uhr bei dir vorbei. (ungefähre Zeitangabe)
Es waren so .... 200 Leute da. (ungefähre Menge)

gegenüber (D)
Die Post liegt .... Bahnhof .... (lokal; vor oder nach dem Nomen)
.... Meyer ist der Müller eine Null. (Vergleich)
Schwächeren .... sollte man tolerant sein. (Verhalten zu einer anderen Person)

hinter (D/A)
Mein Fahrrad steht .... Haus. (lokal, D)
Ich stelle dein Fahrrad .... Haus. (Richtung, A)
Hitler hat lautstark verkündet: .... (ich) stehen Millionen. (idiomatisch: Unterstützung)
Komm, bring's endlich .... (du), dann hast du es .... (du). (idiomatisch: überwinde den Widerstand, erledige etwas Unangenehmes)

in (D/A)
Heute findet das Frühstück .... Bett statt. (lokal, D)
Ich lache Ihnen .... Gesicht? Wohin den sonst? (Stanislaw Jerzy Lec) (Richtung, A)
.... Jahre 2030 sieht die Welt ganz anders aus. (Jahresangabe)
.... letzt... Sommer war ich unheimlich verliebt. (Zeit: Woche, Monat, Jahreszeit)
.... Deutsch... gibt es viele Präpositionen. (bei Sprachen, D)
Übersetzen Sie den Text bitte .... Deutsch... (bei Sprachen, A)
.... Grün steht dir das Kleid am besten. (Angabe einer Farbe, D)
.... Mathematik ist sie ein As. (Bereich, Gebiet, D)

mit (D)
.... Zug wäre es doch viel bequemer gewesen als .... Auto. (Fahrzeug, Hilfsmittel)
Am liebsten gehe ich .... mein... Oma spazieren. (in Begleitung einer Person)
Am liebsten gehe ich .... Regenschirm spazieren. (begleitendes Hilfsmittel)
.... groß... Interesse haben sie vom Tod ihres reichen Onkels in Amerika Kenntnis genommen. (begleitendes Gefühl/Motiv)
Heute spielen die Kinder schon .... 3 oder 4 Jahr... mit dem Computer herum. (passendes Alter für etwas)
Ich suche ein Wort .... vier Buchstaben. (Charakterisierung)
Ich hätte gern ein Zimmer .... Blick aufs Meer. (eine Qualität gehört dazu)

nach (D)
Ich muss einfach ab und zu mal .... Paris fahren, das tut mir gut. (Zielangabe bei Städten und Ländern ohne Artikel)
Ich gehe mal .... oben und schaue, ob die Kinder schlafen. (Richtung)
.... Mittagessen gibt es nichts Besseres als eine gute Tasse Espresso. (Zeitangabe)
.... christlich... Ethik dürfte es eigentlich keine Atomwaffen geben. (Bezug auf eine Lehre, Instanz, Autorität)
Vor dem Fußballspiel mussten wir uns .... Größe aufstellen. (geordnete Reihenfolge)

neben (D/A)
Am liebsten sitze ich .... (du). (enge Nachbarschaft, D)
Komm, setz dich hier .... (ich)! (Richtung, A)
.... Miete muss ich monatlich 120 Euro für Wasser, Strom und Heizung ausgeben. (begleitende Tatsache, die weniger, möglicherweise auch genau so wichtig ist, D)
Und Gott sprach: Du sollst keine anderen Götter haben .... (Gott: ich). (Vergleich, Konkurrenz)

ohne (A)
Es musste .... Narkose operiert werden. (fehlender Begleitumstand)
Das Zimmer kostet 75 Euro .... Frühstück. (etwas wird ausgeschlossen)

pro/je (A)
Wir müssen mit etwa 100 Euro .... Teilnehmer rechnen. (Entsprechung)

seit (D)
Wie soll ich das aushalten: .... mehr als einer Woche sind wir nicht mehr zusammen gewesen. (Zeitdauer: Vergangenheit bis jetzt)

statt/anstatt (G; umgangssprachlich D)
.... groß... Fest... gibt's nur eine kleine Party. (Ersatz, Stellvertretung)

trotz (G; umgangssprachlich D)
.... verschiedenst... Wehwehchen lebte er noch jahrelang. (entgegen der Erwartung)

über (D/A)
Geier kreisen .... Stadt. (lokal, keine Richtung, D)
Probier doch endlich einmal, ... dein... Schatten zu springen. (Richtung, A)
Am besten fahren Sie nach Hamburg .... Frankfurt und Hannover. (Streckenbeschreibung = via)
Im Kurs sind .... 20 Teilnehmer. (Überschreitung einer Menge, A)
Man kann .... all... reden, nur nicht .... zehn Minuten. (1: Thema, A; 2: Überschreitung einer Zeit, A)
Wir haben tagelang .... Problem gesessen. (schwieriges Thema, hier metaphorisch: mit dem Kopf über dem Thema, D)
.... Nacht sind 10 cm Neuschnee gefallen. (während einer Zeit, A)
.... ganz... Nacht .... hat es geschneit. (Zeitdauer, A; Präposition kann weggelassen werden)

um (A)
Die Leute sitzen .... Tisch. (Position um ein Zentrum herum)
Ich komme pünktlich .... acht. (genaue Zeitangabe)
Ich komme so .... vier (herum). (ungefähre Zeitangabe)
Wie alt sie ist? So .... 70. (ungefähre Altersangabe)
Alles dreht sich .... Geld. (zentrales Thema, Mittelpunkt)

unter (D/A)
Meine Katze schläft am liebsten .... Bettdecke. (lokal, D)
Komm doch .... Bettdecke, da ist es schön warm. (Richtung, A)
Der Philosoph E. B. war ein Weiser .... viel... Holzköpfen. (Position zwischen, im Vergleich zu anderen, D)
Ein Mann ging von Jerusalem nach Jericho und fiel .... Räuber. (Richtung: in eine (üble) Gesellschaft, A)
Wir lassen dich frei .... Bedingung, dass du uns verrätst, wo der Schatz vergraben ist. (Bedingung, D)
Für Jugendliche .... 18 Jahren ist dieser Film nicht geeignet. (weniger als, D)
Manche Deutsche verhalten sich heute so, als ob sie noch .... Kaiser Wilhelm leben würden. (Herrschaft, Autorität, Regime, D)

von (D)
Der Apfel fällt nicht weit .... Stamm. (Entfernung)
Der Apfel fällt .... Baum, wenn er reif oder wenn er faul ist. (lokaler Startpunkt)
Das habe ich .... Anfang an gewusst. (zeitlicher Startpunkt)
Ich komme gerade .... Frankfurt. (momentane geographische Herkunft)
Das freut mich aber, dass ich .... Chef persönlich abgeholt werde. (Agens)
Das sind Beispielsätze .... hoh... intellektuell... Niveau. (Qualität, Eigenschaft)
Das ist der kleine Junge .... unser... Nachbarn. (umgangssprachliche Alternative zu G)
.... all... Kindern war ich immer am lautesten. (Teil einer Menge)
Auf dem Campingplatz, da waren bestimmt Millionen .... Moskitos! (Menge)
Vater zum Sohn: Du kannst ja meinetwegen .... Affen abstammen, ich aber nicht. (Quelle, Ausgangspunkt einer Entwicklung)

vor (D/A)
Schließlich standen wir .... ein... merkwürdigen Gebäude. (lokal, D)
Wenn er .... Publikum tritt, ist sofort alles mucksmäuschenstill. (Richtung, A)
.... Woche haben wir uns erst kennen gelernt. (Zeitpunkt in der Vergangenheit)

.... Ende Mai wird das Museum nicht fertig. (Zeitpunkt in der Zukunft)
.... Glück beiße ich mir noch den großen Zeh ab. (bei Ausdrücken des Empfindens: Traurigkeit/ Freude/Schmerz)

während (G; umgangssprachlich meist D)
.... Vortrags haben viele geschlafen. (Gleichzeitigkeit, oft auch bei widersprechenden Erwartungen)

wegen (G; umgangssprachlich meist D)
.... allzu viel... Fehler konnte man den Text nicht korrigieren. (Angabe des Grundes)
Ein... Indiskretion .... mussten die Pläne abgeändert werden. (Angabe des Grundes)

wie (kein fester Kasus)
Sie glichen sich .... ein Ei dem anderen. (Vergleiche, auch negativ)
Du siehst nicht so gut aus .... früher. (Vergleich: nicht so ... wie)

zu (D)
Wenn ich ein Vöglein wär', flög' ich .... (du). (Richtung, aber D)
Bis .... Jahresende muss Ihr Bericht fertig sein. (temporal, zielgerichtet)
Komm' doch einfach am Samstag .... Abendessen. (temporal und Zweck)
Setzen Sie sich bitte .... dritt oder .... viert an den Tisch. (Bildung einer Gruppe)
Kaufen Sie Blumen, den Strauß .... nur vier Euro. (Preisangabe)
Ich habe .... Teil überhaupt nichts verstanden. (viele Idiome, z.B. hier: teilweise)

zwischen (D/A)
.... Weihnachten und Neujahr sind viele Geschäfte in Deutschland zu. (temporal, D)
Manche setzen sich .... all... Stühle. (lokal; hier metaphorisch: ungeschickt taktieren, A)
Und dann sitzen sie .... all... Stühlen. (lokal, D)
.... (du) und (ich) gibt es viele Probleme. (Personen, oft in Konfrontation, D)
So ein Gerät kostet .... 1500 und 2000 Euro. (ungefähre Maßangabe)

2 ○●● *Raumverhältnisse*

an – auf – aus – außerhalb – durch – gegenüber – hinter – in – innerhalb – links – neben – rechts – über – um – unter – vor – zu – zwischen

➤ Setzen Sie die passenden Präpositionen mit richtigem Kasus ein. (Nicht alle werden verwendet.)

Ein Männlein steht .... Walde.
Die Katze sitzt .... Mauseloch.
Die Maus steckt ihren Kopf .... Mauseloch.
Romeo singt schon .... Veranda.
Julia liegt noch .... Bett.
Aber irgendjemand lauscht .... Hecke.
Komm .... mein... Decke.
Sah ein Knab' ein Röslein stehn, Röslein .... Heide. (Goethe)
.... all... Gipfeln ist Ruh' .... all... Wipfeln spürest du kaum einen Hauch. Die Vögelein schweigen .... Walde. (Goethe)

3 ○●● *geographische Angaben*

ab – an – auf – aus – oberhalb – unterhalb – bei – bis – durch – hinter – in – nach – neben – über – um – von – vor – zu – zwischen

➤ Setzen Sie die passenden Präpositionen mit richtigem Kasus ein. (Nicht alle werden verwendet.)

Ich habe einen Onkel .... Amerika.
Morgen kommt mein Onkel .... Amerika.
.... Alpen liegt Schnee.
Tübingen liegt .... Stuttgart.
.... Stuttgart herum ist auf den Autobahnen immer Stau.
.... Europa liegt eine Tiefdruckzone.
Köln liegt .... Rhein.
.... München brauchen Sie etwa zwei Stunden.
.... sieben Bergen wohnt Schneewittchen.

4
●●○
Zeitverhältnisse

ab – an – auf – außer – außerhalb – bei – innerhalb – bis – für – in – mit – nach – pro – seit – über – um – vor – während – zu – zwischen

➤ Setzen Sie die passenden Präpositionen mit richtigem Kasus ein. (Nicht alle werden verwendet.)

.... mehrer... Wochen mache ich jetzt schon Urlaub.
.... nächst... Freitag habe ich keine Zeit.
.... sechst... September bin ich verreist.
.... Geburtstag wünsche ich dir alles Gute.
.... Woche arbeite ich manchmal 60 Stunden.
.... 18 Jahr... ist man in Deutschland volljährig.
.... Mitternacht erwacht der kleine Vampir.
.... Weihnachten freuen sich die Kinder und die Geschäftsleute.
.... Schlafen schnarchst du.
.... 6 Jahren komponierte er seine erste Oper.

5
●●○
kausale Verhältnisse

als – auf – aus – bei – dank – durch – für – vor – wegen – zu

Mit diesen Präpositionen kann man Gründe, Motive, Ziel und Zweck und das Agens angeben.

➤ Setzen Sie die passenden Präpositionen mit richtigem Kasus ein.

.... Wagner fahren alle nach Bayreuth.
.... sein... Festspielhaus in Bayreuth wurde in ganz Deutschland Geld gesammelt.
.... Freude gab Richard Wagner seiner Frau Cosima einen Kuss.
.... Liebe hat Richard Wagner Cosima verführt.
.... Empfehlung von Franz Liszt konnte Richard Wagner Karriere machen.
.... sein... Schulden hatte Richard Wagner an vielen Orten Schwierigkeiten.
.... sein... Frau Cosima wurden die Festspiele von Bayreuth ein Riesenerfolg.
.... Pianist und Komponist hatte Franz Liszt überall Erfolg.

6
●●○
Orte

Wo mein Schlüssel ist? Ich glaube, der ist in der Küche/im Etui/am Schlüsselbund/bei den anderen Schlüsseln.

➤ Wo ist/liegt/befindet sich ...

... die Uhr?	Tasche, Armband, Tisch, Uhrmacher, Reparatur
... der Apfel?	Baum, Teller, Korb, andere Äpfel
... das Geld?	Bank, Kopfkissen, Geldbeutel, Teufel
... das Hotel „Zur Sonne"?	Meer, Berg, Fuß des Berges, Spitze des Berges, Post, Bahnhof, Stadtmitte, Stadtrand, See, Insel
... deine Freundin?	Bett, Straße, Demonstration, Schwimmbad, Bauernhof, Land, Hauptbahnhof, Stadtbücherei, Freund
Und wo arbeiten Sie?	Fabrik, Garten, Universität, Klinik, Finanzamt, Meyer & Co., Arbeitszimmer

7
●●○
ein Begriff, viele Präpositionen

Autobahn

fahren:	auf der Autobahn fahren, auf die (zur) Autobahn fahren
Weg:	der Weg zur/auf die Autobahn
Tankstelle:	die Tankstelle an der Autobahn
Brücke:	die Brücke über die Autobahn
Unfall:	der Unfall auf/an der Autobahn

➤ Bilden Sie Ausdrücke mit Präpositionen.

Schule:	lernen, gehen, arbeiten, Weg, Schwierigkeiten
Bett:	schlafen, liegen, gehen, ein neues Leintuch, Teppich, Jesusbild
Auto:	Geld ausgeben, fahren, einsteigen, aussteigen, Schwierigkeiten
Freund/in:	wohnen, eingeladen sein, spazieren gehen, schlafen, Trennung, Probleme
Wohnung:	Miete, wohnen, ausziehen, einziehen, neue Möbel, Zeitungsannonce

8 ○●● *Präpositionen-Puzzle*

➤ Setzen Sie passende Präpositionen und Artikelwörter ein.

1. Woher kommst du? – .... England. – Wie lange bist du schon .... Deutschland? – Ich bin .... Anfang April hier; Moment, ich weiß es genau, ... 5. (fünft...) April. Ich bin damals .... Fähre .... Ärmelkanal gekommen. .... frühen Morgen bin ich .... Calais .... Frankreich gewesen. .... Calais bin ich .... Paris und .... Straßburg .... München gefahren.
2. Wie alt bist du? – Ich bin .... (19xy) geboren. – .... welch... Monat? – Ich bin .... August .... Welt gekommen. .... 5. 8. (fünft... acht...) 19xy bin ich also geboren. Und wann sind Sie geboren?
3. Du, kommst du heute Abend mit .... Kino? – Gut, ich war schon lange nicht mehr .... Kino. Also, ich komme so .... 8 Uhr .... (du) vorbei und hole dich ab. Das Kino geht .... drei viertel neun los.
4. Wo ist denn nur mein Heft? Ach, ich glaube, ich habe es .... Schublade gelegt. Aber ich kann es .... Schublade nicht finden. Da war doch noch Schokolade .... Schublade. Wer hat die Schokolade .... Schublade geklaut?
5. Es ist noch früh .... Morgen, ... 6 und 7 Uhr. Die Mülleimer stehen .... Haus. Die werden .... 7 geleert. Ich vergesse es manchmal, sie .... Haus zu stellen. Dann geht als erster Herr Meier .... Haus. Seine Frau sitzt den ganzen Tag .... Haus, er selbst kommt erst abends .... 6 wieder .... Haus. Die beiden alten Leute, die oben .... Mansarde wohnen, gehen den ganzen Tag nicht .... Haus.
6. So sieht es .... mein... Zimmer aus: .... Mitte steht ein Tisch, ... Tisch herum stehen vier Stühle; .... Ecke steht ein Fernsehapparat, ... Fernseher steht ein großer Sessel, ... ich am liebsten sitze, wenn ich .... Glotze hocke. Das Bett steht .... Wand, ... Bett liegt ein kleiner Teppich. .... Bett hängt ein schönes Bild .... Spitzweg. .... Wand hängt ein kleines Bücherregal, ... ein paar Krimis stehen. Das ist meine ganze Bibliothek.

9 ○●● *Präpositionen im Text*

➤ Setzen Sie passende Präpositionen und Artikelwörter ein; achten Sie auf die korrekten Artikelwörter und Adjektivendungen.

.... Wald wohnte Rotkäppchens Großmutter. .... ihr... Alter... konnte sie sich nicht mehr alleine versorgen. Was sie .... Essen brauchte, wurde ihr deshalb regelmäßig .... Rotkäppchen .... Wald gebracht. .... Weg .... Häuschen der Großmutter wuchsen bunte Blumen. Und .... ein... Hecke saß der Wolf, der wieder einmal nichts .... Magen hatte. .... sein... groß... Gefräßigkeit verspeiste der Wolf zuerst die Großmutter und dann auch noch Rotkäppchen. Beide wurden aber später .... Jäger .... Bauch des Wolfs wieder befreit, wobei der Jäger .... ein... groß... Messer eine komplizierte Operation vornehmen musste. .... sein... Gewehr hat der Jäger dann den armen Wolf erschossen. So ist .... Ende alles gut ausgegangen, wenn auch nicht .... Wolf. Nur der Kuchen und der Wein konnten .... Abendessen nicht mehr verwendet werden.

10
Präpositionen in Ihrem Alltag

In meiner Küche herrscht immer ein totales Chaos.

➤ Beschreiben Sie einige Bereiche Ihres persönlichen Alltagslebens. Üben Sie dabei die Präpositionen in den Ausdrücken und Situationen, die für Ihren Alltag wichtig sind.

➤ Wie sieht Ihr Arbeitsplatz, Ihr Schreibtisch in Ihrem Zimmer aus?

Und: Ihre Küche; das Haus, in dem Sie wohnen; die Gegend, in der Sie leben; der Weg von Ihrer Wohnung zum Bahnhof, zur Universität, zur Post, zum Stadion; der Verlauf eines ganz normalen Tages in Ihrem Leben; ein interessantes Wochenende; der Kurzbericht einer Reise; ...

11
Was ist gemeint?

Morgens komme ich nur **mit** Mühe **aus** dem Bett.

➤ Erklären Sie möglichst genau die jeweilige Bedeutung der Präposition bzw. Vorsilbe. Sie können bei vielen Beispielen die Bedeutung durch Gesten mit den Händen oder durch kleine Zeichnungen verdeutlichen.

auf
Sie liegt auf ihrem Bett und träumt.
Er hat sein Geld auf einem Schweizer Konto.
Er ist LKW-Fahrer, deswegen ist er wochenlang auf Achse.

aus
Ich tue das nicht aus Mitleid, sondern weil ich dich liebe.
Jetzt nimm bitte den Finger aus der Nase!
Ich komme gerade aus einem Laden, da sehe ich, wie direkt gegenüber die Bank überfallen wird.

durch
Die Katze passt nicht durch das Mauseloch.
Die Verkehrsplaner wollten eine vierspurige Straße quer durch die Stadt bauen.
Durch diese Bemerkung hat er sich sehr geschadet.

für
Für 1,50 Mark bekam man früher ein Eis mit drei Kugeln.
Für dich tue ich gar nichts mehr.
Die Zutaten brauche ich für das Abendessen.

mit
Heute bin ich mit mir einigermaßen zufrieden.
Das schreibst du am besten mit einem Bleistift.
Wir möchten ein Zimmer mit Bad.

nach
Die Dimensionen der Freiheit: nach oben, nach unten, nach links, nach rechts, nach vorn und nach hinten ist alles offen.
Ich komme nach 8 noch einmal vorbei.
Der jagt immer noch nach dem Geld.

um
Alles dreht sich um die Liebe.
Und schon kam die Polizei um die Ecke.
Er ist so um 7 weggegangen.

Präpositionen in der Schriftsprache

12
„gewählte" Schriftsprache

Binnen weniger Wochen hatte der frühere Regierungschef seine ganze Reputation verspielt.

In „Grammatik aus dem Katalog" (➢ Liste 9a) finden Sie eine Liste mit weiteren Präpositionen, die vor allem in schriftsprachlichen Texten vorkommen. G ist dabei der wichtigste Kasus (oft, vor allem im gesprochenen Deutsch, ersetzbar durch **von** + D).

➤ Lesen Sie die Beispielsätze in der Liste; klären Sie die Bedeutung der Präpositionen, indem Sie den Satz mit anderen Worten ausdrücken, eine einfachere Präposition verwenden oder eine Erklärung formulieren.

Beispiel: **aufgrund**
Aufgrund heftiger Proteste (**aufgrund von** heftigen Protesten) in der Öffentlichkeit musste der Minister konkrete Zahlen auf den Tisch legen.

anders:	**Weil** es in der Öffentlichkeit heftige Proteste gab, musste …
andere Präposition:	**Wegen** heftiger Proteste …
Erklärung:	**aufgrund** nennt eine Begründung.

13
komplizierter gesagt

Wegen eines Materialfehlers musste die ganze Produktion gestoppt werden.
→ **Infolge** eines Materialfehlers musste die ganze Produktion gestoppt werden.

➤ Hier können Sie die „Kunst der Schriftsprache" üben: Formulieren Sie die hervorgehobenen Teile um, indem Sie eine schriftsprachliche Präposition aus der Liste (➢ Katalog, Liste 9b) verwenden.

Für die entlassenen Rettungsbernhardiner haben die Kinder Geld gesammelt.
Über den Nutzen dieser Grammatik sind sich alle Benutzer ganz sicher.
Ich kann Ihnen das alles besser **mit einer kleinen Geschichte** verdeutlichen.
Trotz aller Schwierigkeiten und Hindernisse habe ich mir vorgenommen, Optimist zu werden.

14
Nominalisierung von Angabesätzen

Es wurde Geld gesammelt, **um das Rote Kreuz zu unterstützen**.
→ **Es wurde zugunsten des Roten Kreuzes** Geld gesammelt.

➤ Nominalisieren Sie die hervorgehobenen Sätze mithilfe schriftsprachlicher Präpositionen. (➢ auch Kap. 8, A 8 ff.)

In §7 der Prüfungsordnung steht, dass man die Prüfung nur einmal wiederholen kann.
Weil die Nachbarn so hilfsbereit waren, konnte die obdachlos gewordene Familie mit dem Notwendigsten versorgt werden.
Weil es nicht genügend Verdachtsmomente gab, wurde der Mann nach zwei Stunden wieder freigelassen.
Um die belastenden Akten schneller beseitigen zu können, wurden Reißwölfe eingesetzt.

15
komplexe Ausdrücke mit Präpositionen in der Schriftsprache

In geschriebenen Texten gibt es eine große Zahl fester Verbindungen mit Präpositionen. Sie haben die gleiche Funktion wie die einfachen Präpositionen. Bei diesen Ausdrücken ist G der wichtigste Kasus. Man findet sie zahlreich in juristischen, in wissenschaftlich-technischen Texten und in der Amtssprache. Sie finden in „Grammatik aus dem Katalog" (➢ Liste 9b) eine große Auswahl dieser Ausdrücke in geeigneten Kontexten.

➤ Lesen Sie die Liste der Beispielsätze durch und suchen Sie sich mit dem Markerstift (oder mit Karteikarten) die Ausdrücke heraus, die Sie lernen wollen, die Ihnen interessant erscheinen oder die Sie für Ihre fachliche Arbeit brauchen.

16 ●●○
Verben und Adjektive mit festen Präpositionen

In „Grammatik aus dem Katalog" (➢ Liste 6) finden Sie eine große Auswahl von Verben und Adjektiven mit festen Präpositionen; es gibt sehr viel mehr davon. Dort stehen solche, die oft gebraucht werden. Man sollte sie nach und nach lernen. Machen Sie das am besten mit farbigen Markerstiften:

➤ Streichen Sie gelb die Ausdrücke an, die Sie schon kennen, und orange diejenigen, die Sie noch lernen wollen.

➤ Prüfen Sie bei den Ausdrücken, ob es auch entsprechende Nominalisierungen (mit festen Präpositionen) gibt:

fehlen/mangeln an → der Mangel an; sich freuen auf/über/an → die Freude auf/über/an

Tipps zum Lernen und Spielen

17 ●●○
Bilder für Präpositionen

➤ Finden Sie für die Verwendungsmöglichkeiten einzelner Präpositionen nach Möglichkeit kleine Zeichnungen oder Fingersymbole. Das geht am besten bei der räumlichen Verwendungsweise von Präpositionen (aber auch manchen anderen Präpositionen). Achten Sie auch darauf, welche Präpositionen miteinander konkurrieren.

➤ Übersetzen Sie die Präpositionen in Ihre Muttersprache. Gibt es dabei Probleme? Funktioniert die Präposition in Ihrer Sprache anders? Wo liegen die Unterschiede?

18 ●○○
Lernkarten

➤ Übertragen Sie aus den Listen der „Grammatik aus dem Katalog" (➢ Liste 9) die Ausdrücke, die Sie lernen wollen, auf Karteikarten (mit Präposition und Kasus). Auf die Kartenrückseite können Sie die Übersetzung oder einen Beispielsatz schreiben. Eigene Lernkarten bringen mehr Spaß und Erfolg als Listen im Buch.

19 ●●○
Präpositionen aus Texten

➤ Nehmen Sie eine Tageszeitung (oder einen Fachtext aus den Bereichen Technik, Wirtschaft, Recht, Politik, Verwaltung). Durchsuchen Sie den Text systematisch (mit Markerstift) nach schriftsprachlichen Präpositionen und präpositionalen Ausdrücken.

Auch Heinz Erhardt hing sehr an diesem Text:

Anhänglichkeit

Das Kind hängt an der Mutter,
der Bauer an dem Land,
der Protestant an Luther,
das Ölbild an der Wand.
Der Weinberg hängt voll Reben,
der Hund an Herrchens Blick,
der eine hängt am Leben,
der andere am Strick ...

Heinz Erhardt

12

Alle meine Entchen

Artikelwörter

Koblenz

In Koblenz fließen Rhein und Mosel zusammen. Die Stelle heißt „Deutsches Eck" und wird von einem unglaublich hässlichen Bunker dominiert, auf dem die Worte stehen „Nimmer wird das Reich zerstöret, wenn ihr einig seid und treu". Auf dem Bunker stand vormals eine Reiterstatue, die aber inzwischen zerstöret wurde.

Franz Hohler

fünfter sein

tür auf
einer raus
einer rein
vierter sein

tür auf
einer raus
einer rein
dritter sein

tür auf
einer raus
einer rein
zweiter sein

tür auf
einer raus
einer rein
erster sein

tür auf
einer raus
einer rein
tagherrdoktor

Ernst Jandl

Der Wunsch zu sterben

Ein erstes Zeichen beginnender Erkenntnis ist der Wunsch zu sterben. Dieses Leben scheint unerträglich, ein anderes unerreichbar. Man schämt sich nicht mehr, sterben zu wollen; man bittet, aus der alten Zelle, die man hasst, in eine neue gebracht zu werden, die man erst hassen lernen wird. Ein Rest von Glauben wirkt dabei mit, während des Transports werde zufällig der Herr durch den Gang kommen, den Gefangenen ansehen und sagen: „Diesen sollt ihr nicht wieder einsperren. Er kommt zu mir."

Franz Kafka

Akademische Elegie

Auf der Autobahn
nördlich Hannover
in einem Peugeot (Spitze 170 km/h)
ein Professor der Sozialwissenschaften
aus Tübingen
mit einer seiner
Studentinnen zur Rechten
an einem Wochenende
mitten im Semester
fährt nur 110.

Friedrich Christian Delius

nänie (Totenklage) auf den apfel

hier lag der apfel
hier stand der tisch
das war das haus
das war die stadt
hier ruht das land.
dieser apfel dort
ist die erde
ein schönes gestirn
auf dem es äpfel gab
und esser von äpfeln.

Hans-Magnus Enzensberger

unbestimmte zahlwörter

alle haben gewusst
viele haben gewusst
manche haben gewusst
einige haben gewusst
ein paar haben gewusst
wenige haben gewusst
keiner hat gewusst

Rudolf Otto Wiemer

den hab ich satt

Der legendäre kleine Mann
Der immer litt und nie gewann
Der sich gewöhnt an jeden Dreck
Kriegt er nur seinen Schweinespeck
Und träumt im Bett vom Attentat
– d e n hab ich satt!

Wolf Biermann

Der Untergang der Titanic

Am achten Mai, war das ein Ding
als die Titanic unterging.
Es war der Heizer, der hieß Shine,
er heizte den großen Kessel ein.
Er aß grad einen Teller Erbsen mit Speck,
da schwamm ihm auf einmal der Teller weg.
Käpten, sagte er, ich esse Erbsen mit Speck
und auf einmal schwimmt mir der Teller weg.
Der Käpten sagte: Du hast wohl Angst?
Bedenke, Shine, was du mir verdankst!
Shine, du setzt dich auf deinen schwarzen Arsch,
und ich setze meine Pumpen in Marsch.

Hans-Magnus Enzensberger

Grammatik im Kasten

1. Liste und Formen der Artikelwörter

maskulin	feminin	neutrum	Plural	Bemerkung
				Typ: bestimmter Artikel
der	.....	.....	.....	bestimmter Artikel
derjenige	.....	.....	.....	derjenige, der/welcher
derselbe	.....	.....	dieselben	
dieser	.....	.....	.....	Demonstrativpronomen
jonor	.....	.....	.....	selten
welcher	.....	.....	.....	
mancher	.....	.....	.....	im Singular selten
jeder	.....	.....	(–)	im Plural: alle
(aller)	(alle)	alles	alle	im Singular m/f selten
				Typ: unbestimmter Artikel
ein	.....	.....	(–)	unbestimmter Artikel
kein	.....	.....	.....	negativer unbestimmter Artikel
was für ein	.....	.....	(–)	
welch/manch ein	.....	.....	(–)	
irgendein/	.....	.....	irgendwelche	
so ein/solch ein	.....	.....	(–)	
mein/unser/ihr/	.....	.....	.....	Possessivartikel
dein etc.				
				Typ: Nullartikel
Nullartikel	Nullartikel	Nullartikel	Nullartikel	kein Artikel
			Zahlen	
(lauter)	(lauter)	(lauter)	lauter	im Singular für Mengenwörter
				(Geld,Verstand), Materialien
(einiger)	(einige)	(einiges)	einige	
(viel)	(viel)	(viel)	viele	
(wenig)	(wenig)	(wenig)	wenige	
			etliche	nur im Plural; selten verwendet
(was für)	(was für)	(was für)	(was für)	
(–)	(–)	(–)	mehrere	
(–)	(–)	(–)	einzelne	
(–)	(–)	(–)	beide	umgangssprachlich:
				Typ bestimmer Artikel
(–)	(–)	nichts	(–)	
etwas/	etwas/	etwas/		
ein bisschen	ein bisschen	ein bisschen	(–)	

2. Erklärungen zu der Liste der Artikelwörter

1. Sie kennen den Begriff Artikel: **der/die/das**, **ein/eine** etc.; wir sprechen von Artikelwörtern.

2. Artikelwörter stehen vor Nomen.
   Zwischen Artikelwort und Nomen können Attribute (Adjektive, Attribute mit Partizipien etc.) stehen.
   Artikelwort + Adjektiv/Attribut + Nomen bildet die Nominalgruppe:
   eine kleine Nachtmusik; der legendäre kleine Mann

3. Achten Sie auf die verschiedenen Endungen der Artikelwörter und der anderen Teile der Nominalgruppe:
   mit ein**er** klein**en** Nachtmusik; die legendär**en** klein**en** Leute

Die Beziehungen zwischen den Endungen der Artikelwörter und den Endungen der Adjektive oder Partizipformen I/II wird in Kapitel 15 (➢ GiK 5, S. 173) erklärt.

4. Wir sprechen von Nullartikel, wenn aus semantischen oder idiomatischen Gründen kein Artikel verwendet wird; Nullartikel kommen im Singular und im Plural vor:
   ∅ Rotwein muss man etwas temperiert trinken.
   ∅ Weißweine können kühl getrunken werden.
   Die Negation des Nullartikels ist **kein/keine**:
   Ich vertrage **keinen** Rotwein.
   Und plötzlich hatte der Heizer **keine** Erbsen mehr.
   Formen mit Nullartikel klingen oft bedeutungsvoll, tragen zu einem gehobenen Stil bei.

5. Hier sind einige wichtige Grundregeln zum Gebrauch der Artikelwörter:
   a) Was als Individuum (Person oder Gegenstand) existiert, wird meist mit dem bestimmten Artikel ausgedrückt:
      die Titanic
   b) Was in einem Kontext schon bekannt ist, wird mit dem bestimmten Artikel ausgedrückt:
      Und dann sagte **der** Heizer: ...
   c) Was in einem Kontext zum ersten Mal auftaucht, wird meistens mit dem unbestimmten Artikel ausgedrückt:
      Das Deutsche Eck wird von **einem** hässlichen Bunker dominiert.
   d) Generalisierungen kann man auf ganz verschiedene Weise ausdrücken:
      Die Streichhölzer haben einen Schwefelkopf.
      Das Streichholz hat einen Schwefelkopf.
      ∅ Streichhölzer haben einen Schwefelkopf.
      Ein Streichholz hat einen Schwefelkopf.
      Jedes Streichholz hat einen Schwefelkopf.
      Alle Streichhölzer haben einen Schwefelkopf.

6. Einige Artikelwörter werden in der Gegenwartssprache nicht mehr oft verwendet: **jener/jene**; Formen mit **manch** und **solch**.
   dieser/diese wird in der Umgangssprache oft mit stark betonten **der/die** oder **der/die ... da (dort)** ersetzt (➢ Kap. 19, A 14). Das kann manchmal ziemlich unhöflich klingen.
   Den (Gefangenen) **da** sollt ihr nicht wieder einsperren.
   Den legendären kleinen Mann ... **den** hab ich satt!
   Schau mal **die** (Frau) **da** drüben am Tisch!
   Was will denn **der da**?
   Jeglicher/Etliche sollte man nicht mehr verwenden.

Übungen und Regeln

➤ Füllen Sie die Lücken an den gepunkteten Stellen in der Liste (➢ S. 133) aus. Üben Sie die Formen, wenn Sie unsicher sind. Stellen Sie sich beim Durchlesen kleine Kontexte (Nomen, Adjektiv, kleine Sätze) vor; am besten üben Sie die Formen mit sinnvollen Kontexten. Was ist gleich in Ihrer Sprache oder in Ihrer ersten Fremdsprache Englisch, welche Unterschiede gibt es? **1** ○○● *Formen der Artikelwörter*

Liechtenstein – die Schweiz – Österreich – Deutschland **2** ○○● *Länder, Regionen*

Länder (Nationen und Kontinente, Regionen) haben meistens den Nullartikel. Der bestimmte Artikel steht bei einer Reihe von Ländern, Regionen und Landschaften:
mit Plural (die Niederlande)
mit **Republik**, **Union**, **Staat** etc. (die USA, die BRD, die ehemalige UdSSR)
bei den meisten Ländern, die auf **-ei**, **-ie**, **-e**, **-a** enden (die Türkei, die Normandie)
bei wenigen anderen (die Schweiz, der Libanon, die Ukraine).

➤ Beantworten Sie die Fragen nach der Herkunft; spielen Sie Ihre eigene Geographie durch.

Ich komme aus ..... Amerika, Russland, Tschechien, Tschechische Republik, USA, Schwaben, Polen, Ungarn, Griechenland, Türkei, Spanien, Libanon, Iran, Schweiz, Österreich, Deutschland, Vatikan

Im Urlaub war ich in **den** Alpen. **3** ○○● *geographische Namen*

Die meisten geographischen Namen (Landschaften, Inseln, Gebirge, Flüsse, Seen und Meere etc.) haben den bestimmten Artikel.

➤ Beantworten Sie die Fragen nach dem letzten Ferienaufenthalt (mit den Präpositionen **in**, **an**, **auf**).

Ich war in den Ferien ..... Elsass, Bretagne, Pfalz, Peleponnes, Schwarzwald, Krim, Norden, Nordsee, Bodensee, Meer, Mallorca, Sizilien, Bosporus, Mount Everest

Hamburg liegt an **der** Elbe. **4** ○○● *Flüsse*

➤ Suchen Sie auf einer geographischen Europakarte nach, an welchen Flüssen die Städte liegen.

Hamburg, Berlin, München, Köln, Frankfurt, Saarbrücken, Tübingen, Paris, Prag, Wien, Avignon, Bremen, Moskau, Innsbruck, Trier, Orleans, Florenz, Rom, Turin

Wenn mehrere Flüsse zusammen genannt werden, kann der Nullartikel stehen:
Fulda und Werra bilden ab Hannoverschmünden die Weser.
Neckar, Main, Mosel und Ruhr sind Nebenflüsse des Rheins.

Ich komme aus **Hongkong**, fahre bald **nach Helsinki** und wohne jetzt **in Hintertupfingen**. **5** ○○● *Städte*

Ortsnamen (Städte, Dörfer) haben den Nullartikel.

➤ Setzen Sie die Ortsnamen ein. Ergänzen Sie die Übung durch Orte, die für Sie wichtig sind.

Ich wohne in ..... Ich fahre nach ..... Ich komme aus .....
Prag, Peking, New York, Tübingen, Hamburg, Paris, Moskau, ...

6
●○○
Charakteristische Ortsnamen

Der Roman spielt **im** Berlin **der** 20er-Jahre.

Wird ein Ortsname besonders charakterisiert, steht der bestimmte Artikel.

➤ Setzen Sie ein Artikelwort ein, wo es passt.

Schöne Grüße aus ..... „Golden... Prag"!
Er war der größte Gangsterboss ..... wild... Chicago.
Sie war berühmt geworden ..... Paris ..... Nachtclubs.

7
●○○
Straßen

die Neckargasse – **die** Neckarstraße – **die** Neckarallee

Bei Straßennamen wird in Sätzen normalerweise der bestimmte Artikel verwendet, bei Adressenangaben auf Briefen der Nullartikel. Wenn unklar ist, ob eine bestimmte Straße existiert, verwendet man den unbestimmten Artikel.

➤ Setzen Sie in den Sätzen die passenden Artikelwörter ein.

Ich wohne in/an ..... Gartenstraße, Parkallee, Moselufer, Neckargasse, 5th Avenue, Platz der Republik, Champs Elysées, Sunset Boulevard
Adresse: Hamburg, ...
Gibt es in Hamburg ..... Hafenstraße? – Oh ja, ... Hafenstraße ist sehr berühmt.
In Tübingen gibt es ..... Neckargasse und ..... Neckarhalde, aber ..... Neckarstraße wie in Stuttgart.

8
●●○
Personen

Max und Moritz; **der** Max und **der** Moritz; **ein** Max tut so was, aber **ein** Moritz niemals!

a) In hochdeutscher Sprechweise steht der Nullartikel bei Vornamen, Familiennamen, bei Namen mit Titeln oder bei der Anrede.
Max und Moritz haben Hühner gestohlen.
Ich möchte gern mit Herrn Max Hahn sprechen.

b) In der Umgangssprache, in der Kindersprache, bei freundschaftlicher oder aggressiver Redeweise (und: in den süddeutschen Dialekten, in der Schweiz) wird dagegen der bestimmte Artikel verwendet.
Frag' doch **den** Moritz; **der** Moritz war's, der hat die Hühner geklaut.
Nein, **der** Herr Huhn ist heute nicht im Büro.

c) Wenn mit dem Namen eine typische Klassifizierung gemeint ist, kann man den unbestimmten Artikel verwenden.
Ein Max Hahn versteht etwas von Eiern. (= ein Mensch, ein Fachmann wie Max Hahn)
Der unbestimmte Artikel steht auch, wenn eine Person nicht genau identifiziert ist:
Kennen Sie **einen** (gewissen) Moritz Huhn, der soll hier irgendwo wohnen?

➤ Setzen Sie passende Artikelwörter ein; es kann mehrere Möglichkeiten geben.

Ich heiße ..... (Fritz Müller).
Mama, ... Fritz ist ganz böse zu mir gewesen.
Mit ..... Fritz Müller im Tor werden wir das Spiel sicher verlieren.
Was wollte der Autor ..... Fritz Müller mit diesem Gedicht aussagen?
Wir spielen nun die 9. Symphonie ..... Fritz Müller.
Kennst du schon den neuesten Witz ..... alt... Fritz Müller?

9
●●○
Berufe, Gruppen, Titel

Dr. Müller wird bald Bundespräsident.

Bei Berufen, Titeln, bei Religion oder gesellschaftlicher Zugehörigkeit steht der Nullartikel; bei genauerer Erläuterung durch Attribute kann der unbestimmte Artikel stehen.

➤ Setzen Sie die passenden Artikelwörter ein. Diskutieren Sie, wenn Sie die Gelegenheit dazu haben, verschiedene Möglichkeiten mit Deutschen.

Sie ist ..... Lehrerin, ich bin ..... KFZ-Mechaniker.
Er ist ..... Katholik und ..... überzeugter Christ.
Draußen ist ..... lang... dürr... Ritter auf einem Pferd und ..... klein... dick... Begleiter auf einem Esel.
Da gehen Sie am besten ..... Doktor Müller, der ist ..... gut... Arzt. (Alltagsgespräch)
..... Schriftsteller Fritz Müller erhält den diesjährigen Nobelpreis für Literatur.
Das Wort hat ..... Abgeordnete Fritz Müller.
..... Außenminister Müller gab eine staatsmännische Erklärung ab.

10 ○●● *Buchtitel, Rollen, Kunstwerke*

Hamlet, Faust und Hölderlin

In dieser Aufgabe geht es um Artikelwörter bei Buchtiteln, Schauspielerrollen und Kunstwerken.
a) Wenn etwas identifiziert wird, Tendenz zum bestimmten Artikel:
Den neuen Eco habe ich nicht verstanden.

b) Wenn etwas klassifiziert wird, Tendenz zum unbestimmten Artikel:
Ein Van Gogh ist heute kaum noch zu bezahlen.

c) wenn ein Name gemeint ist, Tendenz zum Nullartikel (➢ A 8):
Don Giovanni hatte in Spanien 1003 Liebesabenteuer.

➢ Setzen Sie die passenden Artikelwörter ein.

Er spielte ..... Hamlet gestern Abend ganz hervorragend.
Aber vorgestern spielte er ..... hundsmiserabl... Hamlet.
Ich habe mich in ..... Venus von Botticelli verliebt.
Als ..... Leporello (in) ..... „Don Giovanni“ hatte er seinen größten Erfolg.
Ich habe zwei Theaterkarten für ..... „Faust“.
Der Kunstsammler kaufte für 1 Million Euro ..... Picasso.

11 ○●● *Produktnamen*

Lieber Gott, kauf mir doch bitte **einen** Mercedes-Benz!

Es geht um Markennamen, also um Namen für Produkte, Lebensmittel, Autos etc.
a) Wenn etwas identifiziert wird: bestimmter Artikel:
Der Mercedes fuhr mit über 190 km/h in die Unfallstelle hinein und sah danach etwas anders aus.

b) Wenn etwas Neues auftaucht: unbestimmter Artikel:
Plötzlich tauchte aus dem Nebel **ein** Mercedes auf.

c) wenn der Typ, die Gesamtklasse gemeint ist: bestimmter oder unbestimmter Artikel:
Der Mercedes ist eine Klasse für sich.

d) wenn ein Markenname gemeint ist: Nullartikel:
Nehmen Sie Moritz-Frischei-Nudeln, dann schmeckt's!

➢ Setzen Sie die passenden Artikelwörter ein.

Ich glaube, ich kaufe mir nie wieder ..... VW.
Was, seit wann rauchst du denn ..... Gauloises?
..... Mercedes ist mit ..... Porsche frontal zusammengestoßen.
Mit ..... neu... BMW (Auto) fühle ich mich als richtiger Mann.
Mit ..... neu... Honda (Motorrad) war ich der Schwarm aller Mädchen in meinem Dorf.
Nehmen Sie ..... „Rheingold“, das ist ..... IC um 15.10 ab Stuttgart.

12 ○●● *Zeitungen, Zeitschriften*

FAZ und TAZ im SPIEGEL der ZEIT

Zeitungen und Zeitschriften haben meistens den bestimmten Artikel: DER SPIEGEL/im SPIEGEL; bei ausländischen Zeitungen ist es unterschiedlich: „in LE MONDE“, „in der TIMES“.

➤ Setzen Sie die passenden Artikelwörter ein.

In ..... FAZ stand etwas ganz anderes als in ..... FR.
Ich habe das ..... (DER SPIEGEL) oder ..... (FOCUS) gelesen.
Wenn man früher in der DDR ..... (NEUES DEUTSCHLAND) las, kam es vor allem darauf an, was nicht drin stand oder was zwischen den Zeilen stand.
..... TAZ und ..... BILD sind zwei sehr unterschiedliche Zeitungen.
Nach einer Meldung ..... LE MONDE gibt es in Frankreich 367 Käsesorten.

13
●○○
Datum und Zeit

Es war **der** 9. November 1918. – Er ist **am** 9. November 1938 geboren. – Berlin, 9. (**neunter**) November 1989. – Heute haben wir **den** 9. November.

Bei Zeitangaben verwendet man den bestimmten Artikel; achten Sie auf Kasus und die beteiligten sPräpositionen:

➤ Wiederholen Sie die Aufgaben in Kapitel 11 (➢ A 4 und A 8.2).
➤ Nennen Sie Ihre wichtigen Feiertage, Geburtstage und Erinnerungstage.
➤ Setzen Sie die Artikelwörter ein.

Früher hatte man in Westdeutschland ..... 17.6., jetzt hat man in ganz Deutschland ..... 3.10.
..... vergangen... Jahr habe ich zum zweiten Mal geheiratet. (2 Möglichkeiten)
Ich habe ..... ganz... Nacht nicht geschlafen.
..... (Montag) wird oft schlampig gearbeitet, das ist dann die so genannte Montagsarbeit.
Das war ..... Montag ..... vergangen... Woche. (mehrere Möglichkeiten)

14
●○○
Materialien

Der Mensch lebt nicht **vom** Brot allein, aber er braucht mehr als **Luft** und **Liebe**.

Man verwendet
- den Nullartikel, wenn die Beschaffenheit angegeben wird:
  Er hat Muskeln aus Stahl, aber einen Kopf aus Beton.
- Man verwendet den bestimmten Artikel, wenn ein Stoff identifiziert wird oder die Gesamtmenge gemeint ist:
  Leute, **das** Wasser wird knapp.
- den unbestimmten Artikel, wenn eine Klasse, ein Typ gemeint ist:
  Das ist **ein** Wein der Superklasse.

➤ Setzen Sie die Artikelwörter ein.

..... Papier, das wir bestellt haben, ist nass geworden.
Ich brauche unbedingt ..... neu... Briefpapier.
Der Kopf besteht aus ..... Knochen, ... Fett, ... Wasser und ein wenig ..... Geist.
Darf ich noch ein Stückchen ..... Apfelkuchen haben?
In unserem Lande gibt es viele ..... Autobahnen, ... Versicherungen und ..... Gartenzwerge.

15
●●○
abstrakte Begriffe

Beim Deutschlernen soll man **Geduld** und (einen) langen **Atem** haben.

Bei abstrakten Begriffen steht normalerweise der Nullartikel:
Ich habe mit dir sehr viel **Geduld**.
Bei Generalisierung oder Individualisierung steht der bestimmte Artikel:
Die Liebe macht den Menschen frei.
Wird ein abstrakter Begriff näher charakterisiert, kann der unbestimmte Artikel stehen:
Ich habe **eine** Mordswut.

➤ Setzen Sie die Artikelwörter ein.

Langsam verlässt mich ..... Energie.
Ich habe ..... Riesenhunger.

Er hat in seinem Leben mehrmals ..... Hunger kennen gelernt.
..... Intelligenz und ..... Urteilsfähigkeit kennzeichnen ihren Charakter.
Er besitzt ..... Intelligenz eines Esels und ..... Urteilsfähigkeit einer Ziege.
Mit ..... groß... Geschicklichkeit jonglierte er mit mehreren Bällen.
Ich habe mit dir wirklich ..... allergrößt... Geduld gehabt.
Sie hat nur ..... dumm... Ideen im Kopf, aber er hat ..... allerdümmst... Ideen im Kopf.

16 ○●● *Mengen*

Zweimal **die** Woche, **pro** Monat oder **im** Jahr?

Bei Quantitäten (Waren, Handlungen etc.) kann man mit **pro**, **je** oder mit dem bestimmten Artikel formulieren:
Das macht fünf Euro **die/je/pro** Flasche.

➤ Setzen Sie die Artikelwörter ein.

Die Zwiebeln kosten 1 Euro ..... Kilo.
Die Haushaltshilfe kommt zweimal ..... Woche.
Was kosten die Blumen? 6 Euro ..... Strauß.
Bio-Milch kostet mindestens 1,20 Euro ..... Liter.

17 ○●● *Schulfächer, Wissenschaft*

Gut oder schlecht in **Deutsch** und **Mathe**?

Schulfächer und Studienfächer als Institution haben den Nullartikel; wenn die Tätigkeit gemeint ist, bei nominalisiertem Infinitiv und bei Wissenschaften steht der bestimmte Artikel:
In Mathematik (Gymnasium) war er ein schlechter Schüler; später hat er **in der** Physik (Wissenschaft) Großes geleistet.
Heute haben wir Rechnen und Singen gehabt. (Schulfächer an der Grundschule)
Bei besonderen Charakterisierungen ist der unbestimmte Artikel möglich:
Wir brauchen **eine neue** Ethik der Naturwissenschaften.

➤ Setzen Sie die Artikelwörter ein.

In der Schule habe ich in ..... Physik immer eine schlechte Note gehabt.
Er ist ein Ass in ..... theoretisch... Physik. (2 Möglichkeiten)
Die Positivisten betrachten ..... Physik als eine wertfreie Wissenschaft.
Wir haben hier einen Hinweis auf ..... Physik, die die Grenzen zu Gebieten wie ..... Theologie und ..... Ethik überschritten hat.

Vermischte Aufgaben

18 ○●● *Artikelwörter einsetzen*

Das Fahrrad ist das Verkehrsmittel der Zukunft.

➤ Setzen Sie die passenden Artikelwörter ein.

..... Fahrrad ist natürlich auch ein Verkehrsmittel.
Lesen Sie MONICA, die Zeitschrift für ..... modern... Frau.
..... Mann muss nicht immer schön sein, aber er muss ..... Mann sein.
Nun sei endlich ..... Mann und tu etwas!
..... Mensch braucht Liebe, wenn er ..... Mensch sein will.
..... Menschen in Deutschland sehen manchmal etwas unzufrieden aus.
Tausende ..... Menschen waren auf dem Platz zusammengekommen.

19
●●○
„haben" + Nomen

Ich **habe Durst**!

➤ Verändern Sie die folgenden Sätze, indem Sie **haben** + Nomen verwenden.

Er war an dem Unfall nicht schuld.
Ich war als Kind immer sehr ängstlich.
Ich bin überzeugt, dass Sie mir helfen können.
Sie hat nicht geahnt, dass alles so schnell gehen würde.

20
●●○
schriftsprachliche Artikelwörter

Solch ein Unsinn!

Die Artikelwörter **solch**, **welch**, **etliche** klingen eher literarisch, hochsprachlich, manchmal antiquiert.

➤ Geben Sie den Sätzen eine umgangssprachlichere Form.

Solch eine Unverschämtheit hätte ich nicht erwartet.
Etliche Menschen sind von Grund auf schlecht.
Welch ein Unsinn!

21
●●○
falsche Sätze

➤ Was ist hier falsch (ein Satz ist richtig)? Woher kommen die Fehler? Sind das manchmal auch Ihre Fehler? Korrigieren Sie die Sätze.

Ich habe alle die Fehler korrigiert.
Ich habe alles das Geschirr gespült.
Wir haben mit allen den Studenten gesprochen.
Willst du meines kleines Kind sehen?
Alle die Studenten, die ihre 10 Mark noch nicht bezahlt haben, sollen sich bei mir melden.

22
●●●
Aufgaben zu den literarischen Texten

➤ Lesen Sie noch einmal die Texte der Lesepause (➢ S. 132) und beobachten Sie die Verwendung der Artikelwörter und ihre Wirkungen. Hier sind einige Fragen und Hinweise:

1. Erklären Sie die Artikelwörter in dem Gedicht „Der Untergang der Titanic":
   das **ein** Ding, **die** Titanic / **der** Heizer / er aß **einen** Teller Erbsen / **der** Teller
2. Erklären Sie die Artikelwörter in der zweiten Strophe des Apfel-Lieds von Enzensberger:
   ... **dieser** Apfel dort, **ein** schönes Gestirn.
3. Wer hat was gewusst – im Gedicht von Rudolf Otto Wiemer?
4. Wer ist **der** kleine Mann, **den** Biermann satt hat? Was ist **das** Attentat?
5. Warum stehen in dem Text von Franz Hohler die Flüsse **Rhein** und **Mosel**, warum **Deutsches Eck** ohne Artikelwort; was ist **das Reich**? Warum steht anfangs **von einem** Bunker, im letzten Satz **auf dem** Bunker? Fragen Sie nach, um was für eine Reiterstatue es sich gehandelt hat, warum sie da aufgestellt wurde und wie die Sache in der jüngsten Zeit weitergegangen ist.
6. Was sollen die unbestimmten Artikel im Text von F. C. Delius bewirken (**ein** Peugeot, **ein** Professor, **eine** seiner Studentinnen, an **einem** Wochenende)? Warum dagegen auf **der** Autobahn?
7. Erklären Sie in dem Text von Franz Kafka die Artikelwörter/den Nullartikel: **dieses** Leben – **ein** anderes; aus **der** alten Zelle – in **eine** neue; **ein** Rest von Glauben; **der** Herr – **den** Gefangenen; **diesen** sollt ihr nicht mehr einsperren.
8. Wie wirkt der Nullartikel bei **tür auf** und **tagherrdoktor** in dem Gedicht von Ernst Jandl? Welchen Klang haben die unbestimmten Artikel bei „**einer** raus **einer** rein" und der Nullartikel bei **vierter**, **dritter**, ...?
9. Tausende von Menschen haben im Herbst 1989 auf den Leipziger und anderen ostdeutschen Straßen demonstriert. Wie haben die Parolen geklungen; welche Entwicklung gab es zwischen **das** Volk und **ein** Volk?

Deutsche Parolen, Leipzig 1989

Wir sind das **Volk**! (Oktober, vor dem Fall der Berliner Mauer)
Wir sind **ein** Volk! (Dezember, ein paar Wochen nach dem Fall der Mauer)
Kommentar eines Kabarettisten über das Chaos während der Monate der Wiedervereinigung:
Wir sind vielleicht 'n Volk!!!

13

Sätze über Wörter

Wortbildung

Lebenslauf

Theo Weinobst

Anfang
Baby
Creme
Daumen
Erfahrung
Fortschritt
Grundschule
Hauptschule
Irrwege
Jugendsünden
Küsse
Liebe
Mann und Frau
Neureich
Ordnung
Posten
Qualität
Rastlosigkeit
Sommerhaus
Traumreise
Untergang
Veralten
Warten
X
Y
Zentralfriedhof

Zusammengesetzte Verben

Die Deutschen haben noch eine Art von Parenthese, die sie bilden, indem sie ein Verb in zwei Teile spalten und die eine Hälfte an den Anfang eines aufregenden Absatzes stellen und die andere Hälfte an das Ende. Kann sich jemand etwas Verwirrenderes vorstellen? Diese Dinger werden „trennbare Verben" genannt. Die deutsche Grammatik ist übersät von trennbaren Verben wie von den Blasen eines Ausschlags; und je weiter die zwei Teile auseinandergezogen sind, desto zufriedener ist der Urheber des Verbrechens mit seinem Werk. Ein beliebtes Verb ist „reiste ab". Hier folgt ein Beispiel, das ich aus einem Roman ausgewählt und ins Englische übertragen habe:
„Da die Koffer nun bereit waren, REISTE er, nachdem er seine Mutter und Schwestern geküsst und noch einmal sein angebetetes Gretchen an den Busen gedrückt hatte, die, in schlichten weißen Musselin gekleidet, mit einer einzigen Teerose in den weiten Wellen ihres üppigen braunen Haares, kraftlos die Stufen herabgewankt war, noch bleich von der Angst und Aufregung des vergangenen Abends, aber voller Sehnsucht, ihren armen, schmerzenden Kopf noch einmal an die Brust dessen zu legen, den sie inniger liebte als ihr Leben, AB."

Mark Twain

Mein Dach ist weggerissen

Mein Dach ist weggerissen von den Granaten, eine Mine hat meinen Grund gesprengt. Mein Inneres ist ausgeräuchert von den Brandbomben. Meine Augenfenster sind eingedrückt vom Luftdruck. Entblößt hängen meine Nervenstränge herab, schmerzhaft abgetrennt vom rauhen Wind. Mein Schrei ist wie ein zertrümmerter, verdrehter Eisenbalken. Meine Seufzer gleiten herab mit dem Trümmerschutt. Meine Tränen steigen mit dem lehmigen Grundwasser und fallen mit dem Regen.

Peter Weiss

FRIEDHOF-ORDNUNG

1. Der Besuch des Friedhofs ist auf die Tageszeit beschränkt. Besuchstage u. -zeiten können jedoch besonderen Erfordernissen entsprechend festgesetzt werden.
2. Das Betragen muss ein anständiges und der Würde des Ortes angemessen sein.
Den Anordnungen des Aufsichtspersonals (Totengräber) ist jederzeit Folge zu leisten.
Kinder unter 10 Jahren dürfen den Friedhof nur in Begleitung von Erwachsenen unter deren Verantwortung betreten.
3. Das auf den Wegen zwischen den Grabhügeln wachsende Gras ist von den Angehörigen zu entfernen u. die Begräbnisstätte in einem würdigen Zustande zu erhalten.
4. Für die Aufstellung eines Grabsteines oder Denkmals, sowie für Grabeinfassungen ist die Genehmigung des Bürgermeisters einzuholen.
5. ES IST VERBOTEN:
   a. Das Mitbringen von Tieren.
   b. Das Befahren der Wege mit Fahrzeugen aller Art, soweit nicht besondere Genehmigung dazu erteilt ist.
   c. Der Aufenthalt unbeteiligter Personen bei Beerdigungen.
   d. Das Rauchen und Lärmen und jedes ungebührliche Verhalten.
   e. Das Feilbieten von Waren, Blumen und Kränzen.
   f. Das Beschädigen und Beschreiben der Denkmäler und Grabkreuze.
   g. Das Betreten der Grabhügel und Anlagen sowie das Wegnehmen von Pflanzen und Grabschmuck.
   h. Das Ein- und Aussteigen über die Friedhofmauer (Umzäunung).
   i. Das Auswerfen von abgängigem Material über die Friedhofsmauer (Umzäunung), das Ablegen von solchem an nicht hierzu bestimmten Plätzen sowie Verunreinigungen aller Art.

Zuwiderhandlungen werden polizeilich bestraft.
Schadenersatzforderung bleibt in jedem Falle vorbehalten.

Der Bürgermeister

Grammatik im Kasten

1. Wortbildung, eine produktive Kraft der deutschen Sprache

Wortbildung ist eine äußerst produktive Kraft der deutschen Sprache: Durch Vorsilben entstehen neue Verben, Adjektive und Nomen (**ent**stehen, **hoch**interessant, **Vor**silbe); durch Nachsilben entstehen neue Adjektive (wunder**bar**); durch Nominalisierung von Verben entstehen neue Nomen (Entsteh**ung**); durch Zusammensetzungen entstehen neue Verben, Adjektive und Nomen (weiterentwickeln; bedeutungsreich; Wortbildungsprozess). Durch Wortbildung wird der Grundwortschatz differenziert und komplex. Wichtige Wortbildungsprozesse werden in diesem Kapitel behandelt.

2. Wortbildung beim Verb: Vorsilben

1. Eine Gruppe von Vorsilben sind feste Teile des Verbs (➢ A 1–12):
   be-, **emp-**, **ent-**, **er-**, **ge-**, **miss-**, **ver-**, **zer-**.
   Sie bilden PII ohne **ge-**:
   Die Blumen habe ich völlig **vergessen**.
   Die Vorsilbe bleibt im Präsens/Präteritum beim Verb (sie geht nicht ans Satzende):
   Ich **vergesse** die Blumen bestimmt nicht!
   Die Betonung liegt auf dem Verbstamm, die Vorsilbe ist unbetont; **zu** steht vor dem Infinitiv:
   Es war so schön, einmal alles **zu** vergessen.
2. Die größte Zahl der Vorsilben kann vom Verb getrennt werden (➢ A 13-15):
   ab-, **an-**, **auf-**, **aus-**, **bei-**, **ein-**, **mit-**, **nach-**, **vor-**, **zu-** etc.
   im Präsens und Präteritum: **Nimmst** du Geld **mit**?.
   im PII: Hast du überhaupt Geld **mit**ge**nommen**?
   in Infinitivsätzen: Ich habe ganz vergessen, Geld mit**zu**nehmen.
   Die Vorsilben sind betont. Sie haben eine enge Beziehung zum Kapitel Präpositionen (➢ Kap. 11).
3. Einige Vorsilben können fest oder trennbar sein und führen zu verschiedenen Verbbedeutungen (➢ A 16–17): **durch-**, **hinter-**, **über-**, **um-**, **unter-**, **voll-**, **wider-**, **wieder-**

3. Negation durch Vorsilben

Wichtig für Verstehen, Sprechen und Schreiben ist, dass einige Vorsilben eine Negation ausdrücken; die Vorsilben links haben eine „deutsche" Sprachtradition, die rechts eine internationale (manche bezeichnen solche Wörter immer noch als „Fremdwörter", obwohl sie schon lange nicht mehr „fremd" sind):

ent-	entwischen, entlaufen	**a-**	atypisch, ahistorisch
fehl-	die Fehlhandlung, die Fehlkalkulation	**ab-**	abstrus, abnorm
gegen-	das Gegenargument, das Gegengift	**anti-**	die Antipathie, die Antipädagogik
miss-	misslingen, das Missverständnis	**de-**	destabilisieren, demotiviert
un-	unangenehm, unsauber	**des-**	desillusioniert, die Desinfektion
ver-	die Verdorbenheit, verlernen	**dis-**	die Disharmonie, diskontinuierlich
weg-	wegfallen, wegnehmen	**in-/im-**	inhuman, die Intoleranz, immobil, immateriell
wider-	widerrufen, der Widerstand	**il-/ir-**	illegitim, irregulär

Auch trennbare Vorsilben können einen negativen Aspekt haben (➢ Katalog, Liste 5a); hier sind einige Beispiele: **ab**stürzen; jemandem etwas **ab**schlagen; mit jemandem **ab**rechnen; **ab**brechen; **aus**bleiben; **aus**gehen (das Geld geht uns aus); (ein Verfahren) **ein**stellen.

Einige Vorsilben bedeuten immer eine Negation: z. B. **zer-**, **fehl-**, **anti-**; andere können außer Negation auch andere Bedeutungen haben (➢ A 3, 5, 6, 9, 10):
Negation: sich **ver**rechnen, **ent**kräften, **de**fekt
andere Bedeutung: sich **ver**bessern, **ent**stehen, **de**zent

Beachten Sie, dass trotz gleicher Vorsilbe Verben, Adjektive und Nomen verschieden betont werden können; der Akzent kann auf der Stammsilbe oder auf der Vorsilbe liegen:
Stammsilbe: miss**fál**len, wider**rú**fen, wider**sté**hen
Vorsilbe: **Míss**fallen, **miss**verstehen, **Míss**verständnis, **Wí**derruf, **Wí**derstand

Noch etwas: Auch wenn die Vorsilbe eine negative Bedeutung hat, muss der Ausdruck ohne die Negations-Vorsilbe nicht unbedingt eine positive Bedeutung haben:
unverfroren – verfroren; **Des**infektion – Infektion; **Zer**störung – Störung

Manchmal existiert ein Ausdruck ohne Vorsilbe überhaupt nicht: **ver**gessen, **ver**lieren, **de**fekt, **ver**derben, **miss**lingen (aber: **ge**lingen), **un**wirsch, **verun**glimpfen

4. Wortbildung beim Adjektiv

1. durch Vorsilben:
   Ich bin **über**glücklich über mein **ultra**schnelles Notebook im **aller**neuesten Design. (➢ A 20)
2. durch Nachsilben:
   a) typische Adjektivendungen: **-ig**, **-isch**, **-lich**, **-bar**, …
   Oft kann ihre Bedeutung interpretiert werden (➢ A 18):
   Qualität: sahnig, cremig, schlampig
   Zugehörigkeit, Charakteristikum: italienisch, wichtigtuerisch
   können/nicht können: verständlich, ungenießbar (➢ Kap. 3, A 10)
   b) abstrakte Qualitäten(➢ A 21): **-mäßig**, **-gemäß**, **-haltig**, **-artig**, **-haft**, …
   Ein drillartiger, zwanghafter Erziehungsstil ist schon lange nicht mehr zeitgemäß.
   c) negative Bedeutungen (➢ A 19): **-arm**, **-frei**, **-leer**, **-los**
   Wer nur bewegungsarm im Fernsehsessel sitzt, ist bald ideenleer und energielos.
3. durch Zusammensetzungen, indem Sätze und Attributionen zu einem Wort zusammengezogen werden (➢ A 22):
   Was ist Ihnen lieber: Sonnengebräunt in einem familienfreundlichen Urlaubsort auf der lichtdurchfluteten Terrasse die schneebedeckten Berge zu betrachten oder in abgasverpesteter Luft im kilometerlangen Stau zu stehen und hirnverbrannte Radiosendungen zu hören?

5. Übersicht: Die verschiedenen Nominalisierungstypen

Die Listen A und B machen deutlich: Seit Jahrhunderten gibt es einen starken und kreativen Einfluss auf das Deutsche, vor allem aus lateinischer und griechischer Quelle; das macht, ähnlich wie beim Englischen, auch den deutschen Wortschatz ein Stück weit international.

A „deutsche" Nominalisierungen:
A1 Infinitiv: das Sitzen, Trinken, Reden
A2 **-ung:** die Regierung, die Umleitung
A3 **-heit/-keit/-igkeit:** die Freiheit, die Sauberkeit, die Traurigkeit
A4 **-e:** die Bitte, die Liebe
A5 **-t:** die Fahrt, die Kraft, die Sucht
A6 Wortstamm: der Sprung, der Fall, der Schlag
A7 **-er/-ler:** der Metzger, der Hamburger
A8 **-schaft:** die Freundschaft, die Partnerschaft
A9 **-tum:** der Reichtum, das Wachstum
A10 **-nis:** das Ereignis, das Hindernis
A11 **-sal:** das Schicksal, die Mühsal
A12 **-sel:** das Rätsel, das Überbleibsel
A13 **-ling:** der Lehrling, der Liebling
A14 **-ei:** die Tyrannei, die Sauerei, die Metzgerei
A15 **Ge-:** das Gerede, das Geräusch
A16 Adjektiv als Nomen: das Wahre, das Schöne, das Gute

B „internationale" Nominalisierungen:
B1 **-ion/-ation:** die Reaktion, die Demonstration
B2 **-tät/-ität:** die Aktivität, die Qualität
B3 **-or/-ator:** der Direktor, der Diktator
B4 **-eur/-ör:** der Konstrukteur, der Saboteur, der Frisör
B5 **-ant/-ent:** der Denunziant, der Dirigent
B6 **-anz/-enz:** die Ignoranz, die Tendenz
B7 **-ie:** die Bürokratie, die Pedanterie
B8 **-ik/-atik:** die Lyrik, die Problematik
B9 **-ismus/-asmus:** der Dilettantismus, der Enthusiasmus
B10 **-ist:** der Optimist, der Extremist
B11 **-ar/-är:** das Vokabular, das Militär
B12 **-at:** das Sekretariat, das Antiquariat
B13 **-ment:** das Parlament, das Arrangement
B14 **-age:** die Reportage, die Blamage
B15 **-ing:** das Marketing, das Camping
B16 **-esse:** das Interesse, die Delikatesse
B17 **-ose:** die Diagnose, die Neurose
B18 **-ur/-üre:** die Literatur, die Lektüre
B19 **-ade:** die Hitparade, die Blockade
B20 **ohne Endung:** das Problem, das System

Übungen und Regeln

Feste Vorsilben

1 „be-"

Hier werden alle Fragen **be**antwortet. ↔ Hier wird **auf** alle Fragen **geantwortet**.

Bei vielen Verben mit der Vorsilbe **be-** konkurrieren Präpositionen mit festen Vorsilben (steigen auf/besteigen). Die Bedeutung kann sich dabei leicht oder stark ändern. Die Verben haben oft eine Ergänzung im Akkusativ. Sie können präziser, professioneller, schärfer klingen; oder sie drücken aus, dass etwas besonders intensiv getan wird.

➤ Beschreiben Sie die Bedeutungsunterschiede in den folgenden Beispielen.

über eine Situation schreiben ↔ eine Situation beschreiben
über einen Sachverhalt urteilen ↔ einen Sachverhalt beurteilen
an der Wahrheit zweifeln ↔ die Wahrheit bezweifeln
Ich wundere mich über dich. ↔ Ich bewundere dich.
Er lehrt theoretische Physik. ↔ Du versuchst immer, die Leute zu belehren.

➤ Formulieren Sie die Sätze um, indem Sie ein Verb mit **be-** verwenden.
Sind Bedeutungsunterschiede zu erkennen?

Die Bernhardinerhunde haben den Auftrag, nach vermissten Skitouristen zu suchen.
Ich will mir ein halbes Jahr Urlaub geben lassen.
Glücklich ist der, der sich von seinen Zwängen frei gemacht hat.
Ich glaube, Ihr Auto braucht neue Reifen.

zweierlei handzeichen

ich bekreuzige mich
vor jeder kirche
ich bezwetschkige mich
vor jedem obstgarten

wie ich ersteres tue
weiß jeder katholik
wie ich letzteres tue
ich allein

Ernst Jandl

2 „be-" im Wörterbuch

jn. **be**schuldigen → jm. die Schuld geben; behaupten, dass jd. schuldig ist

➤ Nehmen Sie ein Wörterbuch zur Hand und gehen Sie die Liste der Verben mit **be-** durch (z. B. im WAHRIG, Deutsches Wörterbuch, sind das über 450 Verben). Welche sind Ihnen spontan bekannt, welche sind für Sie neu?

Geben Sie einfache Definitionen für die Verben, auch der beiden im Jandl-Gedicht.

jn. beglückwünschen	jn. bedrängen	etw. betreten
jn. beruhigen	etw./jn. bewachen	etw./jn. beherrschen
jn. bevollmächtigen	etw. berühren	etw. bekräftigen
etw. bezuschussen	jn. beschimpfen	etw. besorgen

3 „ver-"

In diese Verben könnte ich mich glatt **ver**lieben.

Verben mit der Vorsilbe **ver-** können ausdrücken, dass sich etwas verändert, dass etwas erreicht wird, dass etwas zu Ende gebracht wird oder zu Ende geht.

➤ Erklären Sie mit einfachen Worten die Bedeutung der Verben mit **ver-** im Kontext der Sätze.

Sie haben sich aber sehr verändert.
Wunderbar, wir haben in wenigen Stunden alles verkauft!
Die Lage hat sich sehr verbessert.
Hätten wir lieber das Geld vergraben, das wir so gerne vertrunken haben. (Karnevalslied)
Sie vermischen ständig Fakten mit Meinungen.
Können Sie Ihre Auffassung ein wenig veranschaulichen?
Die Aufgabe dieses Buches ist es nicht, die deutsche Sprache zu vereinfachen, sondern sie zu verdeutlichen.

4
●●○
„ver-“ negative Bedeutung

Hänsel und Gretel **ver**liefen sich im Wald.

In dieser Gruppe wird durch **ver-** etwas Negatives, Falsches, Ungünstiges ausgedrückt.

➤ Erklären Sie die Bedeutung der Verben im Kontext der Sätze.

Sobald er kommt, ist die ganze Atmosphäre vergiftet.
Sie verdrehen mir ständig die Argumente!
Durch Ihre liebenswürdige Hilfe hat sich alles noch mehr verkompliziert.
Ich glaube, da habe ich mich ziemlich verrechnet.
Du machst einen ziemlich verschlafenen Eindruck.
Wir sollten aufhören, wir verschlimmbessern nur alles.

5
●●○
„ver-“ Technik

➤ Erklären Sie, um welche technischen Tätigkeiten es sich handelt.

eine Flasche verkorken	eine Öffnung vergittern	eine Figur vergolden
ein Fenster verglasen	eine Tür versiegeln	ein Stück Metall verchromen

6
●●○
„ver-“ im Wörterbuch

Verplempern Sie nicht Ihre Zeit, und lassen Sie Ihre Energie nicht **ver**puffen.

➤ Machen Sie eine Expedition ins Wörterbuch und picken Sie Verben mit **ver-** heraus, die Ihnen wichtig erscheinen (der WAHRIG bringt über 600). Es sind auch lustige dabei.

7
●●○
„ge-“

Ich hab mich so an mich **ge**wöhnt!

Die Verben mit **ge-** sind nicht sehr zahlreich und bilden keine einheitliche Bedeutungsgruppe.
Oft gibt es das Verb ohne **ge-** alleine nicht:
gefährden, **ge**lingen, **ge**winnen, **ge**nießen

➤ Erklären Sie im Kontext der Sätze die Bedeutung der Verben.

Wie gefällt Ihnen denn dieser flotte Strohhut?
Mir – pardon – dir gehört mein ganzes Herz!
Es will mir nicht gelingen, das hohe C zu singen.
Erst gelangten wir in einen Sumpf, und dann gerieten wir in einen Schlamassel.
Es geschah an einem Donnerstag Vormittag.
Hier sieht man ihre Trümmer rauchen, der Rest ist nicht mehr zu gebrauchen.
(So beschrieb Wilhelm Busch den Feuertod der „Frommen Helene“.)
Er ist ein Egomane, er will gewinnen und genießen.

8
●●○
„er-“

Hier **er**fahren Sie alles Wichtige.

Bei vielen Verben mit **er-** hört man heraus, dass etwas erreicht wird: ein Produkt, ein bestimmter Zustand, ein Ziel.

➤ Erklären Sie die Bedeutung der Verben im Kontext der Sätze.

Wer erbaute das ewige Rom, wer errichtete den Stuttgarter Fernsehturm? (nach Brecht)
Sie wurden mit einer 38er-Pistole erschossen, wie man erfahren konnte.
Erholen Sie sich erst einmal, Sie sind ja ganz erschöpft.
Erinnern Sie mich daran, was ich heute alles noch erledigen muss!
Hier bei uns können Sie die tollsten Sachen erleben.
Mit Druck erreichen Sie bei mir nichts!

➤ Machen Sie eine Expedition ins Wörterbuch zu den mehr als 200 Verben mit **er-**.

9
○●●
„ent-"

Nein nein, lassen Sie sich durch diese Aufgabe nicht **ent**nerven.

Bei den Verben mit **ent-** in der Gruppe 1 hört man heraus, dass etwas weggenommen wird, dass etwas verschwindet. Die Verben der Gruppe 2 haben andere Bedeutungen.

➤ Erklären Sie die Bedeutung der Verben.

1 Entfernen Sie sich unauffällig durch die Hintertür!
Fröhlich entkorkten sie noch ein Fläschchen.
Wegen der fristlosen Kündigung der Bernhardiner entfällt natürlich auch ihr Rentenanspruch.

2 Jetzt wissen wir, wie in der Schweiz die Lawinen entstehen.
Nicht jede Schlange ist entzückt, wenn sie der Schlangenforscher entdeckt.
Herr Streit glaubt, die Äpfel seines Nachbarn würden besonders viele Vitamine enthalten.

10
○●●
„zer-"

Bei den Verben mit **zer-** geht etwas auseinander oder kaputt; meist wird dieser Effekt negativ bewertet: Kartoffeln zerkochen (negativ); einen Fisch zerlegen (nicht negativ).

➤ Erklären Sie die Bedeutung der Verben im Kontext der Ausdrücke.

ein Gebäude zerstören	eine Forelle zerlegen	die Moral zersetzen
einen Menschen zerbrechen	in Bestandteile zerfallen	die Landschaft zersiedeln
die Fesseln zerreißen	Bedenken zerstreuen	ein Thema zerreden

11
○●●
„miss-"

Manchmal **miss**lingt mir der simpelste Trick.

Die Verben mit **miss-** in der Gruppe 1 haben eine negative Bedeutung.

➤ Verändern Sie die Sätze, indem Sie das Negationswort „nicht" verwenden. Erklären Sie die Ausdrücke der Gruppe 2, die in stärkerem Maße etwas Schlimmes, Falsches, Verbrecherisches enthalten.

1 Die Bernhardiner haben ihre Vorschriften missachtet.
Das hat ihren Vorgesetzten natürlich sehr missfallen.
Dabei sind die Vorschriften klar formuliert, niemand kann sie missverstehen.

2 Ihr Herren Bernhardiner, Sie haben unser Vertrauen leider grob missbraucht.
Sie missratener Hund, Sie!
Niemand ist berechtigt, kleine Hunde zu misshandeln.

12
○●●
negative Vorsilben

eine **un**missverständliche Gegenposition

➤ Negieren Sie die Ausdrücke durch Vorsilben. Achten Sie auf die richtige Betonung; Sie können die Betonung ruhig übertreiben (denn: Negation verlangt deutliche Betonung).

un-	**miss-**	**gegen-, anti-**	**in-, im-, il-, ir-**
ganz interessant	Das ist gut gelungen.	die Sympathie	legal
Nichts ist möglich.	das Verständnis	der Faschismus	legitim
die Abhängigkeit	Ich traue dir.	ein Kommunist	human
eine soziale Haltung		die Strömung	regulär
Sie ist einsichtig.	**de-, dis-**	die Bewegung	die Aktivität
Er ist vorsichtig.	die Qualifikation	das Argument	tolerant
die Pünktlichkeit	die Harmonie	dafür	die Kompetenz
ein korrekter Satz	stabilisieren		reparabel
			potent

Trennbare (betonte) Vorsilben

13
trennbare (betonte) Vorsilben

Nehmen Sie diese Pillen **ein**, dann **nehmen** Sie nach dem **Zunehmen** auch wieder **ab**.

Diese Vorsilben sind alle trennbar und betont: **ab-**, **an-**, **auf-**, **aus-**, **bei-**, **ein-**, **mit-**, **nach-**, **vor-**, **zu-**.

➤ In der Liste 5a in „Grammatik aus dem Katalog" finden Sie Verben mit trennbaren Vorsilben und ihren wichtigsten Bedeutungen. Markieren Sie die Verben, die Ihnen neu oder wichtig erscheinen; Sie können die Vorsilben auch im Wörterbuch nachschlagen und weitere Verben sammeln.

14
eindeutige Vorsilben

Bevor Sie weiterlesen, sollten Sie in die Liste 5b in „Grammatik aus dem Katalog" **reinschauen**.

➤ In der Liste 5b in „Grammatik aus dem Katalog" finden Sie Verben mit eindeutigen Vorsilben. Erklären Sie die Sätze dort und in dieser Übung.

Ich hoffe, das kriegen wir bald wieder hin.
Ich bin müde, ich möchte mich ein wenig hinlegen.
Ich hoffe, Sie haben was los auf Ihrem Gebiet.
Vorsicht, sonst geht das Ding noch los!
Das kann ich nicht ohne Widerspruch hinnehmen.
Wir geben unseren Mitarbeitern genügend Gelegenheit, sich weiterzubilden.
Den Prototyp des neuen Motors haben wir inzwischen weiterentwickelt.
Sie können jetzt mit Ihrem Beitrag fortfahren. Fortsetzung folgt.

15
komplexe trennbare Vorsilben

Hier können Sie auch einige kleine Probleme der deutschen Rechtschreibung kennen lernen (oder doch besser: kennenlernen?) Die heutige Sprache kennt in großer Zahl Verben, die mit trennbaren Vorsilben-Elementen zusammengesetzt sind; es kommen immer neue hinzu. Ob man diese Vorsilben getrennt- oder zusammenschreibt, ist nach wie vor ein Schreibproblem, aber ein unwichtiges (➢ S. 198).

➤ Übertragen Sie die Sätze ins Perfekt. Vorsicht! Es sind ein paar Überraschungen dabei: Nicht alle Verben gehören in diese Gruppe.

Meine Herren und Damen: Unsere Gesellschaft stellt Frauen noch keineswegs gleich.
Es fällt mir leicht, auf Englisch zu reden.
Um halb neun frühstücken wir.
Die Veranstaltung findet gar nicht statt.
Warum ohrfeigen Sie mich?
Wir machen dicht. (= schließen den Laden)
Sie nehmen uns übel, dass wir das Lawinenspiel gemacht haben.

Feste und trennbare Vorsilben

16
fest oder trennbar?

Heute hau'n wir auf die Pauke und wir **machen durch** bis morgen früh. (eine leicht durchschaubare Zeile aus einem deutschen Schlager)

Einige Vorsilben können sowohl fest als auch trennbar sein: **durch-**, **hinter-**, **über-**, **um-**, **unter-**, **voll-**, **wider-**, **wieder-**.

trennbar: Haha, endlich habe ich mich mal gegen dich **durch**ge**setzt**! (= mein Ziel erreicht)
fest: Der Geheimdienst ist mit lauter grünen Männchen **durchsetzt**.
(= Im Geheimdienst gibt es viele grüne Männchen.)

➤ Klären Sie bei den folgenden Sätzen mit **durch-**

a) die Betonung,
b) die Form des PII (Bilden Sie Perfekt oder Passiv.),
c) die Bedeutung.

Ich fürchte, heute Nacht werde ich durcharbeiten müssen.
Und wenn ich bei der Prüfung durchfalle?
Dich, mein Lieber, durchschaue ich!
Sie dürfen nicht aufgeben, Sie müssen durchhalten!
Ich bin mit meiner Meinung leider nicht .... (durchdringen).
In Heidelberg sind wir leider nur .... (durchfahren).
Wir haben uns ohne einen Pfennig Geld .... (durchschlagen).
Das ganze Projekt ist noch zu wenig .... (durchdenken).

17 ●●● *noch mehr Vorsilben*

➤ Das Material für diese Aufgabe finden Sie in „Grammatik aus dem Katalog" (➢ Liste 5c).
Klären Sie wie in Aufgabe 16 die Betonung, die Form des PII und die Bedeutung der Verben.

Wortbildung bei den Adjektiven

18 ○●● *verständliche Adjektive*

unbeschreib**lich** weib**lich** (so weiblich, dass man es kaum beschreiben kann)

Viele Adjektive enthalten modale Bedeutungen. Einfache Endungen, die modale Bedeutungen bewirken können, sind **-bar**, **-lich**, **-sam**, **-fähig** (➢ Kap. 3, A 10).
unwiederhol**bar**: man kann etwas nicht wiederholen
missverständ**lich**: man kann etwas (leicht) missverstehen
unaufhalt**sam**: etwas lässt sich nicht aufhalten

➤ Formulieren Sie die Sätze um: Verwenden Sie statt der komplexen Adjektive passende Modalverben oder Ausdrücke mit gleicher Bedeutung.

Es ist mir unerklärlich, wo mein Hausschlüssel wieder geblieben ist.
Dieses Computersystem scheint nicht sehr ausbaufähig zu sein.
Bist du dir sicher, dass dieser Pullover bei 60 Grad waschbar war?
Wussten Sie das nicht? Unsere Beamten sind unbestechlich!
Weil der Rasen nicht bespielbar war, wurde das Spiel nicht angepfiffen.
Es war ein sehr erholsamer Arbeitstag.

19 ○●● *inhaltsstarke Adjektive*

Dies ist eine segens**reiche** Aufgabe.

Adjektive, die mit den Nachsilben **-los**, **-leer**, **-arm**, **-frei**, **-reich**, **-stark**, **-voll** gebildet werden, drücken aus, dass etwas wenig oder viel vorhanden oder wirksam ist:
Die beiden Bernhardiner waren an ihrem Geburtstag ziemlich **verantwortungslos**.
Glücklicherweise waren die Berge an diesem Tag völlig **lawinenfrei**.
Der Lawinenrettungsdienst ist eine **segensreiche** Einrichtung.

➤ Formulieren Sie die Sätze um, indem sie Adjektive mit diesen Endungen bilden.

Rum, der keinen Alkohol hat, gibt es nicht.
Die schweizerischen Bernhardinerhunde sind eine Einrichtung voller Tradition.

20 ●●○ *superstarke Adjektive*

Meine **aller**liebste, **super**intelligente und **bild**schöne Freundin macht mich **über**glücklich.

Adjektive können zur Graduierung mit Vorsilben und bildhaften Ausdrücken verbunden werden. Das macht die Sprache lebendiger, dramatischer; es kann aber auch übertrieben wirken.

➤ Klären Sie die Wortbedeutungen. Picken Sie solche Ausdrücke in der lebendigen Sprache auf, machen Sie sich eine kleine Sammlung.

aller- allerneust, allerliebst, allerbest
über- überglücklich, überkorrekt, übernervös
super- superelastisch, superleicht, superreich
hoch- hochmodern, hochexplosiv, hochinteressant
hyper- hypermodern, hypersensibel

➤ Finden Sie passende Kontexte zu den bildhaft gesteigerten Adjektiven.

bildschön – federleicht – grundfalsch – mucksmäuschenstill – nagelneu – todsicher – todschick – steinreich – stockreaktionär – hundeelend – schokoladenbraun – feuerrot – himmelblau – hauchdünn – stinknormal – scheißfreundlich

21 ●●○ *geschäftsmäßige Adjektive*

Nicht alles, was neuartig ist, ist auch zeit**gemäß**.

Endungen wie **-mäßig**, **-gemäß**, **-haltig**, **-artig** drücken abstrakte Beziehungen aus. Die Endung **-mäßig** wird besonders oft benutzt. Viele Ausdrücke sind auch beliebte Adverbien. Die Ausdrücke haben oft einen künstlichen, „geschäftsmäßigen" Klang.

➤ Erklären Sie die Ausdrücke in den Sätzen.

Berufs- und karrieremäßig habe ich mich sehr verbessert.
Mit seiner leistungsmäßigen Einstellung bin ich nicht zufrieden.
Ich lege großen Wert auf meine verfassungsmäßigen Rechte.
Wir sind davon überzeugt, dass das Gesetz nicht verfassungsgemäß ist.
Sie sind verpflichtet, absolut wahrheitsgemäß zu antworten.
Im Saloon von Dodge City war die Atmosphäre ziemlich bleihaltig.
Fluchtartig verließen alle die Spieltische.
Das sind ja ganz neuartige Methoden, die wir hier erleben!

22 ●●○ *vielversprechende Adjektive*

Jemand ist sehr an seiner **Karriere orientiert**. → ein **karriereorientierter** Mensch

In großer Zahl werden Adjektive gebildet, indem Sätze und Attributionen zu einem Wort zusammengezogen werden. Diese „sprechenden" Adjektive tragen stark zur inhaltlichen Komplexität der Sprache bei (vor allem der Schriftsprache). Häufig werden sie mithilfe von PI oder PII gebildet. Sie klingen manchmal bildhaft und ausdrucksstark, manchmal künstlich.

➤ Erklären Sie in Gruppe 1 die Adjektive mithilfe der Wortelemente. Bilden Sie in Gruppe 2 aus den hervorgehobenen Wörtern Adjektive.

1 umweltschädlich (Chemikalien) – hautschonend (Seife) – sonnengebräunt (Haut) – schneebedeckt (Boden) – arbeitsfördernd (Atmosphäre) – gewinnorientiert (Wirtschaft) – Energie sparend (Glühbirne) – kinderfreundlich (Hotel) – drogengefährdet (Jugendliche) – giftverseucht (Boden) – emotionsgeladen (Debatte) – vielversprechend (Entwicklung)

2 Jemand ist **bereit zu helfen**.
Jemand hat einen **starken Willen**.
Ein Safe ist **sicher vor Einbrüchen**.
Diese Videos **gefährden die Jugend**.
Das Gebiet ist **durch Lawinen gefährdet.**
Viele Erwachsene sind **süchtig nach Alkohol**.
Unsere Produkte sind mit der **Umwelt verträglich**.
Früher war ich mehr vom **Sport begeistert** als heute.
Der Mensch ist ein Wesen, das **mit/zur Vernunft begabt** ist.
Die Ressourcen **brauchen wir zum Leben**.

Nominalisierungen (Wortbildung beim Nomen)

A: Aufgaben mit „deutschen“ Nominalisierungen (➢ GiK 5)

23 ○○● *Infinitiv als Nomen*

das **Grünsein** und das **Haftenbleiben** des Efeus (= Efeu ist grün und bleibt am Haus haften.)

Auf diese Weise kann man alle Verben und verbalen Ausdrücke nominalisieren; diese Nomen sind alle neutrum. Wie ein Verb können diese Nomen eine Tätigkeit, einen Prozess, einen andauernden Zustand ausdrücken. Die meisten Nomen dieser Art findet man nicht im Wörterbuch, weil ihre Bedeutung mit dem Verb völlig übereinstimmt. Man kann komplexere Formen bilden: das Hin-und-Her-Laufen, das morgendliche In-den-Spiegel-Sehen.
Eine Reihe dieser Infinitiv-Nomen stehen im Wörterbuch:
das Rechnen, Schreiben, Singen, Turnen, Tanzen, Essen
Man kann sie nominal oder verbal interpretieren:
a) nominal: Schulfächer (das Rechnen, Turnen etc.); Speise
b) verbal: die jeweiligen Tätigkeiten

➢ Welche der folgenden Nomen können nominal, welche verbal interpretiert werden? Welche stehen im Wörterbuch? Finden Sie Synonyme.

das Essen – das Trinken – das Schreiben – das Tanzen – das Denken – das Nachdenken – das Verschwinden – das Lachen – das Sein – das Kochen – das Zurückbringen – das Andenken

24 ○○● *„-ung“*

Ich fürchte, meine Erinner**ung** hat nachgelassen. (sich erinnern)

Mit **-ung** werden sehr viele Verben nominalisiert. Diese Nomen sind immer feminin. Sie bezeichnen einen Vorgang, können aber auch einen Zustand, ein Ergebnis oder ein Endprodukt bezeichnen.
schreiben: das Schreiben (Tätigkeit schreiben)
die Rechtschreibung (das System der Orthographie einer Sprache)
lesen: das Lesen (Tätigkeit lesen)
die Lesung, die Vorlesung (eine literarische oder akademische Veranstaltung)

➢ Verbalisieren Sie in Gruppe 1 die hervorgehobenen Nomen. Beachten Sie: Manche sind **sich**-Verben. Nominalisieren Sie in Gruppe 2 die hervorgehobenen Verben.

1 Ich möchte um **Entschuldigung** bitten.
Sie hat eine gute **Beurteilung** bekommen.
Die **Verwirrung** der Leute war groß.
Ich werde Ihnen eine rechtzeitige **Benachrichtigung** zukommen lassen.

2 Bis Morgen müssen Sie **sich entscheiden**.
Die jungen Leute haben schon viel **erfahren**.
Es war unmöglich, die Situation zu **verbessern**.
Wir haben nichts Besonderes **beobachtet**.

25 ○●● *„-ung“: Prozesse und Ergebnisse*

Als der Weihnachtsmann eintrat, **war die Überraschung groß**.
Der Weihnachtsmann sagte: „Ich habe jedem Kind **eine Überraschung mitgebracht**.“

Nominalisierungen kann man verschieden interpretieren: als Prozess oder als Ergebnis des Prozesses, als dingliche Realität. Wir zeigen diesen semantischen Doppelaspekt hier bei den Nominalisierungen auf **-ung**; er gilt aber generell für Nominalisierungen.

➢ Interpretieren Sie die Nominalisierungen in den Satzpaaren.

Ich habe für die Übersetzung vier Stunden gebraucht.
Diese Übersetzung ist sehr gut geworden.

Ich werde mir bei Ihrer Beurteilung Mühe geben.
Wie konnten Sie nur zu so einer Beurteilung kommen?

Zur Verteidigung Ihrer Rechte sollten Sie eine Rechtsberatung in Anspruch nehmen.
In der zweiten Halbzeit sah die Verteidigung des FC Hoppel schlecht aus.

26
●○○
„-heit"/„-keit"/ „-igkeit"

Frei**heit** – Gerecht**igkeit** – Sauber**keit**

So werden viele Adjektive, auch manche PII, nominalisiert. Die femininen Nomen drücken aus:
a) Eigenschaften von Menschen, Gegenständen, Situationen (Trockenheit)
b) abstrakte Ideen (Freiheit)
c) manchmal auch Gruppen oder Individuen (Obrigkeit)

➤ Bilden Sie aus den Nomen Adjektive und aus den Adjektiven Nomen.

-keit	**-igkeit**	**-heit**
(nach: -bar, -ig, -lich, -sam; meist nach: -er/-el)	(nach: -haft, -los und einigen normalen Adj.)	(nach den meisten Adj. und PII)
Lösbarkeit	Wahrhaftigkeit	Gleichheit
Richtigkeit	Lebhaftigkeit	Schönheit
Endlichkeit	Gedankenlosigkeit	Kompliziertheit
Enthaltsamkeit	Helligkeit	Aufgeregtheit

Der Tourist war erstaunt über die **Schnelligkeit** der Nilpferde.
Valentins **Sturheit** brachte die Verkäuferin fast zur Verzweiflung.
Wegen ihrer **Ausgelassenheit** tanzten die Rettungsbernhardiner einen Tango.
Er ist ziemlich **dumm**, und das nervt mich.
Ich bin davon überzeugt, dass das alles **richtig** ist.
Dass alles **sauber** ist, ist für manche Deutsche überaus **wichtig**.

27
●○○
„-e"

Deine Frag**e**, deine Bitt**e** ... das war die Härt**e**!

Adjektive und Verben können so nominalisiert werden; sie sind meistens feminin; achten Sie auf kleine Änderungen, z. B. Umlaute (hart → die Härte).

Verben: Bitte, Wende, Krankenpflege, Frage, Stellungnahme, Annahme
Adjektive: Größe, Länge, Breite, Stärke, Härte, Tiefe

➤ Bilden Sie Nomen bzw. Verben/Adjektive.

meine große Liebe zu dir
Ich suche nach der Wahrheit.
Mit diesem Gerät kann man bestimmen, wie hart das Material ist.
Die Rückgabe der Waren ist leider nicht möglich.

28
●●○
„-t"

große Sehnsuch**t**, lange Fahr**t**, endlich die Ankunf**t**

Die meisten dieser Nomen sind feminin.

➤ Erklären Sie die Nomen.

Auskunft – Abfahrt – Vorsicht – Eifersucht – Sucht – Kraft – Pflicht – Vernunft – Unterkunft – Abschrift – Tierzucht – Schlacht – Schicht

➤ Bilden Sie Nomen bzw. Verben/Adjektive.

Hier stehen die Ankunftszeiten der Züge, die Abfahrtszeiten stehen da drüben.
Warum bist du denn so eifersüchtig?
Auf der Flucht traf er einen netten Polizisten.
Mensch, sei doch vernünftig.

ein **Fall**, ein **Knall**, ein **Sprung** in der Tasse → Etwas fällt, es knallt, die Tasse ist kaputt. **29** ○●● *Wortstamm (ohne Endung)*

➤ Lesen Sie die (meist maskulinen) Ausdrücke, drücken Sie die Bedeutung verbal aus.

der Eingang – der Einkauf – der Zug (beim Schachspiel) – das Ausmaß – der Griff – der Schlaf – der Beitrag – das Verbot – der Riss – der Zwang – der Verzicht – die Rückkehr – der Kuss – der Schluss

Aber nicht alle Nomen, die so aussehen, sind Nominalisierungen:
das Abteil – der Türgriff – der Strich – der Zug (= Eisenbahn) – das Band – das Grab

➤ Wie heißen die Nomen?

Jemand tanzt auf dem Vulkan.
Das klingt alles sehr schief.
Ich verzichte auf eine Antwort.
Jemand läuft (sportlich) durch den Wald.

der Bäck**er** – der Seufz**er** – der Hamburg**er** **30** ○●● *„-er“*

Die Nomen sind maskulin. Sie bezeichnen:

1. Berufe/Gruppen:	Tätigkeiten:	Charakterisierungen:
Hausmeister	Auftraggeber	Nichtstuer
Metzger	Radfahrer	Wichtigtuer
Arbeitgeber	Überbringer	Klugscheißer

Hierzu gehören auch Nomen mit der Endung **-ner/-ler**:
Wissenschaftler – Rentner

2. Herkunft einer Person:
Düsseldorfer – Stuttgarter – Amerikaner
Die Nomen in 1 und 2 bilden feminine Formen mit **-in**:
die Pariserin – die Ansagerin – die Radfahrerin – die Wichtigtuerin

3. bestimmte Vorgänge:
Manchmal haben die Nomen andere Bedeutungen, als man zuerst vermuten könnte:
Fehler – Abstecher – Treffer – Versager – Seufzer – Jodler – Rülpser – Versprecher – Sechser (Lotto)

4. technische Geräte:
Fernseher – Schalter – Staubsauger – Rasierer – Plattenspieler – Scheibenwischer – Anhänger

➤ Lösen Sie die Aufgaben.

a) Was tun bzw. können diese Personen?
ein Motorradfahrer – der Schreiner – der Holzfäller – der Lehrer – der Schüler
b) Charakterisieren Sie Tätigkeit und Person.
ein Täter – der Finder – ein Stubenhocker – ein Weltverbesserer – ein Radfahrer
c) Wie kann man die Personen nennen, die beruflich oder üblicherweise Folgendes tun?
Wein verkaufen – in einer Schule unterrichten – nichts tun – ein Institut leiten
d) Wozu dienen diese Apparate?
Fernseher – Lichtschalter – Rasenmäher – Feuermelder – Verstärker – Kopierer – Zahnstocher
e) Die folgende Gruppe von Ausdrücken steckt voller Überraschungen! Statt „Herkunft einer Person“ können sie etwas ganz anderes bedeuten.
Frankfurter – Hamburger – Berliner – Römer – (die) Lyoner – Hannoveraner
f) Welche Ausdrücke haben einen negativen Klang?
Wissenschaftler – Gewerkschaftler – Spätaussiedler – Künstler – Völkerrechtler – Umstürzler – Kriegsgewinner – Kriegsgewinnler – Bürgerrechtler – Partner – Nachzügler – Abweichler – Hinterwäldler
g) Bilden Sie überall, wo es sinnvoll ist, die femininen Formen.

31 ●●○ *„-schaft"*

die Bekannt**schaft** – die Freund**schaft** – die Vater**schaft**

Die Nomen sind feminin. Sie bezeichnen:

Personengruppen:	Organisationen:	Zustände:
Beamtenschaft	Gewerkschaft	Mutterschaft
Mannschaft	Gesellschaft	Vaterschaft

➤ Interpretieren Sie die Ausdrücke in Gruppe 1 im Kontext der Sätze. Formulieren Sie in Gruppe 2 passende Ausdrücke.

1 fünfundzwanzigjährige Mitgliedschaft im Männergesangverein
Die Nationalsozialisten hatten innerhalb kurzer Zeit eine totale Herrschaft etabliert.
Versuchen Sie mal, das deutsche Wort Freundschaft zu erklären!

2 Er wollte nicht anerkennen, dass er der Vater des Kindes war.
Erst als die Krise kam, sind alle, die zum Betrieb gehören, aufgewacht.
Mit DNA-Fingerprinting kann man feststellen, ob ein Verdächtigter als Täter in Frage kommt.

32 ●●○ *„-tum"*

das Helden**tum** – ein verhängnisvoller Irr**tum**

Die Nomen sind neutrum oder maskulin. Sie bezeichnen:

Religionen/Ideologien:	Christentum, Heidentum, Luthertum
gesellschaftliche Strukturen und Ordnungen:	Königtum, Sklaventum
Charakterisierungen:	Denunziantentum, Heldentum
Situationen, Zustände:	Irrtum, Reichtum

➤ Lesen Sie die Ausdrücke; bilden Sie Nomen bzw. Verben/Adjektive.

reich – sich irren – Denunziantentum – Volkstum – Herzogtum – Eigentum – wachsen

33 ●●○ *„-nis"*

Die Empfäng**nis** war leider ein Verhäng**nis**.

Die Nomen sind feminin oder neutrum. Mit ihnen bezeichnet man Situationen und Tätigkeiten.

➤ Bilden Sie Nomen aus den Verben oder Adjektiven; erklären Sie die Bedeutungen der Nomen.

sich ärgern – finster – sich ereignen – wagen – sich sorgen – hindern – verzeichnen
Verständnis – Bedürfnis – Erlebnis – Versäumnis – Geheimnis – Erlaubnis – Erzeugnis

34 ●●○ *„-sal"*

➤ Erklären Sie die Bedeutungen der Ausdrücke dieser (kleinen) Wortgruppe.

das Schicksal – die Mühsal – die Trübsal – „Irrsal und Wirrsal"

35 ●●○ *„-sel"*

➤ Erklären Sie die Bedeutungen der Ausdrücke dieser kleinen Wortgruppe.

das Rätsel – das Mitbringsel – das Überbleibsel – das Blutgerinnsel – der Stöpsel

36 ●●○ *„-ling"*

der Lehr**ling** – der Prüf**ling** – der Feig**ling**

Die Nomen bezeichnen meist Charakterisierungen, Tätigkeiten, Berufe. Sie sind maskulin. Manche haben einen negativen Klang.

➤ Lesen Sie die Nomen und entscheiden Sie, welche negativ klingen; welche gehören nicht zu den Nominalisierungen?

Schwächling – Liebling – Eindringling – Schützling – Günstling – Fiesling – Primitivling – Pfifferling

37 ○●● „-ei"

Die Metzger**ei** – die Bäcker**ei** – die Fresser**ei**

Die Nomen sind feminin. Sie bezeichnen:

1. berufliche/gesellschaftliche Einrichtungen,
2. technische Systeme,
3. Eigenschaften/Situationen/Tätigkeiten mit negativer Bedeutung.

➤ Lesen Sie die Begriffe. Ordnen Sie sie den Kategorien 1–3 zu.

Schweinerei – Sauerei – Barbarei – Gärtnerei – Liebelei – Kartei – Eselei – Paukerei – Quertreiberei – Blödelei – Datei – Ferkelei – Quasselei – Heuchelei – Schlamperei

38 ○●● „Ge-"

das **Ge**fühl – das **Ge**räusch – der **Ge**ruch

Die Nomen sind meistens neutrum. Manche haben einen negativen Klang:
das Gerede, das Getue, das Geschwätz, das Geschrei.

➤ Bilden Sie Nomen aus den Verben. Wo können Ausdrücke mit negativem Klang wie in Aufgabe 37 gebildet werden?

Sie haben schön gesungen.
Was schreit ihr denn so?
Hör auf, so dumm daherzuschwätzen.
Hier riecht es übel.
Die Leute reden und reden.
Ich fühle, dass ich dich liebe.

39 ○●● *Adjektive als Nomen*

das **Rote** – die **Rote** – die **Roten**

Vergleichbar mit der Nominalisierung des Infinitivs können Adjektive nominalisiert werden. Sie haben Adjektivendungen. Sie bezeichnen:

ein abstraktes Prinzip, eine Idee (immer neutrum):	das Wahre, das Böse, das Besondere
Sprachen (immer neutrum):	das Deutsche, das Lateinische
Personen mit bestimmten Eigenschaften:	der/die Angestellte, Kranke, Reiche

➤ Bilden Sie in Gruppe 1 Nomen, in Gruppe 2 Adjektive, bezeichnen Sie in Gruppe 3 die Personen mit einem Nomen. Klären Sie in Gruppe 4 die besonderen Bedeutungen der Ausdrücke.

1 das, was schön, wahr und gut ist
das, was am allerwichtigsten ist
was ewig weiblich ist

2 das Besondere einer echten Bouillabaisse
das Verrückte an der ganzen Sache
Erklären Sie mal: „das Deutsche"!

3 Seit zwei Monaten ist er krank.
Er ist bei der Stadtverwaltung angestellt.
Mit diesen Leuten bin ich verwandt.

4 eine Rote – die Roten – die Grünen – die Schwarzen – eine Halbe – die Blau-Weißen

B: Aufgaben mit „internationalen" Nominalisierungen (➤ GiK 5)

Viele Nominalisierungstypen sind in ähnlicher Form auch in den anderen europäischen Sprachen vorhanden. Das liegt an der gemeinsamen lateinisch-griechischen Grundlage.
Englisch als die führende internationale Sprache gibt diesen Ausdrücken einen internationalen Verkehrswert. Achten Sie auf die Unterschiede zu Ihrer Sprache (Schreibweise, Aussprache; eventuell: Bedeutung).

40 ○○● „-ion"/„-ation"

Schließlich wird der Mensch weder durch Dedukt**ion** noch durch Indukt**ion** untersucht, sondern durch Obdukt**ion**. (Stanislaw Jerzy Lec)

Die Nomen sind immer feminin.

➤ Wie heißen die möglichen Verben bei Gruppe 1, die Nomen im Kontext der Sätze bei Gruppe 2?

1 Dokumentation – Deklaration – Produktion – Delegation – Indiskretion – Explosion
Funktion – Variation – Konzeption – Qualifikation – Infektion – Sozialisation – Kombination – Demonstration – Konzentration

2 Versuche doch mal, bei diesem Spiel ein wenig zu **variieren**.
Immer wenn du in der Nähe bist, kann ich mich nicht richtig **konzentrieren**.
Aber ich halte mich für diese Aufgabe für bestens **qualifiziert**.
Das war aber nicht sehr **diskret**.
Das ist ein Spiel, bei dem es darauf ankommt, schnell zu **kombinieren**.

41 ●●○ *„-ation"/„-ierung"*

Qualifik**ation** – Qualifiz**ierung**

Wörter mit **-ion** können Varianten mit **-ierung** haben. Oft bezeichnet dann das Nomen mit **-ion** einen Endzustand, das Nomen mit **-ierung** einen Vorgang, der noch nicht abgeschlossen ist. Manchmal kommt nur eine dieser Varianten vor.

➤ Lesen Sie in Gruppe 1 die Wörter und Sätze; bilden Sie, wo es möglich ist, Nomen mit **-ierung**; diskutieren Sie mögliche Unterschiede. Diskutieren Sie die Bedeutungsunterschiede in den Satzpaaren der Gruppe 2 wie in Aufgabe 31.

1 Deklaration – Rehabilitation – Sozialisation – Reintegration – Dokumentation – Kanalisation – Provokation – Konzeption

2 Die Kanalisation der Altstadt wird Jahre dauern.
Die ganze Kanalisation war veraltet.
Ich erkläre Ihnen jetzt die Funktion des Brötchentoasters.
$x = f(y)$

42 ●●○ *„-tät"/-„ität"*

die Rational**ität** – die National**ität** – die Inhuman**ität**

Die Nomen sind immer feminin; sie sind meistens von Adjektiven abgeleitet.

➤ Erklären Sie die Ausdrücke in Gruppe 1; bilden Sie Nomen in Gruppe 2.

1 Aktivität – Universität – Fakultät – Aggressivität – Brutalität – Quantität – Qualität – Objektivität – Solidarität – Nervosität

2 Warum bist du heute so aggressiv?
Wir müssen solidarisch sein.
Konnte man mir ansehen, wie nervös ich war?
Er schwärmt von ihr, weil sie so attraktiv ist.
Irrational zu sein ist manchmal ganz spannend.
Ist die Wissenschaft objektiv?

43 ●●○ *„-or"/„-ator"*

Sie sollen Rekt**or**, nicht Dikt**ator** Ihrer Schule sein!

Die Nomen bezeichnen Berufe, Tätigkeiten, Charakterisierungen und Geräte. Sie sind maskulin. Sie entsprechen der „deutschen" Endung **-er** (➢ A 30).

➤ Erklären Sie die Nomen, bilden Sie bei den Personenbezeichnungen weibliche Formen, wo es sinnvoll ist.

Lektor – Reaktor – Traktor – Direktor – Doktor – Faktor – der Konditor – Ventilator

44 ○●● „eur"/„-ör"

Und oft sagt sich der Regiss**eur**: Wer Sorgen hat, hat auch Lik**ör**.

Die Nomen sind ähnlich wie die Nomen mit **-or**/**-ator** (➢ A 43); sie kommen aus dem Französischen. (Sie werden aber eher deutsch ausgesprochen und manchmal auch geschrieben.)

➢ Erklären Sie die Nomen. Welche weiblichen Formen gibt es? Gibt es entsprechende Verben?

Ingenieur – Konstrukteur – Deserteur – Saboteur – Regisseur – Masseur – Frisör – Likör

45 ○●● „-ent"/„-ant"

der Straßenmusik**ant** – der Dirig**ent** – der Intend**ant**

Diese Nomen sind maskulin. Sie bezeichnen meistens Berufe, Tätigkeiten, Charakterisierungen von Personen und Dinge.

➢ Erklären Sie die Ausdrücke. Gibt es passende Verben? Bilden Sie die weiblichen Formen.

Patient – Korrespondent – Kontinent – Denunziant – Konsument – Konsonant – Spekulant

46 ○●● „-anz"/„-enz"

die Konfer**enz** – die Konkurr**enz** – die Disson**anz**

Die Nomen sind feminin. Oft kommen sie von Verben mit **-ieren** oder Adjektiven mit **-ant/-ent**.

➢ Benennen Sie mit einem Verb, was bei den Nomen der Gruppe 1 gemeint ist, mit einem Nomen, was in den Sätzen der Gruppe 2 gemeint ist.

1 Korrespondenz – Repräsentanz – Tendenz – Abstinenz – Existenz – Koexistenz

2 Die Konjunktur tendiert nach unten.
Es geht darum, Formen zu finden, um friedlich zu koexistieren.
Der Mensch existiert; es fragt sich nur, wie.
Werden Sie abstinent, sonst drohen Ihnen gesundheitliche Risiken.
Wenn man genau hinschaut, sieht man, wie sie miteinander konkurrieren.

47 ○●● „-ie"

Die Ökonom**ie** ist eine einzige Anarch**ie**.

Die femininen Nomen bezeichnen vor allem Verhaltensweisen, wissenschaftliche Bereiche, gesellschaftliche Normen oder Gruppen.

➢ Erklären Sie die Wörter in Gruppe 1; nennen Sie Begriffe im Kontext der Sätze bei Gruppe 2.

1

Verhaltensweisen:	wiss. Bereiche:	Normen:	Gruppen:
Pedanterie	Philosophie	Anarchie	Aristokratie
Perfidie	Psychologie	Despotie	Bourgeoisie

2 Mir geht es auf die Nerven, dass du so pedantisch bist.
Es gefällt ihr, kokett zu sein.
War das wirklich eine demokratische Wahl?
Das ist eine rein philosophische Betrachtungsweise.
Hier sollte man ein bisschen diplomatischer sein.

48 ○●● „-ik"/„-atik"

die Klass**ik** – die Romant**ik** – die Trag**ik**

Mit den femininen Nomen kann man abstrakte Sachverhalte, häufig auch Methoden oder Wissenschaften bezeichnen.

➢ Bilden Sie Bedeutungsgruppen. Finden Sie Adjektive oder Verben.

Logik – Lyrik – Theatralik – Problematik – Thematik – Akrobatik – Romanik – Logistik – Physik – Musik – Gestik – Mimik – Mathematik – Gotik – Dramatik

49
„-ismus"/ „-asmus"

Nicht nur ein Druckfehler kann Rational**ismus** in National**ismus** verwandeln. (Jerzy Lec)

Die maskulinen Nomen bezeichnen: Lehren, Ideologien, Theorien, gesellschaftliche Kräfte, Verhaltensweisen, Kunstrichtungen. Die Pluralform **-ismen** betont den Ideologiecharakter.

➤ Erklären Sie die Bedeutungen. Wie heißen dazugehörende Personen (➢ A 50) und Adjektive?

Militarismus – Marxismus – Kapitalismus – Katholizismus – Patriotismus – Kommunismus – Dogmatismus – Liberalismus – Sozialismus – Feminismus – Radikalismus – Pietismus – Terrorismus – Faschismus – Sexismus – Enthusiasmus – Orgasmus – Sarkasmus

50
„-ist"

Traurige Geschichte: Pessim**ist** – Intern**ist** – Organ**ist**

Die Ausdrücke können bezeichnen: Berufe (besonders Musiker) und Tätigkeiten; Person, die einer Gruppe oder einem Prinzip (➢ A 49) angehört; charakterisierende Verhaltensweisen.

➤ Erklären Sie die Bedeutungen.

Berufe:	Musiker:	Anhänger:	Verhaltensweisen:
Journalist	Pianist	Kommunist	Protagonist
Prokurist	Gitarrist	Extremist	Optimist

51
„-ar"/„-är"

der Funktion**är** und seine Formul**ar**e

Die Ausdrücke sind maskulin oder neutrum. Sie können sehr verschiedene Bedeutungen haben.

➤ Klären Sie die Bedeutung der Ausdrücke, welche bezeichnen Personen?

der Revolutionär – der Millionär – das Mobiliar – das Vokabular – der Bibliothekar – der Notar – der Kommentar

52
„-at"

Schon bald tanzte das Proletari**at** nach dem Dikt**at** des Kommissari**at**s.

Die Ausdrücke sind vor allem neutrum. Sie haben sehr verschiedene Bedeutungen.

➤ Klären Sie die Bedeutungsgruppen, bilden Sie Gruppen.

Sekretariat – Antiquariat – Konsulat – Konzentrat – Traktat – Elaborat – Referat – Rektorat – Akrobat

53
„-ment"

Auch das kleinste Apparte**ment** braucht ein gutes Funda**ment**.

Die Ausdrücke sind neutrum. Einige werden in Anlehnung an das Französische ausgesprochen.

➤ Klären Sie die Bedeutungen.

Parlament – Engagement – Bombardement – Arrangement – Abonnement – Argument

54
„-age"

James-Bond-Filme: Spion**age** mit Ganzkörpermass**age**.

Die femininen Nomen kommen meistens von Verben mit **-ieren**. Sie werden in Anlehnung an das Französische ausgesprochen.

➤ Gibt es passende Verben zu den Nomen?

Das war eine totale Blamage, Herr Müller!
Im Westen gab's die Spionage der Ostagenten, im Osten die der Westagenten.
Mein lieber Herr Müller, Ihre Reportage war oberflächlich recherchiert.

55
○●●
„-ing"

das Train**ing** und das Dop**ing**

Die Ausdrücke sind aus dem Englischen übernommen und immer neutrum. Industrie und Werbung versuchen, solche Ausdrücke mehr und mehr zu popularisieren.

➤ Erklären Sie die Wörter. Wie sieht es mit dazugehörenden Verben aus?

Camping – Jogging – Shopping – Marketing – Styling – Dressing – 24-Stunden-Banking

56
○●●
„-esse"

Die Rafin**esse** einer Delikat**esse**, die mit großer Akkurat**esse** zubereitet ist, ist von großem Inter**esse**.

Die Nomen sind meistens feminin, manchmal neutrum. Die meisten sind von Adjektiven abgeleitet.

➤ Welche Verben bzw. Adjektive stecken in dem Beispielsatz.

57
○●●
„-ose"

Hypn**ose** und Diag**nose**

Die Nomen sind feminin. Es sind vor allem medizinische Fachausdrücke.

➤ Klären Sie die Bedeutungen. Gibt es passende Verben?

Diagnose – Hypnose – Tuberkulose – Psychose – Neurose – Narkose – Kolchose – Dosis(!)

58
○●●
„-ur"/„-üre"

Nicht jede Lekt**üre** einer Brosch**üre** ist Studium der Literat**ur**.

Die Nomen sind feminin.

➤ Klären Sie die Bedeutungen. Zu welchen Nomen gibt es Verben?

Reparatur – Diktatur – Maniküre – Allüre – Prozedur – Rasur – Architektur – Karikatur – Muskulatur

59
○●●
„-ade"

die Olympi**ade** und die Kohlroul**ade**

Die Nomen sind feminin.

➤ Klären Sie die Bedeutungen. Gibt es passende Verben?

Dekade – Olympiade – Hitparade – Marmelade – Sitzblockade – Kohlroulade

60
○●●
ohne Endung

Kein Dialog ohne Konflikt, kein System ohne Problem.

Die Ausdrücke in dieser Aufgabe kommen aus dem Griechischen oder Lateinischen.

➤ Klären Sie die Bedeutungen. Gibt es Verben oder Adjektive?

Katalog – Monolog – Dialekt – Prospekt – Defekt

61
○●●
Wortfelder

Machen Sie sich jedesmal klar, zu welchem Nominalisierungstyp die Ausdrücke gehören.

1. Benennen Sie Einzeldisziplinen der Leichtathletik; nennen Sie weitere Sportarten (z. B. Weitsprung).
2. Nennen Sie die wichtigsten Schulfächer, die wichtigsten Bereiche einer Universität (z. B. Mathematik).
3. Nennen Sie Ausdrücke, mit denen man menschliche Verhaltensweisen, Charaktereigenschaften bezeichnen kann (z. B. Großzügigkeit).
4. Nennen Sie wichtige Religionen, Denksysteme, Ideologien (z. B. Christentum).
5. Nennen Sie – mit Nomen – die Abschnitte eines Lebens (z. B. Geburt); vergleichen Sie mit dem Text von Theo Weinobst in der Lesepause (➤ S. 142).

6. Sie sind Personalchef/in; auf welche Grundsätze kommt es Ihnen in Ihrer Firma besonders an (z. B. Fleiß).
7. Beschreiben Sie – mit Nomen – die Stationen eines Tages, einer Reise (z. B. Aufstehen).
8. Mit nur wenig Fantasie kann man die „Friedhof-Ordnung" (➢ S. 142) noch erheblich erweitern.
9. Worauf kommt es an, wenn man harmonisch zusammenleben möchte (➢ das „Rezept" in der Lesepause zu Kap. 10, S. 112); was sind die Voraussetzungen für eine friedliche Zukunft in der Welt?

Nomen-Zusammensetzungen, Nomenkomplexität

Wortzusammensetzungen sind eine kreative und äußerst produktive Qualität der deutschen Sprache. Kein Gedanke, kein Sachverhalt, der sich nicht in eine Wortzusammensetzung hineinpacken ließe. Tausende von guten und nützlichen Wörtern sind auf diese Weise in den deutschen Wortschatz aufgenommen worden. Aber oft sind die Ergebnisse solcher „Nomen-Zusammensetzungen" – da hat Mark Twain (➢ Kap. 14, S. 169) recht – gar keine richtigen Wörter, sondern Wortkombinationen, die gar nicht ins Wörterbuch aufgenommen werden. Nicht nur die Länge und Lesbarkeit solcher Wörter ist ein Problem (Twain: „Buchstabenprozessionen"), viele lassen sich auch oft nicht leicht verstehen und sind sprachästhetisch gesehen richtige Wort-Monster.

62 ●●●
Nomenkomplexität und Sinnverständlichkeit

➤ Suchen Sie sich die Texte und Aufgaben zusammen, die in diesem Buch grammatisch und stilistisch von komplexen Nomen und vom Nominalstil handeln.

Kap. 14, Lesepause, S. 164 (Straßenverkehr, Rechtsstaat) und Text von Mark Twain, S. 169
Kap. 14, GiK 3.3. und 4
Kap. 14, A 9–11
Kap. 16, Lesepause, S. 183 (Mutmaßungen über die Höhlenforschung)
Kap. 16, GiK 1.6
Kap. 16, A 18.4
Kap. 19, GiK, S. 213
Kap. 19, A 34.5

63 ●●●
begriffliche Erklärungen, Definitionen

Abgabetermin: Jemand will etwas erreichen (z. B. Stipendium) oder ist zu etwas gezwungen (z. B. Steuererklärung).
Es bestehen bestimmte Bedingungen oder Vorschriften (z.B. Prüfungsordnung, feste Termine). Will diese Person ihr Ziel erreichen (z. B. eine Prüfung bestehen, zu einer Prüfung zugelassen werden, an einem Wettbewerb teilnehmen), muss sie die Bedingungen und Vorschriften akzeptieren: nämlich etwas Bestimmtes (z. B. Test, Text, Formular, Antrag) bis zu einem bestimmten Termin abgeben.

Nomen, natürlich auch Nomen-Zusammensetzungen, haben einen begrifflich komplexen Inhalt. Wichtig sind z.B. Ausdrücke, die gesellschaftliche, politische, rechtliche oder psychologische Sachverhalte bezeichnen. Es gibt unendlich viele Ausdrücke dieser Art; einerseits machen sie die Schrift- und Fachsprache oft kompliziert, andererseits bieten sie die Möglichkeit, sich komplex und anspruchsvoll zu äußern.

➤ Versuchen Sie, so viel Bedeutung wie möglich aus den Nomen herauszuholen, indem Sie Fragen stellen: Wer will etwas? – Welches Recht wird beansprucht? – Warum tut die Person/Institution das? – Welche Bedingungen spielen mit? – Wie klingt der Ausdruck? etc.

Ausbeutung – Interessenskonflikt – Grundrecht der freien Meinungsäußerung – Nächstenliebe – Leistungsprinzip – Konkurrenzdruck – Allgemeine Wehrpflicht – Toleranzprinzip – Gesetz von Angebot und Nachfrage – Arbeitsmotivation – Überzeugungskraft – soziale Verantwortung

➤ Nehmen Sie einen Zeitungstext oder eine Seite aus einem wissenschaftlichen Buch; streichen Sie mit einem Markerstift alle komplexen Normen an, die eine modale Bedeutung enthalten.

64
○○●
Wortfugen und Bindestrich

Spaßgesellschaft in der Daseinskrise des Ego-Prinzips

Zwischen zusammengesetzten Wörtern können Fugenelemente stehen:
-s-, **-e-**, **-en-**, **-ens-**, **-er-** (**-s-** und **-en-** sind die wichtigsten).
Freiheit**s**drang, Reib**e**kuchen, Scheun**en**tor, Herz**ens**lust, Kind**er**garten
Diese Fugenelemente sind manchmal grammatisch begründet (Herz**ens**lust = Lust des Herz**ens**; Kindergarten = Garten für Kind**er**), manchmal nicht (Regierung**s**kommission).

Bindestrich oder Zusammenschreibung? Man hat Freiheiten; Bindestriche setzt man, um

- Wortelemente hervorzuheben:
  Ichsucht; aber: Ego-Prinzip
- Wörter lesbarer zu machen:
  Untersuchungsausschuss; aber: Verfassungsreform-Ausschuss
- ein Wortelement einzusparen:
  Hin- und Rückfahrt; Sonn- und Feiertage
- drei zusammenstoßende Vokale zu trennen:
  Tee-Ei; Kaffee-Ernte
- Abkürzungen, Formeln, Namen, Buchstaben und Zahlen zu verbinden:
  X-Beine; CDU-Präsidium; AIDS-Virus; US-Regierung; 3-Zimmer-Wohnung
- Wortelemente aneinander zu reihen:
  Nord-Süd-Konflikt; Sankt-Nimmerleins-Tag

➤ Verbinden Sie die Wortgrüppchen zu komplexen Nomen; entscheiden Sie, ob Fugenelement (welches?), Bindestrich oder einfache Zusammensetzung? Und welche Buchstaben werden großgeschrieben?

eigentum verhältnisse	bischof wahl	glauben angelegenheit
freundschaft dienst	unterschrift berechtigung	picasso ausstellung
schönheit wettbewerb	schnee ebene	auftrag geber
ein mann show	welt meisterschaft kampf	auftrag zettel
denken prozess	kunde service	schwangerschaft test
pabst wahl	spd regierung chef	midlife krise

➤ Beobachten Sie in schriftlichen Texten, beim Zeitunglesen, beim Studium Ihrer Fachbücher neben den Bedeutungen der komplexen Wörter auch ihre formalen Eigenschaften. Picken Sie sich heraus, was Ihnen wichtig erscheint, vor allem natürlich Wörter und Begriffe aus Ihrem Fachgebiet.

Und so geht der Dichter Robert Gernhardt mit den Nomen um:

Lehrmeisterin Natur

Vom Efeu können wir viel lernen:
Er ist sehr grün und läuft spitz aus.
Er rankt rasch, und er ist vom Haus,
an dem er wächst, schwer zu entfernen.

Was uns der Efeu lehrt? Ich will es so umschreiben:
Das Grünsein lehrt er uns. Das rasche Ranken.
Den spitzen Auslauf und, um den Gedanken
noch abzurunden: auch das Haften bleiben.

Deutung eines allegorischen Gemäldes

Fünf Männer seh ich inhaltsschwer –
wer sind die fünf? Wofür steht wer?
Des ersten Wams strahlt blutigrot –
das ist der Tod das ist der Tod
Der Zweite hält die Geißel fest –
das ist die Pest das ist die Pest
Der Dritte sitzt in grauem Kleid –
das ist das Leid das ist das Leid
Des vierten Schild trieft giftignass –
das ist der Hass das ist der Hass
Der Fünfte bringt stumm Wein herein –
das wird der Weinreinbringer sein.

Kleine Orthographie-Katastrophen

Über die Schreibung der „internationalen" Wörter

Regeln

1. „Internationale" Wörter, die manche in Deutschland immer noch „Fremdwörter" nennen, obwohl die meisten fest zum deutschen Wortschatz gehören, sind wegen der Nähe zum Englischen und zu anderen europäischen Sprachen leicht zu verstehen. Aber sie machen ein paar Schwierigkeiten beim Schreiben und auch beim Sprechen. Sie haben nämlich meistens eine „deutsche" Orthographie und Aussprache. Viele dieser internationalen Wörter finden Sie im Kapitel 13, S. 143/144 und A 40-61.

2. Dabei muss man akzeptieren, dass es in diesem Bereich nicht viele Regeln, aber sehr viel Wörterbuch gibt. Deutsche und internationale Schreib- (und Sprech-)weisen stehen nebeneinander, ohne dass man dafür überzeugende Gründe erkennen kann. Beispiele: der Scheck, checken – die Kopie, der Copyshop – der Frisör, der Ingenieur – das Büro, das Niveau – die Fotografie, die Philosophie
Bei einigen Wörtern hat man durch die Rechtschreibreform etwas mehr Schreibfreiheiten bekommen. Sie werden aber in vielen Fällen in einem (neuen) Wörterbuch nachschlagen müssen (z.B. DUDEN: Die deutsche Rechtschreibung. Die neuen Regeln. Oder: Bertelsmann. Die neue deutsche Rechtschreibung).

Übungen

1 ●○○ *Expeditionen ins Reich der internationalen Wörter*

➤ Nehmen Sie ein Fremdwörterbuch zur Hand und beobachten Sie die Schreibweise und Aussprache im Deutschen. Vergleichen Sie die Orthographie und Aussprache der Ausdrücke mit Ihrer Sprache.

Orthographie – Rhythmus – Rhetorik – Theorie – physikalische Chemie – Psychiatrie

➤ Blicken Sie noch einmal ins Kapitel 13, S. 143/144 und Aufgaben 40-61 und lesen Sie alle dortigen Wörter laut und auf Deutsch.
➤ Stellen Sie sich den für Ihr Fachgebiet wichtigen internationalen Wortschatz zusammen.

2 ●●○ *englische Wörter auf Deutsch*

Sinnvoll ist es, sich auf einige deutsche Tendenzen im Vergleich zum Englischen zu konzentrieren.

➤ Lesen (laut) und schreiben Sie die Wörter auf Deutsch:

-al →	-ell:	intellectual, virtual, sexual	-ity →	-ität:	reality, identity, vitality
-al →	al:	normal, neutral, real	-y →	-ie:	philosophy, biology, copy
-c →	-ik:	electric, reaction, physics	-e →	./.	(ohne -e) active, depressive, desolate
-ic →	-isch:	electric, realistic, phantastic	-ble →	-bel:	sensible, irreversible, Bible
-c →	-z:	electricity, scene, central			

3 ●○○ *Wörter auf Deutsch und international*

➤ Lesen Sie die Wörter auf Deutsch, dann auf Englisch und dann in Ihrer Sprache.

Engagement – Appartement – Ingenieur – Frisör – Fassade – Blamage – Fotograf – Fotokopie – Zentrum – Literatur – Genre – Atmosphäre – Interieur – Kalorie – Partei – Party – Handy – Theater – Regie – Computer

4 ●●○ *Kleines Chaos im Wörterbuch?*

➤ Richtig oder falsch? Machen Sie eine kleine Expedition ins (neue) Wörterbuch.

Känguru – Resusaffe – Delfin – Panter – Geografie – Photographie – Filosofie – Friseur – Massör – Liqueur – Ketchup – Ketschap – Majonäse – Soße – Joghurt

5 ●○○ *internat. Wörter/deutsche Grammatik*

➤ Beobachten Sie, wie die internationalen Wörter in die deutsche Grammatik integriert werden. Bilden Sie von den Verben die Partizip-II-Formen, von den Nomen die Pluralformen:
jetten – chatten – checken – updaten – timen – leasen – joggen – scannen – surfen – stretchen
Journalist – Ingenieur – Computer – Reportage – Dosis – Phänomen

14

Komplexität und Leichtigkeit

Nominalisierung von Sätzen

Straßenverkehr

Einmal ging ich bei Rot über die Straße, vor einem Bus vorbei, der wegen einer Autoschlange nicht weiterfahren konnte. Der Bus machte einen Satz vorwärts, um mich zu erwischen, und der Busfahrer, hoch über mir, streckte seine geballte Faust aus dem Fenster und brüllte mit aller Kraft: „Totschlagen müsste man euch!"
Wen meinte er? Die, die bei Rot über die Straße gehen? Man kann es sich so vorstellen, dass das Übertreten des Rotlichts in ihm das ganze System von unterlassenen Übertretungen aufleuchten ließ. Und so ist es kein Spaß, wenn er demjenigen nach dem Leben trachtet, der durch eine winzige Übertretung dem ganzen System sinnloser Verzichte auf sein Leben einen Stoß versetzt.

Peter Schneider

Rechtsstaat

Der Vater fährt mit seinem Töchterchen in die Stadt. Es passieren dem Vater folgende „Missgeschicke": Überschreiten der Geschwindigkeitsbeschränkung, leichtes Überfahren einer Sicherheitslinie, rollender Halt an einer Stoppstraße, Erzwingen eines Rechtsvortritts. Die Tochter reagiert wohl kaum. Für den Vater sind dies ja alles Selbstverständlichkeiten. Jede einzelne dieser Übertretungen hätten zwar ein Menschenleben fordern können. Zuhause liegt eine Meldung vor, das Mädchen sei beim Diebstahl eines Kaugummis erwischt worden. Wie reagiert wohl der Vater?

Hans A. Pestalozzi

Plunder

Die Entstehungsgeschichte des Plunders könnte erscheinen, sein chemischer, physikalischer Werdegang, die Anlässe seiner Entstehung und seiner Herkunft, die Historie seines Erscheinens in Raum und Zeit. Es entstünde die Abart einer Menschengeschichte, ein Archiv der gemachten und wieder verscherbelten Dinge, die Legende ihres Gebrauchtseins und ihres Verschwindens: ein Unding aus Dilettantismus und gutem Willen? ein Trauerspiel der unfreiwilligen Komik? eine Philosophie des Zufalls und Überlebens? die Ästhetik der Spuren und des Zusammenhanglosen? eine Welt- und Wirkungsgeschichte privater Dinge? eine pluralistische Studie von furchtbarem Ausmaß?

Christoph Meckel

Das Stehen

Der Stolz des Stehenden ist, dass er frei ist und sich an nichts lehnt. Ob im Stehen eine Erinnerung an das erste Mal hineinfließt, da man als Kind allein stand; ob der Gedanke einer Überlegenheit über die Tiere mitspielt, von denen kaum eines auf zwei Beinen frei und natürlich steht: Es ist immer so, dass der Stehende sich selbstständig fühlt. Wer sich erhoben hat, steht am Ende einer gewissen Anstrengung und ist so groß, wie er überhaupt werden kann. Wer aber lange schon steht, drückt eine gewisse Widerstandskraft aus; sei es, dass er sich von seinem Platze nicht verdrängen lässt wie ein Baum, sei es, dass er ganz gesehen werden kann, ohne sich zu fürchten oder zu verbergen. Je ruhiger er steht, je weniger er sich wendet und in verschiedene Richtungen auslugt, um so sicherer wirkt er. Nicht einmal einen Angriff im Rücken fürchtet er, wo er doch keine Augen hat.

Elias Canetti

Grammatik im Kasten

1. Nominalisierung kann Verschiedenes bedeuten

a) etwas zu einem Nomen machen:

Verb:	verstehen	→ das Verständnis/das Verstehen
Adjektiv:	leicht, einfach	→ die Leichtigkeit, die Einfachheit
Prädikat:	… ist reich	→ der Reichtum
Satz:	Das Sein ist unerträglich leicht. → Die unerträgliche Leichtigkeit des Seins (Titel eines Romans von Milan Kundera)	

b) das Nomen, das aus der Nominalisierung entstanden ist:

Verständnis, **Leichtigkeit**, **Reichtum** sind Nominalisierungen.
Dagegen sind Wörter wie **Tisch**, **Stuhl**, **Bierflasche** keine Nominalisierungen.

2. Nominale und verbale Form, Nominalstil und Verbalstil

Die Beziehung zwischen der verbalen und der nominalen Form kann man mit dem folgenden Schema zeigen:

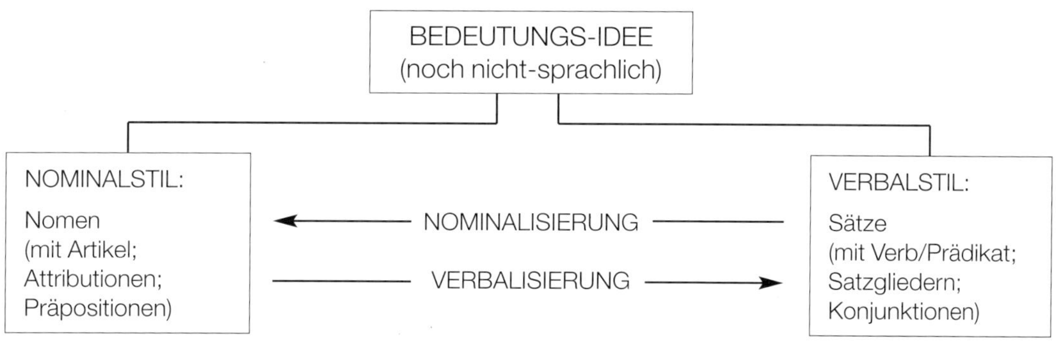

„Bedeutungs-Idee" bezeichnet den Gedanken, den ich ausdrücken will. Die Umsetzung in Sprache kann auf zwei Arten geschehen: durch eine nominale Struktur (Nominalisierung) oder durch eine verbale Struktur. Die sprachlichen Formen können sich lexikalisch gleichen, sie müssen es aber nicht.

gleich:	anfangen	↔	der Anfang
ähnlich:	etwas ist falsch	↔	der Fehler
verschieden:	nicht genug haben	↔	der Mangel

3. Grammatische Formen der Nominalisierung

Wir haben in Kapitel 13 die verschiedenen Typen der nominalen Wortbildung behandelt. Jetzt geht es darum, ganze Sätze zu nominalisieren. Wir nennen fünf Formen der Nominalisierung; Sie finden diese grammatischen Strukturen auch im Katalog der Attributionen (➢ Kap. 16, GiK 1).

Wir zeigen die Formen der Nominalisierung an zwei Beispielsätzen, die wir in der Aktiv- und in der Passivform formulieren. Dabei kann es vorkommen, dass geeignete Wörter fehlen;
(?) bedeutet, dass die Formulierung zwar möglich und grammatisch richtig ist, stilistisch aber von zweifelhaftem Wert.

Die Beispielsätze:
Die Heinzelmännchen helfen uns. – Uns wird von den Heinzelmännchen geholfen.
Mein Partner unterstützt mich. – Ich werde durch meinen Partner unterstützt.

1. Nominalisierung + Genitiv:
   die Hilfe der Heinzelmännchen/die Unterstützung meines Partners
2. Nominalisierung + Ausdruck mit Präposition:
   die Hilfe von den Heinzelmännchen/die Unterstützung von meinem Partner
   die Hilfe durch die Heinzelmännchen/die Unterstützung durch meinen Partner
   die Hilfe seitens der Heinzelmännchen/die Unterstützung seitens meines Partners
3. zusammengesetzte Nomen:
   die Heinzelmännchenhilfe (?)/die Partnerunterstützung
   die Partnerschaftsunterstützung (?)
4. Adjektiv + Nominalisierung:
   (kein passendes Adjektiv für „Heinzelmännchen")
   die partnerschaftliche Unterstützung
5. Attribution mit PII/PI + Nominalisierung:
   die von meinem Partner/den Heinzelmännchen geleistete Hilfe/Unterstützung
   die durch meinen Partner/durch die Heinzelmännchen gewährte Hilfe/Unterstützung

Diese grammatisch möglichen Formen sind aber nicht in jedem Aspekt vollkommen synonym; auch stilistisch zeigen sie Unterschiede:
Die Formulierungen in (3) klingen in diesen Beispielen etwas künstlich (in anderen möglicherweise nicht); auch ist die Richtung der Hilfe mehrdeutig: Wer hilft wem/wer unterstützt wen?
Die Formulierung in (4) könnte auch bedeuten: Eine andere Person hat wie ein Partner geholfen (im Sinne von: hilfsbereit, fair, zuvorkommend).

4. Nominalstil im schriftlichen und mündlichen Sprachgebrauch

Nominalisierung im Bereich der Wortbildung und Grammatik ist eine produktive Kraft der deutschen Sprache. Nominalstil bedeutet, dass ein Text viele nominale Strukturen aufzeigt. Im Nominalstil kann eine größere inhaltliche Komplexität in Sätzen und Texten erzielt werden. Zeitungsartikel, wissenschaftliche Texte, Texte in den Bereichen Recht, Wirtschaft, Verwaltung etc. verwenden diese Stilform. Dazu gehören auch gesprochene Texte, die auf Manuskripten beruhen: Reden, wissenschaftliche Vorträge und Diskussionen, die Sprache bei Gericht, teilweise auch im Rundfunk und im Fernsehen. In der Alltagssprache spielt der Nominalstil eine geringere Rolle.

Durch zu viel Komplexität kann die Verständlichkeit eines Textes leiden, beim Lesen und vor allem beim Zuhören. Die Sprache ist zu kompliziert und kann unverständlich werden. Das ist zu kritisieren. Die kommunikative Funktion der Sprache muss den grammatischen und stilistischen Möglichkeiten also deutliche Grenzen setzen.

Das gilt besonders auch für die unbegrenzte Fähigkeit der deutschen Sprache, Nomen zusammenzusetzen, also „Nomenzusammensetzungen" zu bilden. Um Unverständlichkeit oder Komik zu vermeiden, sollte die Komplexität auf zwei, maximal auf drei Glieder begrenzt werden. Sie finden Informationen dazu in Kapitel 16. Dort und in Kapitel 13 finden Sie noch viele weitere Aufgaben zum Nominalstil.

Übungen und Regeln

1 ○●● *Nominativ*

das Sterben des Waldes und das Lachen der Kinder

In dieser Aufgabe geht es um die Veränderung der Nominativ-Position (Subjekt, Agens).

➤ Nominalisieren Sie die Sätze. Formulieren Sie zunächst wie Variante 1 und 2 in GiK 3; probieren Sie dann weitere Varianten aus. Achten Sie auf Bedeutungsunterschiede und auf Aspekte des Stils.

Das Rathaus brennt.
Eine schöne Frau lächelt.
Die deutsche Sprache ist leicht, schwierig, ungeniessbar, ästhetisch, abscheulich, schön, wie jeder weiß.

2 ○●● *Akkusativ*

die Zerstörung meiner schönsten Träume

Hier geht es um die Akkusativ-Position.

➤ Machen Sie es wie in Aufgabe 1.

Jemand repariert die Wasserleitung.
Jemand schreibt ein Tagebuch.
Jemand verliert den Geldbeutel.

3 ○●● *Nominativ und Akkusativ*

die Produktion einer Kaffeemaschine **durch** einen/**mit** einem/**mithilfe** eines Roboter/s
die **Kaffeemaschinenproduktion** durch einen Roboter

Jetzt geht es um die Nominativ-Position und um die Akkusativ-Position gleichzeitig. Anders als im Passiv muss das Agens mit der Präposition **durch** angeschlossen werden. Die Präposition **von** wäre nicht eindeutig genug.
Das Fotografieren der Nilpferde von dem Touristen könnte bedeuten, dass der Tourist der Besitzer der Nilpferde ist und nicht, dass er die Nilpferde fotografiert (die handelnde Person, Agens).

➤ Nominalisieren Sie die Sätze.

Der Tourist fotografierte die Nilpferde (nicht).
Die Bernhardiner haben eine Lawine ausgelöst.
Der Auto fahrende Vater hat verschiedene Verkehrsregeln übertreten.

4 ○●● *Dativ*

die Hilfe der Bernhardiner **für** die Verletzten (Die Bernhardiner helfen **den Verletzten**.)
das Misstrauen Mark Twains **gegen** die deutsche Sprache (Er misstraut **der deutschen Sprache**.)

Hier geht es um die Dativ-Position im Satz. Dativ kann nicht an ein Nomen angehängt werden. Man braucht dazu passende Präpositionen. Welche Präposition passt, hängt vom Verb bzw. vom Inhalt des Satzes ab.

➤ Nominalisieren Sie die Sätze.

Die Katze begegnete **der Maus**.
Julius Cäsar vertraute **Brutus**.
Die Organisation hat **mir** fest zugesagt, monatlich 1000 Euro zu schicken.

↓ mir gegenüber

5 ●●○ *Präpositionen*

Herrn Keuners Kampf **gegen** die Dummheit

Bei Ausdrücken mit Präposition muss nichts verändert werden, die Präposition passt in die Nominalkette.

➤ Nominalisieren Sie die Sätze.

Der Tourist interessierte sich für Nilpferde.
Der Tapezierer wartete auf eine logische Erklärung.
Valentin fragt nach einem neuen Hut.

des fragt Valentins nach . . .

6 ●●○ *Personalpronomen*

meine zunehmende Freiheit, **mein** wachsendes Vergnügen

Personalpronomen werden bei der Nominalisierung zu Possessivpronomen.

➤ Nominalisieren Sie die Sätze.

Du bist verrückt.
Wir konkurrieren um den Chefsessel.
Er versucht, eine Schwarzwälder Kirschtorte zu backen.

7 ●●○ *Adverbien*

Wir haben **gestern** diskutiert.
→ unsere **gestrige** Diskussion (Adverb wird zu Adjektiv.)
→ unsere Diskussion **gestern** (Adverb wird nachgestellt.)

Adverbien werden bei der Nominalisierung durch Adjektive ausgedrückt.
Manche können als Adverb angehängt werden.
Aufgaben dazu finden Sie im Kapitel 15, A 8–11.

8 ●●○ *Grundverben*

Valentins **Absicht**, einen neuen Hut zu kaufen. (Valentin **will** einen Hut kaufen.)

Modalverben werden bei der Nominalisierung durch entsprechende Nomen ausgedrückt, z. B: **müssen** → Zwang/Pflicht/Notwendigkeit (➢ Kap. 1, Tabelle 1, S. 12).

➤ Nominalisieren Sie die Sätze.

Gazellen können keine Löwen fressen.
Valentin mag hellgelbe Hüte.
Mark Twain will einige der wortschöpferischsten Konstrukteure der deutsche Sprache umbringen.

9 ●●● *nominaler Stil in den Texten der Lesepause*

1. Der Text „Straßenverkehr“ von Peter Schneider zeigt einen starken stilistischen Unterschied zwischen dem ersten und dem zweiten Absatz.

   ➤ Erklären Sie umgangssprachlich die komplexen Formulierungen des zweiten Abschnitts.
2. Was hat der Vater im Text „Rechtsstaat“ von Hans A. Pestalozzi alles falsch gemacht?
3. ➤ Lösen Sie grammatisch die vielen Genitiv-Strukturen des Textes „Plunder“ von Christoph Meckel auf.

10 ●●● *zusammengesetzte Nomen*

die **Höhlenforscherrettungsversuche** der **Höhlenforscherrettungsmannschaften**

➤ Helfen Sie Herrn Twain ein wenig, indem Sie die „alphabetischen Prozessionen" der nominalen Zusammensetzungen in seinem Spotttext grammatisch auflösen. Natürlich geht leider der Witz dabei verloren.

Mark Twain treibt mal wieder alles auf die Spitze!

Alphabetische Prozessionen

Einige deutsche Wörter sind so lang, daß sie eine Perspektive aufweisen. Man beachte folgende Beispiele:

Freundschaftsbezeigungen
Dilettantenaufdringlichkeiten
Stadtverordnetenversammlungen

Diese Dinger sind keine Wörter, sie sind alphabetische Prozessionen. Und sie sind nicht selten; man kann jederzeit eine deutsche Zeitung aufschlagen und sie majestätisch quer über die Seite marschieren sehen – und wenn man nur einen Funken Phantasie besitzt, kann man auch die Banner sehen und die Musik hören. Sie verleihen dem sanftesten Thema einen kriegerischen Schmiß. Ich interessiere mich sehr für solche Kuriositäten. Wenn ich auf ein paar gute stoße, stopfe ich sie aus und stelle sie in mein Museum. Auf diese Weise habe ich eine recht wertvolle Sammlung geschaffen. Wenn ich Doubletten bekomme, tausche ich mit anderen Sammlern und mehre so die Vielseitigkeit meines Bestandes. Hier folgen einige Exemplare, die ich kürzlich bei der Versteigerung der Habe eines bankrotten Nippesjägers gekauft habe:

Generalstaatsverordnetenversammlungen
Altertumswissenschaften
Kinderbewahrungsanstalten
Unabhängigkeitserklärungen
Wiederherstellungsbestrebungen
Waffenstillstandsunterhandlungen

Wenn sich eine dieser großartigen Bergketten quer über die Druckseite zieht, schmückt und adelt sie natürlich die literarische Landschaft – aber gleichzeitig bereitet sie dem unerfahrenen Schüler großen Kummer, denn sie versperrt ihm den Weg; er kann nicht unter ihr durchkriechen oder über sie hinwegklettern oder sich einen Tunnel durch sie hindurchgraben. Also wendet er sich Hilfe suchend an sein Wörterbuch; aber da findet er keine Hilfe. Irgendwo muß das Wörterbuch eine Grenze ziehen – und so läßt es diese Art von Wörtern aus. Und das ist richtig, denn diese langen Dinger sind kaum echte Wörter, sondern eher Wortkombinationen, und ihr Erfinder hätte umgebracht werden müssen.

Mark Twain

Nicht alles, was groß aussieht, hat auch Größe ... (1)

Zur Groß- und Kleinschreibung von Nomen, Verben, du und Sie

Regeln

Sie besteht auch weiterhin, die typische deutsche Großschreibung. Sie macht manchmal Probleme beim Lernen und bewirkt oft Fehler beim Schreiben. Aber sie hat auch Vorteile: Weil Nomen den Inhalt von Texten transportieren, findet man sie durch ihre Großschreibung leichter, Texte sind leichter lesbar.

Wir nennen hier die wichtigsten Regeln. Groß schreibt man natürlich am Satzanfang, aber auch alle Ausdrücke, wenn ein Artikel oder eine Präposition davor passt.

- Nomen: Vor dem **Gesetz** steht ein Türhüter.
- Verben: Das **Ein- und Aussteigen** über die Friedhofsmauer ist verboten.
- Tageszeiten und Wochentage: Ich habe mich **gestern Abend** verliebt, und **morgen Nachmittag** verloben wir uns. Am **Samstagnachmittag** feiern wir Hochzeit.
- Die „höflichen" Anredeformen **Sie**, **Ihnen**, **Ihre**, aber in Briefen wird jetzt ganz demokratisch **du**, **dich**, **dir** geschrieben: Liebe Ulrike, eigentlich sind wir ja noch per **Sie**, aber am liebsten würde ich zu **dir** sagen, **du** Ulrike, ich liebe **dich**.

Übungen

1 ●○○ *Groß oder klein?*

➤ Entscheiden Sie, wo groß geschrieben wird.

das schreiben und das lesen ist nie mein fall gewesen.
pippin der kleine war der vater von karl dem großen.
ich wünsche ihnen alles gute, ihr max müller.
über dem hauptportal der universität steht der spruch: dem wahren, guten und schönen.
als snob kaufe ich nur das beste vom besten.

2 ●●○ *Ist hier heute Abend geöffnet?*

➤ Entscheiden Sie, welche Wörter in den Klammern großgeschrieben werden.

Bei uns sind die meisten Geschäfte (abends) nach 18.30 geschlossen, aber am (donnerstag abend) haben viele geöffnet. Am (samstag nachmittag) sind größere Geschäfte bis 16 Uhr geöffnet.
Ich habe (vorgestern abend) eine Märchenfee getroffen, aber (morgens) war sie wieder weg.
Guten (abend), Herr Meier.
Nur (ein einziges mal) habe ich diesen Fehler gemacht, (zwei mal) mache ich ihn bestimmt nicht.
(In der nacht) sind alle Katzen grau, aber (eines nachts) waren sie grünlich.

3 ●○○ *Briefe mit „du" und „Sie"*

Der folgende Brief ist gleichzeitig an eine Mutter und ihren Sohn gerichtet; der Mutter gilt die höfliche **Sie**-Anrede, dem Sohn die briefliche **du**-Form.

➤ Korrigieren Sie die Schreibweise der Anredewörter.

Liebe Frau Müller,
ich schreibe ihnen, weil ich ihnen meine Liebe zu ihrem Sohn Franz gestehen möchte. Und auch du, lieber Franz, sollst den Brief lesen, und du sollst wissen, wie sehr ich dich liebe. Meine Gedanken sind bei euch, während ich an euch schreibe. Ich hoffe, ihr werdet gut von mir denken. Franz, dir habe ich für dein Auto ein Autokissen gehäkelt, und ihnen, Frau Meier, habe ich einen Schal für den Winter gestrickt. Ich grüße sie herzlich, ich küsse dich von Herzen,

ihre/deine Maria

15

Die kleinen Unterschiede

Adjektive und Adverbien

Sollen Hunde fernsehen?

Es häufen sich die Fälle, in denen Hunde nach mehrstündigem abendlichem Fernsehen schlecht einschlafen, schwer träumen oder tagelang stottern. Hier liegen zweifellos ernst zu nehmende seelische Störungen vor, an denen man nicht länger achtlos vorübergehen darf.
Die Programme der Fernsehanstalten sind in der Regel besser geeignet für mittelgroße, langhaarige Hunde als für kleine, kurzhaarige. Dicke Hunde wiederum neigen erfahrungsgemäß zu politischen und allgemein bildenden Beiträgen, während dünne sich mehr von Unterhaltungssendungen angesprochen fühlen. Das heißt jedoch nicht, daß nicht auch gelegentlich große dicke, kurzhaarige oder kleine dicke, langhaarige Hunde Freude an Sendungen für kleine lange, kurzhaarige und kurze dicke, langhaarige haben können.
Leider sind in den Programmzeitschriften die Sendungen hinsichtlich ihrer Eignung für unsere vierbeinigen Freunde noch nicht deutlich genug gekennzeichnet. Es muß also vorerst noch dem Gutdünken des Hundehalters überlassen bleiben, ob er dem Drängen des Tieres zu täglichem Fernsehgenuß nachgibt oder nicht.
Grundsätzlich ist jedoch zu warnen vor Filmen brutaler oder anstößiger Art. Robuste Hunde reagieren mit Kopfschmerzen, zartere mit Schwerhörigkeit und hartem Stuhl.
Abzuraten ist ferner von der Anschaffung eines Zweitgerätes für den Hundeplatz. Das Tier vereinsamt und spricht im Schlaf. Auch politische Sendungen sind oft ungeeignet. Ein Düsseldorfer Bernhardiner litt nach der Übertragung einer Bundestagssitzung zwei Wochen unter Schwindel und Schluckauf.
Zusammenfassend kann gesagt werden: Kleine dicke oder große lange Hunde und kleine dünne, langhaarige oder dicke, kurzhaarige sollten nicht nach 21 Uhr, langohrige dicke, kurzohrige dünne und Hunde zwischen zwei und acht Jahren nur unter ärztlicher Aufsicht fernsehen.

Loriot

Die Begegnung des Scheinriesen Herr Tur Tur mit Lukas dem Lokomotivführer, Jim Knopf und der Lokomotive Emma

Der Riese kam Schritt für Schritt näher, und bei jedem Schritt wurde er ein Stückchen kleiner. Als er etwa noch hundert Meter entfernt war, schien er nicht mehr viel größer zu sein als ein hoher Kirchturm. Nach weiteren fünfzig Metern hatte er nur noch die Höhe eines Hauses. Und als er schließlich bei Emma anlangte, war er genauso groß wie Lukas der Lokomotivführer. Er war sogar fast einen halben Kopf kleiner. Vor den beiden staunenden Freunden stand ein magerer alter Mann mit einem feinen und gütigen Gesicht. „Guten Tag!" sagte er und nahm seinen Strohhut ab.

Michael Ende

Was bleibt mir übrig?

Bei mir ist es stiller geworden. Ich bin traurig, dass folgende Blödheit meinerseits von niemandem beobachtet worden ist: Mein Arbeitszimmer befindet sich im ehemaligen Speicher des Hauses. Beim Versuch zu arbeiten entdecke ich, dass das Weinglas leer ist, nehme das Glas, gehe die Treppe (Wendel) hinunter, hole die Flasche, stelle oben fest, dass ich das Glas unten gelassen habe, gehe mit der Flasche hinunter, hole das Glas herauf und vergesse unten die Flasche. Habe dann Glas und Flasche oben beieinander und entdecke, dass ich beim Holen der Flasche den Korkenzieher unten vergessen habe.
Wer mich kennt, weiß, dass es möglich ist.
Allein lacht es sich schwerer. Aber ich versuch's.
Was bleibt mir übrig?

Dieter Hildebrandt

Grammatik im Kasten

1. Wo können Adjektive stehen?

(Beispielsätze aus dem Loriot-Text in der Lesepause)

a) Adjektive können vor einem Nomen stehen. Dann haben sie eine Endung:
   klein**e** dick**e** Hunde; die politisch**en** Sendungen
   nach mehrstündig**em** abendlich**em** Fernsehen

b) Adjektive können zum Verb gehören, Teil eines Prädikats sein. Dann stehen sie am Satzende und haben keine Endung:
   Der Hund **war** nicht besonders **klein**. Politische Sendungen **sind** für diese Hunde **ungeeignet**.
   Nach politischen Programmen **verhalten sich** manche Hunde **merkwürdig**.

2. Mit „welch-" und „was für ein-" fragt man nach Adjektiven

In vielen Situationen können beide Fragewörter synonym verwendet werden. In bestimmten Situationen gibt es einen Unterschied:
Mit **was für ein** fragt man allgemein. Mit **welch-** fragt man nach etwas Bestimmtem aus einer Gruppe.
Im Hutladen fragt die Verkäuferin zuerst: **Was für einen Hut** möchten Sie denn?
Die Verkäuferin möchte sich allgemein nach dem Wunsch des Herrn erkundigen.
Später, nachdem sie ihm mehrere Hüte zur Auswahl auf den Tisch gelegt hat, fragt sie: **Welchen Hut** möchten Sie denn? (von diesen Hüten; von den drei Hüten, die vor Ihnen liegen)

3. Die Steigerung der Adjektive (➢ Kap. 5, A 7–9)

	Grundform	Komparativ (-er)	Superlativ (-(e)st)
normale Steigerung	dick	dicker	dickst
Vokaländerung	groß	gr**ö**ßer	gr**ö**ßt
Vokalabschleifung	teu**er**	teu**r**er	teu**e**rst
Konsonantenwechsel	hoch	hö**h**er	höchst
andere Wörter	gut	**besser**	**best**

Wenn Superlativ Teil des Prädikats ist, steht **am** davor:
Welcher Hut gefällt Ihnen **am besten**, Herr Valentin?
Politische Sendungen sind für alle Hunde **am ungeeignetsten**.

Beachten Sie die Unterschiede zum Englischen und zu anderen Sprachen: „mehr intelligent" und „meist/am meisten schön" klingt gar nicht intelligent und auch überhaupt nicht schön.

4. Adverbien und Adjektive

Adverbien haben keine Endungen. Aus vielen Adverbien kann man Adjektive bilden.
Häufig können Adjektive mit der Endung **-ig** oder mit **-lich** gebildet werden:
heute, hier → heutig, hiesig; abends, jedes Jahr → abendlich, jährlich
Fehlt ein passendes Adjektiv, hilft man sich mit einem passenden Verb und bildet PI:
weg → etwas fehlt → fehlen**d**; genug → etwas genügt/reicht aus → genügen**d**, ausreichen**d**

5. Die Endungen der Adjektive

Im Englischen haben Adjektive keine Endungen, im Deutschen gibt es eine komplizierte Tabelle von Endungen. Fünf Endungsformen sind möglich: **-er**, **-es**, **-e**, **-en**, **-em**. Das führt zu Unsicherheit und zu vielen Fehlern, vor allem auch deswegen, weil im Deutschen diese Endungen ganz kurz, ganz klein, ganz unbetont ausgesprochen werden. Aber keine Panik, man kann es lernen, auch wenn man Zeit dazu braucht.

In den meisten Grammatiken wird die Adjektivdeklination in drei Tabellen dargestellt:
Typ 1: mit dem bestimmten Artikel, Typ 2: mit dem unbestimmten Artikel, Typ 3: ohne Artikel (mit Nullartikel). Wir schlagen hier einen anderen Weg vor, eine einzige Formentabelle mit „grammatischen Signalen", die die ganze Nominalgruppe charakterisieren.

➤ Arbeiten Sie die folgenden sechs Regeln und die Formentabelle aufmerksam und mehrfach durch, bis Sie alles gut verstanden haben.

1. Die Formen des bestimmten Artikels **der/das/die/den/dem/des** bestimmen die Deklination der Nominalgruppe. Diese Formen bilden grammatische Signale: **-r**, **-s**, **-e**, **-n**, **-m**. Die grammatischen Signale signalisieren, was wichtig ist:
   a) maskulin, feminin, neutrum und Plural
   b) Nominativ, Akkusativ, Dativ oder Genitiv (N/A/D/G).
2. Die unbestimmten Artikel **ein/kein** und die Possessivwörter **mein/dein/sein/ihr/unser/euer/ihr** haben in den Positionen „N maskulin/neutrum" und „A neutrum" keine grammatischen Signale:
   das Problem – **ein/kein/mein** Problem
   Ebenso ist es, wenn die Nominalgruppe keinen Artikel hat („Nullartikel"):
   ∅ Honig ist süß. – ∅ Probleme sind manchmal lösbar.
3. Hat die Nominalgruppe ein Adjektiv (oder Partizip II/I), dann gelten zwei Regeln:
   a) Ist das Signal im Artikelwort: **-en** oder **-e** als Adjektivendung.
   (mit) ein**em** rot**en** Apfel, (mit) ein**er** grün**en** Birne; de**r** schön**e** Tag, da**s** hell**e** Licht
   b) Ist kein Signal im Artikelwort: Signal als Adjektivendung.
   groß**e** Probleme, kein groß**es** Problem; (mit) freundlich**en** Grüßen
4. Es gibt noch zwei kleine Probleme:
   a) In der Position „G maskulin/neutrum" ohne Artikelwort hat das Adjektiv die Endung **-en**:
   wegen grob**en** Unfug**s**
   Der Grund dafür ist: Das Nomen zeigt deutlich das grammatische Signal **-s**.
   b) **alle** orientiert sich am bestimmten Artikel (Regel 3a: **-en**):
   di**e**/all**e** schön**en** Frauen, de**n**/all**en** schön**en** Frauen, de**r**/all**er** schön**en** Frauen
   aber: **viele/wenige/einige/mehrere/beide** verhalten sich nach der Regel 3b:
   ∅ viele schön**e** Männer, ∅ vielen schön**en** Männern, ∅ vieler schön**er** Männer
5. Adjektive als Nomen werden groß geschrieben und wie in Regel 3a/b dekliniert:
   de**r** Deutsch**e**, ein Deutsche**r**, di**e** Deutsch**en**, da**s** Deutsch**e**, i**m** Deutsch**en**
6. Mehrere Adjektive hintereinander haben dieselbe Endung:
   Ich gebe dir einen dick**en** groß**en** lang**en** Kuss.
7. Komparativformen und Partizip II und I verhalten sich genau so wie die Adjektive.

	maskulin			neutrum			feminin			Plural		
N	**Signal -r:**	der	Kaffee	**Signal -s:**	das	Brot	**Signal -e:**	die	Liebe	**Signal -e:**	die	Probleme
	stark	-er	Kaffee	frisch	-es	Brot	groß	-e	Liebe	groß	-e	Probleme
	der stark	-e	Kaffee	das frisch	-e	Brot	die groß	-e	Liebe	die groß	-en	Probleme
	ein stark	-er	Kaffee	ein frisch	-es	Brot	eine groß	-e	Liebe	keine groß	-en	Probleme
A	**Signal -n:**	den	Kaffee									
	stark	-en	Kaffee									
	den stark	-en	Kaffee									
	einen stark	-en	Kaffee									
D	**Signal -m:**	dem	Kaffee	**Signal -m:**	dem	Brot	**Signal -r:**	der	Liebe	**Signal -n:**	den	Problemen
	stark	-em	Kaffee	frisch	-em	Brot	groß	-er	Liebe	groß	-en	Problemen
	dem stark	-en	Kaffee	dem frisch	-en	Brot	der groß	-en	Liebe	den groß	-en	Problemen
	einem stark	-en	Kaffee	einem frisch	-en	Brot	einer groß	-en	Liebe	keinen groß	-en	Problemen
G	**Signal -s:**	des	Kaffees	**Signal -s:**	des	Brot(e)s				**Signal -r:**	der	Probleme
	stark	-en	Kaffees	frisch	-en	Brot(e)s				groß	-er	Probleme
	des stark	-en	Kaffees	des frisch	-en	Brot(e)s				der groß	-en	Probleme
	eines stark	-en	Kaffees	eines frisch	-en	Brot(e)s				keiner groß	-en	Probleme

Übungen und Regeln

Übungen mit den Endungen der Adjektive

1 ○○● *Signale und Endungen*

-er, -es, -e, -en, -em?

➤ Machen Sie sich die fünf grammatischen Signale im Schema klar. Welche Formen haben welches grammatische Signal?

2 ○○● *Signale und Endungen auf Lern-Karten*

➤ Schreiben Sie sich das Schema auf eine große Lernkarte. Markieren Sie die grammatischen Signale mit rot, die Endungen der Adjektive mit gelb.

➤ Kopieren Sie aus einer anderen Grammatik auch die herkömmliche Darstellungsform in drei Tabellen auf eine eigene große Lernkarte. (Tabelle 1: nach dem bestimmten Artikel; Tabelle 2: nach dem unbestimmten Artikel; Tabelle 3: nach dem Nullartikel). Markieren Sie auch in dieser Lernkarte die Endungen mit gelb.

➤ Hängen Sie beide Tabellen als gut lesbare Lernkarten an die Wand, so dass Sie sie jeden Tag immer wieder ansehen können. Welche Darstellung Ihnen besser hilft, werden Sie selbst herausfinden.

3 ○○● *Mark Twain als Deutschlehrer*

Mark Twain hat zum Thema deutsche Adjektivendungen eine sachkundige Abhandlung geschrieben.

➤ Lesen Sie seinen Text am Ende des Kapitels, Sie können selbst deklinierend mittexten.

➤ Machen Sie dann das „Deklinationsspiel" noch weiter, mit netteren oder mit Ihren eigenen Beispielen (in der Reihenfolge N/A/D/G), Singular und Plural, z. B.:

das verrückte Huhn; eine kleine Nachtmusik; dumme Ideen; der kurzbeinige Hund; ein fernsehgestörter Bernhardiner; ungeignete TV-Programme

4 ○○● *üben in einem Atemzug*

Hören Sie und imitieren Sie beim Sprechen, dass die Endungen immer ganz unbetont und extrem „abgeschliffen", also in ihrer Tonquantität und Tonqualität extrem reduziert sind (➢ Kap. 19, A 5).

➤ Üben Sie immer die ganze Nominalgruppe ein, besonders dort, wo Sie Fehler machen (z. B. bei D), und zwar mündlich, mit lauter Stimme, in einem Atemzug, z. B.:

die komisch**en** Witze, **alle** komisch**en** Witze, **viele** komisch**e** Witze, **keine** komisch**en** Witze

➤ Verwenden Sie bei den Kasus A, D und G am besten eine inhaltlich passende Präposition:

bei de**m** schlecht**en** Wetter, **bei** schlecht**em** Wette; **ohne** stark**en** Kaffee, **ohne** den stark**en** Kaffee, **ohne** ein**en** stark**en** Kaffee.

5 ○○● *üben mit dem Markerstift*

➤ Lesen Sie Loriots Text „Sollen Hunde fernsehen?" in der Lesepause (➢ S. 172) noch einmal und markieren Sie mit gelbem Markerstift alle Adjektivendungen. Greifen Sie auch mal zu einer Tageszeitung oder einem Fachbuch, um diese Übung zu machen. Beim zweiten Lesen sprechen Sie dann die Endungen ganz kurz, ganz minimalisiert aus (➢ Kap. 19, A 5).

6 ●○○ *Artikelwörter und Adjektive*

➤ Machen Sie sich klar, dass die Endungen der Artikelwörter (z. B. ein/kein/mein) anders funktionieren als die Endungen der Adjektive. Lesen Sie – schnell – die Sätze in dieser Aufgabe.

Er besaß ein... langhaarig... Bernhardiner.
Ach, da ist ja mein... allerliebst... Hündchen!
Ich habe noch mit kein... fernsehbegeistert... Hund gesprochen.
Bei ein... spannend... Tennis-Übertragung ist unser... klein... Dackel immer dabei.

7 ●○○ *Zahlen, Datum*

Die Erste (z.B. Prüfung, Frau) kam am Zweiten (Tag) Fünften (Monat: Mai).

Die Endungen der Adjektive kann man besonders gut mit Ordnungszahlen üben. Ordnungszahlen haben folgende Formen:
1–19: Zahl + **-t** + Adjektivendung (der zwölf-**t-e**)
ab 20: Zahl + **-st** + Adjektivendung (der vierundzwanzig-**st-e**)

Beachten Sie aber die kleinen Besonderheiten:
der/die Erste, Dritte, Siebte, Achte
Im Deutschen formuliert man oft die Monate als Ordnungszahlen:
am 2.10. → am Zweiten Zehnten

➤ Lesen Sie die Datumsangaben:

Heute ist der 1. 1. / 7. 6. / 3. 8. / 21. 10. / 24. 12.
Heute haben wir den 3. 7. / 1. 9. / 17. 6. / 3. 10. / 9. 11.
Ich habe Geburtstag am 10. 2. / 12. 6. / 3. 9. / ... (und Ihr Geburtstag?)
Was es sonst noch zu feiern gibt (der/das/den):
100. Geburtstag / 21. Jahrhundert / 500. Jahrestag / 1 000 000. Besucher

Adverbien und Adjektive

8 ●●○ *Ort*

eine **mittlere** Katastrophe mit dem **hiesigen** Dialekt

➤ Lesen Sie in Gruppe 1 die Beispiele; klären Sie die Bedeutungen. Achten Sie darauf, dass die Adverbien je nach Kontext ganz verschiedene Bedeutungen haben können; dann sind auch verschiedene Adjektive möglich. Suchen Sie in Gruppe 2 für die Adverbien die entsprechenden Adjektive.

1 hier: die hiesige Bevölkerung (Einwohnerschaft; Zeitung; Polizei; Feuerwehr); die deutschen Dialekte; die nationalen Interessen; die europäischen Völker; die westlichen Lebensverhältnisse; die globale Entwicklung
da/dort: die dortige Wirtschaftskrise (z. B. in einer anderen Region, einem anderen Land); die nebenstehende Zeichnung; die gegenüber liegende Straßenseite
in der Mitte: die mittlere Position; der zentrale Punkt (Wohnlage; Problem)
innen: die inneren Organe (Zeitungsseiten; Kreis; Region); die internen Schwierigkeiten der Firma (Maßnahmen; Sitzung)
vorn: die vordere Haustür; die führende Position

2 hinten (Zimmer) – rechts/links (Ufer) – oben (Stockwerk/Textpassage) – unten (Etage) – in aller Welt (Verkehr/Umweltprobleme) – daneben (Zahlen am Rand) – zu Hause (Feier/Bevölkerung) - am Rande (Probleme) – außen (Stadtmauer) – fort/weg (ein Teilnehmer im Kurs/Geld)

9 ●●○ *Zeit*

meine **jetzige** Lage nach unserem **gestrigen** Gespräch

➤ Lösen Sie die Aufgabe wie in Aufgabe 8.

1 jetzt: die jetzige Lage (Entscheidung); die momentane Situation (Entwicklung, Krise) die heutige Entscheidung (Gespräch; Stimmung; Stil; Jugend); die derzeitige Stimmung (Lage; Krise); die gegenwärtige Lage (Öko-Krise; Mode)
bald: ein baldiges Treffen (Entscheidung; Wiedersehen)
gestern: unser gestriges Gespräch (Zeitung)
jedes Jahr: das jährliche Veteranentreffen (Bilanz; Betriebsausflug)
nachts: die nächtliche Ruhestörung (Spuk; Überfall; Stunde)

2 Finden Sie selbst geeignete Nomen dazu.
oft – immer – manchmal – selten – jede(n) Stunde/Tag/Monat – ab und zu – morgen – morgens – abends – früher – spät – anfangs – plötzlich – vor langer Zeit – sofort – dann – demnächst – zuletzt – in der Zukunft – allmählich – meistens – nie

10
○●●
andere Bedeutungen

nur **wenige Fehler** trotz **maximaler Schwierigkeiten**

Lösen Sie die Aufgabe wie in Aufgabe 8.

1 viel/sehr: viele Bemühungen (Fragen); teure Anschaffungen; massenhafte Entlassungen; schwierige Verhandlungen
wenig: wenige Ideen (Geld); ein geringes Interesse (Einkommen; Widerstand)
besonders: besonderes Lob (Geschmack)
vergebens/umsonst: vergebliche Bemühungen (Warten; Hoffnungen)
höchst, höchstens: die maximale Geschwindigkeit (Forderungen; Leistung)
leider: ein bedauerliches Missgeschick (Entwicklung; Fehler)

2 gern (Beschäftigung) – so (heiß) – anders (Entwicklung) – genug (finanzielle Mittel) – fast/beinahe (Katastrophe) – vielleicht (Verschiebung eines Termins)

11
○●●
schrift-sprachliche Formulierungen

Die **heutige** Zeitung klingt etwas mehr nach Papier als die Zeitung **von heute**.

➤ Geben Sie den schriftsprachlich formulierten Ausdrücken der Gruppe 1 eine umgangssprachliche Form, formulieren Sie bei den Sätzen der Gruppe 2 schriftsprachlich (wie in A 8–10).

1 ein bedauerliches Missverständnis
globale Krise
die abnehmende Teilnehmerzahl
steigender Konsum
die bevorzugte Methode
gelegentliche Schlafstörungen
maximale Forderung: 1000 Euro
der totale Verlust des Gedächtnisses

2 Hier sind die Menschen ein wenig sparsam.
Sie hat mich manchmal besucht.
Sie hat mich oft besucht.
Er hat immer über Schmerzen im Knie geklagt.
Bitte antworten Sie mir sofort.
Pro Monat zahlen Sie 150 Euro für den Wagen.
Mein Kater geht nachts spazieren.
Er hat sich sehr verspätet.

12
○●●
graduierende Adverbien

eine schöne Märchenfee → eine **überaus** schöne, eine **äußerst** schöne Märchenfee
(➢ auch die Beispiele in Kap. 5, A 9):

➤ Graduieren Sie die Adjektive mithilfe passender Adverbien:

sehr – weitaus – höchst – erheblich – absolut – äußerst – bei weitem – überaus – besonders – ganz – unglaublich – stark – eminent

ein langweiliger Fernsehabend
das beste Ergebnis
ein scharfsinniger Literaturkritiker
ein liebenswürdiges Publikum
eine durchsetzungsfähige Chefin
eine erfreuliche Entwicklung

Viele weitere komplexe Adjektive finden Sie im Kapitel Wortbildung (➢ Kapitel 13, A 20).

13
●●○
Adjektive mit persönlichem Dativ

Es **ist (uns) recht**, wenn Sie auch diese Aufgabe noch bearbeiten.

Adjektive können wie Verben Ergänzungen mit Dativ haben. Damit wird gezeigt, wie eine Person zu einem Thema steht, welche Gefühle, Interessen etc. mitspielen.

➤ Bilden Sie Sätze mit Ergänzungen im Dativ.

ähnlich – angenehm/unangenehm – bekannt – böse – dankbar – gleich/gleichgültig/egal – klar/unklar – lästig – möglich/unmöglich – lieb – nützlich/unnütz – peinlich – recht – unbegreiflich – unerklärlich – unverständlich – wichtig

14
●●○
Richtungsadverbien

Ich bin **unten**, sie ist **oben**; als ich **nach oben** gehen will, kommt sie **runter**.

Adverbien mit räumlicher Bedeutung erhalten bei Richtungsverben (gehen, kommen, fahren, werfen, zielen, bringen, stellen etc.) eine Richtungsmarkierung. Das ist in vielen Alltagssituationen wichtig. Man muss diese Richtungsadverbien aktiv beherrschen (➢ Kap. 19, A 9). Bitten Sie darum, dass man Sie bei solchen Fehlern immer wieder korrigiert.

➤ Verändern Sie in den Sätzen die hervorgehobenen Ausdrücke durch passende Richtungsadverbien.

nach oben/unten – hinauf/herauf/rauf – hinunter/herunter/runter – nach draußen – hinaus/heraus/raus – nach drinnen – hinein/herein/rein – nach links/rechts/vorn/hinten – hinüber/herüber/rüber – hierher/hierhin/dahin/dorthin – hin – her – (n)irgendwohin/her

Komm doch **vor's Haus**, die Sonne scheint so schön.
Kommen Sie bitte **ins Zimmer**.
Geh' bitte mal **in den Keller** und hole zwei Flaschen Wein.
Sehen Sie mal genau **an diese Stelle**, hier stimmt doch etwas nicht.
Den Tisch kannst du ein wenig mehr **auf die linke/rechte Seite** schieben.
Kommen Sie alle langsam und mit erhobenen Händen **aus dem Haus**, jeder Widerstand ist zwecklos!

15
●●○
Doppel-Adverbien

Ab und zu machen auch die besten Könner noch einen Fehler.

Im Deutschen werden gern Adverbien gebraucht, die aus zwei ähnlich klingenden Teilen bestehen, die oft mit dem gleichen Buchstaben beginnen, sich reimen und einen bestimmten Sprechrhythmus bewirken.
Hier ist eine kleine Auswahl solcher Doppel-Adverbien:

ab und zu (an) – dann und wann – drunter und drüber – hin und wieder – hin und her – hier und da – tagein, tagaus – rauf und runter – rein und raus – grün und blau – kreuz und quer – durch und durch

➤ Ersetzen Sie die hervorgehobenen Ausdrücke durch Doppel-Adverbien, stellen Sie sich zu den übrigen eigene Sätze her.

Manchmal trinke ich abends ein paar Bierchen.
Jeden Tag verrichteten die sieben Zwerge ihre schwere Bergarbeit.
An ein paar Stellen gab es kleine Fehler.
Am Ende haben sich alle **schrecklich** geärgert.
Hänsel und Gretel liefen **ohne Orientierung** durch den Wald.
Wir sind **fürchterlich** nass geworden.

Das Schlusswort zu diesem Kapitel aber hat Mark Twain:

Man betrachte nun das Adjektiv. Hier lag ein Fall vor, wo Einfachheit ein Vorteil gewesen wäre; deshalb und aus keinem anderen Grunde hat der Erfinder dieser Sprache es so sehr kompliziert, wie er nur konnte. Wenn wir in unserer erleuchteten Sprache von „our good friend or friends" sprechen wollen, halten wir uns an diese eine Form und haben keinen Kummer oder Ärger damit; Aber bei der deutschen Sprache ist es anders. Wenn ein Deutscher ein Adjektiv in die Hände kriegt, dekliniert er es und dekliniert es immer weiter, bis der gesunde Menschenverstand ganz und gar herausdekliniert ist. Es ist genau so schlimm wie Latein. Er sagt zum Beispiel:

Nominativ: mein guter Freund ...

(und nun machen Sie selbst weiter: Genitiv, Dativ, Akkusativ, im Singular und im Plural, und bitte auch jeweils mit der englischen Übersetzung!)

Nun lasse man den Irrenhauskandidaten versuchen, diese Variationen auswendig zu lernen, und sehe zu, wie bald er aufgenommen wird. Man möchte in Deutschland lieber ohne Freunde auskommen, als sich ihretwegen all diese Mühe zu machen. Ich habe gezeigt, was es für eine Plage ist, einen guten (männlichen) Freund zu deklinieren; na, das ist nur ein Drittel der Arbeit, denn man muss eine Vielzahl neuer Verdrehungen und Adjektive lernen, wenn das Objekt weiblich ist, und noch eine weitere Vielzahl, wenn das Objekt sächlich ist ...

(wenn Sie wollen, können Sie sich weibliche und sächliche Beispiele herbeideklinieren.)

Nun gibt es in dieser Sprache mehr Adjektive als schwarze Katzen in der Schweiz, und sie müssen alle sehr sorgfältig dekliniert werden wie die oben angedeuteten Beispiele. Schwierig? – Mühsam? – Diese Worte können es gar nicht beschreiben. Ich habe einen kalifornischen Studenten in Heidelberg in seiner gelassensten Laune sagen hören, er würde lieber zwei Schnäpse ablehnen als ein deutsches Adjektiv deklinieren.

Mark Twain

... Seien Sie sich darüber im Klaren: viel Unklares bleibt bestehen (2)

Zur Groß- und Kleinschreibung von Adjektiven, Adverbien, Präpositionen und Ausdrücken mit Verben

Regeln

Groß schreibt man auch:

- Eigennamen, Titel, Themen. Das gilt auch für Adjektive mit **-er**, die von geographischen Namen abgeleitet werden.
  Heideggers „**Sein** und **Zeit**" und Sartres „**Sein** und **Nichts**"; **Wiener** Schnitzel (aber: eine typisch **wienerische** Aussprache), **Frankfurter** Würstchen, **Frankfurter** Allgemeine Zeitung, **Kölner** Dom
- Adjektive und Adverbien:
  Der **Alte** feierte seinen 90. Geburtstag, und **Jung** und **Alt** feierten mit.
  Er war ein Snob, er schwärmte für das **Junge**, das **Unverbrauchte**.
- Adverbien, wenn sie wie Nomen aussehen (mit Artikel):
  im **Allgemeinen**, im **Großen** und **Ganzen**
  Manche meinen ja, die Rechtschreibreform enthalte auch **Gutes** und bringe manches **Unklare** ins **Reine**, aber andere halten sie für das **Allerletzte**.
- Ausdrücke in Verbindung mit Verben:
  Sie haben **Recht**, dass Sie sich nicht **Angst** und **Bange** machen lassen, denn Sie haben ja keine **Schuld** daran, dass wir **Pleite** gemacht haben.
  Aber nicht in Verbindung mit **sein**, **werden**, **bleiben**:
  Ich **bin** nicht **schuld** daran, wenn dir **angst** und **bange wird**, dass wir **pleite** sind.
- Schreibweisen der schriftsprachlichen und komplexen Präpositionen (➢ Katalog, Liste 9):
  infolge, aufgrund/auf **Grund**, in **Bezug** auf

Übungen

1 ●●○ *der Heilige Vater am Roten Meer*

➢ Klären Sie die Schreibweisen der hervorgehobenen Adjektive.

der *kölner* Dom – die *französische* Küche – die *deutsche* Bank und das *deutsche* Bier – das *pariser* Nachtleben – der *amerikanische* Kontinent – das *europäische* Parlament in Straßburg – das *russische* Roulette – der *badische* Wein – das *deutsch-französische* Verhältnis – der *deutsch-französische* Vertrag – das *wiener* Schnitzel – Zur Zeit Friedrichs des *zweiten* gab es noch keinen *ersten* Mai. – Er besuchte beim *roten* Kreuz einen Kurs in *erster* Hilfe, aber dann bekam er seinen *ersten* Vertrag in der *ersten* Bundesliga.

2 ●●○ *klein trotz Nomen*

In vielen Ausdrücken hat das Nomen seine Selbstständigkeit verloren und wird kleingeschrieben, besonders in Verbindung mit **sein**, **werden** und **bleiben**.

➢ Entscheiden Sie, wie die hervorgehobenen Ausdrücke geschrieben werden.

Ich bin nicht im *stande*, dich *ernst* zu nehmen. Das ist mein voller *ernst*. Natürlich sollst du dein *recht* bekommen, auch wenn du in diesem Punkt nicht *recht* hast. Eigentlich ist mir alles *recht*, aber ich möchte nicht immer alleine *schuld* sein. Ich habe nämlich überhaupt keine *schuld* daran, dass du immer *angst* vor der *pleite* hast. Wenn du *pleite* machst, tut es mir *leid*. Aber ich bin es *leid*, deswegen *not* zu leiden und *angst* zu haben. Darüber bist du dir hoffentlich im *klaren*.

3 ●●● *auch in Frage kommt infrage*

➢ Klären Sie die Schreibweise der Ausdrücke; schauen Sie im DUDEN nach. Wir haben die problematischen Stellen (in Klammern) getrennt und klein geschrieben. Wundern Sie sich nicht, wenn nicht immer Klarheit entsteht.

So etwas kommt überhaupt nicht (in frage).
Warum kommen Sie denn (an stelle) Ihrer Frau?
Es gab (auf seiten) der Bevölkerung viele Klagen.
Schließlich wurde (auf grund) dieser Stimmungslage ein Hilfsprogramm beschlossen.
Viele sind (in bezug auf) die Groß- und Kleinschreibung sehr unsicher.
Wir könnten (mit hilfe) einer wirklichen Rechtschreibreform die Schreibweise vereinfachen.

16

Genauer gesagt

Attribution

Im Hutladen

Verkäuferin: Guten Tag, Sie wünschen?

Valentin: Einen Hut.

Verkäuferin: Was soll das für ein Hut sein?

Valentin: Einer zum Aufsetzen!

Verkäuferin: Ja, anziehen können Sie niemals einen Hut, den muss man immer aufsetzen.

Valentin: Nein, immer nicht – in der Kirche zum Beispiel kann ich den Hut nicht aufsetzen.

Verkäuferin: In der Kirche nicht – aber Sie gehen doch nicht immer in die Kirche.

Valentin: Nein, nur da und hie.

Verkäuferin: Sie meinen nur hie und da!

Valentin: Ja, ich will einen Hut zum Auf- und Absetzen.

Verkäuferin: Jeden Hut können Sie auf- und absetzen! Wollen Sie einen weichen oder einen steifen Hut?

Valentin: Nein – einen grauen.

Verkäuferin: Ich meine, was für eine Fasson?

Valentin: Eine farblose Fasson.

Verkäuferin: Sie meinen, eine schicke Fasson – wir haben allerlei schicke Fassonen in allen Farben.

Valentin: In allen Farben? – Dann hellgelb!

Verkäuferin: Aber hellgelbe Hüte gibt es nur im Karneval – einen hellgelben Herrenhut können Sie doch nicht tragen.

Valentin: Ich will ihn ja nicht tragen, sondern aufsetzen.

Verkäuferin: Mit einem hellgelben Hut werden Sie ja ausgelacht.

Valentin: Aber Strohhüte sind doch hellgelb.

Verkäuferin: Ach, Sie wollen einen Strohhut?

Valentin: Nein, ein Strohhut ist mir zu feuergefährlich!

Verkäuferin: Asbesthüte gibt es leider noch nicht! – Schöne weiche Filzhüte hätten wir.

Valentin: Die weichen Filzhüte haben den Nachteil, dass man sie nicht hört, wenn sie einem vom Kopf auf den Boden fallen.

Verkäuferin: Na, dann müssen Sie sich eben einen Stahlhelm kaufen, den hört man fallen.

Valentin: Als Zivilist darf ich keinen Stahlhelm tragen.

Verkäuferin: Nun müssen Sie sich aber bald entschließen, was Sie für einen Hut wollen.

Valentin: Einen neuen Hut!

Verkäuferin: Ja, wir haben nur neue.

Valentin: Ich will ja einen neuen.

Verkäuferin: Ja, aber was für einen?

Valentin: Einen Herrenhut!

Verkäuferin: Damenhüte führen wir nicht!

Valentin: Ich will auch keinen Damenhut!

Verkäuferin: Sie sind sehr schwer zu bedienen, ich zeige Ihnen einmal mehrere Hüte!

Valentin: Was heißt mehrere, ich will doch nur einen. Ich habe ja auch nur einen Kopf.

Karl Valentin

ehe

die ehe ist
du bist min ich bin din
die durch sitte und gesetz
des solt du gewis sin
anerkannte vereinigung
du bist beslozzen
von mann und frau
in minem herzen
zur dauernden gemeinschaft
verlorn ist das sluzzelin
aller lebensverhältnisse
du muost immer drinne sin.

Dieter P. Meier-Lenz

Mutmaßungen über die Höhlenforschung

Sogenannte Höhlenforscher sind, wie hierzulande jedermann weiß, Menschen, die es sich zur Lebensaufgabe gemacht haben, die heimatlichen Höhlen zu erforschen, die bisher völlig unerforscht gewesen sind. Es könnte aber auch einmal vorkommen, so wie es vor einiger Zeit bei der Erforschung der Höhle zwischen Taxenbach und Schwarzach im Salzburgerland vorgekommen ist, dass eine Höhlenforschermannnschaft Ende August und bei idealen Wetterverhältnissen zwar in die Höhle eingedrungen ist, in der festen Absicht, gegen Mitte September wieder aus der Höhle herauszukommen, aber bis Ende September noch nicht aus der Höhle zurückgewesen war. Dann wird meistens eine Rettungsmannschaft formiert, die man als sogenannte Höhlenforscherrettungsmannschaft bezeichnen kann, um den zuerst in die Höhle eingedrungenen Höhlenforschern zuhilfe zu kommen. Wenn aber auch diese Höhlenforscherrettungsmannschaft zum Beispiel bis Mitte Oktober nicht mehr aus der Höhle zurückkehrt, dann kann sich das für die Höhlenforschung zuständige Amt der Landesregierung veranlasst sehen, eine zweite, aus modernsten sogenannten Höhlenrettungsapparaturen ausgerüstete Höhlenforscherrettungsmannschaft in die Höhle zu schicken. Es könnte aber passieren, dass auch diese zweite Höhlenforscherrettungsmannschaft genauso wie die erste, zwar planmäßig in die Höhle eindringt, aber selbst Anfang Dezember nicht mehr aus der Höhle zurückkehrt. Wenn es aber, was einige im Land hartnäckig immer wieder behaupten, so gewesen wäre, dass die in den Berg eingedrungenen Höhlenforscher und genauso auch die später zu ihnen vorgestoßenen Höhlenforscherrettungsmannschaften, fasziniert von den sich ihnen bietenden unterirdischen Eindrücken und aus freien Stücken, beschlossen hätten, gar nicht mehr ans Tageslicht zurückzukehren, dann wären ihnen auch die Maßnahmen der Salzburgischen Behörden, die Höhle zwischen Taxenbach und Schwarzach endgültig für unerforschbar zu erklären und den Höhleneingang zumauern zu lassen, vermutlich vollkommen wurscht.

nicht ganz frei nach Thomas Bernhard

In die Ferne

Wehe dem Fliehenden, Welt hinaus ziehenden! –
Fremde durchmessenden, Heimat vergessenden.
Mutterhaus hassenden, Freunde verlassenden,
Folget kein Segen, ach! auf ihren Wegen nach!

Herze, das sehnende, Auge, das tränende,
Sehnsucht, nie endende, heimwärts sich wendende,
Busen, der wallende, Klage, verhallende,
Abendstern, blinkender, hoffnungslos sinkender!

Lüfte, ihr säuselnden, Wellen sanft kräuselnden,
Sonnenstrahl, eilender, nirgend verweilender:
Die mir mit Schmerze, ach! dies treue Herze brach
Grüßt von dem Fliehenden, Welt hinaus ziehenden!

aus Franz Schuberts „Schwanengesang“,
Text: Ludwig Rellstab

Ein kurzes Leben (über Rosa Luxemburg)

Ein kurzes Leben; reich an Verfolgung – ständig bespitzelt, immer wieder in der Illegalität, inhaftiert, auf freien Fuß gesetzt, eingesperrt, am Rande der Gesellschaft lebend: um der Einbürgerung in Deutschland willen eine Scheinehe führend, und zum Schluss in genauer Kenntnis des Kommenden, gezeichnet vom Martyrium. Die „auf ihrem Posten“ sterben wollte, in offenem Kampf, fiel, ohne dass sie einer aus den eigenen Reihen hätte begleiten können, uniformierten Meuchelmördern zum Opfer.

Walter Jens und Hans Thiersch

Grammatik im Kasten

1. Acht Mal Attribution

Attribution ist ein Mittel zur Genauigkeit. Durch Attribution wird etwas genauer beschrieben, z.B. ein Gegenstand: nicht mehr irgendein unbestimmter, sondern ein besonderer Gegenstand.
Hier sind acht verschiedene Möglichkeiten der Attribution. Sie werden merken: Die Erklärungen sind gleichzeitig Beispiele für Attribution.
(?) bedeutet, dass man bezweifeln kann, ob das eine stilistisch gute Formulierung ist.

Attribution

1. durch verschiedene Adjektive:
   Valentin will einen **neuen** Hut kaufen.
   der in seiner **modischen** Form **einzigartige** Filzhut
2. durch mit Adjektivendungen versehene und meist mit zusätzlichen Informationen erweiterte Partizipien (PI/PII):
   der **die Verkäuferin ein wenig irritierende** Herr Valentin ...
   die **von Valentins Wünschen völlig überforderte** Verkäuferin ...
3. durch Relativsätze, die sich nach einem Komma an das Nomen anschließen:
   Valentin, **der die Verkäuferin etwas verwirrt/verwirrte/verwirrt hat**, ...
   die Verkäuferin, **die von Valentins Wünschen überfordert ist/war/wurde/wird**, ...
4. durch verkürzte Sätze, nach einem Komma hinter dem Nomen stehend:
   die Verkäuferin, **von Valentins Wünschen völlig überfordert**, ...
   der Filzhut, **einzigartig in seiner modischen Form**, ...
5. durch Ausdrücke hinter dem Nomen (Genitiv, Ausdruck mit Präposition, Adverb):
   die nicht sehr klaren Vorstellungen **Valentins**
   ein Hut **zum Auf- und Absetzen**
   Nehmen Sie doch diesen Hut **hier**.
6. durch Wortzusammensetzungen:
   ein **Herren**hut (Hut für Herren), ein **Filz**hut (ein Hut aus Filz)
   (?) die **Höhlenforscherrettungs**mannschaft, (??) ein **Auf-und-Absetz**-Hut
7. durch Begriffe: Sie enthalten bereits eine Reihe von Attributionen zur genaueren Bestimmung „in sich".
   Hut: ein Gegenstand, mit dem man den Kopf bedecken kann; der den Kopf vor Regen schützt; der unterschiedliche Formen haben kann; etc.
   Kunde: ein Mensch, der in einem Laden etwas kaufen will (z. B. einen Hut)
8. Und natürlich ist jeder normale Satz eine Art Attribution: Über ein Thema wird etwas Genaueres gesagt.
   Valentin **ist ein schwieriger Kunde**.
   In diesem Laden **werden Hüte verkauft**.
   In diesem Laden **verkauft man Filzhüte**.

2. Stilbemerkungen

Einige der acht Varianten werden im gesprochenen Deutsch verwendet, einige vor allem im geschriebenen Deutsch.
Die Attributionen (2) und (4) sind besondere Stilmittel der Schriftsprache. Mit (2) kann eine große Menge von Informationen konzentriert werden; dadurch können die Aussagen einerseits komplexer werden, andererseits schwerer verständlich, denn alle Informationen stehen vor dem Nomen:
ein **besonders für den modebewussten Herrn von heute angefertigter** Hut
(4) kann verwendet werden, um eine rhetorische Wirkung zu erzielen:
die Höhle bei Taxenbach, **ein Naturwunder von ganz besonderer Schönheit**
... ein kurzes Leben, **reich an Verfolgung**, ...

Adjektiv (1) und Relativsatz (3) haben eine beschreibende Wirkung; sie kommen häufig in Prosatexten, in technischen Beschreibungen vor.
Wortzusammensetzung (6) ist eine besonders produktive Attributionsform der deutschen Sprache. Praktisch alles kann auf diese Weise in Wörter gefasst werden: besonders Naturwissenschaftler, Techniker, Juristen, Beamte und Journalisten produzieren unermüdlich neue Wörter, aber auch die Schriftsteller und Spaßmacher:
Höhlenforscherrettungsmannschaft
Vergleichen Sie die bedeutsamen Bemerkungen von Mark Twain zu diesem Thema (➢ Kap. 14, S. 169).

3. Form der Relativsätze

Der Hut, **den** Valentin **will**, gibt es nicht. (Valentin will **einen** Hut)

Numerus Genus — Kasus

- Relativsätze stehen direkt oder nicht allzu weit hinter dem Wort, das erklärt werden soll:
  Valentin, der einen Hut kaufen will, geht in ein Hutgeschäft.
  Valentin will **einen Hut** kaufen, **der** Kopfweite 60 hat, **den** man beim Herunterfallen hört und **der** nicht brennbar ist.
- Im zweiten Satz sollte das Verb vor den langen Relativsatz gezogen werden, weil es sonst „verloren gehen" kann.
- Der Relativsatz wird durch ein Komma abgetrennt.
- Er beginnt mit dem Relativpronomen: **der**, **die**, **das**; **welcher**, **welche**, **welches** (➢ A 1–9).
- Das Verb steht am Ende des Relativsatzes.
- Das Wort, das erklärt werden soll, bestimmt Numerus und Genus des Relativpronomens.
- Das Verb im Relativsatz bestimmt den Kasus des Relativpronomens.

4. P(artizip) I

Alle Verben bilden PI auf gleiche Weise: Infinitiv + **-d:**
fototgrafierend, schlafend, lesend, träumend
PI wird meistens als Adjektiv verwendet und hat dann die Endungen des Adjektivs (➢ Kap. 15, GiK 5); als Teil des Prädikats hat P I keine Endung.
PI wird manchmal als Adverb verwendet:
Trinkend und **tanzend** verbrachten die Bernhardiner ihren Geburtstag.
Wenn wir Glück haben, kommen wir **lebend** aus dieser Höhle heraus.

Verb	PI als Adjektiv	PI als Teil des Prädikats
entscheiden	der entscheidende Augenblick	Der Augenblick war entscheidend.
hin- und herlaufen	der hin- und herlaufende Tourist	–
Tango tanzen	die Tango tanzenden Bernhardiner	–
steigen	die steigende Tendenz	Die Tendenz ist steigend.
erwarten	die zu erwartenden Probleme	–
irritieren	einige irritierende Bemerkungen	Einige Bemerkungen waren irritierend.

Zur Form des PII siehe Kapitel 2, GiK 7.

Übungen und Regeln

1 ●○○ *Relativpronomen*

(Die Zahlen in Klammern bezeichnen die Attributionsvarianten auf Seite 184.)

Valentin (er will einen Hut kaufen) betritt den Hutladen.
→ Valentin, **der** einen Hut kaufen will, betritt den Hutladen.

➤ Bilden Sie Relativsätze. Achten Sie auf die Form des Relativpronomens und auf die Kommas.

Die Männer (sie erforschen Höhlen) heißen Höhlenforscher.
Ein Hut (er besteht ganz aus Metall) ist nicht sehr bequem.
Die Mannschaft (sie ist im August in die Höhle eingedrungen) war bis Ende September nicht wieder aufgetaucht.

2 ●●○ *Präposition und Relativpronomen*

Die Höhle (wir sprechen **von der** Höhle) liegt zwischen Taxenbach und Schwarzach.
→ Die Höhle, **von der** wir sprechen, liegt zwischen Taxenbach und Schwarzach.
aber nicht: die Höhle, davon wir sprechen, ...

➤ Bilden Sie Relativsätze, achten Sie auf die Präpositionen: Das Relativpronomen steht hinter der Präposition. Es entstehen keine **da(r)**-Formen (➢ Kap. 8, A 6).

Die Höhle (drei Mannschaften sind in der Höhle verschwunden) wurde später zugemauert.
Ein Hut (Herr Valentin war mit dem Hut zufrieden) war nicht zu finden.
Der saure Regen (es wird viel darüber gesprochen) macht den schönen Schwarzwald kaputt.

3 ●●○ *Spezialbegriffe, Relativsätze*

Ein Zylinder ist ein schwarzer Hut, den die Männer früher zu feierlichen Anlässen trugen, z. B. bei Beerdigungen oder Festversammlungen.

➤ Formulieren Sie aus den Spezialbegriffen (7) Relativsätze (3), die die besondere Bedeutung des Ausdrucks erklären.

ein Kunde – ein Zivilist – ein Helm – eine Höhle – eine Illustrierte

4 ●○○ *Sätze mit Fehlern*

➤ Verbessern Sie die Fehler in den nächsten Sätzen (auch die kleinen Fehler). Kommen Ihnen einige dieser Fehler bekannt vor? Übersetzen Sie in Ihre Muttersprache, und vergleichen Sie die Unterschiede zwischen Ihrer Sprache und dem Deutschen.

Der Text das wir haben gelesen war sehr schwer.
Der Hut Valentin hat gesehen hat ihm nicht sehr gefallen.
Der Computer, damit ich habe geschrieben, ist schon alt und unbequem.

5 ●●○ *„dessen", „deren"*

Das ist Karl Valentin. **Seine** Kopfweite beträgt 55 oder noch mehr.
→ Das ist Karl Valentin, **dessen** Kopfweite 55 oder noch mehr beträgt.

Das Relativpronomen steht im Genitiv:
dessen: Relativpronomen maskulin und neutrum Singular
deren: Relativpronomen feminin Singular und der ganze Plural
Diese Formen werden fast nur in der geschriebenen Sprache verwendet.

➤ Bilden Sie noch einmal Relativsätze.

In München gab es einen großartigen Sprachkomiker. Jeder kennt seinen Namen.
Bei Taxenbach gibt es eine Höhle. Ihr Eingang wurde allerdings vor einigen Jahren zugemauert.
Das sind die beiden Rettungsbernhardiner. Ihre Geburtstagsfeier hat fast eine Lawine ausgelöst.

Ich zeigte Valentin das Gebäude, **in dem** man Hüte bekommt.
→ Ich zeigte Valentin das Gebäude, **wo** man Hüte bekommt.

6 ○●● *Relativwörter*

lokal: wo, wohin, woher, von wo …
temporal: wenn, als, während …
modal: wie …

Relativsätze, die eine lokale, temporale oder modale Bedeutung haben, können durch entsprechende Relativwörter eingeleitet werden.

➤ Formen Sie die Sätze um; vergleichen Sie die Ähnlichkeit mit „Nebensatz mit Fragewort" (➢ Kap. 8, GiK 3.5).

Valentin erzählt von einem Hutladen. Dort hat er aber keinen Hut gekauft.
Wir stehen vor der Taxenbacher Höhle. Dort sind vor Jahren einige Höhlenforscher verschollen.
Wir haben uns im vorletzten Winter kennen gelernt, in dem es wirklich sehr kalt war.
Die Kinder verhielten sich in der Art und Weise, die sie im Fernsehen gesehen haben.

Wer einen Höhlenforscher findet, soll sich am Höhlenausgang melden!
↔ **Derjenige, der** einen Höhlenforscher findet, soll sich am Höhlenausgang melden!

7 ○●● *„wer"; „derjenige, der"*

Hier ist noch nicht bestimmt, an welche Person die Äußerung gerichtet ist. Der Relativsatz nennt die genauere Bestimmung.
Zwei Formen stehen zur Verfügung:
a) **wer** (immer Singular; maskulin, feminin und neutrum)
b) **derjenige**, **der/derjenige**, **welcher** (Diese Form klingt ein bisschen umständlich.)

➤ Formulieren Sie die Sätze der Gruppe 1 wie in 2 und umgekehrt.

1 Wer das geschrieben hat, hat keine Ahnung von der Höhlenforschung.
Wer als Erster und wer als Zweiter fertig ist, bekommt einen Preis.

2 Diejenigen, die nur Englisch reden, machen keine Fortschritte im Deutschen.
Derjenige, der den Abfall produziert hat, soll auch für seine Entsorgung sorgen.

Es gibt an dir etwas, **über das** ich mich ärgere. ↔ Es gibt an dir etwas, **worüber** ich mich ärgere.

8 ○●● *„wo(r)-" + Präposition*

➤ Bilden Sie Relativsätze wie im Beispiel.

Es gibt an dir etwas. Ich habe Schwierigkeiten damit.
Du darfst ihm nichts schreiben. Er könnte sich darüber ärgern.
Und jetzt zeige ich Ihnen eine Höhle. Ich könnte sehr viele Geschichten darüber erzählen.

Valentin wollte einen hellgelben und nicht drückenden Hut haben.
→ Valentin wollte einen Hut haben, **welcher** hellgelb ist und nicht drückt.

9 ○●● *„welch-"*

welch- wird weniger häufig verwendet als **der/die/das**, meistens in gehobener, literarischer Sprache.

➤ Wiederholen Sie die Aufgaben 1 und 2, jetzt aber mit **welch-**.

Über die Bernhardiner, **die den Berg herunterkugelten**, mussten die Kinder sehr lachen.
→ Über die **den Berg herunterkugelnden** Bernhardiner mussten die Kinder sehr lachen.

10 ○●● *Relativsatz/PI*

➤ Bilden Sie aus Relativsätzen Attributionen mit PI (Attributionsvariante 2).

Die Enten, die im Fluss schwimmen, haben mich zu einem Entengedicht inspiriert.
Der Augenblick, der alles entschieden hat, kam kurz vor Mitternacht.

Ein Mensch, der an allen Hüten herummäkelt, ist ein schwieriger Kunde.
Das Schubert-Lied handelt von einem jungen Mann, der seine Heimat, seine Familie, seine Freunde und seine Liebste verlässt.

11
●●○
Relativsatz/PII

Die Hüte, **die von der Verkäuferin präsentiert wurden**, gefielen Valentin nicht.
→ Die **von der Verkäuferin präsentierten** Hüte gefielen Valentin nicht.

➤ Wie Aufgabe 10, jetzt mit PII.

Die Mannschaft, die zur Rettung der Höhlenforscher zusammengestellt wurde, ist auch nicht zurückgekehrt.
Die Zeitung, die in Deutschland von den meisten Menschen gelesen wird, hat riesige Buchstaben und wenig Text auf der Titelseite.
Die Frau, die von dem jungen Mann verlassen worden ist, wird in dem Lied kaum erwähnt.
Die Frau, die ständig verfolgt, oft inhaftiert und am Ende ermordet worden war, ist Rosa Luxemburg.

12
●●○
Passiv als Brücke: Relativsatz/PII

Die Hüte, **die die Verkäuferin präsentiert**, gefallen Valentin nicht.
→ Die Hüte, **die von der Verkäuferin präsentiert werden**, gefallen Valentin nicht.
→ Die **von der Verkäuferin präsentierten** Hüte gefallen Valentin nicht.

➤ Bilden Sie auch hier Attributionen mit PII. Sie müssen Relativsätze in Passivsätze umformulieren.

Die Diätmethode, die wir anwenden, heißt FdH-Methode (= „Friss-die-Hälfte"-Methode).
Die Hüte, die Valentin anprobiert hat, sind heute nicht mehr modern.
Die Flüsse, die die mitteleuropäische Industrie stark verschmutzt, fließen alle in Nord- und Ostsee.

13
●●●
Relativsatz/ „zu" + PI

Die **in der Zukunft noch zu erforschende** Höhle liegt bei Taxenbach.
→ Die Höhle, **die in der Zukunft noch erforscht werden muss**, liegt bei Taxenbach.
→ Die Höhle, **die in der Zukunft noch zu erforschen ist**, liegt bei Taxenbach.

➤ Welche Relativsätze stecken in den Attributionen mit PI? (zu den Formen mit **sein … zu** ➢ Kap. 3, A 12).

Mit den noch zu redigierenden Texten sind wir bis zum Redaktionsschluss fertig.
Die zu bewältigenden wirtschaftlichen Probleme in Europa sind riesengroß.

➤ Formulieren Sie nun umgekehrt aus den Sätzen Attributionen mit **zu** + PI.

Die Höhle, die erforscht werden sollte, ist unerforscht geblieben.
Einige Referenten redeten einen Unsinn, den man nicht verstehen konnte.

14
●●●
PI oder PII?

Die Leute, die ich interviewt habe, wussten alle nicht sehr viel. → Die **von mir interviewten** Experten wussten alle nicht sehr viel.

➤ Formulieren Sie Attributionen vor dem Nomen. Entscheiden Sie, ob man PI oder PII verwenden muss.

Die Höhlenforscher, die man seit September in der Höhle vermisst, stammen aus der Großstadt.
Die Politik, die die neue Regierung vertritt, unterscheidet sich nicht von der Politik, die die alte Regierung vertreten hat.
Der Jüngling, der die Heimat und die Liebste verlässt, war ein Topos der Romantik.

Übungen mit Stil

15 ○●● *acht Varianten der Attribution*

Es ist nicht immer möglich, einen bestimmten Inhalt in allen acht Varianten zu formulieren. Und: Verschiedene Varianten sind nicht immer unbedingt bedeutungsgleich; manche eventuell möglichen Formulierungen klingen gezwungen/sehr komisch (?/???).
Wir zeigen das an drei Beispielen. Die Ziffern in Klammern beziehen sich auf die vorn genannten acht Varianten der Attribution (➢ S. 184).

(8)	Dieser Hut ist für Herren.	Dieser Hut ist hellgelb.	Die Frau hat zwei Kinder.
(1)	(kein Adjektiv vorhanden)	ein hellgelber Hut	(kein Adjektiv vorhanden)
(2)	ein für Herren gemachter Hut	ein hellgelb gefärbter Hut	die für zwei Kinder sorgende Frau (nicht möglich: die zwei Kinder habende Frau)
(3)	ein Hut, der für Herren ist,	ein Hut, der hellgelb gefärbt ist,	die Frau, die zwei Kinder hat,
(4)	ein Hut, für Herren gemacht,	ein Hut, hellgelb gefärbt,	? Die Frau, mit zwei Kindern ausgelastet,
(5)	ein Hut für Herren	ein Hut von hellgelber Farbe	die Frau mit zwei Kindern
(6)	ein Herrenhut	ein Strohhut	??? die Zwei-Kinder-Frau
(7)	(?) ein Helm, ein Zylinder	(?) ein Sombrero	die Mutter (die natürlich mehr als zwei Kinder haben kann)

Kommentar: ein herrener Hut (1) ist nicht möglich; ein hellgelber Hut und ein Strohhut sind nicht unbedingt synonym; Helm, Zylinder und Sombrero sind ziemlich verschiedene Hüte. „Zwei-Kinder-Frau“ (6) klingt scheußlich, aber z. B. „Zwei-Personen-Haushalt“ ist korrekt.

➢ Übersetzen Sie die Beispiele in Ihre Sprache, beachten Sie Unterschiede oder Probleme beim Übersetzen.

16 ○●● *Varianten der Attribution*

Hier sind **Sätze, in denen** Aussagen über eine Person oder einen Gegenstand gemacht werden.

➢ Formulieren Sie für diese Sätze passende Varianten der Attribution. Diskutieren Sie die stilistischen und die inhaltlichen Besonderheiten, die sich ergeben.

Diese Maschine produziert Mikroprozessoren.
Die Partei ist nicht an der Regierung.
Die Männer erforschen die Höhle von Taxenbach.

17 ○●● *Amtssprache*

➢ Lesen Sie den Polizeibericht über einen Verkehrsunfall in Süddeutschland.

a) Machen Sie sich eine Liste aller Attributionsformen im Text.
b) Unterstreichen Sie die drei Attributionen mit PI/PII.
c) Wie wirkt auf Sie der Stil dieses Berichts?

Verkehrsunfall

Ein aus der Eyachtalstraße die Bundesstraße überquerender Fahrer eines Personenwagens übersah bei der Überquerung der Ortsdurchfahrt ein aus der Ortsmitte kommendes Fahrzeug. Vier von fünf Personen, die in dem von der Vorfahrtsverletzung betroffenen Auto saßen, konnten nach ambulanter Behandlung im Kreiskrankenhaus wieder entlassen werden.

aus dem Polizeibericht einer süddeutschen Lokalzeitung

18
●●●
Stilaufgaben zu den Texten der Lesepause

Hier sind noch einige Aufgaben zu den Lesetexten.

1. Der Text „In die Ferne" aus Schuberts Winterreise wirkt mit seinen vielen PI-Formen möglicherweise eigenartig auf Sie.

   ➤ Besorgen Sie sich einmal die Musik dazu. Sprachliche Form und musikalische Gestaltung harmonieren miteinander (natürlich in romantischer Gestalt). Wie wirken die PI-Formen mit der Musik?

2. Der Text von Walter Jens über Rosa Luxemburg bringt eine Kette von Attributionen der Variante 4.

   ➤ Lesen Sie diese Aussagen hintereinander. Was erfahren Sie in jeder Aussage über das Leben der Rosa Luxemburg? Wie wirkt diese Stilform auf Sie? Wie empfinden Sie den Text?

3. Lesen Sie die jeweils verschieden geschriebenen Passagen des Textes „ehe" hintereinander (keine Angst vor dem mittelhochdeutschen Text) und vergleichen Sie die unterschiedlichen Stile.

4. Markieren Sie im Text „Mutmaßungen über die Höhlenforschung" die Attributionen der Variante 2 mit Gelb, Relativsätze (Variante 3) mit Orange und Nomenzusammensetzungen (Variante 6) mit Rot. Wie würden Sie diesen nicht unbedingt ernst gemeinten Text stilistisch beurteilen?

Was unserem Dichter sehr gelegen kommt ...

Der Forscher und die Schlange

Der Schlangenforscher liebt die langen,
bisher noch unerforschten Schlangen.
Den Schlangen kommen dahingegen
die dicken Forscher sehr gelegen.

Robert Gernhardt

17

Bitte zur Kenntnis nehmen

Nomen-Verb-Verbindungen

Spielregeln auf höchster Ebene

was tut man mit Überlegungen: man stellt sie an
was tut man mit Feststellungen: man trifft sie
was tut man mit Entschlüssen: man fasst sie
was tut man mit Abmachungen: man trifft sie
was tut man mit Verpflichtungen: man geht sie ein
was tut man mit Risiken: man geht sie auch ein
was tut man mit Fragen: man wirft sie auf
was tut man mit Problemen: man packt sie an
was tut man mit Antworten: man sucht und gibt sie
was tut man mit Lösungen: man sucht und findet sie
was tut man mit Widersprüchen: man löst sie auf
was tut man mit Rückschlägen: man begegnet ihnen
was tut man mit Fehlschlägen: man nimmt sie in Kauf

also Überlegungen anstellen
also Feststellungen treffen
also Entschlüsse fassen
also Abmachungen treffen
also Verpflichtungen eingehen und einlösen
also auch Risiken eingehen
also Fragen aufwerfen und stellen
also Probleme anpacken
also Antworten suchen und geben
also Lösungen suchen und finden
also Widersprüche auflösen
also Rückschlägen rechtzeitig begegnen
also Fehlschläge in Kauf nehmen

oder Überlegungen anstellen und in den Wind schlagen
oder Feststellungen treffen und in den Wind schlagen
oder Entschlüsse fassen und vermeiden
oder Abmachungen treffen und sich nicht daran halten
oder Verpflichtungen eingehen und nicht einlösen
oder Risiken eingehen und umgehen
oder keine Fragen stellen und sich selbst unwissend
oder Probleme nicht anpacken und sie bagatellisieren
oder Antworten suchen und nicht finden und ablehnen
oder Lösungen für unmöglich erklären
oder Widersprüche ignorieren
oder Rückschläge für unmöglich halten
oder Fehlschläge nicht einkalkulieren

was tut man also mit Überlegungen:
man schlägt sie in den Wind
was tut man also mit Feststellungen:
man treibt Schindluder damit
was tut man also mit Entschlüssen:
man verschiebt sie auf Morgen
was tut man also mit Abmachungen:
man hält sich nicht daran
was tut man also mit Verpflichtungen:
man geht sie gar nicht erst ein
was tut man also mit Risiken:
man flieht sie
was tut man also mit Fragen:
man stellt sie erst gar nicht
was tut man also mit Problemen:
man geht ihnen aus dem Weg
was tut man also mit Antworten:
man weiß keine
was tut man also mit Lösungen:
man weiß keine
was tut man also mit Widersprüchen:
man verschweigt sie
was tut man also mit Rückschlägen:
man erkennt sie nicht
was tut man also mit Fehlschlägen:
man übergeht sie mit Stillschweigen

Helmut Heißenbüttel

Grammatik im Kasten

1. Wie Nomen-Verb-Verbindungen gebildet werden und was sie bedeuten

Bildung von Normen-Verb-Verbindungen (N-V-Verbindungen)				
Präposition	Artikelwort	Nomen	Funktionsverb	entsprechendes „einfaches“ Verb
(–)	die/eine	Erlaubnis	erteilen	erlauben
(–)	(–)	Kritik	üben	kritisieren
in	(–)	Zweifel	ziehen	bezweifeln
zur	(der)	Anwendung	kommen	anwenden
im	(dem)	Recht	sein	Recht haben

N-V-Verbindungen (andere sagen „Funktionsverbgefüge“) haben die Bedeutung eines Verbs:
Kritik üben = kritisieren; zur Anwendung kommen = angewendet werden
Sie bestehen aus Nomen (Kritik/Anwendung) und Verb (üben/kommen); Präpositionen und Artikelwörter können hinzukommen. Das Nomen ist meist von dem Verb abgeleitet (Nominalisierung, ➢ Kap. 14), das der Bedeutung des gesamten Funktionsverbgefüges entspricht:
Kritik/kritisieren; Anwendung/anwenden
Das Verb behält eine grammatische „Funktion“ (deshalb: Funktionsverb): Es bewirkt die verbale Struktur des ganzen Ausdrucks. Ansonsten hat es nur noch eine „Restbedeutung“:
üben → etwas aktiv tun; kommen → etwas geschieht

Wir führen hier vier wichtige Restbedeutungen auf:
1. aktivische Bedeutung: **bringen** (und viele andere)
   Und wer **bringt** meinen Hut wieder **in Form**?
   Die Hunde Josef und Adolf **übten den Beruf** des Rettungsbernhardiners **aus**.
2. passivische Bedeutung: **kommen** (und viele andere)
   Heute **kommt** der Fall „Max Hahn gegen Moritz Huhn“ **zur Verhandlung**.
   Der Fall hat in der Öffentlichkeit große **Beachtung gefunden**.
3. Übergang in einen anderen Zustand: **geraten** (und andere)
   Herr Böse und Herr Streit sind miteinander **in** einen bösen **Streit geraten**.
   Erst später sind sie **zu der Einsicht gelangt**, dass sich ihr Streit nicht gelohnt hat.
4. Zeitdauer: **liegen** (und viele andere)
   Herr Streit und Herr Böse **liegen** schon jahrelang miteinander im **Streit**.
   Herr Böse meinte, er **sei im Recht**, aber Herr Streit sei im **Unrecht**.

N-V-Verbindungen kommen in großer Zahl vor allem in der Schriftsprache vor, wie die Liste 7 in „Grammatik aus dem Katalog“ zeigt (besonders in der Sprache der Bürokratie, der Justiz, bei Politikern, bei den Akademikern an der Universität). Kennen Sie den Ausdruck „Soziologen-chinesisch“? Man kann sie auch in Festtagsreden hören. Nur ein kleinerer Teil der Ausdrücke wird umgangssprachlich verwendet – pardon: „findet in der Umgangssprache Verwendung“.

2. N-V-Verbindungen mit spezielleren Bedeutungen

Manche N-V-Verbindung hat nicht genau die gleiche Bedeutung wie das entsprechende Verb.
Die Kinder wollen, dass auf sie mehr **Rücksicht genommen wird**. (berücksichtigen)
Gegen diesen Beschluss werden wir **Widerspruch einlegen**. (widersprechen)
berücksichtigen im ersten Satz drückt weniger aus als **Rücksicht nehmen**.
Im zweiten Satz bezieht sich **Widerspruch einlegen** auf ein formales Rechtsverfahren (Brief,Termin, Rechtsanwalt, Gericht), während **widersprechen** ein Ausdruck der Alltagskommunikation ist.

Es gibt viele Ausdrücke, die sich nicht direkt mit dem Verb ausdrücken lassen, von dem die Nominalisierung abgeleitet ist.
Heute **komme** ich nicht richtig **in Gang**. (Ich bin noch zu müde, ohne Ideen, ohne Kraft.)
Jetzt müssen geeignete **Maßnahmen durchgeführt werden**. (Es muss getan werden, was nötig ist/was geeignet ist/was richtig ist.)

Übungen und Regeln

1
gebundene N-V-Verbindungen

➤ Lesen Sie in „Gramatik aus dem Katalog“ die Liste 7a mit gebundenen N-V-Verbindungen, denen ein Verb zugrunde liegt. Oben stehen die die N-V-Verbindungen, darunter die Verben, von denen sie abgeleitet sind. Lesen Sie die Liste mit Markerstift: Heben Sie die Ausdrücke hervor, die für Sie wichtig sind.

2
„freie“ N-V-Verbindungen

➤ Lesen Sie in „Grammatik aus dem Katalog“ die Liste 7b mit „freien“ N-V-Verbindungen. Sie enthält:

1. N-V-Verbindungen, bei denen zwischen dem Nomen und dem zugrunde liegenden Verb zwar eine Beziehung besteht, aber auch ein spürbarer Unterschied in der Bedeutung:
   Schritt halten bedeutet schnell genug sein, mitkommen und hat kaum noch Beziehung zu schreiten.
2. N-V-Verbindungen, bei denen sich die Bedeutung vom zugrunde liegenden Verb gelöst hat:
   in Gang kommen = fit werden, munter werden
3. N-V-Verbindungen, deren Bedeutungen ganz idiomatisiert sind:
   aufs Spiel setzen = riskieren
   zur Neige gehen = langsam aufgebraucht sein

3
Funktionsverben ergänzen

Wer sich **Mühe gibt**, braucht sich keine **Vorwürfe** zu **machen**.

➤ Erweitern Sie die Ausdrücke durch passende Verben (manchmal sind mehrere möglich). In Gruppe 1 ergeben sich vor allem Ausdrücke der Umgangssprache. Die Ausdrücke der Gruppe 2 kommen eher in der Schriftsprache vor, im beruflichen und öffentlichen Leben.

➤ Bilden Sie Beispielsätze, spielen Sie auch mit den Artikelwörtern.

1	Abschied	die Fähigkeit	ein Versprechen	eine Antwort	eine Frage
	einen Vorwurf	einen Antrag	im Recht	im Irrtum	in Not
	in Schutz	in Erfüllung	Kritik	Platz	Rücksicht
	sich in Acht	zur Verfügung	Forderungen	Hilfe	Eindruck
2	zur Folge	zur Diskussion	Anklage	Bezug	um Erlaubnis
	ein Gespräch	Einfluss	in Kraft	in Zweifel	in Anspruch
	in Vergessenheit	unter Strafe	zum Ausdruck	zur Sprache	zur Kenntnis

4
„bringen“, „kommen“

Ich hoffe sehr, dass irgendjemand dich bald **zur Einsicht bringt**.
↔ Ich hoffe sehr, dass du bald **zur Einsicht kommst**.

Viele N-V-Verbindungen haben eine aktivische **bringen**- und eine passivische **kommen**-Variante.

➤ Lesen Sie die Sätze der Gruppe 1 in Form von Gruppe 2 und umgekehrt.

1 Wir bringen nun den Antrag des Abgeordneten Moritz Huhn zur Abstimmung.
Wir bringen nur umweltfreundliche Materialien zur Anwendung.
Die Wirtschaftspleite in dieser Region hat viele Menschen in Schwierigkeiten gebracht.

2 Unser Projekt kommt langsam in Gang.
Durch den Unsinn der Rettungshunde ist aber niemand in Gefahr gekommen.
Mit dieser postmodernen Krawatte kommt Ihre Persönlichkeit erst richtig zur Geltung.

5
○●●
„geraten", „kommen"

Der Nobelpreisträger Moritz Huhn ist nach und nach in **Vergessenheit geraten**.
→ Er ist im Laufe der Zeit völlig **vergessen worden**.

Das Funktionsverb **geraten** betont, dass etwas gegen den eigenen Willen verlaufen ist. Manchmal konkurriert es mit **kommen**.

➤ Lesen Sie die Beispiele, formulieren Sie einfacher.

Ich bin in eine merkwürdige Sache hineingeraten.
Ich gerate/komme immer wieder in die gleiche Schwierigkeit.
Die chemische Substanz H_2O geriet in Verdacht, umweltschädlich zu sein.
Es ist noch ungewiss, ob der Kölner Dom durch das Ozonloch in Gefahr gerät.

6
○●●
„gelangen", „kommen"

Ich bin während der Weihnachtsfeiertage **zu der Überzeugung gelangt**, dass ich mich mit Ihnen wieder vertragen sollte, Herr Streit.

Auch das Funktionsverb **gelangen** hat passivische Bedeutung. Es drückt aus, dass – mehr oder weniger von selbst – ein positives Ziel erreicht wird.

➤ Übertragen Sie die Sätze in eine gehobene Stilform, indem Sie N-V-Verbindungen mit **gelangen** oder **kommen** bilden.

Nach langem Hin-und-Her hat sich Herr Valentin entschlossen, keinen Hut zu kaufen.
Im Staatstheater ist das Stück „Der Taschendieb" aufgeführt worden.
Nach der Lektüre des Textes „Höhlenforscher" habe ich erkannt, dass die Höhlenforschung eine lebensgefährliche Wissenschaft ist.

7
○●●
„stehen", „stellen"

Die Intelligenz der Nilpferde **steht außer Frage**.
↔ Auch der Tourist kann die Intelligenz der Nilpferde nicht **in Frage stellen**.

Das Funktionsverb **stehen** drückt Zeitdauer und Passivität aus, **stellen** drückt Beginn und Aktivität aus. Als Alternative zu **stehen** kann man manchmal **bleiben** verwenden:
unter Anklage/Kontrolle bleiben

➤ Lesen Sie die Sätze der Gruppe 1 mit **stellen**, die Sätze der Gruppe 2 mit **stehen**.

1 Ich stelle nun die Vorschläge von Moritz Huhn zur Diskussion.
Wir freuen uns, wenn Sie uns eine Gehaltserhöhung in Aussicht stellen.
Die Verkäuferin stellte Herrn Valentin mehrere Hüte zur Auswahl.

2 Auch das Nachmachen der neuen Euro-Banknoten steht unter Strafe.
Der Abgeordnete Moritz Huhn steht nicht mehr zur Wahl.
Selbstverständlich steht Ihnen ein Wagen mit Chauffeur zur Verfügung.

8

Nominalisierung

Der Präsident hält eine Rede. → **die Rede des Präsidenten**
(nicht: das Halten einer Rede durch den Präsidenten)

Bei der Nominalisierung von N-V-Verbindungen verschwindet das Funktionsverb. Die Nominalisierung führt hier zu einer Vereinfachung.

➤ Nominalisieren Sie die Beispielsätze.

Die schwierige Situation hat ihren Anfang genommen.
Die Eignung der Bernhardiner als Rettungshunde wurde in Zweifel gezogen.
Ich möchte das Verhalten von Moritz Huhn zur Diskussion stellen.
Dieses Grammatik-Kapitel wird bald zu Ende gebracht.

9

Kartei der N-V-Verbindungen

➤ Legen Sie sich nach und nach eine eigene Funktionsverb-Kartei an. Sammeln Sie die Ausdrücke, die Sie für Studium oder Beruf brauchen. Sie können dabei dieses Muster verwenden:

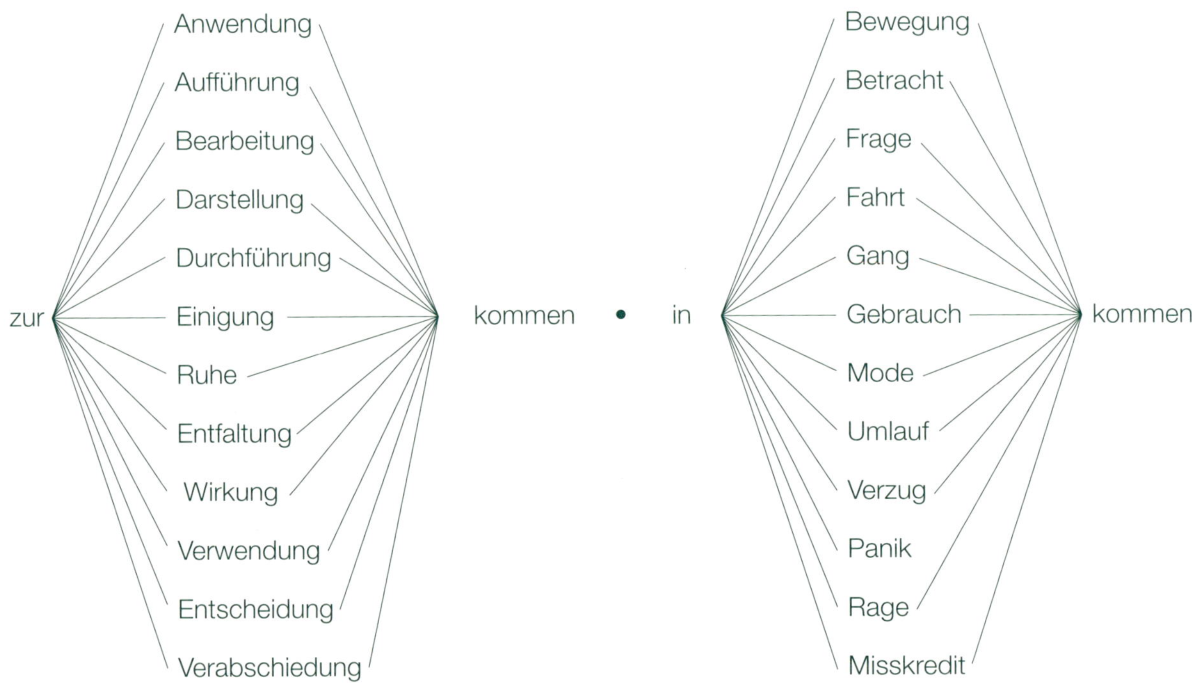

➤ Benutzen Sie mittelgroße Karteikarten, eine Karte für jedes Muster. Sie finden im Wörterbuch unter den häufigen Funktionsverben weitere interessante N-V-Verbindungen. Ergänzen Sie, wenn nötig, Präposition, Artikelwort und Kasus.

in	.....	bleiben	zu	.....	gelangen	in	.....	sein
zu	.....	bringen	in	.....	geraten	zu	.....	setzen
in	.....	bringen	–	.....	haben	in	.....	setzen
–	.....	erfahren	zu	.....	haben	zu	.....	stehen
–	.....	erteilen	in	.....	halten	in	.....	stehen
in	.....	fallen	zu	.....	kommen	zu	.....	stellen
–	.....	finden	in	.....	lassen	zu	.....	stellen
zu	.....	führen	–	.....	leisten	–	.....	treffen
–	.....	führen	in	.....	liegen	in	.....	ziehen
–	.....	geben	in	.....	nehmen	zu	.....	ziehen
in	.....	geben	–	.....	nehmen			

10

besonders schöne, spezifische, „ausgefallene" N-V-Verbindungen

Legen Sie sich mal **ins Zeug**, um mit diesen Ausdrücken **Eindruck** zu **schinden**. Ihre deutschen Partner werden Sie **zum Wahnsinn treiben**, wenn Sie ihnen damit ständig **auf den Zahn fühlen**.

Hier ist noch ein bunter (Papierblüten-)Strauß mit ausgefalleneren N-V-Verbindungen.

➤ Setzen Sie die passenden Verben ein.

Im Salzburger Land wurde ein neuer Höhlenrettungsverband ins Leben ....
Wir werden alle notwendigen Maßnahmen ...., um die bisher verschwundenen Höhlenrettungsmannschaften zu bergen.
Der alte Vorsitzende des Höhlenrettungsverbands ist in tiefe Depressionen ....
Er .... sogar eine Zeit lang in der Gefahr, sich das Leben zu ....

Der neue Höhlenrettungsverband will auch moderne, unkonventionelle Mittel ins Auge ....
Aber damit ist er bei älteren Mitgliedern auf großes Unverständnis ....
Einige Mitglieder .... sich mit dem Gedanken, den Verband zu verlassen.
Wir hoffen jedenfalls, dass unser Höhlenrettungsverband wieder an Bedeutung .... wird.

11

Aufgabe zum Text

➤ Lesen Sie noch einmal den Text von Helmut Heißenbüttel (geschrieben 1965) (➢ Lesepause, S. 192).
Der Text ist mehr als eine Auflistung von N-V-Verbindungen. Er durchläuft vier Stufen:

1. Die **was-tut-man-mit**-Sätze stellen die N-V-Verbindungen als „normale", positiv erscheinende Lebenssituationen vor.
2. In den **also**-Sätzen wird diese Normalität durch die Infinitiv-Form noch verstärkt: gültige Normen des gesellschaftlichen Lebens und des politischen Handelns.
3. Dann aber werden in den **oder**-Sätzen Gegenteile zur Normalität dazugestellt, und zwar so, dass sie die zuerst genannten „Normalitäten" auf den Kopf stellen, „ad absurdum" führen.
4. Zuletzt folgen in den **was-tut-man-also-mit**-Sätzen lauter negative Verhaltensweisen: als gültige Normen des (etablierten) gesellschaftlichen Lebens und des (vorherrschenden) politischen Handelns.

➤ Versuchen Sie, die gesellschaftlich-politische Atmosphäre zu beschreiben, die hier (satirisch) kommentiert wird: die real existierende Bundesrepublik Deutschland in den frühen 60er-Jahren. Sprechen Sie wenn möglich mit Deutschen darüber.

Warum getrennt schreiben, was doch zusammengehört? (1)

Zur Zusammen- und Getrenntschreibung: Nomen, Verben und einige Kleinigkeiten

Regeln

Grundsätzlich schreibt man Wörter mit eigener Bedeutung getrennt und betont auch getrennt. Entsteht aus zwei Wörtern ein neues Wort mit eigener Bedeutung, schreibt man oft zusammen und betont auf dem ersten Teil. Wenn Sie in jedem Fall „korrekt“ schreiben wollen, sollten Sie bei diesen Kombinationen im Wörterbuch nachschlagen. Wir empfehlen: Nehmen Sie sich die Freiheit, nach Ihrem Sprachempfinden zu schreiben, wie das auch die meisten deutschen Schriftsteller tun.

Getrennt schreibt man:

- Verbindungen von Nomen und Verb:
  Ski laufen, Kopf stehen, Kosten sparend
  Als Nomen schreibt man sie zusammen:
  Beim **Radfahren** kann man schlecht **Kopfstehen**.
  Einige Verbindungen, wo das Nomen nicht mehr als selbstständig empfunden wird, schreibt man zusammen:
  bergsteigen, notlanden, heimfahren, irreführen
- Verbindungen von Verben:
  kennen lernen, spazieren gehen, stehen bleiben, verloren gehen
- Verbindungen mit **sein**: dabei sein, hier sein, fertig sein
- so viel, wie viele

Die Konjunktion **soviel** schreibt man zusammen.

Übungen

1 ●●○ *Getrennt oder zusammen?*

➤ Lösen Sie die Aufgabe in mehreren Schritten.

a) Lesen Sie die Wörter und Ausdrücke laut.
b) Entscheiden Sie dann an der markierten Stelle (/), ob man sie zusammen oder getrennt schreibt.
c) Schlagen Sie in einem Rechtschreib-Wörterbuch nach.
d) Begründen Sie die Schreibweise.

lob/preisen – halt/machen – maß/halten – pleite/gehen – spazieren/gehen – probe/fahren – schluss/folgern – preis/geben – stand/halten – ski/fahren

Beim berg/steigen muss ich ab und zu mal halt/machen.
Das passiert mir nicht, wenn ich spazieren/gehe.
Um acht sind wir los/geflogen, um neun mussten wir not/landen und um zehn sind wir wieder heim/gefahren.
Wer einen Computer hat, will nicht mehr maschine/schreiben.
Ich würde gerne bei der oberschwäbischen Meisterschaft im kartoffel/schälen teil/nehmen, falls sie jemals wieder statt/findet.
Bei manchen Dingen ist es besser, sie links liegen/zu/lassen.
Und dann ist plötzlich die Zeit stehen/geblieben.
Ich möchte am liebsten weg/sein, und bleibe am liebsten hier. (Wolf Biermann)

2 ●●○ *Getrennt oder zusammen?*

➤ Was wird zusammengeschrieben?

So/viel ich weiß, hat der Tourist nicht so/viele Nilpferdfotos mit nach Hause gebracht.
Kannst du mir mal verraten, wie/viel Schokolade du aus der Schublade genommen hast.
Herr Böse und Herr Streit trieben es so/weit, dass die Apfelernte in diesem Jahr ausfiel.
Herr Valentin war ein schwieriger Kunde, so/dass die Hutverkäuferin ins Schwitzen geriet.

18

Wieso denn eigentlich?

Redepartikel

Lesepause

Szenen einer Ehe – Feierabend

Bürgerliches Wohnzimmer. Der Hausherr sitzt im Sessel, hat das Jackett ausgezogen, trägt Hausschuhe und döst vor sich hin. Hinter ihm ist die Tür zur Küche einen Spalt breit geöffnet. Dort geht die Hausfrau emsiger Hausarbeit nach. Ihre Absätze verursachen ein lebhaftes Geräusch auf dem Fliesenboden.

SIE: Hermann ...
ER: Ja ...
SIE: Was machst du da?
ER: Nichts ...
SIE: Nichts? Wieso nichts?
ER: Ich mache nichts ...
SIE: Gar nichts?
ER: Nein ...
(Pause)
SIE: Überhaupt nichts?
ER: Nein ... ich sitze hier ...
SIE: Du sitzt da?
ER: Ja ...
SIE: Aber irgendwas machst du doch?
ER: Nein ...
(Pause)
SIE: Denkst du irgendwas?
ER: Nichts Besonderes ...
SIE: Es könnte ja nicht schaden, wenn du mal etwas spazieren gingest ...
ER: Nein-nein ...
SIE: Ich bringe dir deinen Mantel ...
ER: Nein, danke ...
SIE: Aber es ist zu kalt ohne Mantel ...
ER: Ich gehe ja nicht spazieren ...
SIE: Aber eben wolltest du doch noch ...
ER: Nein, du wolltest, dass ich spazieren gehe ...
SIE: Ich? Mir ist es doch völlig egal, ob du spazieren gehst ...
ER: Gut ...
SIE: Ich meine nur, es könnte dir nicht schaden, wenn du mal spazieren gehen würdest ...
ER: Nein, schaden könnte es nicht ...
SIE: Also was willst du dann tun?
ER: Ich möchte hier sitzen ...
SIE: Du kannst einen ja wahnsinnig machen!
ER: Ach ...
SIE: Erst willst du spazieren gehen ... dann wieder nicht ... dann soll ich deinen Mantel holen ... dann wieder nicht ... was denn nun?
ER: Ich möchte hier sitzen ...
SIE: Und jetzt möchtest du plötzlich da sitzen ...
ER: Gar nicht plötzlich ... Ich wollte immer nur hier sitzen und mich entspannen ...
SIE: Wenn du dich wirklich entspannen wolltest, würdest du nicht dauernd auf mich einreden ...
ER: Ich sag' ja nichts mehr ...
(Pause)
SIE: Jetzt hättest du doch mal Zeit, irgendwas zu tun, was dir Spaß macht ...
ER: Ja ...
SIE: Liest du was?
ER: Im Moment nicht ...
SIE: Dann lies doch mal was ...
ER: Nachher, nachher vielleicht ...
SIE: Hol dir doch die Illustrierten ...
ER: Ich möchte erst noch etwas hier sitzen ...
SIE: Soll ich sie dir holen?
ER: Nein, nein, vielen Dank ...
SIE: Will der Herr sich auch noch bedienen lassen, was?
ER: Nein, wirklich nicht ...
SIE: Ich renne den ganzen Tag hin und her ... Du könntest doch wohl einmal aufstehen und dir die Illustrierten holen ...
ER: Ich möchte jetzt nicht lesen ...
SIE: Dann quengle doch nicht so rum ...
ER: *(schweigt)*
SIE: Herrmann!
ER: *(schweigt)*
SIE: Bist du taub?
ER: Nein-nein ...
SIE: Du tust eben nicht, was dir Spaß macht ... stattdessen sitzt du da!
ER: Ich sitze hier, weil es mir Spaß macht ...
SIE: Sei doch nicht gleich so aggressiv!
ER: Ich bin doch nicht aggressiv ...
SIE: Warum schreist du mich dann so an?
ER: *(schreit)* ... Ich schreie dich nicht an!

Loriot

Grammatik im Kasten

1. Was sind Redepartikel?

Redepartikel (manche sagen: Modalpartikeln) sind Elemente der gesprochenen Sprache. Sie schaffen eine lebendige, persönliche, emotionale Wirkung. Wir verwenden sie beim Sprechen ständig, beim Briefeschreiben seltener, beim Verfassen sachbezogener und offizieller Texte kaum.
Redepartikel sind nicht die einzigen Kennzeichen eines umgangssprachlichen Stils (➢ Kap. 19).

2. Die Liste der Redepartikel

In „Grammatik aus dem Katalog" (➢ Liste 10) finden Sie die folgenden Wörter und Wörtchen beschrieben und erläutert: aber – allerdings – auch – bloß/nur – denn – doch – eben/halt – eigentlich – einfach – endlich – etwa – gleich – immerhin – ja – jedenfalls – mal – nun mal – ruhig – schließlich – schon – sowieso/eh/ohnehin – übrigens – überhaupt – vielleicht – wohl

3. Einige Aussagen zur Beschreibung der Redepartikel

1. Sie haben keine eigene Bedeutung, aber sie bewirken, dass eine Äußerung in bestimmter Weise verstanden wird: freundlich, unhöflich, interessiert etc. Sie zeigen die Gefühle, den Standpunkt, das Interesse, die Intention des Sprechers: was er in der Gesprächssituation erreichen will. Sie sind deshalb wichtige Signale für den Hörer.
2. Die meisten Wörter, die als Redepartikel verwendet werden, haben mehr als eine Wirkung.
   doch in den Sätzen
   Komm doch mal wieder vorbei!
   Hör doch endlich mit dem Blödsinn auf!
   hat ganz verschiedene Wirkungen. In der Liste in „Grammatik aus dem Katalog" (➢ Liste 10) sind diese verschiedenen Wirkungen aufgeführt und erklärt.
3. Fast alle diese Wörter haben außer der Verwendung als Redepartikel noch andere Verwendungen, die in der Liste 10 zusätzlich angegeben werden.
4. In einem Satz sind oft mehrere Redepartikel hintereinander möglich.
   Sie können es **ja ruhig mal** probieren!
5. Die Betonung der Redepartikel spielt eine wichtige Rolle (bei der Lektüre des Loriot-Textes in der Lesepause wird das klar). Die meisten Redepartikel sind unbetont; d.h. der Hauptton des Satzes liegt dahinter oder davor.
   dahinter: Was ist denn **hier** los?
   davor: Das hab' **ich** doch nicht gewusst!
   Einige Redepartikel sind betont; sie tragen den Hauptton des Satzes.
   Hör' **bloß** auf mit diesem Quatsch!
6. Die einzelnen Redepartikel passen in ganz bestimmte Satzformen.
   Aussagesatz: Du hast eigentlich Recht.
   Fragesatz: Was hast du dir dabei eigentlich gedacht?
   Imperativ: Lies doch mal was!
   Wunschsatz: Wenn dieser Mann doch endlich mal was tun würde!
7. Man hat oft Schwierigkeiten, Redepartikel direkt in eine andere Sprache zu übersetzen. Denn die verschiedenen Sprachen haben ganz unterschiedliche Möglichkeiten, etwas umgangssprachlich, lebendig, emotional auszudrücken.
8. Nutzen Sie alle Möglichkeiten, lebendig gesprochenes Deutsch zu hören (Rundfunk, Fernsehen, Tonkassetten). Wenn Sie die Möglichkeit dazu haben, machen Sie Ihre Sprachübungen in Zusammenarbeit mit Deutschsprachigen.

Übungen und Regeln

1
●●○
Liste der Redepartikel

Aber wieso denn nun bloß eigentlich nicht?

➤ Arbeiten Sie die Liste der Redepartikel in „Grammatik aus dem Katalog" (➢ Liste 10) systematisch durch, indem Sie die Beispielsätze laut lesen und sich die Verwendungsweisen klar machen. Benutzen Sie dann die Liste als Nachschlagewerk, in das Sie immer mal wieder hineinschauen.

In den folgenden Aufgaben geht es darum, durch Einsetzung passender Redepartikel die Wirkung, Tonart, Farbe der Sätze zu verändern. Es sind Aufgaben zum lauten Lesen, zum dramatischen Sprechen, zum Theaterspielen. Wenn Sie die Möglichkeit dazu haben, arbeiten Sie zusammen mit Deutschsprachigen.

2
●●○
freundliche, interessierte, beiläufige Fragen

Haben Sie das denn gewusst?
denn – eigentlich – überhaupt – übrigens

➤ Lesen Sie die Fragen, setzen Sie passende Redepartikel ein und geben Sie Ihren Fragen einen interessierten, freundlichen Tonfall. Erfinden Sie Dialoge oder „Mini-Dramen". Üben Sie Betonung und Klangfarbe der Beispiel ein.

Um wie viel Uhr kommst du?
Wie kann ich Ihnen helfen?
Haben Sie den Bericht schon fertig?

3
●●○
unhöfliche Fragen

Sind Sie denn total verrückt geworden?
denn – eigentlich – übrigens – überhaupt – etwa

➤ Geben Sie Ihren Fragen einen stark überraschten, unhöflichen, überheblichen, vorwurfsvollen Tonfall. Erfinden Sie die dazu passenden Sprechsituationen.

Was wollen Sie hier?
Wie kommen Sie auf so eine Idee?
Wo haben Sie das Geld her?

4
●●○
rhetorische Fragen

Muss ich denn alles selbst machen?
etwa – denn – schon – vielleicht

➤ Hier geht es um rhetorische Fragen. Man erwartet eine Antwort, die den eigenen Standpunkt bestätigt. Auch diese Fragen können unhöflich klingen.

Würdest du so einen Job gerne machen?
Bin ich für alles verantwortlich?
Wer steht gern morgens um 4 Uhr auf?

5
●●○
Warnungen, Drohungen

Passen Sie ja auf, sonst passiert was!
ja – bloß – nur – ruhig

➤ Geben Sie den Sätzen einen dramatischen, stark akzentuierten Tonfall.

Seid ruhig!
Mach so weiter, dann wirst du schon sehen, was passiert.
Hau ab und lass dich nie wieder sehen!

6
○●●
Überraschung

Das ist aber schön, dass Sie mich mal besuchen.
aber – denn – ja

Hier geht es um Überraschung, aber auch um spontanen Ärger.

➤ Finden Sie den richtigen Tonfall, beschreiben Sie die jeweilige Situation.

Wie spät ist es?
Das ging knapp an einem Unfall vorbei.
Schau mal, es regnet!

7
○●●
Ärger, Aggression, Ironie

Hören Sie doch auf mit dem Blödsinn!
doch – aber – ja – eben/halt – endlich – schon – vielleicht

➤ Ärger und Aggression, aber auch spitze Ironie werden hier geäußert. Auch hier „macht der Ton die Musik"; wie „böse" sind die einzelnen Sätze gemeint?

Du bist ein Experte!
Mach deinen Kram alleine!
Das hast du toll hingekriegt! (wenn es völlig misslungen ist)

8
○●●
freundliche Bitten

Helfen Sie mir doch eben mal.
doch – mal – eben mal – einfach – ruhig – schon

➤ Auch hier muss eine entsprechend freundliche Mimik und Gestik hinzukommen.

Probier's, es ist nicht schwer!
Geh zu ihm hin und frage ihn!
Nimm dir noch was, wenn's dir schmeckt!

9
○●●
unfreundliche Bitten

Nun mach doch schon endlich!
doch – eben – endlich – halt – schon

Hier klingen die Bitten und Aufforderungen unhöflich, ungeduldig und aggressiv.

➤ Setzen Sie Redepartikel ein, auch mehrere kombiniert. Prüfen Sie, ob dadurch die Sätze freundlicher werden oder nicht.

Hilf mir, du siehst, dass es nicht klappt!
Komm!
Fahr los, sonst kommen wir völlig zu spät!

10
○●●
Bewertung, Vermutung

Jetzt ist jede Hilfe wohl zu spät.
wohl – ja wohl – doch wohl – schon

Der Sprecher ist sich ziemlich sicher, aber nicht hundertprozentig.

➤ Finden Sie passende Kontexte und geben Sie den Sätzen den treffenden Tonfall. Vergleichen Sie auch mit Tabelle 1 (➤ S. 12) und A 21 (➤ S. 21) in Kapitel 1.

Er wird noch kommen.
Sie werden nicht behaupten wollen, dass ich daran schuld bin!
Du kannst ganz beruhigt sein. Wir werden das schaffen!

11
●●○
Resignation

Es ist ja doch alles umsonst.
aber – ja – doch – eben/halt – nun mal – einfach

➤ Hier sind Äußerungen des Ärgers und der Resignation, zum Teil mit allgemeiner Begründung.

So sind die Leute.
Für einen Schaden muss man bezahlen.
Es ist zu dumm, dass ich daran nicht gedacht habe.

12
●●○
„eigentlich"

Was bedeutet eigentlich eigentlich?

➤ Machen Sie sich die Verwendungen von **eigentlich** in „Grammatik aus dem Katalog" (➢ Liste 10) noch einmal klar. Lesen Sie dann die Sätze laut und interpretieren Sie sie.

Papa, wo ist eigentlich die ganze Schokolade hin?
Ich habe eigentlich gedacht, dass du das Essen bezahlst.
Wer ist hier eigentlich der Chef, Sie oder ich?

13
●●○
kurze Fragen

Wieso denn ich?
denn – wohl – schon – auch

Mini-Fragen sind in Dialogen oft rhetorisch, ironisch, sarkastisch gemeint.

➤ Verändern Sie bei B die rhetorischen Kurzfragen; finden Sie den richtigen Tonfall dafür.

A: Warum kommst du denn zu Fuß?	B: (Was glaubst du) Warum?
A: Wo ist denn mein Autoschlüssel?	B: Wo? (Wo er immer ist)
A: Warum hast du denn nichts eingekauft?	B: Ja, wann? (Es war doch viel zu wenig Zeit)

14
●●○
kurze Antworten

Willst du noch ein Stückchen Sahnetorte? – Nur bloß nicht!
ja – nein – doch – aha – hmm – …

➤ Lesen Sie die Mini-Dramen laut und erklären Sie die Funktion der Redepartikel, die als Antwort auf eine Frage auch allein stehen können.

A: Heute ist wieder ein Mistwetter!	B: Allerdings!
A: Ich habe erst zwei Seiten geschrieben!	B: Immerhin.
A: Das ist aber viel Arbeit!	B: Eben!

15
●●○
irreale Wünsche

Wenn ich doch nur wüsste, was ich machen soll.
nur – bloß – doch – endlich

Wünsche, die leider nur selten wahr werden, kann man deutlich machen.

➤ Wiederholen Sie die Aufgabe 11 im Kapitel 4 (➢ S. 55).

16
●●○
Rechtfertigung

Es ist sowieso alles für die Katz'.
jedenfalls – überhaupt – sowieso – eh – ohnehin – schließlich

Damit bezieht man sich auf andere Gründe, auf persönliche oder allgemeine „Wahrheiten", oft zur Rechtfertigung.

➤ Erweitern Sie die Sätze, erklären Sie die Situation und die Wirkung der Redepartikel.

Ich hätte dich besucht.
Du kannst sagen, was du willst. Mir gefällt er.
Er ist ein unfreundlicher Mensch.

17 ○●● *„denn"*

➤ Interpretieren Sie die Bedeutung von **denn**.

1. Du wachst an einem normalen Arbeitstag bei hellem Sonnenschein auf, reibst dir die Augen und sagst zu deiner Frau/deinem Mann, die/der noch gar nicht richtig wach ist: „Du, wie viel Uhr ist es denn?"
2. Im Klassenraum einer Schule herrscht großes Durcheinander. Plötzlich geht die Türe auf, der Lehrer kommt herein und schreit: „Was ist denn hier los?"
3. „Was gab's denn heute zum Mittagessen, Fritz?"
4. Fritz kommt nach der Mittagspause aus der Betriebskantine mit bleichem Gesicht an seinen Arbeitsplatz zurück. Sein Kollege sieht ihn und fragt: „Was gab's denn heute wieder zum Mittagessen?"
5. Erwachsener zu einem Kind: „Na, wie heißt du denn?"
6. Das Kind antwortet nicht. Der Erwachsene: „Heißt du Monika?" – „Nein!" – „Heißt du Petra?" – „Nein!" – „Wie heißt du denn?"
7. Beim Fußballspiel: große Aufregung vor dem Tor. Der Mittelstürmer schießt aus fünf Metern Entfernung am Tor vorbei. Der Trainer schreit: „Wie ist denn so was möglich!"
8. Mein Vater, mein Vater, und siehst du denn nicht, was Erlkönig mir leise verspricht? (Goethes Erlkönig)
9. Die Mutter zu Rotkäppchen: „Bleib immer brav auf dem Weg, denn sonst kommt der Wolf."
10. Nichtraucher zu ehemaligem Nichtraucher: „Bist du denn jetzt unter die Raucher gegangen?"

Redepartikel in Situationen

18 ○●● *Wie klingt's ohne, wie klingt's mit?*

➤ Diskutieren Sie die Unterschiede der folgenden Satzpaare. Identifizieren Sie die Partikelverwendung in der Liste der Redepartikel (➤ Katalog, Liste 10).

1. Wie heißen Sie?
   Wie heißen Sie eigentlich?
2. Du bist verrückt!
   Du bist ja verrückt!
3. Weißt du, wie viel Uhr es ist?
   Weißt du eigentlich, wie viel Uhr es ist?
4. Ich kann nichts dafür.
   Ich kann doch nichts dafür.

19 ○●● *verschiedene Interpretationen*

➤ Welcher Satz (a/b) passt zu welcher Interpretation?

1. a) Wo bist du gewesen? b) Wo bist du denn gewesen?
   ein interessierter Vater – ein uninteressierter Vater – ein Vater, der eine Strafe androht
2. a) Ist das verboten? b) Ist das vielleicht verboten?
   interessierte Frage – Frage mit leicht beleidigtem, beleidigendem Klang
3. a) Ich gehe nach draußen. b) Ich gehe mal nach draußen.
   Der Sprecher macht eine eher beiläufige Bemerkung. – Er machte eine deutliche Äußerung.

20 ○●● *Welche Redepartikel?*

➤ Welche Redepartikel sind in den Sätzen möglich? Das lässt sich nur entscheiden, wenn man sich passende Redesituationen vorstellt.

Ich habe .... kein Geld.
Kannst du mir .... helfen?
Haben Sie das .... gewusst?
Ich kann mir das .... nicht vorstellen.
Komm .... bei mir vorbei!

eben halt etwa
denn doch ja
eigentlich überhaupt
übrigens

21 ●●●
eine Szene, zehn Varianten

➤ Interpretieren Sie die Sätze. Achten Sie auf die richtige Betonung. Wie beeinflusst die jeweilige Redepartikel die Wirkung der einzelnen Äußerung?

Könntest du mal dein Zimmer aufräumen?
Du könntest mal dein Zimmer aufräumen!
Du könntest eigentlich dein Zimmer aufräumen!
Du könntest endlich mal dein Zimmer aufräumen!
Räum ja dein Zimmer auf!
Räum halt dein Zimmer auf!
Räum jedenfalls dein Zimmer auf!
Du könntest übrigens dein Zimmer aufräumen!

22 ●●●
Welcher Satz passt?

➤ Was könnte man in den Situationen 1 und 2 sagen? Diskutieren Sie verschiedene Möglichkeiten.

1. In einem Büro mit einem unangenehmen Vorgesetzten ist es zu einem Konflikt gekommen. Ein Mitarbeiter ist plötzlich „explodiert“ und hat dem Vorgesetzten gründlich seine Meinung gesagt. Der Vorgesetzte ist aus dem Raum gerannt und hat die Tür hinter sich zugeschlagen. Die Kollegen sprechen über diesen Vorfall. Einige loben den Mitarbeiter wegen seines Mutes, andere glauben, dass er sich damit geschadet hat. Der Mitarbeiter, immer noch aufgeregt, rechtfertigt sich:
   - Ich lasse mir nichts gefallen!
   - Soll man sich denn alles gefallen lassen?
   - Wir können uns doch nicht alles gefallen lassen.
   - Wir können uns ja nicht alles gefallen lassen.
2. A sitzt in einem Café, als sein Freund B eintritt und fröhlich auf ihn zugeht. B hat Farbe (von einem Filzstift oder Füller) im Gesicht. A schaut ihn mit einem Grinsen an und sagt: …

➤ Überlegen Sie verschiedene treffende Sätze.

23 ●●●
Szenen richtig verstehen

➤ Welches ist für den Dialog 1 die richtige Interpretation?

➤ Wie ist im Dialog 2 die soziale und emotionale Beziehung zwischen den Personen? Wie ist die letzte Äußerung von B zu verstehen?

1
A: Ich hätte gern Menü drei!
B: Tut mir Leid, die Küche ist schon geschlossen.
A: So ein mieser Laden!
B: Da hätten Sie halt früher kommen müssen!

a) Der Kellner erklärt dem Gast freundlich, warum er kein Essen mehr bekommen kann.
b) Der Kellner, anfangs freundlich, reagiert auf die Aggression des Gastes schließlich abweisend.
c) Der Kellner entschuldigt sich mit einer Erklärung dafür, dass der Gast kein Essen mehr bekommen kann.

2
A: Guten Morgen!
B: (keine Antwort)
A: Entschuldigen Sie, dass ich mich verspätet habe.
B: Das ist jetzt schon das dritte Mal in dieser Woche.
A: Es tut mir Leid, aber bei diesem Verkehr kommt man manchmal einfach nicht durch!
B: Ja, ja – machen Sie ruhig weiter so!

24 ●●● *Welche Redepartikel?*

➤ Lesen Sie die Sätze laut und fügen Sie dabei spontan passende Redepartikel ein. In den Klammern steht, wie die Sätze und Fragen gemeint sind.

1. Sind Sie anderer Meinung?
   (Man befürchtet eine bejahende Antwort.)
2. Was haben Sie mit dieser Anspielung gemeint?
   (besorgte Frage zu einem unverständlichen Verhalten)
3. Haben Sie Geschwister?
   (beiläufige Frage)
4. Lass die Finger weg von diesen Dingen!
   (Warnung)
5. War das falsch?
   (Man befürchtet ein „Ja“, hofft auf ein „Nein“.)
6. Was wollen Sie hier?
   (arrogant und aggressiv klingende Frage, fast eine Drohung, ein Rausschmiss)
7. Was machst du in den Ferien?
   (interessierte, freundliche Frage)
8. Was machst du in den Ferien?
   (noch stärker interessierte Frage)
9. Hör auf!
   (ärgerliche Aufforderung)
10. Reichen Sie Ihre Arbeit rechtzeitig ein!
    (dringende Empfehlung)
11. Wie siehst du aus?
    (erstaunt, überrascht klingender Kommentar)
12. Komm her!
    (freundliche Aufforderung)
13. Komm her!
    (ungeduldige Aufforderung)
14. Wenn du hier bist, besprechen wir gleich die wichtigsten Punkte.
    (Sprecher hat nicht erwartet, dass der andere hier ist, und ist dann damit einverstanden.)
15. Das ist alles falsch.
    (Überraschung)
16. Ich habe mir Mühe gegeben, aber die Zeit war zu kurz.
    (Resignation, Entschuldigung, Rechtfertigungsversuch)
17. Sie sind nicht von hier?
    (Man erwartet die negative Bestätigung der Vorannahme.)
18. Wo haben Sie Deutsch gelernt?
    (interessierte, freundliche Frage)
19. Wo haben Sie Deutsch gelernt?
    (ironische Frage an einen, der einen deutschen Text mit sehr vielen Fehlern abgegeben hat)
20. Liebst du mich?
    (beiläufig gestellte, trotzdem zentrale Frage)

schlecht durchdacht, schwer verdaulich, hirnerweichend (2)

Zur Zusammen- und Getrenntschreibung: Adverbien, Adjektive und weitere Kleinigkeiten

Regeln

Getrennt schreibt man:

- Verbindungen mit mehrteiligen Adverbien: zugute kommen, abhanden kommen, darüber stehen (aber: drüberstehen)
- Verbindungen mit **-einander** und **-wärts**: miteinander spielen, vorwärts kommen, aneinander denken, miteinander reden, beieinander bleiben, vorwärts fahren, abwärts gehen
- Verbindungen mit **-ig/-lich**: lästig fallen, übrig bleiben, deutlich machen, heimlich tun, riesig groß

Bei Verbindungen mit Adjektiven und PI/II gilt: Wenn man steigern oder erweitern kann, schreibt man getrennt: hell erleuchtet (heller erleuchtet), blau färben (ganz blau färben), schlecht durchdacht (sehr schlecht durchdacht), allein stehend (ganz allein stehend), schwer verständliche Regelungen (wirklich sehr schwer ...)
Man schreibt zusammen, wenn der erste Bestandteil bedeutungsverstärkende Funktion hat: dunkelrot, superschwierig (➢ Kap.15, A 20)
Wenn gegenüber der zugrunde liegenden Wortgruppe ein Wörtchen eingespart wird, schreibt man zusammen: hirnerweichend (= das Hirn erweichend), lernerunfreundlich (für die Lerner unfreundlich); Sind diese Regeln sinnerhellend oder Furcht einflößend? (➢ Kap.15, A 22)
Wenn Verbindungen eine neue Bedeutung bewirken, schreibt man zusammen oder kann entscheiden: krankschreiben, blaumachen (nicht zur Arbeit gehen), zusammenschreiben (Wörter), weitgehend/weit gehend, weitreichend/weit reichend)
Wenn eine getrennt geschriebene Wortgruppe zugrunde liegt, schreibt man getrennt: frei laufende Hühner, allein stehende Personen, kochend heiß, blendend weiß

Aber: Wir wiederholen unsere Empfehlung aus Orthographie 7 (➢ S. 198): Nehmen Sie sich die Freiheit, nach Ihrem eigenen Sprachempfinden zu schreiben.

Übungen

1 ●●○ *Getrennt oder zusammen?*

➢ Lösen Sie die Aufgaben in mehreren Schritten.

a) Lesen Sie die Wörter und Ausdrücke.
b) Entscheiden Sie dann an der markierten Stelle (/), ob man sie zusammen oder getrennt schreibt.
c) Schlagen Sie in einem Rechtschreib-Wörterbuch nach.
d) Begründen Sie die Schreibweise.

1 sich krank/lachen – krank/feiern (= mit dem Vorwand einer Krankheit von der Arbeit fernbleiben) – krank/sein – jemanden tot/schießen – sich bereit/erklären – schwarz/färben – sich schwarz/ärgern – schwarz/arbeiten – still/sitzen – still/halten (= sich nicht bewegen)

2 Genau/genommen ist mir das nicht leicht/gefallen.
Meine Entscheidung werde ich erst morgen bekannt/geben.
Wir sollten allerdings fest/halten, dass der Angeklagte frei/gesprochen wurde.
Ich habe manchmal Probleme, wenn ich frei/sprechen muss.
Der Roman ist wirklich gut/geschrieben.
Es wurde uns ein größerer Geldbetrag gut/geschrieben.

3 Ich glaube, das wird uns vorwärts/bringen.
Wir müssen vorwärts/gehen und nicht rückwärts.
Ich kann weiter/spucken als du.
Bitte weiter/fahren und nicht stehen/bleiben.
Der Versuch ist total daneben/gegangen.
Es ist ein bißchen Rotwein daneben/gegangen.

4 Wir waren sofort ineinander/verliebt.
Jetzt fühlen wir uns aneinander/gebunden.
Warum hast du denn die Schuhe aneinander/gebunden?
Meine Gefühle sind völlig durcheinander/geraten.
Wir sind nicht gut miteinander/ausgekommen.
Wir wollen niemals auseinander/geh'n.

19

Is noch was?

Gesprochene Umgangssprache

Ein alter Leipziger Suppenspruch

Hitze hat se sagt se hätt se
Kühlung sagt se braucht se möcht se
verbrenn dir nicht die Zung
und brich sie nicht mein Jung
denn Hitze hätt se sagt se hat se
Kühlung möcht se braucht se sagt se

Walther Petri

Barbara F., Grafikerin, erzählt

Schrank habe ich keinen, ich hab ja keine Kleider. Der braune Samtrock ist schön, nicht? Hab ich von Oma, nur enger gemacht, man fühlt sich wohl darin, nichts darunter. Und mit den Jesuslatschen und barfuß, solange es geht. Man muss merken, auf welchem Boden man läuft und wie beweglich man ist. Das ist schön. Sachen anziehen, die nicht schnüren, sich gerne ausziehn, nackt herumlaufen.

Maxie Wander

Von Wohngemeinschaft zu Wohngemeinschaft

Ein Geschlecht von Riesen werdet ihr ja nicht gerade zeugen, sagt Mama. Sie umarmt Ilona und zieht sie in die Küche. Peter hat im Wohnzimmer Getriebeteile auf dem Tisch ausgebreitet.
Grüß dich, sagt er gelassen und blickt kaum auf. Lange nicht gesehen, Brüderchen. Was machsten so? – Ziehen von Wohngemeinschaft zu Wohngemeinschaft und lieben uns, sagt Jörg. Und du? – Bin in ner alternativen Autowerkstatt gelandet, sagt Peter. Für jeden zwölf Mark netto die Stunde. Überschüsse für Rote Hilfe und, er verzieht die Mundwinkel, antiimperialistische Projekte und so. – Oho, sagt Jörg. Gefällts dir? – Sehr, sagt Peter. Ich glaub, ich bleib dort. Is was anderes, als in nem Laden mit Chefs und so. Aber Mama hat noch was vor. Sie will weg. – Was will sie? – Weg. Mit dem Pastor, weißt du. Nach Fuerteventura. – Was? Ist das ihr Ernst? – Ja, sagt Peter. Niko kriegt die Bude hier. Ich bin in ne WG in der Admiralstraße gezogen. Alle von der Werkstatt, weißt du. – Und ich?, fragt Jörg.

Peter Paul Zahl

Beispielsweise das mit den Miniröcken

Beispielsweise das mit den Miniröcken. Die Weiber, ich meine: die Mädchen aus unserer Klasse, sie konnten es nicht bleiben lassen, in diesen Miniröcken in der Werkstatt aufzukreuzen, zur Arbeit. Um den Ausbildern was zu zeigen. X-mal hatten sie das schon verboten. Das stank uns dann so an, daß wir mal, alle Jungs, eines Morgens in Miniröcken zur Arbeit antraten. Das war eine ziemliche Superschau.... Leider hatte ich nichts gegen kurze Röcke. Man kommt morgens völlig vertrieft aus dem ollen Bett, sieht die erste Frau am Fenster, schon lebt man etwas. Ansonsten kann sich von mir aus jeder anziehen, wie er will. Trotzdem war die Sache ein echter Jux. Hätte von mir sein können, die Idee.

Ulrich Plenzdorf

Ich hab was gegen öffentliche Selbstkritik

Leute! ich hätt mir doch lieber sonstwas abgebissen, als irgendwas zu sülzen von: Ich sehe ein ... Ich werde in Zukunft ..., verpflichte mich hiermit ... und so weiter! Ich hatte was gegen Selbstkritik, ich meine: gegen öffentliche. Das ist irgendwie entwürdigend. Ich weiß nicht, ob mich einer versteht. Ich finde, man muß dem Menschen seinen Stolz lassen. Genauso mit diesem Vorbild. Alle forzlang kommt doch einer und will hören, ob man ein Vorbild hat und welches, oder man muß in der Woche drei Aufsätze darüber schreiben. Kann schon sein, ich hab eins, aber ich stell mich doch nicht auf den Markt damit.

Ulrich Plenzdorf

Babsis Theater

Die Studentin Babsi, im Dienstzimmer des Hamburger Soziologieprofessors Hanno Hackmann, mit dem sie eine Affäre hat und der ihr eigentlich etwas Wichtiges sagen will, legt los:

„Du kannst gar nicht glauben, wie gut ich mich fühle. Also, ich hab' doch diese Freundin, von der ich dir erzählt habe, die ich von früher kenne, Heike. Richtig schön, lange Beine, schlank, Busen noch größer als meiner, hellblonde Haare, die treffe ich morgens auf der Straße, am Tag nach deinem Vortrag war's, und ich sag: 'Eh, Heike, was machst du?' Weißt du, was sie macht? Sie macht Sprechtheaterregie und Schauspiel, hier am Forumtheater. 'Sprechtheaterregie und Schauspiel?', sag ich. 'Ja', sagt sie. 'Ich hab keine Zeit, ich muss zu einer Audition. 'Zu einer was?' frag ich. 'Zu einer Vorsprechprobe. Weißt du was', sagt sie, 'komm doch einfach mit und guck dir's an, dann reden wir weiter.' 'Ich weiß nicht recht', sag ich. 'Ach komm schon', sagt sie, 'guck dir das an, das macht Spaß. Da ist auch Günther Pellmann dabei.' 'Was, Pellmann, der Regisseur?' sage ich. 'Ja, auch Schlüter. Die sind immer auf Talentsuche. Außerdem haben die irgendwas in diesem Studiengang zu sagen.' Also bin ich mitgegangen ..."

„Babsi, setz dich doch."

„Ich kann nicht stillsitzen, ich bin so aufgekratzt. Und weißt du was? Wir kommen also ins Forum, die haben da ein wunderbares Theater, das wusste ich gar nicht, da waren die Schauspieler schon alle da, also die, die sie testen wollten, ich kann dir sagen, das sind Typen! Die Männer alle schwul – naja, nicht alle, aber viele, und die Frauen ganz schrille Tussis. Also wir setzen uns in die zweite Reihe, und dann kommt diese Frau. Man sieht es auf den ersten Blick: Karrierefrau, weißt du, total dominierend, gut angezogen, modischer Outfit, echt geil, ein Typ Frau, auf den ich richtig abfahre. Brigitte Schell heißt sie, kennst du die? Die managt diese Theaterseminare mit diesem Rasche ..."

„Babsi, ich muss dir was sagen."

„Klar doch. Also fangen die mit den Proben an. Das ist echt geil, das ist richtig physisch, weißt du, da siehst du, wie die plötzlich Körpergefühl kriegen. Alles vibriert da, hier und hier und hier." Sie fasst sich an Schenkel, Bauch und Brust. „Das ist echt erotisch. Das ist dann so eine Ausstrahlung, die Leute sehen direkt größer aus auf der Bühne. Da war so eine kleine Tussi, ganz unscheinbar, eigentlich direkt hässlich. Aber auf der Bühne war sie plötzlich groß und schön. Präsent, sagt Brigitte dazu, wer Präsenz hat, wird auf der Bühne erst lebendig. Wem sie fehlt, wirkt auf der Bühne wie tot. Kannst du dir das vorstellen? Und das stimmt. Die Bühne ist eine Welt in der Welt, verstehst du? Da wirst du wiedergeboren, sagt sie ..."

„Babsi, halt doch mal die Luft an und hör' mir zu", schnaubte Hanno, nun langsam gereizt, aber sie schien nicht zu hören.

„Die Frau ist echt geil, sag' ich dir. Die gibt dir ein total neues Feeling. Also, die managt da alles, der Pellmann und der andere, wie heißt er doch gleich? Die saßen nur schlaff da herum. Aber die Brigitte kann direkt zaubern. Die kennt einfach die Körper ihrer Schauspieler. 'Klemm' die Pobacken zusammen!' sagt sie zu Heike, als die oben stand, und weißt du was, plötzlich sah die ganz anders aus. Also, die besetzen gerade dieses Stück, Medea heißt es, ist aber nicht dieser Klassiker, sondern ein modernes Stück von einer Engländerin, Jessica Wilson oder so ähnlich, und da gibt es eben die Titelheldin, eine Rächerin gegen Männergewalt, ein Opfer männlicher Sexualität, weißt du? Und die proben und proben, und da sagt die Schell schließlich zu mir: 'Kommen Sie doch mal auf die Bühne.' 'Was, ich?', sage ich. 'Ja, Sie!', sagt sie. Da bin ich da rauf. Was soll ich sagen, jetzt spiel' ich die Rolle der Medea. Sie haben mir die Hauptrolle gegeben, das find ich ja sowas von geil ..."

Unvermittelt brüllte Hanno so laut er konnte: „Ich weigere mich, deine Diplomarbeit zu betreuen, hörst du?" Er hatte es geschafft. Das Gebrüll hatte sie in vollem Lauf gestoppt. Sie blieb stehen und starrte ihn an. Draußen auf der Fensterbank erklang das Gurren der Tauben.

„Du tust was?" fragte sie ruhig.

Dietrich Schwanitz

Grammatik im Kasten

1. Einige Aussagen über die „Gesprochene Sprache" (GS)

„Sprache" kommt von „sprechen". Grammatiken (auch diese hier) und Wörterbücher beschreiben vor allem die „Geschriebene Sprache" („Schriftsprache"). Die „Gesprochene Sprache" (oder „Umgangssprache") wird nur am Rande behandelt. Wir haben aber schon in vielen Kapiteln auf Regeln und Stilformen der GS hingewiesen.

Deutschsprachige haben beim Sprechen und Verstehen, beim Schreiben und Lesen ein ziemlich sicheres Gefühl für die Unterschiede zwischen beiden Stilformen (man sagt auch „Register"). Beide Register sind Varianten der deutschen Standardsprache. Wir wollen deutlich machen, dass GS keinesfalls „schlechteres Deutsch" ist.

Die Register haben über die stilistische Bedeutung hinaus vor allem soziale Funktionen: Wir verwenden GS im alltäglichen Leben. Sie ist „volksnäher" als die Sprache von manchen Akademikern oder Verwaltungsleuten. Sie soll „von allen" verstanden werden, will das Thema treffen, die kommunikative Situation charakterisieren und den Zuhörer emotional ansprechen.

Auch andere Bedingungen sind bedeutsam: In Norddeutschland spricht man etwas näher an der Schriftsprache als in Süddeutschland; das Gleiche tun akademisch gebildete Sprecher (oft ohne es zu merken); wer langsam oder betont spricht, benutzt weniger „Abschleifungen" (➢ A 1-5); wer mit dem Chef oder vor einem Publikum spricht, benutzt eher die schriftsprachliche Tonlage.

Auch die Dialekte (z. B. Schwäbisch, Sächsisch, Plattdeutsch) gehören zur GS, ebenso bestimmte Gruppensprachen (z. B. die Sprache von Schülern und Jugendlichen). Wir vernachlässigen hier diese Aspekte, wir beschreiben nur solche Sprachformen, die als gesprochene Standardsprache von allen in Deutschland benutzt und verstanden werden.

Bisher gibt es nur wenige hilfreiche Beschreibungen und Arbeitsmittel für die GS. Man kann aber die GS in den Bereichen Phonetik/Aussprache, Syntax/Satzbau, Lexik, Idiomatik, Rhetorik und Stil beschreiben und Hilfen zum Lernen geben. Die Zwischenüberschriften im Teil „Übungen und Regeln" wollen bei der Orientierung helfen.

2. Allgemeine Regeln und Tendenzen der GS

In der GS wird in kürzeren Sätzen gesprochen. Man verzichtet so weit wie möglich auf den „Nominalstil": weniger Nominalisierungen (➢ Kap. 14), weniger Attributionen (➢ Kap. 16), weniger komplexe Präpositionen (➢ Kap. 11), weniger Nomen-Verb-Verbindungen (➢ Kap. 17) etc.

In der GS kommen auch weniger Nebensätze vor (Sätze mit Konjunktionen, ➢ Kap. 8 und Relativsätze, ➢ Kap. 16). Stattdessen werden die Aussagen deutlicher hintereinander gesetzt („parataktischer Stil").

Die Tabelle auf S. 213 zeigt, welche Regeln und Tendenzen es in der GS gibt.

Grammatische Strukturen (Kapitel)	Tendenzen der gesprochenen Sprache
Grundverben (Kap. 1)	Modalverben statt komplexer Ausdrücke mit gleicher Bedeutung: Das Pferd ist nicht fähig, ein Zimmer zu tapezieren. → Das Pferd kann kein Zimmer tapezieren.
Zeit und Tempus (Kap. 2)	Perfekt statt Präteritum: Und dann zogen wir noch durch verschiedene Altstadtkneipen. → Und dann sind wir noch durch verschiedene Altstadtkneipen gezogen. Präsens statt Futur: Ich werde Sie wahrscheinlich nicht mehr wiedersehen. → Ich sehe Sie wahrscheinlich nicht mehr wieder.
Aktiv/Passiv (Kap. 3)	Aktiv statt Passiv; Personalpronomen statt „man“: Unser Geschäft wird wochentags um 18 Uhr geschlossen. → Wir schließen wochentags um 6 Uhr abends
KII (Kap. 4)	Variante B (würde + Inf.) statt Variante A (sagte, gäbe): Ich nähme das nicht so tragisch. → Ich würde das nicht so tragisch nehmen.
Satzbau (Kap. 7)	Antworten mit einzelnen Satzteilen oder Teilsätzen statt mit ganzen Sätzen: Wer ist Philipp Marlowe? – Ein Privatdetektiv.
Konjunktionen (Kap. 8)	Verbaler Stil mit Konjunktionen statt Nominalstil mit Präpositionen: Wegen meiner Wochenendmigräne bin ich nicht aus dem Bett herausgekommen. → Ich bin nicht aus dem Bett herausgekommen, weil ich mal wieder meine Wochenendmigräne hatte. Auf schriftsprachliche Konjunktionen (➢ Katalog, Liste 8) wird verzichtet: Der Tourist war sauer, obzwar die Nilpferde einen vergnügten Nachmittag erlebt hatten. → Der Tourist war sauer, aber die Nilpferde hatten einen vergnügten Nachmittag erlebt.
Indirekte Rede (Kap. 9)	Kein KI, sondern Indikativ oder KII: Sie sagte, das komme nicht in Frage. → Sie sagte, das kommt/käme nicht in Frage.
Präpositionen (Kap. 11)	Verzicht auf schriftsprachliche Präpositionen (➢ Katalog, Liste 9): Wir sammeln zugunsten der Höhlenforschung. → Wir sammeln für die Höhlenforschung.
Artikelwörter (Kap. 12)	Verzicht auf bestimmte Artikelwörter: Diejenigen, die das nicht verstehen, sind selber schuld. → Wer das nicht versteht, ist selber schuld.
Nominalisierung (Kap. 13 und 14)	Weniger Nominalisierungen; weniger zusammengesetzte Nomen; nicht viele komplexe Nominalphrasen; kaum Genitiv: Die Möglichkeit der Konzentrierung von Informationen und Argumenten durch Umformung einzelner Teilsätze zu nominalisierten Satzteilen in der grammatischen Form erweiterter Nominalphrasen ... → Informationen und Argumente kann man dadurch konzentrieren, dass man einzelne Teilsätze nominalisiert; es entstehen dann erweiterte Nominalphrasen. Waffenstillstandsverhandlungen; Arbeiterwohnungsbaugenossenschaft → Verhandlungen, um den Krieg zu beenden; AWG
Adjektive/Adverbien (Kap. 15)	Verzicht auf spezielle Adjektive und Adverbien: Unsere Büroluft ist nicht sehr sauerstoffhaltig. → Wir brauchen mal wieder frische Luft in unserem Büro.
Attributionen (Kap. 15 und 16)	Verzicht auf die meisten Attributionen (Adjektive; PI/PII; Relativsätze; nachgestellte Kurzsätze; Genitiv-Attribut): Die Ende August in die Höhle eingedrungene Höhlenrettungsmannschaft blieb verschwunden. → Die Höhlenrettungsmannschaft ist Ende August in die Höhle eingedrungen, aber sie ist seitdem nicht mehr herausgekommen.
Nomen-Verb-Verbindungen (Kap. 17)	Weitgehender Verzicht auf Funktionsverbgefüge: Auch das Fälschen der neuen Euro-Banknoten steht unter Strafe. → Auch das Fälschen der neuen Euro-Geldscheine ist verboten.

Übungen und Regeln

Phonetische und morphologische Abschleifungen

„Abschleifung" bedeutet, Material (Steine, Holz, Metall) glatt und griffig zu machen. Beim Sprechen werden – in allen Sprachen der Welt – bestimmte „korrekte" Formen geglättet, verkürzt, reduziert oder ganz „verschluckt". Abschleifungen machen die Aussprache flüssiger.
In den folgenden Aufgaben behandeln wir immer nur ein einzelnes Phänomen, in der GS wirken sie alle zusammen. Wir beschreiben Tendenzen, die beim schnellen, flüssigen Sprechen mehr, beim langsamen, pointierten, „korrekten" Sprechen weniger in Erscheinung treten.

1 ●○○ *„-r" (am Ende der Silbe, auch vor-„-t" oder anderen Konsonanten)*

der – mir – wir – vergessen – hergelaufen – erleben - Computer – aber – fort – du wirst

-r in diesen Positionen ist ein Vokal und klingt ähnlich wie ein kurzes, abgeschwächtes **-a** /ɐ/.

➤ Lesen Sie sorgfältig die Wörter und die Sätze. Lassen Sie Deutschsprachige zuhören. Üben Sie die deutsche Klangfarbe besonders intensiv, wenn es zu Ihrer Sprache starke Kontraste gibt.

Aber leider hatten wir immer wieder Ärger in der Firma.
Herr Müller, so ein Ärger, der Mörder ist wieder fortgelaufen.
Ob er aber über Oberammergau, oder aber über Unterammergau, oder aber überhaupt nit kommt, das is nit g'wiss. (bayerischer Kanon)

2 ●○○ *„-e" (unbetont)*

Blume – Liebe – beide – geschriebene und gelesene Gedichte

Man spricht **-e** am Ende einer Silbe und in den Vorsilben **be-** und **ge-** ganz kurz, offen und ohne jede Spannung, ohne jede Betonung /ə/.

➤ Lesen Sie die Wörter und die Sätze, und achten Sie auf die offene, lockere Aussprache der gekennzeichneten **e-**Laute.

Ich liebe besonders diese schöne rote Rose.
An Annette denke ich jede Minute.

3 ●○○ *„-e" am Ende verschwindet*

Ich komme gerne zu dir und bleibe übers Wochenende.

-e am Ende wird oft ganz abgeschnitten: schon lange beim Imperativ Singular (➢ Kap. 10, GiK 2), aber auch in der 1. Person Präsens, bei der 1. Person KII, bei bestimmten Adverbien.

➤ Lesen Sie die Sätze, achten Sie auf umgangssprachliche Aussprache.

Das würde ich mir gut überlegen, ich hätte das überhaupt nicht so gemacht wie du.
Komm, wir trinken einen, ich habe nämlich Ärger zu Hause.

4 ●○○ *„-e-" in der Mitte*

unsere – euere – teuerer – bessere – klettere – schüttele

-e- in unbetonter Zwischensilbe wird stark abgeschliffen, oder kann ganz ausgelassen werden (und das wird auch oft so geschrieben).

➤ Lesen Sie die Sätze in umgangssprachlicher Form.

Zum besseren Kennenlernen unserer Weine gebe ich Ihnen unseren Prospekt mit.
Der hintere Wagen ist teuerer als unserer hier.

5 ○○● *„-en" (am Wortende)*

Habm Sie was gegng die deutschn Abschleifungn?

Bei Endungen mit **-en** versucht man, das /ə/ in der Endung so weit wie möglich zu minimalisieren oder ganz zu verschlucken. Die Silbenqualität kann ganz verloren gehen. Aber man kann immer noch „hören", dass das Wort die Endungsilbe **-en** hat.

➤ Lesen Sie die Wörter und die Sätze; achten Sie an den markierten Stellen sorgfältig auf umgangssprachliche Aussprache.

b/p+en → bm/pm (!)	haben, sieben, Abend, klappen	(Änderung des Endkonsonanten)
d/t+en → dn/tn	hatten, Baden-Baden, Garten, reden	
g/k+en → gŋ/kŋ (!)	wegen, gegen, Gegend, wecken	(Änderung des Endkonsonanten)
l/r+en → ln/rn	fallen, bellen, fahren, wir waren	(kann man einsilbig sprechen)
ch/s/z+en → chn/sn/zn	krachen, sprechen, fassen, kratzen	
n/m+en → n' n/m' m	denen, Bremen, nehmen, rennen	(fast einsilbig)

Die beiden haben einen schönen Abend zusammen verbracht.
Kennst du die sieben Schwaben, die Angst vor einem Hasen haben?
Wir werden Musikanten in Bremen und wollen dich mitnehmen.

6 ○●● *Präposition + Artikel*

Sie saß an **'nem** schönen Abend mit so **'nem** Typ in **'ner** Kneipe beim Wein.

Unbetonte Artikelwörter können mit vorangehenden Wörtern, vor allem Präpositionen, zusammengezogen werden. Bei einigen wenigen Präpositionen darf man diese Verbindungen auch schreiben: **im**, **ins**, **am**, **ans**, **ein/eine** wird vorn abgeschliffen **'n**, **'ne**. Wichtig ist, dass die Artikelform genau verstanden wird.

➤ Lesen Sie die (unkorrekt geschriebenen) Formen und die (korrekt geschriebenen) Sätze.

mita (mit der), mitm (mit dem), mitner (mit einer), mitnem (mit einem) – fürn (für den), fürne (für eine), fürnen (für einen), fürs (für das) – im (in dem), innem (in einem), innen (in einen), ins (in das) – beim (bei dem), beiner (bei einer), beinem (bei einem) – son (so ein), sone (so eine) – annen (an einen, an den), annem (an einem, an dem)

Wir haben **in einem** Keller gesessen und uns **mit dem** besten Wein betrunken.
Ich nehme Sie **auf der** Stelle **bei dem** Wort.
So eine dumme Sache, und das wegen **so einem** Mann.

7 ○●● *Verb + Personalpronomen*

Hitze hat se sagt se hätt se. (Gedicht aus der Lesepause)

Personalpronomen **du**, **er**, **sie/Sie**, **es**, **wir**, **ihr**, die hinter dem Verb stehen und unbetont sind, verändern ihre Lautqualität und werden verkürzt gesprochen. Auch **ihn**, **ihm**, **ihr** können abgeschliffen werden.

➤ Lesen Sie Formen und Sätze, wie man's spricht, aber nicht schreibt.

hatse (hat sie), gehnse (gehen sie), isse (ist sie) – hatta (hat er), machta (macht er), kommta (kommt er) – hats (hat es), machts (macht es), wills (will es) – haste (hast du), biste (bist du), machste (machst du) – hamwa (haben wir), gehnwa (gehen wir), machnwa (machen wir) – habta (habt ihr), gehta (geht ihr), kommta (kommt ihr), hatm (hat ihm)

Und dann **hat er** uns gesagt, **dass er** später kommt.
Dann **hat sie** ihm einen Kuss gegeben.
Du **hast ihm** doch hoffentlich kein Geld gegeben?

8 ●○○ *„etwas“/„einmal“*

Und nun **mal** was ganz Spannendes!

et- bei **etwas** und **ein-** bei **einmal** werden abgeschliffen, aber nicht, wenn **etwas = ein wenig** und **einmal = 1x, ein einziges Mal** bedeutet.

➤ Lesen Sie die Sätze, als ob sie gesprochen worden wären.

So etwas Schönes habe ich noch nie erlebt.
Kommen Sie mich doch bitte einmal besuchen, wenigstens ein Mal!
Ich habe einmal etwas gesehen, was die ganze Sache etwas positiver erscheinen lässt.

9 ●○○ *„hin-“/„her-“*

Wer **raus**geht, muss auch wieder **rein**kommen.

Der Unterschied von **her-/hin-** entfällt in der GS, es wird einfach **r-** vor die Wörter gesetzt (➢ Kap. 15, A 14).

➤ Lesen Sie die Wörter und die Sätze in vereinfachter Form.

herunter – hinunter – herüber – hinüber – hinaus – heraus – hinausgehen – herumlaufen
Komm bitte herunter und geh einmal hinüber zum Milchgeschäft.
Gehen Sie bitte mutig hinein, aber kommen Sie bitte auch wieder gesund heraus!
Jetzt habe ich herausgefunden, wie man „hinüber“, „hinauf“ und „herunter“ richtig ausspricht.

10 ●○○ *andere Abschleifungen*

Alles kamma, wemma will, un'n bissjen is mehr als nix.

Hier folgt noch ein bunter Rest von Abschleifungen in einzelnen Wörtern:

a) Bei ganz bestimmten Wörtern in unbetonter, schnell gesprochener Position können **-d/t**, **-n** und **-l** am Ende ein Stück weit oder ganz abgeschliffen werden: ma(l), is(t), un(d), nich(t), sin(d), we(nn), ma(n), ka(nn).
b) Im Kontakt mit **s-** , **z-** und **sch-** wird die Verkleinerungssilbe **-chen** am Anfang mit **j** (statt ch) gesprochen (**bisschen**, **Küsschen**, **Herzchen**, **Fläschchen**), aber nicht bei **Kindchen**, **Kettchen**.
c) Besonders populär ist die Abschleifungsform **nichts** → **nix**.

➤ Lesen Sie die Beispielsätze in umgangssprachlicher Form.

Bisher **ist es** ganz gut gegangen, **es ist** glücklicherweise **nichts** Schlimmes passiert.
Da **kann man mal** sehen, dass **gar nichts** funktioniert, **wenn man mal nicht** da **ist**.
Das Kindchen hat aus seinem **Fläschchen** mit dem **Herzchen ein bisschen** auf sein Bettchen gekleckert.

Durchbrechungen und Varianten der Regeln im Satzbau

11 ●●○ *Hauptsatz/Nebensatz*

Das verstehe ich nicht, **weil du sprichst** so abstrakt.
Okay, ich komme mit, **obwohl ich hab'** gar keine Lust.

Nach **weil** und **obwohl** (in nachgestellten Sätzen) wird gern mit Hauptsatz-Wortstellung gesprochen. Fast hört und spürt man dabei eine kleine Denkpause nach der Konjunktion.

➤ Verbinden Sie die Sätze mit umgangssprachlicher Wortstellung.

Ich habe nichts gemacht. Die Aufgaben waren mir einfach zu schwer.
Komm, ich lad dich zu einem Bier ein. Ich hab gar kein Geld dabei.
Ich kann da wenig helfen. Ich verstehe nichts vom Computer.

12 ●●○ *Satzanfang*

Geküsst hat sie mich dann aber doch. **Gewollt** hab' ich's ja gar nicht, aber schön war's.

Der Satzanfang dient oft dazu, bestimmte Aussagen zu betonen oder besonders zu thematisieren. Auch ausgefallene Satzteile können am Satzanfang stehen („Frontierung“):

➤ Dramatisieren Sie die Sätze durch Frontierung mit lauter Stimme.

Ich habe von dem Unfall überhaupt nichts gemerkt.
Das habe ich ganz blöd gefunden.
Ich habe nichts mehr von dem ganzen Geld gesehen.

In Berlin, da sind die Leute nicht auf den Mund gefallen.

13 ○●● *Satzanfang + „da"*

Die „Frontierung" kann dadurch verstärkt werden, dass der nachfolgende Satz (nach einem Komma) mit **da** eingeleitet wird.

➤ Verändern Sie die Sätze nach diesem Muster.

In Süddeutschland kann man die Leute manchmal kaum verstehen.
In Deutschland sind die Leute halt manchmal etwas kalt.
Bei so einem Wetter kann man doch keinen Ausflug machen.

Den Kerl da kann ich überhaupt nicht leiden.

14 ○●● *Betonung mit „da"*

Das Wörtchen **da** wird auch als demonstratives Element direkt hinter einen Ausdruck gesetzt.

➤ Verändern Sie die Sätze nach diesem Muster.

Den Text kapiere ich einfach nicht.
Diesem Herrn werden wir mal die Meinung sagen.
Mit dem Ding würde ich keinen Schritt weit fahren.

Es gibt total bescheuerte (= dumme, blöde) Leute.
→ **Es gibt Leute, die** sind total bescheuert.

15 ○●● *Hauptsatz (betont)*

Statt Adjektiv-Attributen und Relativsätzen werden in der GS häufig nachgestellte Hauptsätze gebildet.

➤ Verändern Sie die Sätze nach dem Muster oben.

Es gibt Sachen, die es gar nicht gibt. (einer von den vielen Alltagssprüchen)
Der Typ, mit dem ich früher zusammen studiert habe, kommt mich jetzt besuchen.
Das war eine unvergessliche Erfahrung.

Die Leute sind völlig verrückt.
→ **Die Leute, die** sind völlig verrückt.

16 ○●● *Betonung vorn*

Man kann frontierte Nomen noch stärker betonen, indem der nachfolgende Satz mit einem demonstrativ gemeinten Artikel eingeleitet wird.

➤ Verändern Sie die Sätze nach diesem Muster.

Den Typ kenne ich doch.
Den Kerl werde ich schon noch kriegen.
Den Urlaub kannst du diesmal vergessen.

➤ Lesen Sie (besser: Singen Sie) den Mackie-Messer-Text von Bertolt Brecht auf S. 224.

Der Lärm da, der macht mich noch wahnsinnig.

17 ○●● *gemischte Frontierungs-Muster*

➤ Mischen Sie nun die Muster aus den Aufgaben 14 und 16; verwenden Sie, wenn möglich, die dortigen Sätze.

18
Betonung hinten

(Die) hätte von mir sein können, **die Idee**.
Was für Schwierigkeiten haben wir gehabt **mit dem**.

Auch das Satzende kann zur Betonung genutzt werden.

➤ Formulieren Sie nach diesen Mustern.

Der junge Mann hatte große Schwierigkeiten.
Wegen dir habe ich nichts als Ärger gehabt.
Dein Freund ist wirklich nett.

19
Vergleiche und Infinitive hinten

Der hat geredet **wie ein Buch**.
Ich habe völlig vergessen **zu tanken**.

Vergleiche und Infinitive werden oft ans Satzende gestellt, hinter die letzte Verbform. (➢ Kap. 17, A 7).

➤ Formulieren Sie Sätze nach diesem Muster.

Du hast dich angestellt (Anfänger).
Wir haben geschuftet (Pferde).
Es hat erst nach Stunden aufgehört (zu regnen).

20
Kurzsätze

Nöö, mach ich nicht! – (Auf einem Zettel:) Komme gleich wieder. – Wird erledigt!

An der ersten Stelle des Satzes können die Artikelwörter und Pronomen **das/es**, aber auch **ich**, **der/die**, **er/sie** wegfallen; der gesprochene Satz beginnt also mit dem Verb. Es entsteht eine knappe, schnelle Erzähl- oder Dialogfolge.

➤ Verkürzen Sie die Antworten oder Sätze nach diesem Muster.

Darf ich mitfahren? – Das kommt überhaupt nicht in Frage.
Fritz, komm doch mal. – Ich bin schon da.
Und dann: Sie geht einfach weg und lässt mich stehen.

Beim Erzählen, im Dialog, bei Frage und Antwort wird oft und gern darauf verzichtet, vollständige Sätze zu bilden. Einzelne Satzteile oder Teilsätze reichen aus, um flüssig und verständlich zu kommunizieren.

➤ Lesen Sie den Marlowe-Text in der Lesepause von Kapitel 7 (➢ S. 78) sowie den Text von Maxie Wander in der Lesepause in diesem Kapitel (➢ S. 211). Achten Sie auf die vielen Satzverkürzungen. Versuchen Sie probeweise, „ganze Sätze“ zu bilden und beurteilen Sie den unterschiedlichen Stil.

21
Genitiv/Dativ

Wegen dem Europacup-Spiel war kein Mensch auf der Straße.

Die Präpositionen **wegen**, **statt**, **trotz**, **während**, **innerhalb** u.a. haben Dativ statt Genitiv. Die meisten anderen Präpositionen und präpositionalen Ausdrücke mit Genitiv (➢ Katalog, Liste 9) spielen hier keine Rolle, weil sie selten oder nie gesprochen werden; oft hilft man sich, indem man **von** + D hinzufügt.

➤ Erweitern Sie die Sätze nach diesem Muster.

Wir sind mal wieder zu spät gekommen. (wegen – der Blödmann)
Kein Mensch hat was gesprochen. (während – das Essen)
Er hat mit dem Unfug weitergemacht. (trotz – alles gute Zureden)
Die Stimmung im Land hat sich völlig verändert. (innerhalb – ein Jahr)

Ausdrücke der kommunikativen Strategie

Viele Wörter und Ausdrücke sind nicht immer wörtlich gemeint. Sie haben mehr eine strategische Funktion. Sie dienen z. B. der Übertreibung, der Versicherung, der Generalisierung. Andere Ausdrücke dienen dazu, etwas pauschal zu bewerten, etwas negativ zu charakterisieren. Oder man möchte seine Emotionen ungehindert zum Ausdruck bringen.
Hören Sie genau hin, wie und in welchen Situationen diese Ausdrücke in der GS verwendet werden. Diese Ausdrücke gehören in Ihren aktiven Wortschatz.

22 ○●● *Generalisierung/Übertrei-*

Du machst **immer alles ganz** falsch.

Hier sind Ausdrücke, die in der GS verwendet werden, um zu übertreiben, zu intensivieren, zu generalisieren.

➤ Lesen Sie die Ausdrücke. Intensivieren Sie die Sätze, indem Sie verschiedene Ausdrücke, mit dramatischer Betonung, einsetzen.

absolut	echt	furchtbar	riesig	toll	völlig
alles	entsetzlich	ganz	schrecklich	total	voll
arg	extrem	immer	sehr, sehr	ungeheuer	vollkommen
brutal	fürchterlich	irre	super	unheimlich	wahnsinnig

Das hat weh getan.
Das hat uns geärgert.
Du bist verrückt geworden.
Das war ein Erfolg.

Wir haben uns gefreut.
Das hat mir gut gefallen.
Ich bin heute daneben.
Es tut mir Leid, aber ich habe mich geirrt.

23 ●●● *„gehobene" Verstärkungen, Übertreibungen*

Das finden wir **ausgesprochen** interessant.

Es gibt auch ausgesprochen schriftsprachliche Ausdrücke der Verstärkung oder Übertreibung.

➤ Lesen Sie die Ausdrücke; vergleichen Sie sie mit Formulierungen in Ihrer Sprache.

äußerst	überaus	traumhaft	leidenschaftlich
großartig	hoch-	ausgesprochen	fantastisch

➤ Formulieren Sie die Beispielsätze umgangssprachlich, verwenden Sie Ausdrücke aus Aufgabe 22.

Er machte einen äußerst verwirrten Eindruck.
Wir waren überaus glücklich über Ihren Besuch.
Es war ein traumhaftes Wetter.
Heute haben Sie ganz fantastisch gespielt.

24 ○●● *Versicherungen*

Er kommt **ganz bestimmt** noch.

Manche Ausdrücke sollen die Wahrheit oder Wahrscheinlichkeit des Gesagten versichern. Ob dadurch die Zweifel wirklich kleiner werden, ist eine andere Frage.

➤ Lesen Sie die kleine Auswahl von Ausdrücken; vergleichen Sie sie mit Ihrer Sprache. Lesen Sie dann die Beispielsätze mit diesen Ausdrücken mit lauter, dramatischer Stimme.

(ganz) bestimmt – ehrlich – mit Sicherheit – sicher – sicherlich – wirklich – echt – garantiert

Ich habe das nicht gewusst.
Er hat alles getan, was er konnte, um die Firma zu retten.
Die werden nicht kommen.

25 ●●●
Joker-Wörter

Nimm mal das ganze **Zeug** da weg.

Viele Ausdrücke haben in der GS die Aufgabe, etwas Bestimmtes mit einem allgemeinen Wort, in pauschaler Weise zu bezeichnen. Wie der Joker im Kartenspiel für eine bestimmte andere Karte steht, so repräsentieren solche „Joker-Wörter“ das, was gemeint ist. Mit einigen Ausdrücken ist immer, mit anderen nur manchmal ein negativer Klang verbunden.

➤ Lesen Sie sich die Beispielsätze aufmerksam durch und kommentieren Sie die Joker-Wörter. Machen Sie sich klar, ob eine wirklich negative Charakterisierung gemeint ist oder nicht.

Ich kann den **Kerl** einfach nicht leiden.
Gib mir das **Ding** mal herüber.
Nimm die ganzen **Dinger/Sachen** und mach, dass du fortkommst.
Über solche **Dinge** spricht man nicht in diesem Ton.
Er hat mir stundenlang seine ganzen **Geschichten** erzählt.
Pack mal den **Mist** da weg.
Was sollen wir denn mit dem ganzen **Kram**?
Nimm mal die **Klamotten** vom Stuhl.
Das sind natürlich alles höchst interessante **Fragen**.
Kümmern Sie sich um Ihre eigenen **Angelegenheiten**.

„Idiomatische Modelle“ in der GS

„Idiomatische Modelle“ (IM) sind Ausdrücke, die die Kommunikationssituation beeinflussen, lenken, kommentieren sollen. Die deutsche Sprache ist voll davon; sie sind ein Stück unserer Alltagskultur, und ebenso bunt und (nicht immer) lustig.

IM sind lexikalisch, grammatisch und in der Intonation weit gehend oder vollkommen festgelegt. Man kann sie wenig oder gar nicht verändern (deshalb: „Modell“).

IM gibt es auch in der Schriftsprache:
Man könnte hingegen einwenden, dass...
Wie dem auch sei, ...

Diese Ausdrücke wollen wir vernachlässigen, obwohl sie in schriftlichen Texten und in der Akademikersprache (Vorlesung, politische Rede, Diskussion im Seminar und in der Öffentlichkeit) häufig vorkommen (➢ Kap. 4, A 14). Manche Ausdrücke dieser Art erscheinen geschraubt, emotionslos, überflüssig.

Die Beispiele in Aufgabe 26 sind eine kleine, zufällige, ungeordnete Auswahl. Am besten ist, man macht sich ans Sammeln, Verstehen, Nachmachen. Aber Vorsicht: Wenn die Ausdrücke nicht genau stimmen, kann es komisch wirken.

26 ●●●
idiomatische Modelle

Pass ma(l) auf, ... ; Passen se ma(l) auf, ...

In dieser Aufgabe finden sich IM mit einem passenden „Mini-Drama“.

➤ Geben Sie eine möglichst genaue Erklärung der Bedeutung/Wirkung des IMs; sprechen Sie (wegen der Intonation) das IM lebendig nach. Wie würden Sie es in Ihrer Sprache ausdrücken?

A: Was mach’ ich denn jetzt? Der letzte Bus ist weg.
B: **Pass mal auf**, du übernachtest am besten bei mir auf der Couch.

Erklärung: Redeeröffnung, wenn man etwas Wichtiges sagen will; oft nur, um Aufmerksamkeit zu erreichen; oft ritualisiert; häufig beim engagierten Diskutieren (manchmal etwas impertinent).

aha (1) A: Ich bin damals natürlich auch in der Partei gewesen. – B: Aha.

aha (2) A: Du, bitte entschuldige, ich hab' gestern Abend die Flasche Wein aus dem Kühlschrank genommen. – B: Aha, jetzt wird mir alles klar.

wenn du (de) meinst A: Ich glaube, jetzt können wir gehen, es regnet nicht mehr so stark.
B: Wenn de meinst.

na also! A: Wie viel ist 17 x 7? – B: Ich glaub' 127, nein 107, ach nein, ganz falsch; 17 x 7 ist 119 – A: Na also, warum nicht gleich.

na ja A: Ich habe wirklich so stark gebremst, wie ich konnte.
B: Na ja, du hättest aber auch langsamer fahren können.

ach so! A: Ich muss jetzt weg, ich hab' noch was vor.
B: Ach so, ich wusst' ja gar nicht, dass es bei dir noch so was wie ein Privatleben gibt.

ach was! (ach Quatsch!) A: Du blutest ja; warte, ich hol' dir ein Pflaster.
B: Ach was, das macht doch gar nichts.

Mensch, ... A: (tritt seinem Nebenmann in der Straßenbahn kräftig auf die Zehen). –
B: Mensch, passen Sie doch besser auf, wo Sie hintreten!

also nein (also neee) (Es klingelt; A macht die Tür auf. Vor der Tür steht ein ehemaliger Schulfreund, den A schon seit Jahren nicht mehr gesehen hat):
A: Also nein (neee), das ist aber eine Überraschung!

von wegen! A: Krieg' ich noch ein Stück Schokolade?
B: Von wegen! Du hast schon fast die ganze Tafel weggeputzt.

27 ●●● *„Mini-Dramen"*

➤ Erfinden Sie zu den IMs, deren Bedeutungen erklärt werden, passende „Mini-Dramen".

➤ Sammeln Sie weitere Beispiele. Verfolgen Sie deutsche Gesprächs- und Kommunikationssituationen, z. B. bei TV-Talkshows, Kino-Dialogen, spontanen Alltagsgesprächen. Okay!?

siehst du! (siehste! sehnse!) Man zeigt dem anderen, dass man Recht gehabt hat, dass man etwas vorhergesehen hat; klingt oft ziemlich impertinent, rechthaberisch; ist oft ein Vorwurf, dass der andere schuld am Unglück ist; steht allein, oder es folgt ein Hauptsatz.

meinetwegen (von mir aus) Kann ein Adverb sein oder allein stehendes IM; man drückt aus, dass man mit etwas wirklich einverstanden ist (Toleranz, Einverständnis); oder man willigt eher widerwillig in einen Vorschlag des anderen ein. Der Ausdruck kann sogar voller Aggression stecken.

waaas??? Staunend, völlig ungläubig fragend; klingt sehr dramatisch, jemand hat etwas völlig Unerwartetes berichtet. Es folgt eine Gegenargumentation.

na endlich! Ähnlich wie „na also", in Situationen, die vom ungeduldigen Warten bestimmt sind; oft „von oben herab", deklassierend.

na gut! (also gut! na schön!) Jemand willigt in einen Kompromiss ein; oft ist es kein wirkliches Einverständnis, sondern nur eine unwillige, aggressive Kapitulation. (na schön!)

was soll's! Abschließender Kommentar; man kann nichts mehr ändern, man muss sich damit abfinden (aber: klingt immer noch sauer, polemisch, frustriert).

(hey) komm!
a) Auffordernd, dass der andere endlich etwas munterer agiert.
b) Bremsend, wenn man merkt, dass der andere zu weit geht, zu spolemisch wird etc., sich im Ton vergreift.

sehen Sie Es folgt ein Hauptsatz; man will eindringlich argumentieren, man redet ruhig, aber bestimmt auf jemanden ein, man will das Verständnis des anderen erreichen; manchmal etwas impertinent im Klang. Nicht zu verwechseln mit „siehste/sehense!".

Lexikon und Idiomatik der GS

Wir sagten, dass GS das Thema (oder den Kommunikationspartner) „treffen" will. „Treffen" kann „Genauigkeit" bedeuten, aber auch „Witz" und „Aggression". Aus solchen Gründen hat sich ein „zweiter" Wortschatz herausgebildet. Wir zeigen auch hier nur eine ganz kleine Auswahl. Es gibt ein sehr gutes Hilfsmittel: Heinz Küpper: „Wörterbuch der deutschen Umgangssprache" (Klett-Verlag) . Und: Jede/r Deutschsprachige ist ein lebendiges Lexikon.

28 ●●● *Wörterbuch der Umgangssprache*

Die Wörter sollten Sie **sich reinziehen**!

➤ Lesen Sie aufmerksam die folgenden Beispielsätze. Erklären Sie, was jeweils gemeint ist. Fragen Sie, wenn Sie die Möglichkeit haben, Deutschsprachige, ob sie diese Ausdrücke verwenden, wie wichtig sie ihnen sind.

Hauen Sie **ab**, hier **haben** Sie **nichts verloren**.
Mensch, hör auf, mich **anzumachen**.
Sie können nicht einfach so **daherreden**.
Ich hab' alles versucht, ich bin einfach nicht **draufgekommen**.
Hör auf, **drum herumzureden**.
Leute, das **haut** nicht **hin**.
Ich weiß nicht, ob ich das jemals **rauskriege**.
Ich kann das nicht so einfach **runterschlucken**.

29 ●●● *noch mehr Verben und Partizipien*

Hier folgt eine weitere Auswahl von Verben und Partizipien.

➤ Klären die die Bedeutungen und bilden Sie geeignete Beispielsätze; legen Sie sich Ihre eigene Sammlung an. Und wenn möglich: Sprechen Sie mit Deutschsprachigen über diese Ausdrücke.

abgetakelt	anhauen	ankommen	aussteigen	dahergelaufen
draufmachen	durchblicken	kapieren	krepieren	los sein
nachplappern	reinfallen	reinlegen	rüberbringen	rüberkommen
rumkriegen	rumlabern	sich anöden	sich ranmachen	sich raushalten
sich verdrücken	verarschen	verduften	voll da(bei)	was los haben

30 ●●● *ganz scharfe Nomen*

Komm, du **alter Knacker**, rück mal **die Kohle** raus, sonst gibt's **Zoff**!

Ähnlich ist es bei den Nomen; auch hier gibt es einen zweiten Wortschatz.

➤ Klären Sie die Bedeutung der Ausdrücke in der folgenden kleinen Auswahlliste.

Kies, Kohle	Macker	Zoff	Knete	Schuppen	Schwein
Klunker	Flasche	Maloche	Strich	Stuss	Krach
Karre(n)	Knatsch	alte Schachtel	alter Knacker	Klamotten	Stoff
Mieze	Tussi	Kids	Bulle	Krawall	Kaff

➤ Und was für Menschen sind das, die man **Quasselstrippe**, **Strippenzieher**, **Schlitzohr**, **Schaumschläger**, **Möchtegern** oder **Klugscheißer** nennt?

31 ●●● *Metaphern*

Willst du mich etwa **auf den Arm nehmen**?

Die deutsche Sprache ist reich an bildhaften Ausdrücken (Metaphern). Die Sprache gewinnt dadurch an Kraft und Plastizität. Viele finden nur in der GS Verwendung, viele gehören ebenso zur geschriebenen Sprache. Auch hier geben wir nur einige Beispiele, wie Sie an den Anfangsbuchstaben sehen können. Als Hilfsmittel steht z. B. zur Verfügung: Wolf Friederich: Moderne deutsche Idiomatik (Hueber Verlag).

➤ Lesen Sie die Sätze, klären Sie die Bedeutung, nennen Sie Synonyme.

Er fuhr mit einem **Affenzahn** in die Kurve.
Ich habe sie dann leider **aus den Augen verloren**.
Ihr seid wohl alle **auf dem einen Auge blind**?!
Den sollten wir nicht **aus den Augen lassen**.
Leute, wir sollten in dieser Sache unbedingt **am Ball bleiben**.
Die haben uns **das Blaue vom Himmel herunter gelogen**.
Hört doch auf, **wie die Katze um den heißen Brei herum zu reden**.
Ich muss hier raus, sonst **fällt mir die Decke auf den Kopf**.

Hier ist eine weitere kleine Auswahl von metaphorischen Ausdrücken.

➤ Klären Sie die Bedeutung, finden Sie treffende Beispielsätze, nennen Sie passende Synonyme. Stellen Sie sich nach und nach Ihr eigenes Metaphernlexikon zusammen.

die Daumen drücken
im Dunkeln tappen
an die Decke gehen
die Finger davon lassen
Feuer und Flamme sein
mit dem Feuer spielen
die Finger im Spiel haben
sich die Finger verbrennen
keinen Finger krumm machen
ein langes Gesicht machen
fünf gerade sein lassen
kalte Füße bekommen
ein Gedächtnis wie ein Sieb
auf den Geist gehen
ins Gras beißen

32 ●●● *Tiermetaphern*

Die Liebe fängt oft mit Blumen an und hört mit Tiernamen auf.

GS will drastisch sein und „treffen“. Dazu gehören alle Ausdrücke, die Aggression transportieren (seltener: positive Emotionen): also Schimpf- (oder Kose-)wörter. Besonders reich ist die deutsche GS an Ausdrücken aus dem sexuellen und analen, aber auch aus dem religiösen Bereich. Hier zeigen wir Beispiele aus der ebenso unerschöpflichen Gruppe der Tiermetaphern.

➤ Klären Sie die Charakteristik, die in den Beispielsätzen ausgedrückt wird. Finden Sie weniger drastische Beschreibungen des gleichen Charakters. Vergleichen sie die Ausdrücke mit Ihrer Sprache.

Du bist vielleicht ein **Esel**!
Du bist ein **ganz feiger Hund**.
Diese kleine miese fette **Kröte**.
Ich **blöde Kuh** bin auch noch drauf reingefallen.
Die glauben, hier bei uns gibt es einen **Maulwurf**.
Mensch, ihr mit eurem **Spatzenhirn**.

33 ●●● *metaphorische Kommentare*

Der Ton macht die Musik!

„Metaphorische Kommentare“ sind Ausdrücke oder Sätze, die geäußert werden, um eine erlebte Situation ironisch oder sarkastisch zu kommentieren, meist ohne jeden weiteren Kontext. Es sind Alltagsweisheiten, Redewendungen, Sprichwörter; manche sind Zitate aus der Bibel, der Literatur oder aus Märchen. Oft sind sie ein wenig hämisch, besserwisserisch, „altklug“.

Beispiel:
Jemand ist Abteilungsleiter in einer Firma; er beklagt sich bei seinem Freund darüber, dass die Mitarbeiter ihm gegenüber misstrauisch und distanziert sind. Der Freund spricht ihn auf seine meist unfreundliche Art an, die Mitarbeiter zu behandeln. Er fügt hinzu: „Der Ton macht die Musik“. Er hätte auch sagen können: „Wie man in den Wald hineinruft, so schallt es heraus.“

➤ Hier ist eine kleine Auswahl; beschreiben Sie Situationen, in denen man so reden kann. Sprechen Sie, wenn möglich, mit Deutschsprachigen darüber. Erweitern Sie nach und nach Ihre Sammlung, aber nur mit solchen Kommentaren, die von Deutschsprachigen spontan und aktuell verwendet werden. Ein Hilfsmittel: Lexikon der Redensarten (Reclam).

Kleinvieh macht auch Mist.
Wo ein Wille ist, ist auch ein Weg.
Das ist ein Tropfen auf den heißen Stein.
Hier spielt die Musik.
Ich glaub', mich tritt ein Pferd!
Kommt Zeit, kommt Rat.
Ende gut, alles gut.
Wer zuletzt lacht, lacht am besten.

34 ●●●
Aufgabe zu den Texten

1. ➤ Lesen Sie noch einmal den Text 2 in Kap. 3, A 18; erzählen Sie in lebendiger Sprache nach, was da passiert ist. Ebenso: Bericht über einen Verkehrsunfall (➢ Kap. 16, A 17).
2. Stellen Sie sich vor, Sie erzählen einem Kind die Geschichten:
„Die Geschichte von den Nilpferden" und „Das Lawinenspiel" (➢ Kap. 2, Lesepause, S. 24)
„Herr Böse und Herr Streit" und „Im Zoo" (➢ Kap. 8, Lesepause, S. 88)
„Mutmaßungen über die Höhlenforschung" (➢ Kap. 16, Lesepause, S. 183)
„Was bleibt mir übrig?" (➢ Kap. 15, Lesepause, S. 172).

   ➤ Wenn möglich, bitten Sie deutschsprachige Freunde, Ihnen die Geschichten mündlich auf Kassette nachzuerzählen.
3. ➤ Schreiben Sie Ihren Lebenslauf, beispielsweise für eine berufliche Bewerbung. Erzählen Sie dann den gleichen Inhalt einer Person, die Sie gerade kennen gelernt haben. Vergleichen Sie beide Textformen.
4. ➤ Lesen Sie den Text „Straßenverkehr" von Peter Schneider (➢ Kap. 14, Lesepause, S. 164): Erzählen Sie den Text in mündlicher Form nach. Sie werden merken: relativ geringe Unterschiede in der Textform im vorderen Teil des Textes, große Unterschiede im hinteren Teil, wo das Verhalten des Busfahrers interpretiert wird.
5. ➤ Geben Sie mündliche Erklärungen der folgenden Begriffe. Stellen Sie sich vor, Sie sollen diese Begriffe einem Kind oder einem Jugendlichen erklären.

   Toleranz – Konkurrenzdruck – Zölibat – Dritte Welt – Menschenrechte – Abstinenz – Rassismus – Lustprinzip – Beziehungsprobleme – Schwangerschaftsverhütung – freie Meinungsäußerung – allgemeine Wehrpflicht – Untertanenmentalität – Verhältnis von Angebot und Nachfrage – hohe Risikobereitschaft und verminderte Zurechnungsfähigkeit alkoholisierter Autofahrer – stockender Verkehr mit zeitweiligem Stillstand

Mackie Messer

Und der Haifisch, der hat Zähne
und die trägt er im Gesicht
und Macheath, der hat ein Messer,
doch das Messer sieht man nicht.

Bertolt Brecht

Grammatik aus dem Katalog

1. Die Formen der Grundverben
2. Die Formen der Verben der Vokalklasse und der Mischklasse
3. Verben mit (obligatorischem) „es“
4. Verben mit „sich“
5. Vorsilben

5a. Trennbare betonte Vorsilben

5b. Trennbare Vorsilben mit eindeutiger Bedeutung

5c. Feste oder trennbare Vorsilben

6. Verben und Adjektive mit festen Präpositionen
7. Nomen-Verb-Verbindungen

7a. N-V-Verbindungen mit nominalisiertem Verb

7b. „Freie“ N-V-Verbindungen

8. Konjunktionen der Schriftsprache
9. Präpositionen der Schriftsprache

9a. Einfache Präpositionen der Schriftsprache

9b. Komplexe Präpositionen der Schriftsprache

10. Redepartikel
11. Aussprache und Orthographie: Phonetisches Inventar der hochdeutschen Umgangssprache

1. Die Formen der Grundverben

In Kapitel 1 sind diese Formen das Thema. (➢ S. 11 ff.)

Präsens	**ich**	**du**	**er/sie/es/man**	**wir**	**ihr**	**sie (Pl)/Sie**
haben	habe	hast	hat	haben	habt	haben
müssen	muss	musst	muss	müssen	müsst	müssen
sein	bin	bist	ist	sind	seid	sind
dürfen	darf	darfst	darf	dürfen	dürft	dürfen
brauchen	brauche	brauchst	braucht	brauchen	braucht	brauchen
können	kann	kannst	kann	können	könnt	können
sollen	soll	sollst	soll	sollen	sollt	sollen
wollen	will	willst	will	wollen	wollt	wollen
werden	werde	wirst	wird	werden	werdet	werden
lassen	lasse	lässt	lässt	lassen	lasst	lassen
mögen	mag	magst	mag	mögen	mögt	mögen

Präteritum	**ich**	**du**	**er/sie/es/man**	**wir**	**ihr**	**sie (Pl)/Sie**
haben	hatte	hattest	hatte	hatten	hattet	hatten
müssen	musste	musstest	musste	mussten	musstet	mussten
sein	war	warst	war	waren	wart	waren
dürfen	durfte	durftest	durfte	durften	durftet	durften
brauchen	brauchte	brauchtest	brauchte	brauchten	brauchtet	brauchten
können	konnte	konntest	konnte	konnten	konntet	konnten
sollen	sollte	solltest	sollte	sollten	solltet	sollten
wollen	wollte	wolltest	wollte	wollten	wolltet	wollten
werden	wurde	wurdest	wurde	wurden	wurdet	wurden
lassen	ließ	ließest	ließ	ließen	ließet	ließen
mögen	mochte	mochtest	mochte	mochten	mochtet	mochten

K(onkunktiv)II	**ich**	**du**	**er/sie/es/man**	**wir**	**ihr**	**sie (Pl)/Sie**
haben	hätte	hättest	hätte	hätten	hättet	hätten
müssen	müsste	müsstest	müsste	müssten	müsstet	müssten
sein	wäre	wär(e)st	wäre	wären	wär(e)t	wären
dürfen	dürfte	dürftest	dürfte	dürften	dürftet	dürften
brauchen[1]	brauchte	brauchtest	brauchte	brauchten	brauchtet	brauchten
können	könnte	könntest	könnte	könnten	könntet	könnten
sollen[2]	sollte	solltest	sollte	sollten	solltet	sollten
wollen	wollte	wolltest	wollte	wollten	wolltet	wollten
werden	würde	würdest	würde	würden	würdet	würden
lassen	ließe	ließest	ließe	ließen	ließet	ließen
mögen[3]	möchte	möchtest	möchte	möchten	möchtet	möchten

1 Wird heute auch oft mit Umlaut gebildet: ich bräuchte, du bräuchtest etc.

2 im K II andere Bedeutung:
Indikativ: Sie sollen bitte zum Telefon kommen. = Jemand hat gesagt, dass ...
K II: Sie sollten das mal probieren: = Ratschlag, Empfehlung

3 im K II andere Bedeutung:
Im Indikativ: Erdbeereis mag ich überhaupt nicht. = schmeckt mir nicht
K II: Ich möchte gern ein Schokoladeneis. = Wunsch: Ich möchte es jetzt haben.

2. Die Formen der Verben der Vokalklasse und der Mischklasse

Das Wichtigste über die Verben wird in Kapitel 2 behandelt. (➢ S. 26 ff.)

Hier finden Sie eine Auswahl der wichtigsten Verben; veraltete oder selten verwendete Verben sind nicht in der Liste oder stehen in Klammern. Die Liste enthält neben den einfachen Verben auch wichtige Verben mit Vorsilben, z.B. **biegen**: **abbiegen**, **verbiegen**. Gibt es bei einem Verb Bedeutungsvarianten mit **hat** oder **ist** im Perfekt, ist dies in Klammern angegeben.
Die Grundverben **sein**, **werden**, **müssen**, **können** etc. finden Sie auf Seite 226.

➢ Machen Sie sich bei jedem Verb die Formen klar und üben Sie die Formen sehr gründlich (z.B. mit Karteikärtchen).
Bilden Sie Beispielsätze; beachten Sie verschiedene Verwendungsmöglichkeiten des Verbs; machen Sie sich die Grammatik des Verbs klar: Akkusativ, Dativ, Präposition (➢ Kap. 7). Wird Perfekt mit **haben** oder **sein** gebildet (➢ Kap. 2)? Bedenken Sie bei den KII-Formen die Aussagen in Kapitel 4.

befehlen, befahl, hat befohlen
beginnen, begann, hat begonnen
beißen, biss, hat gebissen
  abbeißen, anbeißen
bekommen, bekam, hat bekommen
bergen, barg, hat geborgen
  verbergen
biegen, bog, hat gebogen
  abbiegen (ist), einbiegen (ist), verbiegen, geradebiegen
bieten, bot, hat geboten
  verbieten, anbieten
binden, band, hat gebunden
  anbinden, zubinden, verbinden
bitten, bat, hat gebeten
bleiben, blieb, ist geblieben
  verbleiben, zurückbleiben
brechen, brach, hat gebrochen
  abbrechen, einbrechen, ausbrechen (ist), unterbrechen, verbrechen, zerbrechen
brennen, brannte, hat gebrannt
  abbrennen, anbrennen, verbrennen
bringen, brachte, hat gebracht
  mitbringen, sich umbringen, wegbringen, verbringen
denken, dachte, hat gedacht
  nachdenken, bedenken, sich etwas ausdenken
(**dringen**, drang, hat gedrungen)
  eindringen (ist)
empfangen, empfing, hat empfangen
empfehlen, empfahl, hat empfohlen
erschrecken, erschrak, ist erschrocken
essen, aß, hat gegessen
  aufessen
fahren, fuhr, ist (hat) gefahren
  abfahren, befahren (hat), erfahren (hat), überfahren (hat)
fallen, fiel, ist gefallen
  auffallen, durchfallen, hinfallen, umfallen, zerfallen, überfallen (hat)
fangen, fing, hat gefangen
  anfangen
finden, fand, hat gefunden
  sich befinden, empfinden, erfinden, herausfinden
fließen, floss, ist geflossen
fliegen, flog, ist (hat) geflogen
  abfliegen (ist), überfliegen (hat)
fliehen, floh, ist geflohen
fressen, fraß, hat gefressen
  auffressen
frieren, fror, hat gefroren
  einfrieren
  ist: erfrieren, zufrieren, gefrieren
(**gebären**), hat (ist) geboren
geben, gab, hat gegeben
  abgeben, angeben, ausgeben, hergeben, eingeben, sich ergeben, zugeben
gehen, ging, ist gegangen
  weggehen, mitgehen, untergehen, übergehen, vorbeigehen
gefallen, gefiel, hat gefallen
  missfallen

gelingen, gelang, ist gelungen
misslingen
gelten, galt, hat gegolten
vergelten
genießen, genoss, hat genossen
geraten, geriet, ist geraten
missraten
geschehen, geschah, ist geschehen
gewinnen, gewann, hat gewonnen
gießen, goss, hat gegossen
begießen, eingießen, vergießen
gleichen, glich, hat geglichen
vergleichen
graben, grub, hat gegraben
greifen, griff, hat gegriffen
angreifen, begreifen, zugreifen, sich vergreifen
halten, hielt, hat gehalten
anhalten, aufhalten, aushalten, behalten, enthalten, sich unterhalten, sich verhalten
hängen, hing, hat gehangen
abhängen von
hauen, (haute), hat gehauen
heben, hob, hat gehoben
aufheben, abheben
heißen, hieß, hat geheißen
helfen, half, hat geholfen
verhelfen
kennen, kannte, hat gekannt
sich auskennen, anerkennen
klingen, klang, hat geklungen
erklingen (ist), anklingen
kommen, kam, ist gekommen
ankommen, bekommen (hat), entkommen, herkommen, mitkommen, umkommen
laden, lud, hat geladen
einladen, ausladen, beladen, entladen
lassen, ließ, hat gelassen
auflassen, auslassen, durchlassen, entlassen, verlassen
laufen, lief, ist gelaufen
sich verlaufen (hat), weglaufen, einlaufen, auslaufen
leiden, litt, hat gelitten
leihen, lieh, hat geliehen
ausleihen, verleihen
lesen, las, hat gelesen
ablesen, nachlesen, sich verlesen, vorlesen
liegen, lag, hat gelegen
(süddt./österr./schweizer: ist)
vorliegen, unterliegen (ist)
lügen, log, hat gelogen
belügen
meiden, mied, hat gemieden
vermeiden
messen, maß, hat gemessen
ausmessen, vermessen
nehmen, nahm, hat genommen
annehmen, sich benehmen, mitnehmen, unternehmen, sich etwas vornehmen
nennen, nannte, hat genannt
benennen, ernennen
pfeifen, pfiff, hat gepfiffen
raten, riet, hat geraten
beraten, erraten, verraten
reiben, rieb, hat gerieben
zerreiben, abreiben
reißen, riss, hat gerissen
abreißen, verreißen, zerreißen
reiten, ritt, hat geritten
rennen, rannte, ist gerannt
wegrennen, umrennen (hat)
riechen, roch, hat gerochen
rufen, rief, hat gerufen
anrufen, zurückrufen
saufen, soff, hat gesoffen
versaufen, absaufen (ist)
schaffen, schuf, hat geschaffen
scheiden, (schied), ist geschieden
sich entscheiden (hat)
scheinen, schien, hat geschienen
erscheinen (ist), bescheinen
scheißen, schiss, hat geschissen
bescheißen
schieben, schob, hat geschoben
verschieben, wegschieben
schießen, schoss, hat geschossen
erschießen
schlafen, schlief, hat geschlafen
verschlafen, ausschlafen, einschlafen (ist)
schlagen, schlug, hat geschlagen
abschlagen, ausschlagen, zurückschlagen
schleichen, schlich, ist geschlichen
beschleichen (hat), umherschleichen
schleifen, schliff, hat geschliffen
abschleifen
schließen, schloss, hat geschlossen
abschließen, aufschließen, beschließen, sich entschließen, verschließen
schlingen, schlang, hat geschlungen
verschlingen

schmeißen, schmiss, hat geschmissen
hinschmeißen, wegschmeißen
schneiden, schnitt, hat geschnitten
abschneiden, ausschneiden, beschneiden
schreiben, schrieb, hat geschrieben
abschreiben, anschreiben, aufschreiben, unterschreiben, hinschreiben, sich verschreiben
schreien, schrie, hat geschrien
anschreien
schreiten, schritt, ist geschritten
überschreiten (hat)
schweigen, schwieg, hat geschwiegen
verschweigen
schwimmen, schwamm, ist (hat) geschwommen
schwinden, schwand, ist geschwunden
verschwinden
schwören, schwor, hat geschworen
sich verschwören
sehen, sah, hat gesehen
aussehen, einsehen, absehen, hinsehen, übersehen, sich vorsehen
singen, sang, hat gesungen
sinken, sank, ist gesunken
versinken, absinken
sitzen, saß, hat gesessen
(süddt./österr./schweizer: ist)
besitzen (hat)
spinnen, (spann), hat gesponnen
sprechen, sprach, hat gesprochen
ansprechen, absprechen, besprechen, versprechen, sich versprechen
springen, sprang, ist gesprungen
vorspringen, überspringen (hat)
stechen, stach, hat gestochen
stehen, stand, hat gestanden
(süddt./österr./schweizer.: ist)
verstehen, bestehen, gestehen, überstehen
stehlen, stahl, hat gestohlen
steigen, stieg, ist gestiegen
einsteigen, aussteigen, umsteigen, übersteigen (hat)
sterben, starb, ist gestorben
absterben, aussterben
stinken, stank, hat gestunken
stoßen, stieß, hat gestoßen
anstoßen, abstoßen, verstoßen, zusammenstoßen (ist)
streichen, strich, hat gestrichen
anstreichen, bestreichen, durchstreichen, unterstreichen
streiten, stritt, hat gestritten
bestreiten
tragen, trug, hat getragen
beitragen, betragen, eintragen, ertragen, sich vertragen, vortragen
treffen, traf, hat getroffen
betreffen, zusammentreffen (sind)
treiben, trieb, hat getrieben
übertreiben, betreiben, sich die Zeit vertreiben
treten, trat, hat (ist) getreten
eintreten (ist), austreten (ist), betreten, vertreten
trinken, trank, hat getrunken
ertrinken (ist), austrinken
trügen, trog, hat getrogen
betrügen
tun, tat, hat getan
sich etwas antun, sich vertun, weh tun
verderben, verdarb, hat verdorben
vergessen, vergaß, hat vergessen
verlieren, verlor, hat verloren
verzeihen, verzieh, hat verziehen
wachsen, wuchs, ist gewachsen
aufwachsen, verwachsen, zusammenwachsen
waschen, wusch, hat gewaschen
abwaschen
weichen, wich, ist gewichen
abweichen, entweichen, zurückweichen
weisen, wies, hat gewiesen
beweisen, hinweisen, nachweisen, überweisen, zurückweisen
werben, warb, hat geworben
sich bewerben, abwerben, anwerben
werfen, warf, hat geworfen
entwerfen, verwerfen, vorwerfen, wegwerfen
wiegen, wog, hat gewogen
abwiegen, überwiegen
(**winden**, wand, hat gewunden)
überwinden
wissen, wusste, hat gewusst
ziehen, zog, ist (hat) gezogen
ein-/aus-/um-/weg-/ fortziehen (ist), sich an-/aus-/umziehen (hat), erziehen (hat), verziehen (hat)
zwingen, zwang, hat gezwungen
erzwingen, bezwingen

3. Verben mit (obligatorischem) „es“

Die Verben werden in dieser Liste im Kontext von Sätzen vorgestellt.
➤ Bearbeiten Sie die Liste im Zusammenhang mit Kapitel 6, A 5.
Achten Sie auf die richtige Aussprache.
(Beispiel: Es hat heute Nacht geschneit.
→ Heute Nacht hat's geschneit. (➢ Kap. 19, A 7)

1. Verben, die Wetter, Naturerscheinungen und Geräusche bezeichnen

es schneit	es klingelt
es regnet	es kracht
es donnert	etc.
es blitzt	

2. Verben, die das persönliche Befinden bezeichnen

Es geht mir gut.
Es gefällt mir hier nicht.
Es juckt mich am Rücken.
Es friert mich.
Es ist mir kalt.
Es schmeckt mir überhaupt nicht.

3. Ausdrücke, die ein Thema einleiten

Es gibt keine Äpfel mehr zu essen.
Es handelt sich um die Sache mit den gestohlenen Äpfeln.
Es geht um die Wurst.
Es kommt auf die Liebe an.
Es dreht sich alles um das liebe Geld.

4. Ausdrücke, die Modalverben ersetzen können (➢ Kap. 1, Tabelle 1, S. 12)

es ist notwendig
es ist nötig/unnötig
es ist möglich/unmöglich
es ist empfehlenswert
es ist nützlich/unnütz
es ist verboten/erlaubt

5. Andere Ausdrücke, bei denen „es“ nicht am Satzanfang stehen kann

Ich habe es sehr eilig.
Ich meine es gut mit Ihnen.
Sie haben es sich zu leicht gemacht.
Ich möchte es nicht darauf ankommen lassen.
Ich habe es in meinem Leben nicht sehr weit gebracht.
Herr Böse hatte es sich mit Herrn Streit gründlich verdorben.
Er hatte es auf seine Äpfel abgesehen.
Du bringst es nie auf einen grünen Zweig.
Ich glaube, Sie machen es sich etwas zu leicht.

4. Verben mit „sich“

In der Liste stehen wichtige Verben mit **sich**. Sie sind nach inhaltlichen Gruppen geordnet.
➤ Markieren und üben Sie die Ausdrücke, die Ihnen wichtig sind. Bilden Sie Beispielsätze, achten Sie auf den Kasus von **sich** (A oder D) sowie auf die Präpositionen.

1. Kleidung/Kosmetik

sich anziehen	sich ausziehen	sich umziehen
sich waschen	sich duschen	sich rasieren

2. Beschäftigungen, Tätigkeiten (körperlich, geistig, emotional)

sich abgeben mit	sich etw. ansehen (D)	sich bedienen	sich beeilen
sich befassen mit	sich bemühen um	sich berufen auf	sich beschäftigen mit
sich bewähren	sich bewerben um	sich etw. einbilden (D)	sich einlassen auf
sich einsetzen für	sich entscheiden für	sich entschließen zu	sich erinnern an
sich festhalten	sich fortbewegen	sich fortpflanzen	sich fragen
sich gewöhnen an	sich konzentrieren auf	sich im Klaren sein über (D)	sich orientieren an
sich setzen	sich etw. überlegen (D)	sich umschauen nach	sich vergewissern
sich verhalten	sich verpflichten zu/auf	sich versammeln	sich verstecken
sich verteidigen gegen	sich etw. vorstellen (D)	sich wehren gegen	sich weiterbilden
sich etw. wünschen (D)	sich etw. vornehmen (D)		

3. negative Emotionen gegen andere, Streit und Trennung

sich ärgern über	sich aufregen über	sich beschweren über	sich distanzieren von
sich ekeln vor	sich entfernen von	sich entrüsten über	sich schlecht fühlen
sich fürchten vor	sich genieren vor	sich in die Haare geraten	sich hassen
sich hüten vor	sich lustig machen über	sich missverstehen	sich auf die Nerven gehen (D)
sich raufen	sich richten gegen	sich scheiden lassen	sich streiten
sich täuschen in	sich trennen von	sich weigern	sich verkrachen
sich unterscheiden von	sich zanken		

4. positive Einstellungen/Interesse

sich begeistern für	sich beherrschen	sich benehmen	sich beschränken auf
sich eignen für	sich einstellen auf	sich erkundigen nach	sich erwärmen für
sich freuen auf	sich freuen über	sich gut fühlen	sich gedulden
sich informieren über	sich etw. leisten können (D)	sich trauen	
sich mit etw. zufrieden geben	sich etw. zutrauen (D)		

5. Kommunikation, Beziehungen zwischen Menschen

sich anfreunden mit	sich ausdrücken	sich aussprechen mit	sich bedanken für/bei
sich begegnen (D)	sich begrüßen	sich beraten mit	sich berühren
sich einigen mit	sich entschuldigen für/bei	sich kennen lernen	sich küssen
sich lieben	sich melden bei	sich sehnen nach	sich stützen auf
sich umarmen	sich unterhalten mit/über	sich verabreden mit	sich vereinigen mit
sich vergnügen mit	sich verlassen auf	sich verlieben in	sich verloben mit
sich versöhnen mit	sich verstehen	sich vertragen mit	sich vorstellen bei
sich wenden gegen	sich wundern über		

6. negative Entwicklungen, Pleiten und Pannen

sich etw. an/abgewöhnen (D)	sich betrinken	sich drücken vor	sich erkälten
sich irren	sich schmutzig machen	sich umbringen	sich verletzen
sich verschlucken	sich verschreiben	sich verspäten	sich versprechen

7. positive Tätigkeiten und Zustände

sich amüsieren	sich ausruhen	sich ausschlafen
sich erholen	sich hinlegen	sich entspannen

8. „sich" in unpersönlichen Ausdrücken

es dreht sich um	es handelt sich um	es stellt sich heraus, dass	etw. spielt sich ab
etw. wirkt sich aus	etw. beläuft sich auf	etw. bewahrheitet sich	etw. ereignet sich
etw. ergibt sich aus	etw. spricht sich herum	es setzt sich zusammen aus	sich verschärfen
sich befinden in/an/auf ...			

5. Vorsilben

5a. Trennbare betonte Vorsilben

Hier finden Sie Verben mit trennbaren Vorsilben und ihren wichtigsten Bedeutungen. Beachten Sie beim lauten Lesen, dass die Vorsilben alle betont sind. Markieren Sie die Verben, die Ihnen wichtig erscheinen. Sie können die Vorsilben auch im Wörterbuch nachschlagen und weitere Verben sammeln. In Kapitel 11 bei den Präpositionen (➢ S. 119 ff.) und in Kapitel 13 bei der Wortbildung (➢ S. 143 ff.) wird die Liste gebraucht.

ab

weg:	abgeben, abbiegen, abziehen, abschneiden, abtreten, abstoßen
nach unten:	abstürzen, absetzen, abspringen
Verminderung:	(sich) abarbeiten, abbezahlen, abbuchen
Verneinung:	absagen, abstreiten, ablehnen
Imitation:	abschreiben, abmalen, abgucken
Ende:	abschließen, abfertigen, abrechnen

an

Beginn:	anfangen, anfahren, anbrechen, anlaufen
Ende:	anhalten, ankommen
Kontakt:	anfassen, anlegen, anziehen, anbinden, anbringen, anschließen
Aggression:	angreifen, anspucken, anstoßen, anfallen, anfahren
Initiative:	anregen, (eine Entwicklung) anstoßen

auf

nach oben:	aufstehen, aufsehen, aufrichten, aufsetzen, aufheben, aufwachen
nach unten:	auftreffen, auftreten, aufklatschen, aufschlagen
Befestigung:	aufkleben, aufnageln
öffnen:	aufreißen, aufschließen, aufmachen, aufklappen
plötzlich:	auflachen, aufheulen, aufbrüllen, aufblitzen
neu gemacht:	aufbügeln, aufkochen, aufbacken, aufbereiten
Anfang:	aufbrechen, (die Arbeit) aufnehmen, (ein Geschäft) aufmachen, auftauchen
Ende:	aufessen, aufgeben, aufkündigen, aufheben, auflösen
Speicherung:	aufpassen, aufnehmen, aufheben (konservieren)
zeigen:	aufklären, aufzeigen, aufdecken

aus

heraus/hinaus:	ausgehen, ausfahren, aussperren, auslaufen, ausbrechen, austreten
Ende:	ausmachen, ausschalten
Expansion:	sich ausdehnen, sich ausbreiten, ausweiten, ausbauen
intensiv:	ausfragen, ausbrennen, ausfüllen, sich ausschlafen, sich aussprechen
Realisierung:	ausführen, ausfertigen, ausstellen, ausrichten
fehlen:	ausbleiben, ausgehen (Geld), ausfallen (Redner, Licht)

bei

Hilfe:	beistehen, beitragen, beispringen, beibringen
Ende:	beilegen

ein

hinein (aggressiv):	eindringen, einfallen, einbrechen
hinein (neutral):	einkaufen, (Tabletten) einnehmen, sich einschreiben, sich einschalten
destruktiv:	einschlagen, einreißen, einwerfen
Ende:	(Gerichtsverfahren) einstellen, einpacken, einhalten
kreativ:	einfallen (Idee), eingehen auf
professionell:	sich einarbeiten, einüben

mit

Teilnahme:	mitkommen, mitfahren, mitmachen, mitdenken, mitfühlen negativ bewertet: mitlaufen
bekommen:	mitbekommen, mitkriegen, mitgeben
weg:	mitnehmen, mitgehen lassen

nach

hinterher:	nachfolgen, nachwirken, nachbehandeln
Imitation:	nachmachen, nachahmen, nachsprechen
weniger:	nachlassen, nachgeben
geistige Tätigkeiten:	nachdenken, nachfragen
verfolgen:	nachweisen, nachstellen
Kontrolle:	nachzählen, nachrechnen, nachspionieren

vor

Ereignis:	vorfallen, vorgehen
vor (lokal):	vorankommen, vorausgehen, vorspringen
vor (temporal):	vorgehen, vorschlafen, vordenken
Blick auf später:	vorgreifen, vorbereiten, vorbeugen
Präsentation:	etwas/sich vorstellen, vorlesen, vortragen
Regel:	vorschreiben
Imagination:	sich etwas vorstellen, etwas vorspielen, vorschweben
Aggression:	vorwerfen, vorgehen, sich jemanden vornehmen/vorknöpfen

zu

schließen:	zumachen, zusperren, zuschließen, zudrücken
Richtung/Krise:	zufließen, zustreben, sich zuspitzen, auf etwas zulaufen
Verletzung:	zufügen, zurichten, zumuten
Kommunikation:	zuprosten, zustimmen, zujubeln
zugunsten:	zueignen, zuteilen, zuerkennen, zukommen lassen

5b. Trennbare Vorsilben mit eindeutiger Bedeutung

Es gibt weitere Vorsilben, die in ihrer Bedeutung ziemlich eindeutig sind:
fort-, hin-, her-, herum-, hinein-, heraus-, los-, weg-, weiter-, zurück-, zwischen-
➤ Machen Sie sich an den Beispielen der Liste die Grundbedeutung klar und suchen Sie im Wörterbuch nach weiteren Verben, die Ihnen wichtig erscheinen. Beachten Sie bei den Vorsilben mit **her-/hin-** die umgangssprachliche Ausdrucksweise mit **r-** (➤ Kapitel 19, A 1).

da(r)-+Präp.	sich danebensetzen, sich daranmachen, dazwischenrufen, dahinterkommen (hinter ein Geheimnis)
empor-	auf eine höhere Stufe emporheben
entgegen-	einer Meinung entgegentreten
entlang-	die Straße entlanggehen
fort-	sich langsam fortbewegen, aus dem Land fortziehen
her-	herkommen, aus dem Lateinischen herleiten
hinein-	bis in die Familie hineinreichen
herab-	Ich habe das Gefühl, Sie wollen mich vor den anderen herabsetzen.
heran-	Wollen Sie sich wirklich an diese Verben heranwagen?
heraus-	Gar nichts ist dabei herausgekommen.
herbei-	jemanden herbeisehnen
herein-	jemanden mit einem Trick hereinlegen
herum-	untätig herumstehen
herunter-	etwas im Preis herunterhandeln
hervor-	aus der Auseinandersetzung als Sieger hervorgehen
hin-	genau hinschauen, zusammen hingehen
los-	plötzlich loslassen
weg-	schnell weglaufen, Abfall wegwerfen
weiter-	im Buch weiterlesen, so weitermachen wie bisher
zurecht-	Ich denke, Sie werden mit allem zurechtkommen.
zurück-	sich gemütlich im Sessel zurücklehnen, auf die letzten Jahre zurückblicken
zusammen-	die Verhandlungsergebnisse zusammenfassen
zwischen-	in Frankfurt zwischenlanden (nur Perfekt: ist zwischengelandet)

5c. Feste oder trennbare Vorsilben

Hier finden Sie Verben mit Vorsilben, die fest oder trennbar sein können (➢ Kapitel 13, A 16). Die hervorgehobenen Wortteile zeigen Ihnen, wie die Verben betont werden müssen: Ist die Vorsilbe betont, ist sie trennbar; ist das Verb betont, ist die Vorsilbe untrennbar.

hinter-: (überwiegend fest)
Immer muss ich dir hinter**her**laufen.
Er hinter**lässt** seinen Kindern nur Schulden und Schuldkomplexe.
Ich vermute, du hinter**gehst** mich.

über-: (überwiegend fest)
Die Moral ist schlecht, die meisten wollen **über**laufen.
Wenn es so weitergeht, dann wird der Topf **über**laufen.
Ich werde von euch total über**fahren**.
Sie über**wältigen** mich mit Ihrer Freundlichkeit.
Ich möchte jetzt **über**leiten zu unserem nächsten Thema.
So etwas über**hört** man am besten.
So einen groben Fehler kann man doch nicht über**sehen**.
Noch so einen Schock werde ich nicht über**leben**.
Sie über**treffen** mich ja noch an Geist und Witz!
Über**setzen** Sie den Text mal ins Englische, das ist nicht ganz einfach.
Nicht über**holen**, da vorn kommt einer entgegen!

um-: (überwiegend trennbar)
Geschäft geschlossen. Wir bauen **um**!
Der wollte mich mit seinem Auto einfach **um**fahren.
Verkehrsstau! Bitte um**fahren** Sie München großräumig.
Ein Gespenst ging **um** in Europa.
Sie können das Problem um**gehen**, indem Sie es gar nicht erst zu lösen versuchen.
Dieser Film hat mich wirklich nicht **um**geworfen.
Ich würde die Problematik mit folgenden Worten um**schreiben**.
Sie müssen **um**denken, wenn Sie Ihre Lage verbessern wollen.

unter-: (überwiegend fest)
Es hat so stark geregnet, dass ich mich **unter**gestellt habe.
Unter**stellst** du mir etwa, dass ich dich belogen habe?
Unter**brechen** Sie mich nicht dauernd!
Wir werden mit Glanz und Gloria **unter**gehen.
Ihr habt mit eurem Auftritt unsere ganze Strategie unter**laufen**.
Kommen Sie, wir wollen uns einmal miteinander unter**halten**.
Was noch unklar ist, werden wir genau unter**suchen**.
Nein, so etwas unter**schreibe** ich nicht.

voll-:
Die Hunde haben sich total **voll**laufen lassen.
Und dann haben sie Purzelbäume voll**führt**.
Jetzt voll**bringen** sie wieder ihre männlichen Heldentaten.
Sehr verehrter Jubilar, Sie voll**enden** heute Ihr achtzigstes Lebensjahr.

wider-: (überwiegend fest)
Ich kann Ihnen Ihre Argumente fast alle wider**legen**.
Da wider**spreche** ich Ihnen aber heftig!
Wider**stehe** den Anfängen, sagt der Moralist.

wieder-: (überwiegend trennbar)
Wieder**holen** Sie mal, was Sie gelernt haben!
Können Sie den Inhalt mit eigenen Worten kurz **wieder**geben?
Durch Mund-zu-Mund-Beatmung konnte Dornröschen vom Königssohn **wieder**belebt werden.
Die Deutschen haben viel Trara gemacht, als sie sich **wieder**vereinigten.
Das Buch müssen Sie mir aber **wieder**bringen!

6. Verben und Adjektive mit festen Präpositionen

➤ Sie können diese Liste im Zusammenhang mit Kapitel 11 bearbeiten (➤ S. 130, A 16).

als (A)

bezeichnen als Sie können mich doch nicht einfach als einen Esel bezeichnen!

an (D)

ändern an An unserer Niederlage lässt sich wohl nichts mehr ändern.
arbeiten an/schreiben an Seit Jahren arbeitet er schon an seiner Doktorarbeit.
erkennen an Dich erkennt man schon am Gang.
fehlen an Es fehlt uns hinten und vorne an Geld.
hängen an Der eine hängt am Leben, der andere am Strick.
leiden an Sehr viele leiden an ihren Depressionen.
es liegt an Es liegt manchmal auch an dir, dass wir uns streiten.
mangeln an Es mangelt an den einfachsten Nahrungsmitteln und Medikamenten.
teilnehmen an Ich habe zweimal an einem Kochkurs teilgenommen.
zweifeln an Was, du zweifelst an meiner Ehrlichkeit?

interessiert an Ich bin an Ihrer Mitarbeit nicht weiter interessiert.
arm an Unser Land ist relativ arm an Bodenschätzen.
reich an Tolkiens Erzählweise ist reich an fantastischen Bildern.
schuld an Wie oft nach Katastrophen: Keiner wollte schuld daran gewesen sein.

an (A)

appellieren an Ich appelliere an Ihre Vernunft: Keine Gewalt!
denken an Aber natürlich denke ich immer an dich.
sich erinnern an Erstaunlich, dass sich niemand daran erinnern kann.
sich gewöhnen an Ich hab' mich so an dich gewöhnt.
glauben an Auf einem Giraffenhals beginnt sogar der Floh an seine Unsterblichkeit zu glauben. (Stanislaw Jerzy Lec)
richten an Richten Sie Ihre Bewerbung rechtzeitig an unser Personalbüro.
schreiben an An wen schreiben Sie denn schon wieder?
sich wenden an Wenden Sie sich vertrauensvoll an unseren Chef.

auf (D)

basieren auf Unsere Zusammenarbeit basiert auf gegenseitigem Vertrauen.
beruhen auf Ich glaube, der Streit beruht auf einem Missverständnis.
bestehen auf Herr Müller, ich bestehe auf einer Entschuldigung!

auf (A)

achten auf Achten Sie bei einem Vertrag auch auf die klein gedruckten Bedingungen.
anspielen auf Worauf wollen Sie mit dieser Bemerkung anspielen?
antworten auf Antworten Sie bitte auf die gestellten Fragen.
aufmerksam machen auf Darf ich Sie auf einen kleinen Fehler aufmerksam machen?
aufpassen auf Passen Sie mal besser auf Ihre Kinder auf, Herr Müller!
sich beschränken auf Beschränken Sie sich bitte auf die wesentlichen Punkte!
sich beziehen auf Meine Kritik bezieht sich auf einen ganz anderen Punkt.
eingehen auf Auf unsere Kritik ist er mit keinem Wort eingegangen.
sich einstellen auf Ich glaube, wir müssen uns auf schlechte Zeiten einstellen.
sich freuen auf Und jetzt freue ich mich auf den Krimi im Nachtprogramm.
hinweisen auf Zum Schluss möchte ich noch auf unsere Spendenaktion hinweisen.
hören auf Sie sollten auf Ihre Frau hören: Machen Sie mal öfters eine Pause!
hoffen auf Alle hoffen auf eine friedliche Lösung des Konflikts.
es kommt an auf Es kommt ganz darauf an, was Sie für einen Preis zahlen wollen.
reagieren auf Warum hast du denn nicht auf meine Briefe reagiert?
schimpfen auf Alle haben ziemlich auf dich geschimpft, und zwar mit Recht.
sich verlassen auf Ich hoffe, ich kann mich auf dich verlassen.
verzichten auf Es fällt ihm schwer, auf die tägliche Packung Zigaretten zu verzichten.
sich vorbereiten auf Du hättest dich besser auf diese Situation vorbereiten sollen.
warten auf Sie warten hier auf ein Taxi? Da können Sie lange warten.
zurückkommen auf Ich komme noch einmal auf meine Anfangsthese zurück: ...

angewiesen auf Auf Ihre Hilfe sind wir überhaupt nicht angewiesen.
gespannt auf Auf deine Entschuldigung bin ich sehr gespannt.
neidisch auf Er ist ein bisschen neidisch auf ihren Erfolg.
stolz auf Aber er ist auch stolz auf sie, oder: vielleicht doch nur auf sich.
zornig/wütend/sauer auf Du brauchst nicht gleich so wütend auf mich zu sein.

aus (D)

bestehen aus Ein Mensch besteht vor allem aus Wasser.
es ergibt sich aus Daraus ergibt sich, dass es so nicht weitergehen kann.
entnehmen aus Ich entnehme aus Ihren Worten, dass Sie einverstanden sind.
es folgt aus Wieso folgt daraus, dass unsere Entscheidung falsch war?
folgern aus Wieso folgern Sie aus meinen Worten, dass ich einverstanden bin?
schließen aus Ich schließe es vor allem aus Ihrem Gesichtsausdruck.

bei (D)
sich bedanken bei Bedanken Sie sich bei Ihrem Sohn, nicht bei mir.
bleiben bei Ich bleibe bei meiner Meinung: Ich mache nicht mit.
sich entschuldigen bei Willst du dich nicht bei deiner Mutter entschuldigen?

behilflich bei Hercule Poirot verbeugte sich höflich: „Darf ich Ihnen bei Ihren Überlegungen ein wenig behilflich sein?“
beliebt bei Casanova war, so heißt es, recht beliebt bei den Frauen.

für (A)
danken für Ich danke Ihnen für Ihre Aufmerksamkeit.
sich entscheiden für/gegen So, und wofür haben Sie sich entschieden?
sich entschuldigen für Ich möchte mich bei Ihnen für meine Unhöflichkeit entschuldigen.
halten für Hören Sie mal, wofür halten Sie mich eigentlich?
kämpfen für/gegen Ich frage mich, wofür wir in all den Jahren gekämpft haben.
sich interessieren für Ich interessiere mich überhaupt nicht für deine Wehwehchen.
sein für/gegen Wofür sind Sie denn bei dieser Auseinandersetzung?
sich schämen für Für so eine Unhöflichkeit sollten Sie sich schämen!
sorgen für Wenn du für Getränke sorgst, sorge ich für's Essen.

charakteristisch für Die Farbe ist charakteristisch für diesen Wein.
geeignet für Die Sendung ist für langohrige Hunde nicht geeignet.
gut/schlecht für Es war ziemlich ... für mich, dass wir uns wiederbegegnet sind.
interessant für Für die meisten Teilnehmer waren die Vorträge nicht sehr interessant.
nötig/notwendig für Nichts ist notwendiger für mich als Ruhe.
nützlich für „Dieses Gesetz ist sehr nützlich.“ (fragt sich nur: für wen?)
wichtig für Mohrrüben sind sehr wichtig für meine schlanke Linie.
zuständig für Leider sind wir für Ihr Problem nicht zuständig; vielleicht hilft man Ihnen woanders.

gegen (A)
sich aussprechen gegen/für Ich spreche mich gegen Gewalt aus.
polemisieren gegen Warum polemisieren Sie eigentlich ständig gegen mich?
protestieren gegen Es nützt nichts, gegen schlechtes Wetter zu protestieren.
stimmen gegen/für Übrigens, ich habe gegen dich gestimmt!
verstoßen gegen Sie haben gegen die Straßenverkehrsordnung verstoßen.
sich wehren gegen Warum wehren Sie sich nicht gegen solche Zumutungen?

allergisch gegen Gegen Heavy Metal sind ältere Menschen manchmal allergisch.
empfindlich gegen Warum sind Sie so empfindlich gegen Kritik?
hart gegen/gegenüber(D) Sei doch nicht so hart gegen deine Mitmenschen/gegenüber deinen Mitmenschen.

in (D)
bestehen in Unsere Differenzen bestehen im Grundsätzlichen.
erkennen/sehen in Darin erkenne ich einen kleinen Fortschritt.
liegen in Das Problem liegt darin, dass wir zu wenig Geld haben.
sich täuschen in Sollte ich mich so in Ihnen getäuscht haben?
sich unterscheiden in Wir unterscheiden uns nur in Kleinigkeiten.

erfahren in In diesen Dingen bin ich leider nicht sehr erfahren.

in (A)
geraten in Leider bin ich da in eine ganz dumme Situation geraten.
sich verlieben in Ich glaube, ich habe mich in dich verliebt.
einteilen/unterteilen in Die Frage lässt sich in mehrere Aspekte unterteilen.

mit (D)
anfangen mit Mit diesen Argumenten kann ich wenig anfangen.
aufhören mit Hören Sie endlich auf mit Ihrem Selbstmitleid.
beginnen mit Beginnen Sie nicht zu spät mit Ihrer Arbeit.
sich beschäftigen mit Ich beschäftige mich nur ungern mit so einer Angelegenheit.
sich befassen mit Monatelang hat er sich mit der Aufklärung nur dieses einen Falles befasst.
reden/sprechen mit Darüber sollten Sie mit dem Chef sprechen.
streiten mit Mit dir kann man herrlich streiten, es ist nie langweilig.
sich unterhalten mit Wir haben uns prima miteinander unterhalten.
vereinbaren mit Was für einen Termin haben Sie denn mit ihm vereinbart?
vergleichen mit Man kann doch nicht Äpfel mit Birnen vergleichen.
sich verstehen mit Mit ihr verstehe ich mich in letzter Zeit nicht mehr so gut.

befreundet mit Mit so einem Menschen könnte ich nicht befreundet sein.
einverstanden mit Mit Ihren Vorschlägen bin ich einverstanden.
fertig mit Mit Ihnen bin ich fertig, und zwar endgültig!
verheiratet mit Du bist verheiratet? Mit wem denn?
zufrieden mit Glücklich, wer mit seinem Leben zufrieden ist.

nach (D)
aussehen nach Es sieht heute ganz nach Regen aus.
sich erkundigen nach Warum hast du dich nicht nach ihr erkundigt?
fragen nach Sie haben mich ja nicht danach gefragt.
forschen nach Viele forschten im Atlantik nach der Titanic.
riechen/schmecken/stinken nach Das riecht nach Skandal.

rufen/schreien nach Es nützt nichts, wenn Sie nur vornehm nach dem Kellner rufen, hier müssen Sie nach ihm schreien.
streben nach Viele streben nur nach einem bequemen Leben.
suchen nach Wir suchen immer noch nach einer besseren Lösung.
verlangen nach Wonach haben Sie denn verlangt?
urteilen nach Warum urteilen Sie nicht einfach nach dem gesunden Menschenverstand?

über (A)
sich ärgern über Du ärgerst dich über die kleinsten Dinge.
berichten über Darüber wurde aber gar nichts berichtet.
sich beschweren über Sie können sich ja beim Chef über mich beschweren.
debattieren/diskutieren/streiten über Seit Stunden debattieren wir über belanglose Dinge.
sich einigen über Über den Preis haben wir uns aber noch nicht geeinigt.
sich freuen über Natürlich freuen wir uns sehr über Ihren Besuch.
sich informieren über Sie können sich hier über alle Details informieren.
klagen/jammern/weinen/heulen über Klagen Sie nicht über Ihr Schicksal, es gibt viele, denen es schlimmer geht.
lachen über Lachen Sie doch mal über sich.
nachdenken über Ich hoffe, du denkst mal über meine Worte nach.
reden/sprechen/ sich unterhalten über Worüber habt ihr denn gesprochen?
schimpfen über Schimpf nicht über das Wetter, das bringt nichts.
verfügen über Sie können gern über mein Auto verfügen, wenn Sie es brauchen.
verhandeln über Wir haben über diesen Punkt sehr hart verhandelt.
wissen über Was weißt du denn über sie?
sich wundern über Ich wundere mich über gar nichts mehr.

erstaunt/bestürzt/verwirrt über Ich sehe, Sie sind erstaunt über mein Verhalten; aber ich kann es erklären.
froh/traurig über Ich bin sehr ... darüber, dass ich das Geld los bin.

um (A)
Angst haben um Ich hatte richtige Angst um dich.
sich bemühen um Sie sollten sich um mehr Pünktlichkeit bemühen.
bitten um Ich bitte dich nur um eine Kleinigkeit.
es geht um Es geht mir darum, dass ich deine Kritik unberechtigt finde.
es handelt sich um Ich glaube, es handelt sich um ein ernst zu nehmendes Problem.
sich herumdrücken um Immer drückst du dich um die Arbeit herum.
sich kümmern um Ich kümmere mich um das Essen und du um den Wein.
sich sorgen um Warum sorgen Sie sich so sehr um Ihre Zukunft?
(sich) streiten um Ich glaube, wir streiten (uns) um des Kaisers Bart.
trauern um Tagelang haben die Kinder um den gestorbenen Angorahasen getrauert.

unter (D)
leiden unter Viele Kinder in der Gegend leiden unter Atemnot.
verstehen unter Was verstehen Sie denn unter Toleranz?

unter (A)
fallen unter Das Delikt fällt unter den Straftatbestand der Nötigung.

von (D)
abhängen von Das hängt ganz davon ab, ob ich Lust dazu habe.
sich abhalten lassen von/durch Lassen Sie sich von niemandem von Ihrem Vorhaben abhalten.
absehen von Ich denke, von einem Disziplinarverfahren gegen die Bernhardinerhunde können wir absehen.
ausgehen von Ich glaube, wir müssen von Mord ausgehen.
sich distanzieren von Wir sollten uns von dieser Aktion distanzieren.
sich erholen von Ich muss mich montags immer vom Wochenende erholen.
hören von Ja, richtig, ich habe davon gehört.
es kommt von Das kommt davon, wenn man nicht aufpasst!
träumen von Autoaufkleber: Hupen zwecklos, Fahrer träumt von Werder Bremen.
wissen von Und ich weiß wieder mal überhaupt nichts davon!
frei von Frei von allen Hemmungen verspielte er die Ersparnisse seiner alten Tante.
voll von Nach kurzer Zeit war der Platz voll von Menschen.

vor (D)
Angst haben vor Wer hat Angst vor Virginia Woolfe?
sich drücken vor Komm, drück dich nicht wieder vor dem Geschirrspülen.
sich fürchten vor Früher fürchteten sich die Kinder vor dem Nikolaus.
sich scheuen/genieren vor Du brauchst dich doch nicht vor mir zu genieren.
sich schützen/beschützen vor Und wer beschützt uns vor unseren Freunden?
verbergen/verstecken vor Was haben Sie denn vor uns zu verbergen?
warnen vor Vor diesem Mann möchte ich Sie warnen!

blass vor Blass vor Schreck öffnete er die Tür.
sicher vor Mit unserem Türspion sind Sie sicher vor Versicherungsvertretern.

zu (D)
auffordern zu Wir fordern unsere Politiker dazu auf, endlich aktiv zu werden.
beglückwünschen/gratulieren zu Darf ich Sie zu Ihrem Erfolg beglückwünschen?
benutzen/verwenden/brauchen zu Wozu benutzen Sie denn diese komplizierten Geräte?
dienen zu Ihre Argumente dienen doch nur zur Ablenkung von unserem Thema.

einladen zu Darf ich Sie zu einem Glas Wein einladen?
sich entschließen zu Endlich hat er sich zum Handeln entschlossen.
es führt zu Leute, die Diskussion führt doch zu nichts.
gehören zu Zu so einem Essen gehört ein guter Rotwein.
kommen zu Wir kommen also zu dem Ergebnis, dass ...
machen zu Du hast mich zum glücklichsten Menschen auf der Welt gemacht.
nützen zu Wozu nützt uns das alles?
raten zu Ich rate Ihnen zu mehr Mäßigung, vor allem in der Öffentlichkeit.
rechnen/zählen zu Ich rechne Vollmilchschokolade zum schweizerischen Nationalcharakter.
reichen zu Das reicht nicht zum Leben und reicht nicht zum Sterben.
sagen zu Was sagst du denn dazu?
überreden zu Es ist sicher leicht, ihn zum Mitmachen zu überreden.
verurteilen zu Sie wurde zu zwei Jahren Gefängnis mit Bewährung verurteilt.
zwingen zu Wollen Sie mich etwa zum Rücktritt zwingen?

bereit zu Aber wenn es darauf ankommt, sind sie zu nichts bereit.
entschlossen zu Am Stammtisch sind die Männer immer zum Äußersten entschlossen.
fähig zu Wenn ich dir noch einmal begegne, bin ich zu allem fähig!
freundlich zu Sie war immer sehr freundlich zu uns.
lieb/böse zu Gretel war sehr lieb zu Hänsel.

7. Nomen-Verb-Verbindungen

7a. N-V-Verbindungen mit nominalisiertem Verb

Diese Ausdrücke werden in Kapitel 17 behandelt (➢ S. 193 ff.). In dieser Liste stehen oben die N-V-Verbindungen, darunter die Verben, von denen sie abgeleitet sind; hinter einem einfachen Strich / stehen Formulierungsvarianten, hinter einem Doppelstrich // steht das Äquivalent für die Passiv-Form. A // P = Aktiv // Passiv
➤ Lesen Sie die Liste und markieren Sie die Ausdrücke, die für Sie wichtig sind.

auf **Ablehnung** stoßen
  abgelehnt werden
sich in **Abhängigkeit** befinden
  abhängig sein
eine **Abmachung** treffen
  abmachen
Abschied nehmen
  sich verabschieden
zum **Abschluss** bringen/kommen
  abschließen
Anerkennung finden
  anerkannt werden
einen/den **Anfang** machen
  anfangen
Anklage erheben
  anklagen
unter **Anklage** stehen
  angeklagt sein
eine **Anordnung** treffen
  anordnen
in **Anspruch** nehmen/**Anspruch** erheben auf
  beanspruchen
Anstrengungen unternehmen
  anstrengen (sich)
einen **Antrag** stellen
  beantragen
eine **Antwort** geben/erteilen
  antworten
zur **Anwendung** bringen//kommen
  anwenden (A//P)
Anwendung finden
  angewendet/angewandt werden
in **Armut (Not)** geraten
  arm werden
in **Aufregung** versetzen
  aufregen
in **Aufregung** geraten
  aufregen (sich)
zum **Ausdruck** bringen//kommen
  ausdrücken (A//P)
zur **Ausführung** bringen//kommen
  ausführen (= tun) (A//P)
zur **(Aus)wahl** stehen
  (aus)wählen können
einen **Auftrag** geben/in **Auftrag** geben
  beauftragen
im **Bau** sein/sich im **Bau** befinden
  gebaut werden
einen **Beitrag** leisten
  beitragen
Beobachtungen anstellen
  beobachten
unter **Beobachtung** stehen
  beobachtet werden
Berechnungen anstellen
  berechnen (Mathematik)
Berücksichtigung finden
  berücksichtigt werden
in **Bewegung** kommen/geraten
  bewegen (sich)
in **Bewegung** setzen/versetzen// geraten
  bewegen (A//P)
einen **Beweis** führen/unter **Beweis** stellen
  beweisen
Bezug nehmen auf
  sich beziehen auf
zur **Debatte** stellen//stehen
  debattieren (A//P)

zur **Diskussion** stellen//stehen
diskutieren (A//P)
zur **Durchführung** (A//P) bringen// kommen/gelangen
durchführen

einen **Eid** leisten
beeiden
Einblick haben/nehmen
hineinblicken
Eindruck machen
beeindrucken
Einfluss ausüben auf/**Einfluss** nehmen auf
beeinflussen
unter (dem) **Einfluss** stehen
beeinflusst werden
zur **Einsicht** gelangen
einsehen (Erkenntnis)
Einsicht nehmen
einsehen (Dokument)
die **Einwilligung** geben
einwilligen
in **Empfang** nehmen
empfangen
zu **Ende** bringen/führen//kommen
beenden (A//P)
zur/zu der **Entscheidung** gelangen/bringen//kommen
entscheiden (sich)(A//P)
einen/den **Entschluss** fassen
entschließen (sich)
in **Erfüllung** gehen
erfüllt werden
Erlaubnis erteilen/geben
erlauben
in **Erstaunen** versetzen//geraten
erstaunen (A//P)
in **Erwägung** ziehen
erwägen
die **Fähigkeit** besitzen
fähig sein
zur **Folge** haben
folgen
eine **Forderung** stellen/erheben
fordern
eine **Förderung** zukommen lassen/erfahren/erhalten
fördern (A//P)
eine **Frage** stellen
fragen

in **Gebrauch** nehmen//sein
gebrauchen (A//P)
in **Gefahr** bringen
gefährden
in **Gefahr** schweben/sein; sich in **Gefahr** befinden
gefährdet sein

Gehorsam leisten; **Folge** leisten
gehorchen
im **Gegensatz** stehen zu
entgegenstehen
ein **Gespräch** führen
sprechen

in **Haft** nehmen
verhaften
Hilfe leisten/bringen
helfen
zur **Herstellung/Produktion** bringen//kommen
herstellen (A//P)
Herrschaft ausüben
herrschen
die **Hoffnung** haben/sich **Hoffnungen** machen
hoffen

im **Irrtum** sein/sich im **Irrtum** befinden
sich irren

eine **Korrektur** vornehmen
korrigieren
Kritik üben
kritisieren
eine **Kürzung** vornehmen
kürzen

eine **Nachricht** bringen//erhalten
benachrichtigen (A//P

in **Ordnung** bringen
ordnen

Protest erheben
protestieren
Protokoll führen
protokollieren

den/einen **Rat** erteilen/geben
raten
in **Rechnung** stellen
berechnen
eine **Rede** halten
reden
Respekt genießen
respektiert werden
Rücksicht nehmen auf
berücksichtigen

in **Schutz** nehmen//unter dem **Schutz** stehen
(be)schützen (A//P)
im **Sterben** liegen
sterben
in **Streik** treten/sich im **Streik** befinden
streiken

im **Streit** liegen/sich im **Streit** befinden
streiten (sich)
sich in **Übereinstimmung** befinden
übereinstimmen
Überlegungen anstellen
überlegen
Unterricht erteilen/geben
unterrichten
einen **Unterschied** machen/eine **Unterscheidung** treffen
(sich) unterscheiden
Unterstützung genießen/finden
unterstützt werden
Untersuchungen anstellen/ durchführen
untersuchen

eine **Verabredung** treffen
(sich/etwas) verabreden
eine **Verbesserung** vornehmen/ **Verbesserungen** durchführen
verbessern
Verdacht schöpfen//in **Verdacht** geraten/unter (in) **Verdacht** stehen
verdächtigen (A//P)
zur **Verfügung** haben/stehen
verfügbar sein
in **Vergessenheit** geraten
vergessen werden
in **Verhandlungen** treten/in **Verhandlungen** stehen//zur **Verhandlung** kommen
verhandeln (A//P)
in **Verlegenheit** bringen//kommen/ geraten
verlegen machen/werden
das **Versprechen** geben
versprechen
zur **Versteigerung** bringen// kommen
versteigern (A//P)
den/einen **Versuch** unternehmen
versuchen
in **Verwirrung** bringen/versetzen
verwirren
Verzicht leisten
verzichten
Vorbereitungen treffen
vorbereiten
die **Vorsorge** treffen
vorsorgen
einen **Vorwurf** machen/erheben
vorwerfen
den **Vorzug** geben
vorziehen
eine **Wahl** treffen
wählen

Widerspruch erheben
widersprechen (A widerspricht B)
in(im) **Widerspruch** stehen zu
widersprechen (x widerspricht y)
eine **Wirkung** haben/ ausüben
(be)wirken

in **Wut** geraten
wütend werden
in **Zusammenhang** stehen mit
zusammenhängen
die/eine **Zusicherung** geben
zusichern

in **Zweifel** ziehen
bezweifeln
außer **Zweifel** stehen
nicht bezweifelt werden

7b. „Freie" N-V-Verbindungen

Mit „freie" N-V-Verbindungen ist gemeint, dass es keinen direkten Zusammenhang mehr gibt zwischen dem Nomen und dem zugrunde liegenden Verb.

1. N-V-Verbindungen, bei denen zwischen dem Nomen und dem zugrunde liegenden Verb zwar eine Beziehung besteht, aber auch ein spürbarer Unterschied in der Bedeutung: **Widerspruch einlegen** ist ein juristischer Begriff, **widersprechen** nicht. **Schritt halten** bedeutet **schnell genug sein, mitkommen** und hat kaum noch Beziehung zu **schreiten**.
2. N-V-Verbindungen, bei denen sich die Bedeutung vom zugrunde liegenden Verb gelöst haben: **in Gang kommen** = **fit werden, munter werden**
3. N-V-Verbindungen, deren Bedeutungen ganz idiomatisiert sind: **aufs Spiel setzen** = **riskieren**; **zur Neige gehen** = **langsam aufgebraucht sein**

den/seinen Abschied/Hut nehmen ein hohes Amt verlassen
Abstand nehmen sich distanzieren
sich in Acht nehmen aufpassen, vorsichtig sein
in Aktion treten aktiv werden
zu Ansehen gelangen berühmt werden
zu der Ansicht/Anschauung/ Auffassung gelangen sich eine Meinung bilden
Anstoß nehmen sich empören
Anteil nehmen mitfühlen
außer Atem sein erschöpft sein
im Auge haben planen/ beobachten
in Aussicht stehen möglich sein
in Aussicht stellen etwas als möglich ankündigen
zur Auswahl stehen verschiedene Möglichkeiten können gewählt werden

in Bedrängnis geraten in eine schwierige Situation kommen
im Begriff sein mit dem Gedanken spielen oder anfangen, etwas zu tun
Beschwerde erheben/einlegen gegen vor einer Behörde, vor Gericht klagen
in Besitz nehmen erobern, in Anspruch nehmen
in Betracht ziehen erwägen, überlegen
in Betrieb setzen/nehmen eine Maschine, eine technische Anlage erstmals starten

unter Druck setzen Einfluss ausüben, bedrängen
unter Druck stehen im Stress sein

im Einsatz sein in Aktion sein

in Fahrt/Schwung kommen aktiv/ lebendig werden

auf die Folter spannen jemanden sehr gespannt machen auf eine Mitteilung, ein Geschenk
außer Frage stehen es gibt keinen Zweifel darüber
in Frage kommen was relevant ist

im Gange sein geschehen, passieren
in Gang kommen/setzen/ bringen starten, beginnen
in Gang halten etwas am Laufen halten/arbeiten lassen

in Haft setzen inhaftieren, einsperren

in Kauf nehmen hinnehmen, akzeptieren müssen
zur Kenntnis bringen/in Kenntnis setzen informieren
zur Kenntnis nehmen wahrnehmen, einsehen
sich im Klaren sein sich bewusst sein

einen Kompromiss schließen sich durch Verhandlung einigen
in Kraft treten ein Gesetz wird gültig
in/außer Kraft setzen anordnen, dass etwas (ein Gesetz) gültig/ungültig wird
einen Kuss geben sich (freundschaftlich, flüchtig) küssen

auf dem Laufenden sein aktuell informiert sein
ins Leben rufen gründen

Maßnahmen durchführen handeln (einer Institution)
in Mode sein modisch/modern/aktuell sein

in Ordnung halten etwas sauber/ordentlich halten

Platz nehmen sich setzen

zu Rate ziehen Rat und Hilfe beanspruchen
zur Rechenschaft ziehen jemanden verantwortlich machen

zur Rede stellen jemanden ansprechen/auffordern, Stellung zu nehmen
Rücksicht nehmen auf die Interessen anderer berücksichtigen

in Sicht sein etwas wird erwartet
zur Stelle sein da sein, bereit sein
zur Sprache bringen ansprechen, zur Diskussion stellen
Stellung nehmen die eigene Position zu einem Thema darlegen
unter Strafe stehen verboten sein

zur Tat schreiten nach einer Phase der Überlegung oder Unschlüssigkeit handeln

zur Überzeugung gelangen sich eine eigene Meinung gebildet haben

in Verbindung treten/stehen Kontakt aufnehmen/in Kontakt sein

zur Verfügung stellen/stehen etwas für andere bereitstellen, bereitstehen
in Verruf geraten einen negativen Ruf bekommen
ins Vertrauen ziehen jemandem ein Geheimnis offenbaren, sich mit jemandem vertraulich beraten
zur Verzweiflung bringen jemanden extrem aufregen, entnerven
zum Vorschein kommen auftauchen, gefunden werden
den Vorsitz führen die Funktion eines Vorsitzenden haben

zum Wahnsinn treiben/bringen jemanden „wahnsinnig" machen, entnerven
in Wettbewerb stehen mit konkurrieren
Widerspruch einlegen ein juristisches Widerspruchsverfahren einleiten
sich zu Wort melden sich melden, um etwas zu sagen

sich ins Zeug legen sich engagieren, intensiv arbeiten

8. Konjunktionen der Schriftsprache

Diese Liste bietet eine schriftsprachliche Nachlese zu den Konjunktionen (➢ Kapitel 8).

allenfalls
Der Rotwein ist nicht gut; man kann ihn allenfalls zum Kochen brauchen.

allerdings
Ich akzeptiere deine Entscheidung; du hättest allerdings vorher mit mir sprechen können.

(an)statt zu
(An)statt zu protestieren sollen Sie mir erst einmal zuhören!

auch
Die Studenten gingen auf die Straße; auch die Schüler haben mitdemonstriert.

außer wenn
Ich mache nicht mehr mit; außer wenn ich Schokolade kriege.

außerdem
Die Bernhardiner wurden aus dem Dienst entlassen; außerdem wurde ihnen die Rettungsehrenmedaille aberkannt.

bestenfalls
Er ist kein Könner; bestenfalls ist er ein guter Handwerker.

dabei
Ich habe den Sonntagsmalwettbewerb nicht gewonnen. Dabei habe ich ein so schönes Bild gemalt.

dagegen
Die meisten fanden die Exkursion langweilig; ich dagegen habe mich sehr wohl gefühlt.

darüberhinaus
Es gibt viele technische Schwierigkeiten; darüberhinaus fehlt uns Geld.

ebenfalls
Frau Müller lässt schön grüßen; Frau Meier schickt ebenfalls beste Wünsche.

ebenso
Die Frauen konnten überhaupt nicht singen; die Männer haben ebenso verkehrt gesungen.

ferner
Sie haben Ihr Konto stark überzogen; ferner sind da noch unbezahlte Rechnungen.

freilich
Man muss dem Alkohol widerstehen; das ist freilich nicht immer einfach.

gleichwohl
Er ist ein Chaot; gleichwohl ist er ein Genie.

immerhin
Das Auto ist total im Eimer; immerhin zahlt die Versicherung.

indessen
Er wollte an seinem Leben als Fernseh-Star festhalten; indessen wurden seine Auftritte immer peinlicher.

infolgedessen
Wir stecken in einer finanziellen Krise; infolgedessen muss gespart werden.

insbesondere
Die Nilpferde waren schlauer als der Tourist; insbesondere waren sie schneller.

insofern (insoweit)
Die Bernhardiner waren betrunken; insofern haben sie ihre Pflichten als Rettungshunde vernachlässigt. Aber weil sie Geburtstag hatten, müssen sie nur zwei Schweizer Franken Strafe zahlen.

insofern, als
Ich kann Ihre Haltung insofern verstehen, als ich einmal in einer ähnlichen Situation gewesen bin. Ich habe jedoch völlig anders reagiert als Sie.

inwiefern
Ich kann nicht sagen, inwiefern sie überhaupt noch an einer Zusammenarbeit interessiert sind.

je nachdem
Der Job lohnt sich, je nachdem wie viel Trinkgeld die Gäste geben.

jedenfalls
A: Was für ein Chaos! – B: Ich finde jedenfalls immer, was ich suche.

nämlich
Die Höhlenforscherrettungsmannschaften haben keine Höhlenforscher gerettet; sie kamen nämlich selbst nicht mehr zurück.

nicht zuletzt
Das Verhalten der Bernhardiner war scharf zu kritisieren, nicht zuletzt wegen der Kosten für den ausgetrunkenen Rum.

nichtsdestotrotz
So ein Wort klingt ein wenig komisch; nichtsdestotrotz kommt es in schriftsprachlichen Texten vor.

nichtsdestoweniger
Niemand war wirklich böse auf die Bernhardiner; nichtsdestoweniger wurden sie entlassen.

nur
Herr Streit und Herr Böse versöhnten sich am Schluss, nur der Apfelbaum war nicht mehr da.

nur dass
Der Streit zwischen den beiden Nachbarn ging versöhnlich aus, nur dass der Apfelbaum nicht mehr da war.

obendrein
Die Nilpferde waren schneller als der Tourist; obendrein hatten sie den Spaß auf ihrer Seite.

ohnedies
Was geben wir uns so viel Mühe? Diese Übung wird ohnedies keiner lesen.

schließlich
Der Tourist hatte immer den Kürzeren gezogen; schließlich gab er auf.

sofern
Ein Rettungsbernhardiner muss nüchtern sein, sofern er im Dienst ist.

soviel (soweit)
Soviel ich weiß, haben sich Herr Streit und Herr Böse am Schluss versöhnt.

überdies
Herr Böse hat den Streit mit Herrn Streit begonnen; überdies kennt ihn jeder als Choleriker.

übrigens
Übrigens muss ich Ihnen noch erzählen, wie die Geschichte mit Herrn Böse und Herrn Streit am Ende ausgegangen ist.

vielmehr
Bei diesem Spiel kommst du mit der Logik nicht weit; du musst vielmehr aus dem Gefühl heraus spielen.

wenngleich
Wenngleich sich die Bernhardiner sehr pflichtvergessen verhalten hatten, war niemand richtig böse auf sie.

wiewohl
Wiewohl ich im Recht bin, möchte ich nicht auf meiner Position beharren.

wohingegen
Der Tourist war stinksauer, wohingegen die Nilpferde einen vergnügten Tag gehabt haben.

zudem
Die Bernhardiner haben Lawinengefahr vorgetäuscht; zudem haben sie gegen die Schweizerische Rettungsrumbenutzungsverordnung verstoßen.

zumal (da)
Die Bernhardiner haben sich unvernünftig verhalten, zumal Alkoholtrinken im Dienst verboten ist.

zumindest
Herr Valentin hat sich die Hüte nur vorführen lassen; zumindest den Strohhut hätte er anprobieren sollen.

zwar ..., aber
Zwar haben die beiden Hunde ihre Karriere ruiniert, aber es war dennoch ein schöner Geburtstag gewesen.

9. Präpositionen der Schriftsprache

9a. Einfache Präpositionen der Schriftsprache

➤ Bearbeiten Sie diese Liste im Zusammenhang des Kapitels 11 (➤ S. 119 ff., A 12 ff.).

à
Ein nobles Hotel, das Zimmer à 120 Euro und mehr.

anhand (G)
Anhand ganz neuer Zeugenaussagen weiß man jetzt genau, wie lang das Ungeheuer von Loch Ness ist.

anlässlich (G)
Anlässlich seines 60. Geburtstags wurde ihm eine Festschrift gewidmet.

anstelle (G)
Anstelle eines normalen Unterrichts veranstalten wir heute eine Podiumsdiskussion mit Gästen.

aufgrund (G)
Aufgrund einer Indiskretion ist der Skandal an die Öffentlichkeit gelangt.

bezüglich (G)
Bezüglich der Kosten müssen wir noch einmal miteinander reden.

binnen (G)
Ich hoffe, Sie sind mit der Arbeit binnen einer Woche fertig.

dank (G oder D)
Dank der Aufmerksamkeit einer alten Dame konnte der Überfall rasch aufgeklärt werden.

entsprechend (D)
Wir haben den Textentwurf entsprechend den verschiedenen Änderungsvorschlägen umgeschrieben.

gemäß (D)
Gemäß dieser Interpretation müssten wir den Text als Kritik verstehen.

halber (G)
Ich erwähne das nur der Vollständigkeit halber.

hinsichtlich (G)
Hinsichtlich unseres Erfolgs bin ich sehr skeptisch.

infolge (G)
Infolge eines Versehens in der Klinik wurden die Kinder vertauscht.

kraft (G)
Hiermit erkläre ich euch kraft meines Amtes zu Mann und Frau.

laut (D)
Laut Artikel 5 Absatz 3 Grundgesetz sind Kunst, Wissenschaft, Forschung und Lehre frei, aber nur laut Artikel 5 Absatz 3.

mangels (G)
Die Tatzeit konnte mangels genauerer Angaben der Zeugen nicht eindeutig geklärt werden.

mittels (G)
Sie verschaffte sich den Zutritt mittels eines Zweitschlüssels.

mithilfe (G)
Nur mithilfe verschiedener Tricks sind wir hinter das Geheimnis gekommen.

per (A)
Wir schicken Ihnen das Schreiben am besten per Telefax.

seitens (G)
Seitens der Behörden ist viel zu lange geschlafen worden.

ungeachtet (G)
Ungeachtet des vehementen Protests hat die Regierung die Steuern erhöht.

zugunsten (G)
Die Sammlung ist zugunsten des städtischen Altersheims.

zufolge (D)
Einer aktuellen Meldung zufolge werden die Verhandlungen um zwei Wochen vorverlegt.

zuliebe (D)
Ihrer Karriere zuliebe hat sie auf die Erfüllung mancher Wünsche verzichtet.

zwecks (G)
Zwecks Rettung der verschwundenen Höhlenforscher wird eine Höhlenforscherrettungsmannschaft zusammengestellt.

9b. Komplexe Präpositionen der Schriftsprache

➤ Bearbeiten Sie diese Liste im Zusammenhang des Kapitels 11 (➢ S. 119 ff., A 12 ff.).

In Anbetracht Ihres jugendlichen Alters ist das Urteil nicht ganz so hart ausgefallen.

Nach Angaben einer Nachrichtenagentur kam es gestern erneut zu Zwischenfällen im Grenzgebiet.

Aus Anlass Ihres 70. Geburtstag möchten wir Ihnen dieses Geschenk überreichen. (= **anlässlich**)

Im Anschluss an die Rede gab es noch eine heftige Diskussion.

Die Regimegegner wurden **unter Anwendung von** Gewalt abtransportiert.

Der Bericht wurde **in Art** eines Protokolls formuliert.

Ich hätte gerne einmal Seelachs **nach Art** des Hauses.

Ich komme **im Auftrag von** Müller & Co.

In den Augen der Opposition war die Regierungserklärung nur eine Farce.

Mit Ausnahme weniger Naturschutzgebiete gibt es keine natürliche Landschaft mehr.

Die Verhandlung fand **unter Ausschluss** der Öffentlichkeit statt.

Auf der Basis des bilateralen Abkommens konnten neue Wirtschaftsvereinbarungen getroffen werden.

Sie sollten den Fall **unter Beachtung** der geltenden Vorschriften entscheiden.

Er bekam die Informationen nur **unter der Bedingung** strengster Geheimhaltung.

Mit Beginn der Ferien begann die Zeit der Kreativität.

Momentan arbeiten wir schwerpunktmäßig **im Bereich** der Grundlagenforschung.

Unter Berücksichtigung der verschiedensten Faktoren konnte das Projekt fortgesetzt werden.

Auf Beschluss des Gemeinderats müssen nun auch Katzen an der Leine geführt werden.

Zu dem Putsch kam es **auf Betreiben** einiger im Ausland lebender Generäle.

Zum Beweis der Richtigkeit meiner Ausführungen möchte ich folgende Bemerkungen machen: ...

Die Verhandlungen stehen **in Beziehung zu** dem vor zwei Jahren abgeschlossenen Handelsabkommen.

In Bezug auf Ihre Aussprache sehe ich keine gravierenden Mängel. (= **bezüglich**)

Unter Bezugnahme auf Ihr Schreiben vom 26. Juni machen wir Ihnen das folgende Angebot: ...

Zur Erinnerung an seine Entdeckung Amerikas erfand Kolumbus das berühmte Ei.

In Erwägung unserer Schwäche protestieren wir gegen eure Macht!

In Erwartung Ihrer baldigen Antwort verbleibe ich mit freundlichen Grüßen ... (mögliches Ende eines dienstlichen Briefes)

Im Falle einer Katastrophe ist der Notruf 110 zu wählen.

Die Überraschung des Abends kam **in Form** einer Bauchtanzgruppe.

Auf dem Gebiet der Heiratsvermittlung ist unser Institut führend.

Was Sie da sagen, steht eindeutig im **Gegensatz zu** Ihren früheren Aussagen.

In Gegenwart der Kinder solltest du das aber nicht sagen.

Sie leben **in Gemeinschaft mit** zwei anderen Familien.

Er erschien **in Gesellschaft** einer älteren Dame.

Wir können dieses Vorhaben nicht durchführen, dies besonders **unter dem Gesichtspunkt** der enormen Folgekosten.

Wir können nur **auf der Grundlage** der bisherigen Verträge miteinander verhandeln. (= **aufgrund**)

Die Polizeiaktion geschah **nach dem Grundsatz** der Verhältnismäßigkeit der Mittel.

Im Hinblick auf/in Hinsicht auf die ökologischen Probleme muss man feststellen, dass die neue Straße nicht realisierbar ist. (= **hinsichtlich**)

In der Hoffnung auf eine baldige Antwort verbleibe ich mit freundlichen Grüßen ...

Aus Interesse an fremden Ländern lernte sie verschiedene Sprachen.

Im Interesse Ihrer Gesundheit sollten Sie sich etwas mehr bewegen.

Mit meinen Thesen stehe ich keinesfalls in **Konkurrenz zu** Ihnen, Herr Kollege!

Die doppelte Buchführung geschieht **zur Kontrolle** des Zahlungsverkehrs.

Das geht alles **auf Kosten** Ihrer Gesundheit.

Aus Mangel an Rohstoffen muss die Produktion gedrosselt werden. (= **mangels**)

Nach Maßgabe der internationalen Entwicklung werden wir unsere Außenpolitik flexibel gestalten.

Nach Meinung des Aufsichtsrats sollte die Produktion ganz eingestellt werden.

Und alles geschah **im Namen** der Gerechtigkeit.

Die Einweihung des Museums fand **im Rahmen** eines Stadtfestes statt.

Diese Protestaktion war ziemlich **am Rande** der Legalität.

Die Qualität dieses Gerätes steht **in keiner Relation zum** Preis.

Die Unruhen entwickelten sich **in Richtung** eines (**auf** einen) Bürgerkrieg(s).

Auf Seiten der Demonstranten gab es mehrere Verletzte. (= **seitens**)

Die kontroverse Diskussion über dieses Buch ist ganz **im Sinne** der Autoren.

Vom Standpunkt der Wissenschaft **aus** gesehen ist das natürlich Unsinn.

Hier befinden wir uns **in Übereinstimmung mit** der Regierung.

Wir können eine erfreuliche Umsatzsteigerung **im Umfang von** 15 % verzeichnen.

Im Unterschied zu Ihnen bin ich da völlig skrupellos.

Die außerordentliche Sitzung wurde **auf Veranlassung** des Vorsitzenden einberufen.

Im Vergleich zu früher hast du schon mal besser argumentiert. (= **verglichen mit**)

Im Verhältnis zu ihr hat er wenig Grips im Kopf.

Im Verlauf des Vier-Augen-Gesprächs wurden auch die heiklen Punkte angesprochen.

Nur **unter der Voraussetzung** einer geheimen Wahl bin ich zur Kandidatur bereit.

Die Bauarbeiten konnten erst **auf dem Wege** einer einstweiligen Verfügung durchgesetzt werden.

Nichts sollte **gegen den Willen** der Bevölkerung geschehen.

Er steht immer noch **unter der Wirkung** des Schocks.

Mit/Ohne Wissen des zuständigen Dezernats wurde mit der Planung begonnen.

Unser Abgeordneter ist davon überzeugt, **zum Wohle** der Allgemeinheit zu handeln.

Wir senden dieses Lied **auf Wunsch von** Frau Emma Müller aus Paderborn.

Im Zeitraum von nur zwei Jahren hat die Einwohnerzahl um 10 % zugenommen.

Der Überfall stand **im Zusammenhang mit** der Rauschgiftszene.

Zum Zwecke der Finanzierung des Bauvorhabens gab die Firma neue Aktien aus. (= **zwecks**)

10. Redepartikel

Die Liste zeigt die verschiedenen Wirkungsweisen der Redepartikel (➢ Kapitel 18, S. 201 ff.) mit jeweils zwei Beispielsätzen; hinter dem Zeichen ◆ wird die Sprechsituation oder die Absicht des Sprechers erklärt. Zuletzt werden andere Funktionen der Wörter im Deutschen benannt.
➢ Benutzen Sie die Liste als Nachschlagewerk und als Lernmaterial.

aber
1. Du bist aber groß geworden!
   Das war aber knapp!
   ◆ Überraschung: Die Erwartungen sind anders als die Realität.
2. Das hast du aber toll hingekriegt.
   Das ist aber nett von dir.
   ◆ je nach Betonung: ironische Bemerkung; Lob

Konjunktion: Dieses Land ist schön, aber arm.

allerdings
Da hast du allerdings Recht.
◆ Zustimmung

Konjunktion: Ich kann mich allerdings nicht an gestern Abend erinnern. (= aber, jedoch)

auch
Wart ihr auch alle brav?
Seid ihr auch alle da?
◆ Man erwartet eine positive Antwort. Es kann ein Zweifel spürbar sein.

Adverb: Ich habe auch ein bisschen Wein getrunken.
Konjunktion: Es ist eine schöne Gegend; auch sind die Leute sehr freundlich hier.

bloß/nur
1. Wenn ich doch bloß meinen Schlüssel finden könnte!
   Wenn es doch nur nicht regnen würde!
   ◆ irrealer Wunschsatz
2. (betont) Pass bloß auf! Lass dich hier nur nicht mehr blicken!
   ◆ Drohung, Warnung
3. Was soll ich bloß tun?
   Wie konnte ich nur so blöd sein!
   ◆ Ratlosigkeit, Verwunderung

Konjunktion: Ich würde das gerne tun, nur habe ich leider keine Zeit.
ausschließlich: Ich habe nur zwei Leute gesehen.
Adjektiv/Adverb (veraltet): nackt und bloß

denn
1. Sind wir denn schon da?
   Ist es denn schon so spät?
   ◆ Zweifel, Überraschung: Man kommentiert eine Situation, über die man eine Vorahnung hat.
2. Wo kommst du denn her?
   Was ist denn hier los?
   ◆ überraschte Stellungnahme; oft: rhetorische Frage
3. Bin ich denn deine Putzfrau?
   Sind Sie denn völlig verrückt geworden?
   ◆ starker Vorwurf in Form einer rhetorischen Frage
4. Wann fährt denn der Zug ab?
   Wie heißt du denn?
   ◆ interessierte, freundliche Frage
5. Wie heißt du denn? (betont)
   Wer war es denn? (betont)
   ◆ Man wiederholt eine Frage, auf die man noch keine Antwort bekommen hat.

Konjunktion: Hier steht kein Beispielsatz, denn es ist uns keiner eingefallen.

doch
1. Komm mal heute Abend vorbei; du weißt doch, wir haben eine kleine Party.
   Herr Nachbar, haben Sie mal ein bisschen Zeit? Wir wollten uns doch schon lange mal darüber unterhalten, ob wir den Gartenzaun reparieren.
   ◆ freundliche Erinnerung an etwas Bekanntes, an etwas, was vorher besprochen worden ist
2. Das hättest du doch wissen müssen! – Das ist mir doch egal!
   ◆ Vorwurf, oft sehr aggressive Kommentierung einer Situation; Rechtfertigungsversuch
3. Das habe ich doch toll gemacht!
   Das ist doch prima, gell?
   ◆ Man erwartet eine positive Antwort.
4. Du hilfst mir doch, oder?
   Das darf doch nicht wahr sein!
   ◆ Man erwartet eine positive, befürchtet aber eine negative Antwort.
5. Komm doch mal wieder vorbei!
   Nehmen Sie doch bitte Platz.
   ◆ freundliche Aufforderung; Ermunterung
6. Fahr doch nicht immer so schnell! – Sei doch endlich still!
   ◆ unfreundliche, aggressive, arrogante Aufforderung
7. Hätte ich doch aufgepasst!
   Wenn du doch endlich mal den Mund halten würdest!
   ◆ Vorwurf gegen sich oder andere
8. Das macht doch nichts.
   Das ist doch nicht so schlimm.
   ◆ Trost, Beschwichtigung; eine negative Situation soll weniger schlimm erscheinen.

Insistieren: Und sie (die Erde) bewegt sich doch! (Galileo Galilei)
Antwort auf eine negative Frage: Hast du keine Lust mehr? – Doch!
Konjunktion: (= aber) Doch als er den Wunsch verspürte, fehlte ihm der Mut.

eben/halt
1. So ist das eben hier.
   Der kann halt nicht mehr.
   ◆ gleichgültige, resignative oder zynische Feststellung. Man „zuckt mit den Achseln".
2. Dann müssen wir halt etwas anderes probieren.
   Dann teilen wir eben, jeder die Hälfte!
   ◆ Kompromissvorschlag; Versuch, eine Übereinstimmung zu finden
3. Wenn du nicht willst, dann gehe ich halt.
   Wenn Sie so wenig kompromissbereit sind, brechen wir die Verhandlungen eben ab.
   ◆ Verärgerung: Man ist sauer, schlecht gelaunt.

Zeitadverb: Gerade eben ist der Bus abgefahren. (= vor kurzer Zeit)
Ich gehe mal eben zum Bäcker. (= für kurze Zeit)
Adjektiv: Die Landschaft war eben wie eine Tischplatte.
Verstärkung: Eben das wollte ich sagen. (= Exakt das ...)
Adverb: Halt, hier können Sie nicht durchfahren. (= Stopp!)

eh (➢ **sowieso**)

eigentlich
1. Eigentlich habe ich ja keinen Hunger mehr, aber ich nehme gerne noch ein Stückchen Kirschtorte.
   Eigentlich wollte ich dir schon lange schreiben, aber ich bin nicht dazu gekommen.
   ◆ Eine Absicht wird zurückgenommen und durch etwas anderes ersetzt.
2. Wie alt bist du eigentlich?
   Was kostet so etwas eigentlich?
   ◆ interessierte Frage; oft „en passant", nebenbei gestellt. Das Interesse kann gespielt sein.
3. Was wollen Sie eigentlich von mir?
   Wer gibt dir eigentlich das Recht, mich in dieser Weise zu kritisieren?
   ◆ heftiger Vorwurf, aggressive Geste

4. Das müssten Sie aber eigentlich wissen.
   Das hättest du dir eigentlich denken können!
   ◆ Kritik; Aufforderung, etwas zu tun
5. Eigentlich können wir jetzt aufhören.
   Eigentlich mag ich gar keine Trauben, sagte der Fuchs.
   ◆ Vorschlag; abschließender, oft rechtfertigender Kommentar (auch wenn es nicht stimmt)

Adjektiv: Sein eigentlicher Name war Müller. Jetzt kommen wir zum eigentlichen Problem (= wirklich, zentral).

einfach

1. Lass mich doch einfach in Ruhe!
   Ich weiß einfach nicht mehr, wie es weitergehen soll!
   ◆ Resignation oder ungeduldige Aufforderung
2. Das ist einfach genial!
   Da muss man doch einfach dabei sein!
   ◆ Begeisterung für etwas

Adjektiv: Du bist manchmal nicht ganz einfach.

endlich

Hör doch endlich mit dem Geschrei auf! Mach endlich, dass du fertig wirst!
◆ ungeduldige, unfreundliche Aufforderung; sehr oft in Verbindung mit „doch“

Adverb: Endlich, nach so vielen Jahren, war ich am Ziel meiner Wünsche.

etwa

Finden Sie das etwa richtig?
Habe ich mich etwa geirrt?
◆ Man vermutet eine negative Antwort.

Adverb: Ich bin in etwa (= ca./ungefähr) einer Stunde zurück.

gleich

Wie war das doch gleich?
Wie hieß sie doch gleich?
◆ Man versucht, sich zu erinnern.

Zeitadverb: Ich komme gleich. (in wenigen Minuten/Sekunden)
Adjektiv: gleiche Chancen

immerhin

Immerhin regnet es nicht mehr.
Immerhin hatten die Bernhardiner einen schönen Tag.
◆ Eine Erwartung wurde nicht erfüllt, aber es gibt auch eine positive Seite.

ja

1. Das Experiment musste ja schiefgehen.
   Das war ja viel zu schwer für uns.
   ◆ Man gibt sich sehr überzeugt, erwartet allgemeine Zustimmung; die Sätze enthalten eine Begründung: Das ist ja nur ein Ausländer.
2. Der hat ja sowieso keine Ahnung.
   ◆ arrogante Position des Sprechers mit negativem Kommentar
3. Huch, es regnet ja!
   Du hast ja 'ne neue Frisur!
   ◆ eine echte Überraschung, negativ oder positiv
4. Ich konnte das ja nicht wissen!
   Ich kann erst später kommen, ich muss ja noch die Kinder ins Bett bringen.
   ◆ Begründung, Entschuldigung, Rechtfertigung
5. Ich wollte ja helfen (aber es ging einfach nicht).
   Ich hab's ja versucht (aber ohne Erfolg).
   ◆ starke Rechtfertigung und Entschuldigung
6. (betont) Hör ja auf damit!
   Mach das ja nicht noch mal!
   ◆ Warnung, Drohung; wie „bloß“
7. Du kannst mich ja mal besuchen.
   Du kannst es ja mal probieren.
   ◆ freundliche Aufforderung, manchmal mit einem unfreundlichen Hintergedanken

Antwort: Schreibst du mir mal? – Ja.

Idiomatische Modelle (➢ Kap. 19, A 26): Jaja, mach du nur so weiter! Ja was, Herr Müller, sind Sie schon wieder da?

jedenfalls

1. Jedenfalls hat es keine Lawine gegeben!
   Vielleicht sind die Bernhardinerhunde ja nette Kerle; sie haben jedenfalls ihre Pflichten grob verletzt.
   ◆ Man konzentriert sich auf das Wesentliche, den „harten Kern“ eines Arguments.
2. Wir fangen um acht an. Ruf jedenfalls an, wenn du nicht kommst.
   Das Wetter sieht ja nicht so besonders gut aus; bringt jedenfalls was für den Regen mit.
   ◆ Man rechnet mit veränderten Bedingungen, ähnlich wie „auf alle Fälle“.

mal (einmal)

1. Kommen Sie mal bitte her!
   Kannst du mir mal helfen?
   ◆ Aufforderung (weniger streng)
2. Das sollten wir auch mal versuchen.
   Schreib mal wieder! (Werbung der Post)
   ◆ suggeriert Zwanglosigkeit

Unbestimmtes Zeitadverb (= irgendwann): Einmal werde ich reich sein. Ich gehe sicher mal weg von hier.

nun mal

Ich mag nun mal kein Zitroneneis!
Es ist nun mal passiert!
◆ Man will keine weitere Diskussion (meistens über ein negatives Thema).

ohnehin (➢ sowieso)

ruhig

1. Kommen Sie ruhig rein.
   Sie können ruhig „du“ zu mir sagen.
   ◆ freundliche Aufforderung

2. Mach ruhig weiter so (dann passiert etwas Schlimmes).
   Rauchen Sie ruhig weiter (bis zum nächsten Herzinfarkt).
   ◆ ironische Umkehrung von 1: kann auch sarkastische Warnung, Drohung sein, wie „bloß"/„nur"

Adjektiv: Draußen war alles ruhig.

schließlich

Ein alter Mann ist schließlich kein Intercity.
Der Tourist, der auf der Foto-Safari keine Fotos machen konnte: „Was soll's; Nilpferde kann ich schließlich auch im Zoo fotografieren."
◆ Man begründet etwas aufgrund eigener/allgemeiner Erfahrung. (dient oft als Rechtfertigung)

Adverb: Schließlich (= am Ende) bemerkte auch der Letzte, dass das Fest vorüber war.

schon

1. Nun komm schon endlich!
   Nun mach schon!
   ◆ Ermunterung oder ungeduldige Aufforderung (letztere mit „nun", „jetzt", „endlich" verstärkt)
2. Lass mal, ich mach das schon.
   Du kannst sicher sein: Wir schaffen das schon.
   ◆ Man will Sicherheit, Beruhigung vermitteln.
3. Wer verzichtet schon freiwillig auf sein Auto?
   Wer gesteht sich schon gern seine Fehler ein?
   ◆ rhetorische Frage; die Antwort heißt: Niemand.
4. (betont) Das mag schon so sein, aber ich glaube dir trotzdem nicht.
   Das ist schon wichtig, aber ich habe jetzt andere Dinge zu tun.
   ◆ Man folgt ein Stück weit einem Argument, beharrt aber auf seiner Meinung (..., aber).

Adverb: Ich habe den Film schon gesehen.

sowieso/eh/ohnehin

Du kannst dir ruhig Zeit lassen, den Zug kriegen wir sowieso nicht mehr.
Es ist sowieso alles egal!
◆ Man akzeptiert resigniert eine Realität, legt sich dafür aber eine eigene Begründung zurecht; gehobene Variante: ohnehin; süddeutsche/österreichische Variante: eh.

überhaupt

1. Hast du überhaupt einen Führerschein?
   Wollen Sie denn überhaupt ein Kind?
   ◆ Man stellt etwas grundsätzlich in Frage. Variante: eigentlich
   Wo hast du überhaupt die ganze Zeit gesteckt?
2. Wo waren Sie überhaupt zum Zeitpunkt des Mordes?
   ◆ Man fragt vordergründig, will aber etwas Wichtiges thematisieren; kann vorwerfend, beleidigend wirken. Varianten: eigentlich, übrigens

Steigerungsadverb: Ich habe doch überhaupt nichts gesagt (wie „gar nichts").

übrigens

1. Ich muss dir übrigens noch was gestehen: ...
   Übrigens: Sie hatten neulich Recht.
   ◆ Man will etwas Wichtiges oder Unangenehmes sagen und eine günstige Gesprächssituation herstellen. Die Äußerung kommt „nebenbei", überraschend.
2. 2./3. Weitere Verwendungen: wie „eigentlich" 2./3.

vielleicht

1. Du bist vielleicht ein blöder Typ!
   Das ist vielleicht ein Mistwetter heute!
   ◆ Verärgerung
2. Hast du das vielleicht absichtlich gemacht?
   Soll man in dieser Situation vielleicht ruhig bleiben?
   ◆ rhetorische, manchmal gereizte Frage: Man erwartet eine positive Antwort.
3. Dürfte ich vielleicht noch ein Stück Torte haben?
   Hättest du vielleicht Lust, mit mir ins Kino zu gehen?
   ◆ höfliche Bitte: Kann manchmal übertrieben wirken.

Adverb: Vielleicht schreibe ich dir, vielleicht aber auch nicht.

wohl

1. Könnt ihr mir wohl sagen, wieso die ganze Schokolade verschwunden ist?
   Dürfte ich wohl jetzt gehen?
   ◆ höfliche Frage oder Bitte; kann ironisch gespielt sein
2. Das kann wohl nicht ganz stimmen.
   Du hast wohl wieder mal alles vergessen, was du dir vorgenommen hast.
   ◆ Vermutung; oft ironischer Kommentar

Adverb, Vorsilbe: Heute fühle ich mich endlich wieder so richtig wohl.

11. Aussprache und Orthographie: Phonetisches Inventar der hochdeutschen Umgangssprache

Die Tabelle beschreibt die hochdeutsche Umgangssprache, vernachlässigt also Ausspracheweisen, die in verschiedenen Regionen der deutschsprachigen Länder umgangssprachlicher Standard sein können. Die Liste führt links die deutschen Laute („Phoneme") in der international üblichen Schreibweise vor, vernachlässigt aber aus Fremdsprachen stammende Ausspracheweisen bestimmter internationaler Wörter (z. B. Nasalierung der Vokale bei „Engagement"). Die mittlere Spalte führt alle Schreibweisen auf, die möglich sind, die rechte Spalte bringt dafür die Wortbeispiele.

Lange Vokale

Phonem	Schreibweisen	Beispiele
/a:/	a, ah, aa	Wagen, er nahm, Staat
/ɛ:/	ä, äh	Mädchen, wählen
/e:/	e, ee, eh	leben, Schnee, sich sehnen
/i:/	i, ie, ieh, ih, y	Maschine, Biene, du siehst, ihr, Handy (in dt. Aussprache)
/ø:/	ö, öh, eu	schön, Söhne, Ingenieur
/o:/	o, oh, oo	oben, wohnen, Boot
/y:/	ü, üh, y	müde, wühlen, Zypern
/u:/	u, uh	zu, Schuh

Kurze Vokale

Phonem	Schreibweisen	Beispiele	
/a/	a	hatte, Stadt	
/ɐ/	er (vokalisches „r1"*)	aber, wieder, ver-	
/ə/	e	hatte, bekommen, gefallen, es	(unbetont, extrem kurz,gerundet)
/ɛ/	e, ä	wenn, hätte	(kurz, offen, gespannt)
/ɪ/	i,ie	Mitte, bis, vierzehn	
/œ/	ö	können	
/ɔ/	o	hoffen, ob	
/ʏ/	ü, y	müssen, Psychologie (durch Betonung kurz)	
/ʊ/	u	und	

Diphtonge

Phonem	Schreibweisen	Beispiele
/ae̯/	ei, ey, ai, ay, aj	Meier, Meyer, Maier, Mayer, Majer
/ao̯/	au	Bauer, sauber
/ɔø̯/	eu, äu, oi, oy,	heute, Bäume, Loipe, Woyzeck

und alle Diphtonge,
die sich aus der Position -r hinter langen und kurzen Vokalen ergeben:

Phonem	Schreibweisen	Beispiele
/aɐ/; /a:ɐ/	ar; ar, ahr, aar	Karte; war, wahr, Saar
/ɛɐ/; /ä:ɐ/; /e:ɐ/	er, är; ähr; er, ehr, eer	härter, erfahren, der Mann; Nährwert; Gerhard, sehr, leer,
/ɪɐ/; /i:ɐ/	ir, ier; ir, ier,	Hirte, Viertel; mir, vier

etc.

Phonem	Schreibweisen	Beispiele
Konsonanten		
'	(Knacklaut)	be'obachten, 'in 'Ordnung, ge'achtet
/b/	b, bb	Bär, Ebbe
/d/	d, dd	der, Addition
/g/	g, gg	gegen, Egge
/p/	p, pp, -b	Paul, sprechen, Puppe, abfahren
/t/	t, tt, -d, th, dt	hat, hatte, rund, Theo, Stadt
/k/	k, ck, -g, ch	Karl, Ecke, graben, weglaufen, Fuchs
/m/	m, mm, n	am, Hammer, haben (/ha:bm/)
/n/	n, nn	den, denn
/ŋ/	ng, n	Tübingen, gegen (gesprochen: /ge:gŋ/)
/j/	j, i (Halbvokal), ch	Johannes, Ion, bisschen (gesprochen: /bɪsjən/)
/f/	f, ff, v, ph	Ofen, offen, vor, Philosophie
/v/	w, v, qu	wer, Vase (aber: Vater), quer (gesprochen: /kwe:ɐ/)
/h/	h	haben, nahe
/z/	s (stimmhaft)	Hase, sieben
/s/	s, ss, ß (stimmlos)	was, Wasser, Straße
/ʃ/	sch, s(p), s(t)	schön, Straße, spielen
/ʒ/	j, g	Journalismus, Rage (Wörter aus dem Französischen)
/ç/	ch, g	ich, Milch, zwanzig
/x/	ch, r („r3"*)	Krach, kratzen
/l/	l,ll	leben, wollen
/r/	r, rr, rh, rrh („r2"*)	rot, Karren, Rhythmus, Katarrh

***) Erläuterungen zu den drei r-Aussprechweisen: Das „r-Schema":**
Das folgende Diagramm zeigt die drei Aussprechweisen des Buchstaben r in der hochdeutschen Umgangssprache:
„r1", das vokalische /ɐ/, kommt am häufigsten vor (bis zu zwei Drittel aller r-Buchstaben in einem Text); r steht nach Vokal am Silbenende; man kann aber auch dann vokalisch aussprechen, wenn noch weitere Konsonanten folgen (dort, hört, wirst).
„r2" ist das anlautende r-, steht also am Silbenanfang vor Vokalen. Als „Reibe-r" wird es im hinteren Gaumenbereich artikuliert und ohne Aspiration gesprochen. Bestimmte Wörter können je nach Betonung als r1 oder als r2 gesprochen werden. (z.B. r1: Guten Tag, Herr Müller. – r2: in aggressivem Tonfall: Herr Müller, Sie kommen schon wieder zu spät!
„r3" ist ein kratzendes, stark aspiriertes r hinter harten oder stimmlosen Konsonanten, phonetisch also fast wie /x/ (in: Krach, doch, Bauch): das „Kratz-r".
In Kombination mit weichen Konsonanten (/b/, /d/, /g/) kann es weicher gesprochen werden, in Richtung auf „r2" (bringen, draußen, groß).
Wichtig für die hochdeutsche Aussprache ist: Die Zunge ist bei allen drei r-Varianten nicht beteiligt.

	r1 („vokalisches r")	/ɐ/	ca. 65%	aber, wieder, der, wir, Uhr, dort
	r1/r2-Varianten			Form/Formen; Herr Müller/Herren
Buchstabe r (-r, r-, -r-, -rr-, rh-, rrh-)	r2 („Reibe-r")	/r/	ca. 20%	rein, raus, rote Rübe
	r2/r3-Varianten			bringen, draußen, graben
	r3 („Kratz-r")	/x/	ca. 15%	kratzen, sprechen, tragen, schreiben, Fritz

Index

Wie man was findet:

Hauptsatz
  Wortstellung **7**: S. 79 ff.; **8**: S. 90; A 1 ff.
  in der indirekten Rede **9**: A 7 f.

Zum „Hauptsatz" finden Sie:
- Angaben zur Wortstellung in Kapitel 7 (ab Seite 79), in Kapitel 8, S. 90 und ab Aufgabe 1;
- Angaben zur Verwendung in der indirekten Rede in Kapitel 9, Aufgabe 7 und 8.

Verzeichnis der Lesetexte

Dieses Verzeichnis ist nach Autorennamen alphabetisch geordnet. Somit ist ein schneller Überblick über die in diesem Werk vertretenen Autorinnen und Autoren möglich. Hinter den Texten steht, in welchem Kapitel man den Text findet.

In einigen Lesetexten wurde auf Wunsch der Verlage oder der Autorinnen und Autoren die alte Rechtschreibung (aR) beibehalten.

Arbeitsgruppe Neue Verfassung der DDR des Runden Tisches Berlin und Wolf, Christa: „Präambel einer nicht verabschiedeten Verfassung", (Kap. 7), aus: Verfassungsentwurf für die DDR. Basisdruck Verlag: Berlin 1990

Askenazy, Ludwig: „Das Lawinenspiel", (Kap. 2), aus: Du bist einmalig. © Middelhauve Verlags GmbH: München 1980

Bichsel, Peter: „Das wußte er", (Kap. 8), aus: Kindergeschichten. © Suhrkamp

Verlag: Frankfurt am Main 1997 (aR)
„Zweite Paradiesgeschichte“, (Kap. 3), aus: Geschichten zur falschen Zeit. © Suhrkamp Verlag: Frankfurt am Main 1998 (aR)

Biermann, Wolf: „den hab ich satt“ (Originaltitel: „Der legendäre Kleine Mann“), (Kap. 12), aus: Nachlass 1. © Verlag Kiepenheuer & Witsch: Köln 1977

Bloch, Ernst: „Von früh auf will man zu sich“, (Kap. 1), aus: Das Prinzip Hoffnung. © Suhrkamp Verlag: Frankfurt am Main 1959 (aR)

Bloch, Karola: „Worte zum 45. Jahrestag der Zerstörung der Tübinger Synagoge“, (Kap. 3), aus: Die Sehnsucht des Menschen, ein wirklicher Mensch zu werden. Reden und Schriften aus ihrer Tübinger Zeit. Band 1. © Talheimer Verlag: Mössingen-Talheim 1989

Böll, Heinrich: „Katharina Blum gab an, dass sie Angst habe“, (Kap. 9), aus: Die verlorene Ehre der Katharina Blum. © Verlag Kiepenheuer & Witsch: Köln 1974

Boock, Peter-Jürgen: „Wie der Apfel sich einen Wurm fing“, (Kap. 8), aus: Vogelfrei. Gedichte. © Lamuv Verlag: Göttingen 1986

Bosch, Manfred: „Monopoly“, (Kap. 10), aus: Hans-Joachim Gelberg (Hrsg.): Menschengeschichten. © Beltz Verlag: Weinheim und Basel, Programm Beltz & Gelberg, Weinheim 1975

Brecht, Bertolt: „Jennys Mahagonny-Song“ (Originaltitel: „Lied der Jenny“), (Kap. 3), „In Erwägung unserer Schwäche“, (Kap. 15), aus: Werke. Große kommentierte Berliner und Frankfurter Ausgabe. Band 13. © Suhrkamp Verlag: Frankfurt am Main 1993 (aR)
„Maßnahmen gegen die Gewalt“, (Kap. 5), „Die Rolle der Gefühle“, (Kap. 9), aus: Werke. Große kommentierte Berliner und Frankfurter Ausgabe. Band 18. © Suhrkamp Verlag: Frankfurt am Main 1995 (aR)
„Mackie Messer“ (Originaltitel: „Und der Haifisch, der hat Zähne“), (Kap. 19), aus: Werke. Große kommentierte Berliner und Frankfurter Ausgabe. Band 11. © Suhrkamp Verlag: Frankfurt am Main 1988 (aR)

Buselmeier, Michael: „Keiner wird mir helfen“, (Kap. 2), aus: Der Untergang von Heidelberg. Suhrkamp Verlag: Frankfurt am Main 1981

Canetti, Elias: „Das Stehen“, (Kap. 14), aus: Masse und Macht. © Claassen Verlag GmbH: Hildesheim 1992

Delius, Friedrich Christian: „Akademische Elegie“, (Kap. 12), aus: Ein Bankier auf der Flucht. Gedichte und Reisebilder. © Rotbuch Verlag: Berlin 1975

Ende, Michael: „Die Begegnung des Scheinriesen Herr Tur Tur mit Lukas dem Lokomotivführer“, (Kap. 15), aus: Jim Knopf und Lukas der Lokomotivführer. © K. Thienemanns Verlag: Stuttgart und Wien 1960

Enzensberger, Hans Magnus: „Der Heizer“, (Kap. 12), aus: Der Untergang der Titanic. © Suhrkamp Verlag: Frankfurt am Main 1978 (aR)
„nänie (Totenklage) auf den apfel“ (Originaltitel: „nänie auf den apfel“), (Kap. 12), aus: Gedichte 1950–1985. © Suhrkamp Verlag: Frankfurt am Main 1986 (aR)

Erhardt, Heinz: „Die polyglotte Katze“, (Vorwort), „Anhänglichkeit“, (Kap. 11), aus: Das große Heinz-Erhardt-Buch. © Fackelträger Verlag: Oldenburg 1970

Fried, Erich: „Was weh tut“, (Kap. 5), „Zuflucht“, (Kap. 11), aus: Liebesgedichte. Neuaufl. © Verlag Klaus Wagenbach: Berlin 1995

Garbe, Burckhard: „für sorge“, (Kap. 6), aus: Rudolf Otto Wiemer (Hrsg.): Bundesdeutsch. Lyrik zur Sache Grammatik. © Peter Hammer Verlag: Wuppertal 1974

Gernhardt, Robert: „Geheimagent“, (Kap. 4), aus: Hier spricht der Dichter. Haffmans Verlag AG: Zürich 1985, © Robert Gernhardt, alle Rechte vorbehalten/via Agentur Schlück GmbH
„Alltag“, (Kap. 6), aus: Wörtersee. Zweitausendeins: Frankfurt am Main 1981, © Robert Gernhardt, alle Rechte vorbehalten/via Agentur Schlück GmbH
„Lehrmeisterin Natur“, (Kap. 13), aus: Besternte Ernte. Zweitausendeins: Frankfurt am Main 1987, © Robert Gernhardt
„Deutung eines allegorischen Gemäldes“, (Kap. 13), „Der Forscher und die Schlange“, (Kap. 16), aus: Wörtersee. © Robert Gernhardt und Zweitausendeins: Frankfurt am Main 1981

Guggenmos, Josef: „Briefschluss“, (Kap. 10), aus: Ich will dir was verraten. © Beltz Verlag: Weinheim und Basel, Programm Beltz & Gelberg, Weinheim 1992

Hannover, Heinrich: „Herr Böse und Herr Streit“, (Kap. 8), aus: Der vergessliche Cowboy. © Rowohlt Taschenbuch Verlag GmbH: Reinbek 1980

Harig, Ludwig: „Frei von Zuckerbrot und Peitsche“, (Kap. 11), aus: Dieter Stöpfgeshoff (Hrsg.): Kontakt mit der Zeit. Texte mit deutschen Wörtern. Sveriges Radio Förlag: Stockholm 1976

Härtling, Peter: „Im Zoo“, (Kap. 8), aus: Sofie macht Geschichten. © Beltz Verlag: Weinheim und Basel, Programm Beltz & Gelberg, Weinheim 1980

Heine, Helme: „Erste Paradiesgeschichte“, (Kap. 3), aus: Samstag im Paradies. © Middelhauve Verlags GmbH: München 1985

Heißenbüttel, Helmut: „Spielregeln auf höchster Ebene“, (Kap. 17), aus: Kursbuch. Heft 5. Frankfurt am Main 1966

Henningsen, Jürgen: „Bedingungsformen“, (Kap. 4), aus: Rudolf Otto Wiemer (Hrsg.): Bundesdeutsch. Lyrik zur Sache Grammatik. © Peter Hammer Verlag: Wuppertal 1974

Heringer, Hans Jürgen: „Wer ist Philipp Marlowe?“ (Titel von den Autoren gewählt), (Kap. 7), aus: Wort für Wort. Interpretation und Grammatik. © Klett-Cotta: Stuttgart 1978

Hildebrandt, Dieter: „Was bleibt mir übrig?“, (Kap. 15), aus: Was bleibt mir übrig? © Kindler Verlag GmbH: München 1986

Hoddis, Jakob van: „Dritte Paradiesgeschichte: Weltende“ (Originaltitel „Weltende“), (Kap. 3), aus: Dichtungen und Briefe. Arche Verlag GmbH: Zürich 1987 © Erbengemeinschaft Jakob van Hoddis

Hohler, Franz: „Koblenz“, (Kap. 12), aus: Idyllen. Luchterhand Verlag: Neuwied 1970, © Franz Hohler

Hüsch, Hanns Dieter: „Die Zwiebacktüte“, (Kap. 9), aus: Das Hanns Dieter Hüsch Buch. © Rogner & Bernhard Verlags GmbH & Co. Verlags KG: Hamburg 1993

Jandl, Ernst: „nacheinander“, (Kap. 6), aus: Klaus Siblewski (Hrsg.): poetische werke. Band 7: die bearbeitung der mütze & der versteckte hirte & verstreute gedichte 5. © Luchterhand Literaturverlag GmbH: München 1997
„fünfter sein“, (Kap. 12), aus: Klaus Siblewski (Hrsg.): poetische werke. Band 4: der künstliche baum & flöda und der schwan. © Luchterhand Literaturverlag GmbH: München 1997
„lichtung“, (Kap. 5), „zweierlei handzeichen“, (Kap. 13), aus: Klaus Siblewski (Hrsg.): poetische werke. Band 2: laut und luise. © Luchterhand Literaturverlag GmbH: München 1997

Jens, Walter: „Vater, vergib ihnen, denn sie wissen nicht, was sie tun“, (Kap. 2), aus: Feldzüge eines Republikaners. © Deutscher Taschenbuch Verlag: München 1988

Jens, Walter und Thiersch, Hans: „Ein kurzes Leben“, (Kap. 16), aus: Deutsche Lebensläufe in Autobiographien und Briefen. © Juventa Verlag: Weinheim und München 1987
Kafka, Franz: „Gib's auf“, (Kap. 2), „Ach, sagte die Maus“, (Kap. 9), aus: Sämtliche Erzählungen. S. Fischer Verlag GmbH: Frankfurt am Main 1972 „Der Wunsch zu sterben“, (Kap. 12), aus: Hochzeitsvorbereitungen auf dem Lande und andere Prosa aus dem Nachlass. Shocken Verlag: Berlin 1935
Kästner, Erich: „Trostlied im Konjunktiv“, (Kap. 4), aus: Der tägliche Kram. © Thomas Kästner und Atrium Verlag: Zürich 1969
Kilian, Susanne: „Kindsein ist süß“, (Kap. 10), aus: Hans-Joachim Gelberg (Hrsg.): Geh und spiel mit dem Riesen. © Beltz Verlag: Weinheim und Basel, Programm Beltz & Gelberg, Weinheim 1971
Kunert, Günter: „Nach Kanada“, (Kap. 9), aus: Verspätete Dialoge. © Carl Hanser Verlag: München und Wien 1981
Leon, Donna: „Das allzeit nützliche Passiv“, (Kap. 3), aus: Acqua alta. Aus dem Amerikanischen von Monika Elwenspoek. © Diogenes Verlag AG: Zürich 1997
Lettau, Reinhard: „Eine historische Platzüberquerung“, (Kap. 2), aus: Zur Frage der Himmelsrichtungen. © Carl Hanser Verlag: München und Wien 1988
Liffers, Rolf: Lambada-Text (Originaltitel: Erotischer Bezug.), (Kap. 9), aus: DIE ZEIT. Hamburg 13.07.1990
Loriot: „Sollen Hunde fernsehen?“, (Kap. 15), aus: Loriots Großer Ratgeber. © Diogenes Verlag AG: Zürich 1968 (aR) „Feierabend“, (Kap. 18), aus: Szenen einer Ehe. © Diogenes Verlag AG: Zürich 1983 (aR)
Luka M.: „Von der Liebe kann ich nur träumen“, (Kap. 5), aus: Sergej Adamov (Hrsg.): Gorbačovs Kinder. © Daäyeli Verlag: Frankfurt am Main 1994
Manzoni, Carlo: „Das Pferd kann es nicht“, (Kap. 1), aus: 100 x Signor Veneranda. Aus dem Italienischen von Johannes Piron. © Langen Müller in der F.A. Herbig Verlagsbuchhandlung GmbH: München 1966
Mebus, Gudula/Pauldrach, Andreas/ Rall, Marlene/Rösler, Dietmar: „Grammatisches Liebesgedicht“, (Kap. 6), aus: Sprachbrücke 1. Deutsch als Fremdsprache. © Ernst Klett International: Stuttgart 1987
Meckel, Christoph: „Der Vater“, (Kap. 2, Kap. 4), „Die deutsche Familie – 1948“, (Kap. 5), „Wenn die Kinder nach Hause kamen“, (Kap. 8), aus: Suchbild. Über meinen Vater. Claassen Verlag GmbH: Düsseldorf 1980 (aR) „Plunder“, (Kap. 14), aus: Plunder. © Carl Hanser Verlag: München und Wien 1986
Meier-Lenz, Dieter P.: „ehe“ (Montagetext aus Definition der „Ehe“ in: Der Große Brockhaus, 1953, und einem mittelhochdeutschen Text, Verfasser unbekannt), (Kap. 16), aus: DIE HOREN. Band 111. Wirtschaftsverlag NW: Bremerhaven 1978
Müller, Andre und Semmer, Gerd: „Kleine Goethe-Geschichte“, (Kap. 9), aus: Geschichten vom Herrn B. Hundert neue Brecht Anekdoten. Kindler Verlag: München 1986
Nöstlinger, Christine: „Armer Kurt“, (Kap. 4), aus: Das Einhorn sagt zum Zweihorn. © Middelhauve Verlags GmbH: München 1975
Pestalozzi, Hans A.: „Wo chiemte mer hi“ (nach einem Gedicht von Pfarrer Kurt Marti), (Kap. 4), „Rechtsstaat“, (Kap. 14), aus: Nach uns die Zukunft. 13. Aufl. © Zytglogge Verlag: Bern 2001
Petri, Walther: „Ein alter Leipziger Suppenspruch“, (Kap. 19), aus: Tohuwabohu. Der Kinderbuchverlag: Berlin 1986, © alle Rechte beim Autor, Walther Petri
Plenzdorf, Ulrich: „Der Kerl, dieser Werther“, (Kap. 5), „Ich hab was gegen öffentliche Selbstkritik“ (Originaltitel: „Leute, ich hätt mir doch lieber“), (Kap. 19), „Beispielsweise das mit den Miniröcken“, (Kap. 19), aus: Die neuen Leiden des jungen W. © Suhrkamp Verlag: Frankfurt am Main 1973 (aR)
Rauner, Liselotte: „Denkpause“, (Kap. 1), aus: Schleifspuren. Gedichte, Epigramme, Sonette. © ASSO-Verlag: Oberhausen 1980
Rellstab, Ludwig: „In der Ferne“, (Kap. 16), aus: Franz Schuberts Schwanengesang.
Rettich, Margret: „Mama gießt den Kaffe ein...“, „Papa, Mama und Minni...“, (Kap. 2), aus: Minni ist die Größte. © Loewe Verlag: Bindlach 1977
Schneider, Peter: „Straßenverkehr“, (Kap. 14), aus: Ansprachen. Verlag Klaus Wagenbach: Berlin 1970
Schwanitz, Dietrich: „Babsis Theater“, (Kap. 19), aus: Der Campus. © Eichborn AG: Frankfurt am Main 1995
Thenior, Ralf: „Der Kaffeeautomat“ (Originaltitel: „Der Fall“), (Kap. 2), aus: Traurige Hurras. Gedichte und Kurzprosa. Autorenedition: München 1977
Törne, Volker von: „Frage“, (Kap. 11), aus: Rudolf Otto Wiemer (Hrsg.): Bundesdeutsch. Lyrik zur Sache Grammatik. © Peter Hammer Verlag: Wuppertal 1974
Twain, Mark: „Zusammengesetzte Verben“, (Kap. 13), „Alphabetische Prozessionen“ (Originaltitel „Die Länge deutscher Wörter“), (Kap. 14), „Adjektive“, (Kap. 15), aus: Ausgewählte Werke in 12 Bänden. Band 5: Bummel durch Europa. Aus dem Amerikanischen von Ana Maria Brock. © Aufbau-Verlag: Berlin 1963 (aR)
Valentin, Karl: „Ein Oktoberfest-Erlebnis“ (Originaltitel: „Das Oktoberfest“), (Kap. 1), Ausschnitt aus „Der Regen“, (Kap. 5), „Im Hutladen“, (Kap. 16), aus: Gesammelte Werke in einem Band. © Piper Verlag GmbH: München 1985
Wander, Maxie: „Babara F., Grafikerin, erzählt“, (Kap. 19), aus: Guten Morgen, du Schöne. Protokolle nach Tonband. 6. Aufl. Deutscher Taschenbuch Verlag: München 2000. © Alle Rechte Fred Wander, Wien
Weinobst, Theo: „Lebenslauf“, (Kap. 13), aus: Burckhard Garbe (Hrsg.): Experimentelle Texte im Sprachunterricht. Pädagogischer Verlag Schwamm: Düsseldorf 1976
Weiss, Peter: „Der Wunsch nach Sonntagsfrieden“, (Kap. 2), aus: Das Gespräch der drei Gehenden. © Suhrkamp Verlag: Frankfurt am Main 1963 (aR) „Mein Dach ist weggerissen“, (Kap. 13), aus: Die Besiegten. © Suhrkamp Verlag: Frankfurt am Main 1985 (aR)
Wiemer, Rudolf Otto: „Unbestimmte Zahlwörter“, (Kap. 12), aus: Beispiele zur Deutschen Grammatik. Gedichte. 3. Aufl. © Wolfgang Fietkau Verlag: Kleinmachnow 1978
Wohlgemuth, Hildegard: „Verhältniswörter“, (Kap. 11), aus: Rudolf Otto Wiemer (Hrsg.): Bundesdeutsch. Lyrik zur Sache Grammatik. Peter Hammer Verlag: Wuppertal 1974
Wölfel, Ursula: „Die Geschichten von den Nilpferden“, (Kap. 2), aus: 28 Lachgeschichten. © K. Thienemanns Verlag: Stuttgart und Wien 1969
Zahl, Peter Paul: „Pasta asciutta für 200-300 Personen“, (Kap. 10), „Von Wohngemeinschaft zu Wohngemeinschaft“, (Kap. 19), aus: Die Glücklichen. © Das Neue Berlin: Berlin 1997